帛书老子校注

（简体字本）

高　明——撰

中华书局

图书在版编目（CIP）数据

帛书老子校注/高明撰. —北京:中华书局,2023.4
（2024.9重印）
ISBN 978-7-101-16173-1

Ⅰ.帛… Ⅱ.高… Ⅲ.①道家②《道德经》-注释
Ⅳ.B223.12

中国国家版本馆 CIP 数据核字（2023）第 055784 号

书 名	帛书老子校注（简体字本）	
撰 者	高 明	
责任编辑	石 玉	
责任印制	陈丽娜	
出版发行	中华书局	
	（北京市丰台区太平桥西里 38 号 100073）	
	http://www.zhbc.com.cn	
	E-mail:zhbc@zhbc.com.cn	
印 刷	大厂回族自治县彩虹印刷有限公司	
版 次	2023 年 4 月第 1 版	
	2024 年 9 月第 3 次印刷	
规 格	开本/880×1230 毫米 1/32	
	印张 18⅛ 插页 3 字数 355 千字	
印 数	15001-19000 册	
国际书号	ISBN 978-7-101-16173-1	
定 价	72.00 元	

帛书老子甲本实物片段

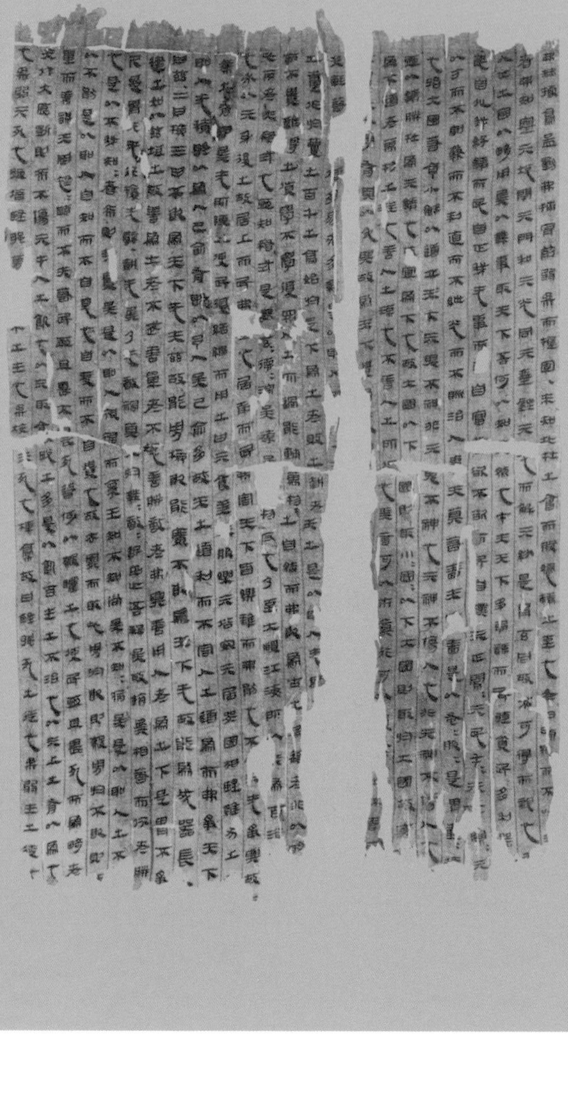

帛书老子乙本实物片段

张岱年序

　　《老子》是中国最古的哲学典籍之一，在历史上曾发生非常深远的影响，并广泛流传到国外，直至今日仍受到西方一些学者的称赞。魏晋以来，《老子》传本众多，比较流行的是王弼注本、河上公注本。唐初傅奕得到汉初古本，但他们校定的《古本篇》是根据几个旧本参校的，未能保留汉初古本的原貌。清代毕沅以来，校订《老子》者多家(如罗振玉、马叙伦、劳健、朱谦之等)，但所据旧本，以唐碑、唐卷为最古，尚未见到唐代以前的写本。近年在马王堆汉墓发现了帛书《老子》甲、乙本，其中"常道"作"恒道"，表明系汉文帝以前的旧本，应是今存最早的古本了。帛书《老子》的发现是值得庆幸的。

　　帛书《老子》的出土，解决了许多章节中历来争论的问题。如通行本三十八章"上德无为而无以为"句下有"下德为之而有以为"句，或作"下德为之而无以为"，与下文"上仁为之而无以为"或"上义为之而有以为"语意重叠。帛书甲、乙本俱无"下德"句，证明"下德"句乃系衍文。又如六十一章"故大国以下小国，则取小国；小国以下大国，则取大国"，"取小国"句与"取大国"句的句型无别。帛书甲本作"大邦〔以〕下小〔邦〕，则取小邦；小邦以下大邦，则取于大邦"。乙本作"故大国以下〔小〕国，则取小国；小国以下大国，则取于大国"。"取小邦"与"取于大邦"显然有别，证明通行本夺一"于"字。类此之例尚多，表明帛书《老子》确胜于通行本。

　　《老子》一书，传说系与孔子同时的老聃所著。先秦诸子著作都是历经传抄而流传下来的。门人后学在传写的过程中，往往有所增益。《老子》六十三章有"报怨以德"之语，《论语》中记载孔子对于"报怨以德"的批评，足证孔、老同时的传说并非虚构。但《论语》中无"仁义"并举之例，《老子》书中"大道废，有仁义"、"绝仁弃义"等句不可能出现于春秋末年，显系后人所附益。从《老子》书的内容看，上、下篇当系写定于战国初期，下距汉初约二百多年。战国时期、秦汉之际，《老子》一书可能已有不同传本。《庄子·天下篇》引老聃曰："知其雄，守其雌，为天下谿；知其白，守其辱，为天下谷。"王弼本二十八章："知其雄，守其雌，为天下谿。为天下谿，常德不离，复归于婴儿。知其白，守其黑，为天下式。为天下式，常德不忒，复归于无极。知其荣，守其辱，为天下谷。为天下谷，常德乃足，复归于朴。"近代易顺鼎、马叙伦等据《庄子·天下篇》论证"守其黑"至"复归于无极，知其荣"等句为后人所加。但帛书甲、乙本俱有"守其黑"、"复归于无极"等语，仅个别的字有所不同。《淮南子·道应》亦引"知其荣，守其辱"，足证《庄子·天下篇》作者所见《老子》乃另一传本。《淮南子·道应》引《老子》"美言可以市尊，美行可以加人"（亦见《淮南子·人间》），王弼本六十二章作"美言可以市，尊行可以加人"。俞樾以为应据《淮南》改正王本。而帛书《老子》甲、乙本亦作"美言可以市，尊行可以加人"。这就表明，汉代初年，《老子》确已有不同的传本。帛书出于汉初，而《淮南》所据本与帛书有所不同。但是，就今天所见到的《老子》书而言，帛书甲、乙本应是最古的写本了。

　　帛书《老子》刊布以来，受到学术界的重视，近年已有几种关于帛书《老子》的校释著作。但有些问题尚待进一步的考察。高明同志系考古学专家，对于古文字学有很深的研究。一九七八年曾发表《帛书〈老子〉甲乙本与今本〈老子〉勘校札记》，提出许多精辟的见解。近又撰著《帛书老子校注》一书，对于帛书《老子》作了更进一步的考释。此书考校之细，勘察之精，俱超过近年同类的著作，对于许多疑难问题提出自己独到之见，可谓帛书《老子》研究的最新成就，这是值得赞扬的。这是对于先秦古典研究的新贡献，值得向读者推荐。高明同志的书稿征求我的意见，于是略陈所见，以为之序。

　　　　　　　　一九九〇年十月张岱年序于北京大学

目　录

帛书老子校注序

　　《老子道德经》世传今本种类很多，据元杜道坚《道德玄经原旨》张与材序云："《道德》八十一章，注者三千馀家。"此说未免有些夸大。一九二七年王重民著《老子考》，收录敦煌写本、道观碑本和历代木刻与排印本，共存目四百五十馀种；一九六五年严灵峰辑《无求备斋老子集成》，初编影印一百四十种，续编影印一百九十八种，补编影印十八种，总计三百五十六种，将其所集，辑于一书。《老子》传本虽多，时代不古，多属魏晋以后，汉代传本几乎绝迹。《汉志》载邻氏《老子经传》、傅氏《老子经说》、徐氏《老子经说》与刘向《说老子》四书，皆亡佚。严遵《老子指归》亦残阙将半。严书初见于晋常璩《华阳国志》，谓："严遵，字君平，成都人也。雅性淡泊，学业加妙，专精《大易》，耽于《老》《庄》，著《指归》为道书之宗。"《隋志》载："《老子指归》十一卷，严遵注。"唐谷神子序云：《指归》在"陈、隋之际，已逸其半，今所存者止《论德篇》。因猎其讹舛，定为六卷"。可见此书隋时已残阙不全，但是，宋晁公武《郡斋读书志》谓："《老子指归》十三卷，右汉严遵君平撰，谷神子注。"不言阙佚，与谷神子序说相违。因各家所言互相抵牾，故《四库全书总目提要》判为后人赝托，列入伪书。自帛书《老子》出土之后，发现《指归》中有些经句虽异于今本，但同帛书《老子》相近，说明严书原并不伪，严灵峰、郑良树皆有辨证。书虽不伪，但其中经文多被后人窜改，而同河上本合流，原来面目已失，而名存实亡。

河上本初载于《隋志》，谓："《老子道德经》二卷，周柱下史李耳撰，汉文帝时河上公注。"葛玄《序》言甚怪诞，谓河上公坐能升天，行动如神。唐刘知几对此书早有怀疑，他说："今之所注《老子》是河上公，其序云：'汉文帝时结茅庵于河曲，因以为号，以所注《老子》授文帝，因冲空上天。'不经之鄙言，流俗之虚语。《汉书·艺文志》著《老子》有三家，河上所释无闻焉。"近人卢文弨、马叙伦均宗刘说。今据帛书《老子》甲、乙本勘校，书中讹误尤多，不仅非汉人所为，而且晚于王弼。

魏王弼《老子道德经注》，初载于《隋志》，唐陆德明《经典释文》为之《音义》。宋晁说之跋云："然弼题是书曰：'《道德经》不析乎《道》、《德》而上、下之，犹近古欤？'其文字则多谬误，殆有不可识者，令人惜之。"熊克云："克自求弼所注甚力，而近世希有，盖久而后得之，往岁摄建宁学官尝以刊行。既又得晁以道先生所题本，不分《道》、《德》而上、下之，亦无篇目，喜其近古，缮写藏之，乾道庚寅，分教京口，复镂以传。"可见弼注《老子》，宋时已不易得。钱曾《读书敏求记》未收王书，仅于河上公本下注云："惜乎，辅嗣注不传，而独传此。书之日就散亡，惜哉！"今传王本出自《武英殿聚珍版丛书》，底本是明万历张之象刻本，参校《永乐大典》与《经典释文》而刊定。溯其源流，即来自宋晁说之所跋，熊克"复镂以传"之翻刻本。

唐傅奕校定《古本老子》，所谓"古本"，因其乃北齐后主高纬武平五年(公元五七四年)彭城人开项羽妾冢所得，宋范应元著

《老子道德经古本集注》、元至元二十七年《陕西盩厔县楼观台道德经碑》，皆宗此本。今据帛书《老子》勘校，此书虽保存一些《老子》旧文，但已被后人改动甚多，书中讹误尤甚，宋谢守灏《老君实录》云："《道德经》，唐傅奕考核众本，勘数其字。"可见书中讹误，多半是因傅奕"考核众本，勘数其字"所造成，经文多与王弼本相近。

　　《老子》传本数量虽多，但溯本求源，主要是由以上所述四种展转流传，其中又以王弼、河上公二本为盛。王注本文笔晓畅，流传在文人学者与士大夫阶层；河上公注本通俗简要，流行于道流学子与平民百姓之间。自玄宗开元御注本出，始创异本勘合之风，玄宗御注本即依违王弼、河上之间。兹后各家注释《老子》，无不选择"善本"，"善本"来源无非效法御注，即异本勘合，择善而取，美其名曰"校定"。傅奕校定之《古本老子》即其中一例。唐宋以后，各种版本展转传抄，彼此承讹袭谬，互相窜改，其结果经文内容皆同流合一，大同小异，区别仅限于衍文脱句或虚词用字。阅读今本《老子》，虽明知其误，却无法核证。故仅依今本勘校，绝对找不出任何问题。

　　一九七三年冬，湖南长沙马王堆第三号汉墓出土的帛书《老子》甲、乙本，是目前所见最古老的两种抄本。其中一种用篆书抄写，名为甲本；另一种用隶书抄写，名为乙本。甲本无避讳，乙本避"邦"字讳，说明两本抄写时代不同。甲本抄写在刘邦称帝之前，乙本抄写在刘邦称帝之后，距今均两千馀年，皆属汉初。甲、乙本各有特点，诸如经文句型、虚词，及其所用古今字、假借字等均有差别。句型：甲本"此之谓玄德"，乙本作"是谓玄德"；甲本"故曰为道者非以明民也"，乙本作"古之为道者非以明民也"。虚词：甲本"为者败之，执者失之"，乙本作"为之者败之，执之者失之"。甲本多用古字，乙本用今字。如乙本"祸"，甲本写作"䙴"；乙本"货"，甲本写作"儥"；乙本"槁"，甲本写作"薨"。诸如此类差别不下二百馀处，贯串全书始末，足以说明甲、乙本来源不同，代表汉初两种不同古本。应当说这是中国考古发掘工作中一项重大收获。

本书选用王弼本作为勘校帛书《老子》甲、乙本之主校本，是经过反复考察之后确定的。今传王本主要是明张之象本，书中讹误确实不少，洪颐煊《读书丛录》谓："王注出于明代，或后人掇拾为之。"朱谦之用其与河上本比较，指出王本劣于河上者有六点。但是，今同帛书《老子》甲、乙本勘校，事实并非如此，过去朱氏所指王本之劣者，正是它的优点。如第五十一章，王本"亭之毒之"，河上本作"成之熟之"。朱氏认为"河上本于义为优"，岂不知帛书《老子》甲、乙本均作"亭之毒之"，与王本相同，河上本作"成之熟之"，则为后人所改。第九章王本"功遂身退天之道"，河上本作"功成名遂身退天之道"。朱氏谓王本有脱误，岂不知帛书《老子》甲、乙本均与王本同，河上本"成名"二字乃后人增入。第十三章王本"何谓宠辱若惊，宠为下"。朱氏谓王本讹误，河上本作"何谓宠辱，宠为上，辱为下"（按今河上本无"宠为上"三字，朱氏据景福碑言之），岂不知帛书《老子》甲、乙本此文正作"何谓宠辱若惊，宠为下"，与王本同，朱氏所说有误。第五十五章王本经文作"蜂虿虺蛇不螫"，注文作"故毒虫螫之物，无犯于人也"；河上本经文作"毒虫不螫"，注文作"蜂虿蛇虺不螫"，王本经文而与河上本注文相同。朱谦之将此差异视为王本后于河上本之铁证。他说："河上本'毒虫不螫'，王本作'蜂虿虺蛇不螫'。案此六字乃河上公注，王本误以河上公注羼之，此为王本后于河上之铁证。"岂不知帛书《老子》经文即作"蜂虿虺蛇不螫"，与王本完全一致，河上公则把王弼释"蜂虿虺蛇"之注文"毒虫"二字窜入经文内，误作"毒虫不螫"；又将经文"蜂虿虺蛇不螫"误入注文中。经勘校证明，事实恰与朱说相反，此却成为河上本后于王本之铁证矣。诚如前文所述，王本也并非尽善，同帛书《老子》勘校，除多处与河上本存有相同的讹误之外，也有不及河上本者。如第十五章河上本"俨兮其若客"，与帛书《老子》相同，则王本"客"误作"容"。第二章河上本"长短相形"，亦与帛书《老子》同，王本"形"误作"较"。诸如此类皆因抄写致误。但是，与河上本之讹误相比，犹如小巫见大巫。为了弥补这一缺陷，除以王本作为主校本外，另选用敦煌写本、道观碑本及历代刊本计三十三种，作为参校本。参校本之名称与版本均见校本书目。

帛书《老子》甲、乙本在当时只不过是一般的学习读本，皆非善本。书中不仅有衍文脱字、误字误句，而且使用假借字也极不慎重。出土时又因自然损坏，经文均有残缺。但是，它的珍贵，主要是抄写的时间早。近古必存真，因而较多地保存《老子》原来的面貌。尤其是同墓出土两个来源不同的古本，不仅可相互印证，而且同时用两个古本一起勘校今本，对订正今本讹误，更有价值。

通过勘校证明，世传《老子》诸本，经文皆有讹误，被后人改动之处甚多，往往因一字之讹，则经义全非。如今本"无为而无不为"句，世传本中出现次数不同而皆有之，已成《老子》中之名言。但在帛书《老子》甲、乙本中，均无此痕迹。帛书《老子》只有"无为而无以为"，而无"无为而无不为"。"无为而无不为"本不出于《老子》，它是汉初黄老学派之产物。从而可见，今本中类似这种统一性的共存讹误，如非汉帛书《老子》甲、乙本出土，则根本无法发现。

《老子道德经》一书是战国初年的作品，先秦时代之《庄》、《列》、《韩非》、《吕览》等书皆有征引。《汉志》所载邻氏《老子经传》、傅氏《老子经说》、徐氏《老子经说》，均早已不传；帛书《老子》甲、乙本，皆为汉初遗物，是目前所见《老子》最早的古本。勘校此书的目的，只求依据帛书《老子》甲、乙本勘正今本伪误，澄清其中是非，以恢复《老子》经文真旨。愚自知寡陋，不敢妄作，惟衷众议，择善而从；偶有所得，略述浅识，以备参考。非常感谢张岱年先生在百忙中为我审阅书稿，指出破绽，并帮我弥补，又赐之序。曾蒙英国王宽诚学术基金的资助，使我有机会于一九八九年访问伦敦大学，该校亚非学院图书馆与英国伦敦图书馆向我提供了所藏有关《老子》的一切资料，此书几乎有一半的工作，是在那里完成的。特别感谢的是汤姆森(P. M. Thompson)教授和艾兰(Sarah Allan)博士，他们为我组织了多次研讨会，给我很大帮助。限于作者水平，书中谬误势所难免，恭请师友批评指正。

一九九〇年九月高明识

勘校说明

一、本书以王弼注本为勘校帛书《老子》之主校本，另取敦煌卷本、道观碑本、历代刊本计三十三种作为参校本。按照帛书《老子》篇次，《德经》在前，《道经》在后；参照今本章次，分别句段，顺序勘校。

二、按帛书甲本、乙本与王本之先后次序，将三者经文分别句段抄录于下，以便相互勘校和比较。如帛书《老子》因埋藏而被损坏之字，甲本残坏则据乙本补；乙本残坏则据甲本补；甲、乙本共同残坏则据王本或其他今本补。补文一律用〔〕形括弧括起。帛书《老子》原有之衍文脱句等错误，录文不删不补，仍照原文写成今字，只在后文予以辨证说明。

三、帛书甲、乙本经文中均有假借字和古体字，勘校时除将其按原形写出后，在其字下注明当用之本字和今字，皆用（）形括弧括起，以示区分。

四、《老子》今本经文颇多差异，故本书除用王本作主校本外，另选三十三种不同版本作参校本。任何参校本凡经文与王本相同者不录，仅录其经文异于王本者，以便了解今本经文之分歧，及其与帛书甲、乙本之异同。

五、世传《老子》版本种类很多，本书选用之主校本与参校本并不能完全概括所有版本之经文内容，遇有经文特殊或独异今本而近于帛书甲、乙本者，亦详录其经文，而书名出处可见参考书目。

六、经文校注约可分作四项内容：首先是帛书甲、乙本与王本勘校，其次是主校本与参校本相互比较，再次是异文辨证，最后解释经义。但因各段经文存在的问题不一，可随文省简，则难求一律。

七、帛书《老子》甲、乙本皆不分章，为便于与今本对照查阅，本书按王本《道经》三十七章、《德经》四十四章之序列分作相应的八十一段，每段经文之前皆用汉语数字标明序号。因今本原有错简，凡遇今本章次倒误则与帛书甲、乙本经文序次不合者，均在序号下加注说明。

八、帛书《老子》甲、乙本，有时在经文下标注一阿拉伯数码，此是用来表示这段经文在帛书中所居之行数；因乙本每行分两段，故在数码后又有上、下之分。据此可查阅帛书原文。

九、本书所引前人研究成果和各家议论，俱见本书所用参考书目。

十、书后附帛书甲、乙本《残卷实录》与《勘校复原》各一本，残卷中之残缺字均用□符号表示；复原本是根据上述勘校和辨证，将原有之衍文脱句、误字误句、残文坏字以及所用之古字借字等考核订正，予以复原，以便参考。

本书所据校本书目与简称

石刻本

唐景龙二年(公元七〇八年)河北《易州龙兴观道德经碑》 简称：景龙本

唐开元二十六年(公元七三八年)河北《易州龙兴观道德经幢》 简称：易玄本

唐开元二十七年(公元七三九年)河北《邢州龙兴观道德经幢》 简称：邢玄本

唐景福二年(公元八九三年)河北《易州龙兴观道德经碑》 简称：景福本

宋景祐四年(公元一〇三七年)甘肃《庆阳县天真观道德经幢》(有残泐) 简称：庆阳本

元至元二十七年(公元一二九〇年)陕西《盩厔县楼观台道德经碑》 简称：楼古本

元大德三年(公元一二九九年)陕西《宝鸡磻溪宫道德经幢》 简称：磻溪本

元延祐三年(公元一三一六年)赵孟頫书《道德经》石刻 简称：孟頫本

元(无年月)陕西《盩厔县楼观台道德经碑》 简称：楼正本

《遂州道德经碑》(《道藏》罔七—罔八，无名氏《道德真经次解》)
　　简称：遂州本

敦煌写本

敦煌唐人写本《老子道德经》残卷，首章至五章　《西陲秘籍丛残》
　　简称：敦煌甲本

敦煌唐人写本《老子道德经》残卷，九章至十四章　《西陲秘籍丛残》　简称：敦煌乙本

敦煌唐人写本《老子道德经》残卷，十章至十五章　《西陲秘籍丛残》　简称：敦煌丙本

敦煌唐人写本《老子道德经》残卷，二十七章至三十六章　《西陲秘籍丛残》　简称：敦煌丁本

敦煌唐人写本《老子道德经》残卷，三十九章至四十一章　《西陲秘籍丛残》　简称：敦煌戊本

敦煌唐人写本《老子道德经》残卷，四十一章至五十五章　《西陲秘籍丛残》　简称：敦煌己本

敦煌六朝写本《老子道德经》残卷，五十七章至八十一章　简称：敦煌庚本

敦煌唐人写本成玄英《道德经开题序诀义疏》，六十章至八十章(罗振玉误为孟智周《义疏》)《鸣沙石室古籍丛残》　简称：敦煌辛本

敦煌唐人写本《老子道德经》残卷，六十三章至七十三章　《西陲秘籍丛残》　简称：敦煌壬本

敦煌唐人写本《老子道德经》残卷，十章至三十七章　英国伦敦图书馆藏　简称：敦煌英本

历代刊本

王弼《老子道德经注》　清光绪元年浙江书局重刻明华亭张之象本　简称：王弼本、王本

河上公《老子道德经章句》　上海涵芬楼影印常熟瞿氏藏宋刊本　简称：河上本

严遵《道德真经指归》　成都怡兰堂校刊本　简称：严本

傅奕《道德经古本篇》　上海涵芬楼影印《道藏》慕二　简称：傅本或古本

顾欢《道德真经注疏》　上海涵芬楼影印《道藏》信一——信五　简称：顾本

司马光《道德真经论》　上海涵芬楼影印《道藏》得一——得二　简称：司马本

宋徽宗御解《道德真经》　上海涵芬楼影印《道藏》才五——才八　简称：徽本

邵若愚《道德真经直解》　上海涵芬楼影印《道藏》改五——改八　简称：邵本

范应元《老子道德经古本集注》　《续古逸丛书》影印傅沅叔藏宋刊本　简称：范本

苏辙《道德真经注》　上海涵芬楼影印《道藏》得七——得十　简称：苏本

彭耜《道德真经集注》　上海涵芬楼影印《道藏》恃四—长四　简
　　称：彭本

吴澄《道德真经注》　上海涵芬楼影印《道藏》短一——短四　简称：
　　吴本

林志坚《道德真经注》　上海涵芬楼影印《道藏》丝一——丝二　简
　　称：林本

焦竑《老子翼》　渐西村舍本　简称：焦本

《马王堆汉墓帛书》(壹)　文物出版社一九八〇年　简称：帛书甲
　　本　帛书乙本

本书所用参考书目

陆德明《老子道德经音义》 《经典释文》卷二十五 上海古籍出版
 社影印北京图书馆藏宋刊本

李荣《老子道德经注》 上海涵芬楼影印《道藏》《丝》七—《丝》十

李约《老子道德真经新注》 上海涵芬楼影印《道藏》能一—能四

陆希声《道德真经传》 上海涵芬楼影印《道藏》必一—必四

强思齐《道德真经玄德纂疏》 上海涵芬楼影印《道藏》使一—覆三

杜光庭《道德真经广圣义》 上海涵芬楼影印《道藏》羔一—行十二

《唐玄宗御注道德真经》 上海涵芬楼影印《道藏》男三—男六

《唐玄宗御注道德真经疏》 上海涵芬楼影印《道藏》效一—效十

王弼《道德真经注》 上海涵芬楼影印《道藏》得三—得六

河上公《道德真经注》 上海涵芬楼影印《道藏》知一—知四

息斋道人《道德真经义解》 上海涵芬楼影印《道藏》丝三—丝六

吕惠卿《道德真经传》 上海涵芬楼影印《道藏》必五—必八

陈象古《道德真经解》 上海涵芬楼影印《道藏》知五—知六

陈景元《道德真经藏室纂微篇》 上海涵芬楼影印《道藏》欲一—
 难二

林希逸《道德真经老子口义》 上海涵芬楼影印《道藏》彼一—彼四

赵志坚《道德真经疏义》 上海涵芬楼影印《道藏》悲八—悲十

容肇祖辑《王安石老子注》 《无求备斋老子集成初编》 台湾艺文

印书馆影印

吕知常《道德经讲义》　北京图书馆藏明刊本

程大昌《易老通言》　引自彭耜《道德真经集注》

叶梦得《老子解》　引自彭耜《道德真经集注》

黄茂材《老子解》　引自彭耜《道德真经集注》

吕吉甫《老子道德经注》　引自焦竑《老子翼》

王元泽《老子道德经注》　引自焦竑《老子翼》

寇才质《道德真经四子古道集解》　上海涵芬楼影印《道藏》过一—
　　过十

李道纯《道德会元》　上海涵芬楼影印《道藏》谈三—谈四

杜道坚《道德玄经原旨》　上海涵芬楼影印《道藏》彼五—彼八

张嗣成《道德真经章句训颂》　上海涵芬楼影印《道藏》谈一—谈二

刘惟永《道德真经集义》　上海涵芬楼影印《道藏》诗一—染八

王守正《道德真经衍义手抄》　上海涵芬楼影印《道藏》量一—墨五

邓錡《道德真经三解》　上海涵芬楼影印《道藏》改一—改四

《明太祖御注道德真经》　上海涵芬楼影印《道藏》男一—男二

危大有《道德真经集义》　上海涵芬楼影印《道藏》覆四—器四

王道《老子亿》　北京崇华堂排印本

释德清《道德经解》　金陵刻经处刊本

沈一贯《老子通》　北京图书馆藏明万历刊本

徐大椿《道德经注》　清乾隆二十五年刻本

姚鼐《老子章义》　《惜抱轩全集》

魏源《老子本义》　中华书局

潘静观《道德经妙门约》　引自马叙伦《老子覈诂》

俞樾《老子平议》　《诸子平议》

高延第《老子证义》　清光绪十二年刊本

易顺鼎《读老札记》　清光绪甲申宝瓠斋刊本

吴云《老子道德经幢残石》　《二百兰亭斋金石记》

易佩绅《老子解》　清光绪壬辰湖北臬署大字排印本

严复《老子道德经评点》　《老子集成续编》影印日本榎木邦信朱墨
　　套印本

刘师培《老子斠补》　《刘申叔先生遗书》第二十六册

马其昶《老子故》　秋浦周氏刊本

罗振玉《老子道德经考异》附《补遗》　上虞罗氏刊本

罗振玉《老子残卷六种》　上虞罗氏影印贞松堂藏《西陲秘籍丛
　　残》本

罗振玉《敦煌本老子道德经义疏第五残卷》　《鸣沙石室古籍丛残》
　　第四册

罗振玉《敦煌本老子义残卷》　东方学会印《敦煌石室碎金》

陶邵学《校老子》　顺德黄氏藏手稿本　本书引自马叙伦《老子覈
　　诂》(马氏误谓陶方琦，不确。参见《老子考·附录二》)

杨树达《老子古义》　中华书局聚珍仿宋印本

孙诒让《老子札记》　光绪二十年刊《札迻》

纪昀《校老子》　《武英殿聚珍版丛书》本

毕沅《老子道德经考异》　《经训堂丛书》本

卢文弨《老子音义考证》　《抱经堂丛书》(在《经典释文》内)

洪颐煊《读老子丛录》　《读书丛录》卷十三

王念孙《读书杂志馀编》　商务印书馆《万有文库》本

陶鸿庆《读老子札记》《读诸子札记》 中华书局

李翘《老子古注》 芬薰馆印本

谭献《读老子》《半厂丛书》《复堂日记》本

劳健《老子古今考》 辛巳影印手写本

陈柱《老子韩氏说》 商务印书馆

陈柱《老子集训》 商务印书馆

奚侗《老子集解》 一九二五年序刊本

罗运贤《老子馀义》 成都石印本

马叙伦《老子覈诂》《天马山房丛书》本

南总宇惠考订《王注老子道德真经》《老子集成初编》影印日本须
原屋茂兵卫刊本

高亨《老子正诂》 开明书店排印本与北京古籍出版社重订本

高亨《老子注译》 河南人民出版社

胡适《校老子》(稿本) 引自马叙伦《老子覈诂》

蒋锡昌《老子校诂》 商务印书馆

蒙文通辑《成玄英老子义疏》 四川省立图书馆刊本

于省吾《老子新证》《双剑誃诸子新证》 中华书局

饶宗颐《老子想尔注校笺》《选堂丛书》之二

朱谦之《老子校释》 龙门联合书局

任继愈《老子今译》 古籍出版社

严灵峰《马王堆帛书老子试探》

严灵峰《无求备斋老子集成》 台湾艺文印书馆影印本

陈鼓应《老子注译及评介》 中华书局

许抗生《帛书老子注译与研究》 浙江人民出版社

张松如《老子说解》 齐鲁书社

楼宇烈《王弼集校释》上册 中华书局

大田晴轩《老子全解》 日本天保壬寅刊本

刘殿爵英译《老子道德经》(一九八二年据帛书《老子》甲、乙本重译，书内附一九六三年旧译本) 香港中文大学出版社

刘殿爵《马王堆汉墓帛书老子初探》 香港一九八二年九月号《明报月刊》

高明《帛书〈老子〉甲乙本与今本〈老子〉勘校札记》 《文物资料丛刊》第二辑

郑良树《从帛书〈老子〉论严遵〈道德指归〉之真伪》 《古文字研究》第七辑

砺冰《"法令滋彰"还是"法物滋彰"》 《历史研究》一九七六年第二期

冯逸《〈老子〉二十一章试释》 《文史》一九六三年第二辑

冯友兰《关于老子哲学的两个问题》 《老子哲学讨论集》 《哲学研究》编辑部

《周易正义》 清乾隆四年武英殿刻《十三经注疏》附《考证》本

《尚书正义》 清乾隆四年武英殿刻《十三经注疏》附《考证》本

《毛诗正义》 清乾隆四年武英殿刻《十三经注疏》附《考证》本

《周礼注疏》 清乾隆四年武英殿刻《十三经注疏》附《考证》本

《仪礼注疏》 清乾隆四年武英殿刻《十三经注疏》附《考证》本

《礼记注疏》 清乾隆四年武英殿刻《十三经注疏》附《考证》本

《春秋左传正义》 清乾隆四年武英殿刻《十三经注疏》附《考证》本

《韩诗外传》 《古经解汇函》本

《史记》 商务印书馆影缩百衲本

《汉书》 商务印书馆影缩百衲本

《后汉书》 商务印书馆影缩百衲本

《三国志》 商务印书馆影缩百衲本

《国语》 黄丕烈《士礼居丛书》本

《战国策》 黄丕烈《士礼居丛书》本

《管子》 清光绪二年校刻明吴郡赵氏本

《庄子》 清光绪二年校刻明世德堂本

《论语集解义疏》 《古经解汇函》重刻鲍本

《孟子集注》 清光绪六年益兴堂刊朱熹《集注》

《孙子》 清光绪三年校刻孙氏《平津馆丛书》本

《列子》 清光绪二年校刻明世德堂本

《晏子春秋》 清光绪元年校刻孙氏《平津馆丛书》本

《荀子》 清光绪二年校刻嘉善谢氏本

《吕氏春秋》 《经训堂丛书》本

《商子》 《四部丛刊》影印明天一阁刻本

《韩非子》 清光绪元年吴氏影宋乾道本

梁启雄《韩子浅解》 中华书局

《文子缵义》 光绪重刻《武英殿聚珍》本

《尹文子》 《湖海楼丛书》本

《牟子》 《平津馆丛书》本

刘文典《淮南鸿烈集解》 商务印书馆

《淮南子》高诱《注》 庄逵吉刊本

贾谊《新书》　《四部丛刊》影印明刊本

刘向《说苑》　《四部丛刊》影印明刊本

黄晖《论衡校释》　商务印书馆

《颜氏家训》　《抱经堂丛书》本

李善《文选注》　上海涵芬楼影印宋刊本

《九章算术》　《四部丛刊》影印微波榭本

《周髀算经》　《四部丛刊》影印明刻本

杜佑《通典》　崇仁谢氏合刻本

周敦颐《太极图说》　明刊《性理大全会通》第一册

洪迈《容斋随笔》　上海古籍出版社

《太平御览》　《四部丛刊续编》影印宋刊本

郝懿行《尔雅义疏》　沔阳陆氏刻本

段玉裁《说文解字注》　中华书局《四部备要》本

朱骏声《说文通训定声》　清道光戊申刻本

周祖谟《方言校笺》　科学出版社

刘熙《释名》　《经训堂丛书》本

王念孙《广雅疏证》　金陵书局本

顾野王《玉篇》　上海涵芬楼影印元刊本

《广韵》　北京来薰阁影印吴门张氏重刻宋刊本

孔广森《诗声类》　渭南严氏校刊㦤轩孔氏本

王力《汉语音韵》　中华书局

黄焯《古今声类通转表》　上海古籍出版社

董同龢《上古音韵表稿》　中央研究院《历史语言研究所集刊》第十
　九辑

高明《古文字类编》　中华书局

董作宾《殷虚文字甲编》　商务印书馆影印本

刘鹗《铁云藏龟》　抱残守缺斋石印本

罗福颐《古玺文编》　文物出版社

高明《古陶文字征》　中华书局

银雀山汉墓竹简《孙膑兵法》　文物出版社

王引之《经传释词》　中华书局

杨树达《词诠》　中华书局

姚振宗《隋书经籍志考证》　《师石山房丛书》本

晁公武《郡斋读书志》　上海涵芬楼影印北京故宫博物院藏宋淳祐
　袁州刊本

陈振孙《直斋书录解题》　商务印书馆《丛书集成》本

钱曾《读书敏求记》　扫叶山房石印本

《四库全书总目提要》　商务印书馆《万有文库》本

王重民《老子考》　《中华图书馆协会丛书》第一种

德经校注

三十八（今本《德经》第三十八章）

甲本：〔上德不德，是以有德；下德不失德，是以无〕德。

乙本：上德不德，是以有德；下德不失德，是以无德。

王本：上德不德，是以有德；下德不失德，是以无德。

世传诸本此文皆与王本同。

帛书甲本残甚，仅存一"德"字，乙本保存完好，可据补甲本缺文。与今本勘校，彼此经文全同。

《韩非子·解老篇》云："德者内也，得者外也。'上德不德'，言其神不淫于外也。神不淫于外则身全，身全之谓德。德者，得身也。凡德者，以无为集，以无欲成，以不思安，以不用固。为之欲之，则德无舍，德无舍则不全。用之思之，则不固，不固则无功，无功则生有德。德者无德，不德则有德。故曰'上德不德，是以有德'。"以韩非所释，经义大白。德者，得也。常得无丧，利而无害，故以德为名。宇宙万物得失相附，成败相遂，何以得德，唯道是由。何以尽德，以无为用。以无为用，以虚为主，无事无欲，因循自若，不德而德，故谓之上。求则得之，为则成之，立善治物，名扬位显，实则得外失内，舍真求伪，似得实失，德则无德，故谓之下。

甲本：上德无〔为而〕无以为也。上仁为之〔而无〕1以为也。上义为之而有以为也。上礼〔为之而莫之应也，则〕攘臂而乃（扔）之。

乙本：上德无为而无以为也。上仁为之而无以为也。上德（义）为之而有175上以为也。上礼为之而莫之應（应）也，则攘臂而乃（扔）之。

王本：上德无为而无以为。下德为之而有以为。上仁为之而无以为。上义为之而有以为。上礼为之而莫之应，则攘臂而扔之。

　　世传今本"上德"、"下德"、"上仁"、"上义"四句多与王本相同，唯严遵本作"上德无为而无不为。下德为之而有以为"，傅奕、范应元、楼古三本作"上德无为而无不为。下德为之而无以为"，与之稍别。景龙、易玄、景福、庆阳、磻溪、楼正、遂州、严遵、河上、傅、顾、徽、苏、彭、志、焦诸本，末句"扔"字均作"仍"，作"则攘臂而仍之"。

　　帛书甲本残损十二字，假"乃"字为"扔"。乙本保存完好，亦假"乃"字为"扔"，而可据补甲本缺文。但是，乙本缺点是，误将"上义"之"义"字写成"德"，抄写不慎所致，可据甲本更正。与今本勘校，主要分歧有二处：

　　一、帛书甲、乙本无"下德"一句，世传本皆有之。此是帛书与今本重要分歧之一。《老子》原本当如何？从经文分析，此章主要讲论老子以道观察德、仁、义、礼四者之不同层次，而以德为上，其次为仁，再次为义，最次为礼。德、仁、义、礼不仅递相差次，每况愈下，而且相继而生。如下文云："失德而后仁，失仁而后义，失义而后礼。夫礼者，忠信之薄而乱之首也。"德、仁、义、礼之间各自差距如何？老子用"无为"作为衡量四者的标准，以"无为而无以为"最上，"为之而无以为"其次，"为之而有以为"再次，"为之而莫之应，则攘臂而扔之"最次。据帛书甲、乙本分析，德、仁、义、礼四者的差别非常整齐，逻辑意义也很清楚。今本衍"下德"一句，不仅词义重叠，造成内容混乱，而且各本衍文不一，众议纷纭。如王弼诸本衍作"下德为之而有以为"，则同"上义为之而有以为"相重；傅奕诸本衍作"下德为之而无以为"，则同"上仁为之而无以为"相重。由此可见，"下德"一句在此纯属多馀，绝非《老子》原文所有，当为后人妄增。验之《韩非子·解老篇》，亦只言"上德"、"上仁"、"上义"、"上礼"，而无"下德"，与帛书甲、乙本相同，足证《老子》原本即应如此，今本多有衍误。

二、帛书甲、乙本"上德无为而无以为"一句，王弼本与其他传本多与帛书相同，唯严遵、傅奕、范应元、楼古四本及《韩非子·解老篇》作"上德无为而无不为"。"无以为"与"无不为"意义迥别，分歧绝非偶然，二者之间必有一误。但是，弄清孰是孰非，首先应澄清《解老篇》引文有无讹误，如此一问题得到解决，严、傅等传本经文之真伪即可迎刃而解。众所周知，《老子》主张"无为"，尤以"虚者之无为"尚可成为道家最高标准"上德"。如何才能达到此境界，《韩非子·解老篇》作了极其透彻的说明。他说："所以贵无为无思为虚者，谓其意无所制也。夫无术者，故以无为无思为虚也。夫故以无为无思为虚者，其意常不忘虚，是制于为虚也。虚者，谓其意无所制也，今制于为虚，是不虚也。虚者之无为也，不以无为为有常。不以无为为有常则虚，虚则德盛，德盛之谓上德。"但在句末引《老子》语时，则谓"故曰上德无为而无不为也"。韩非所谓的"虚"，指无为无思，即在思想上不去为无为专下功夫而思虑。因此他说无术之人故意以无为无思为手段，常常为它绞脑筋，苦思虑，那是"其意常不忘虚，是制于为虚也"。"制于为虚"，实际是不虚。韩非的论述对《老子》的"无为"解释得很清楚。所谓"上德"，就是"虚者之无为"，同时说明"无为无思为虚者"。"无为无思"，指思想不受其制，即无所为的无为，思想不为无为而思虑的自然无为，也即老子所讲的"无为而无以为"，如此才能真正达到虚境，则谓"上德"。从韩非这段论述中，毫无"无为而无不为"之意，正是对"无为而无以为"之诠释。仔细阅读《解老篇》中这段文字，自然会觉察到它所论述的内容，则与引文"无为而无不为"互相龃龉，足证引文原非如此，当依帛书作"无为而无以为"，彼此才得吻合一致，错误显然是由后人传抄造成的。不言而喻，《解老篇》引文既然有误，而严、傅、范与楼古四本此文，也必经后人窜改，非《老子》原本之义。

甲本：故失道2而后德，失德而后仁，失仁而后义，〔失义而后礼。夫礼者，忠信之薄也〕，而乱之首也3。

乙本：故失道而后德，失德而句（后）仁，失仁而句（后）义175下，失义而句（后）礼。夫礼者，忠信之泊

（薄）也，而乱之首也。

王本：故失道而後德，失德而後仁，失仁而後义，失义
　　　　而後礼。夫礼者，忠信之薄而乱之首。

　　"失道"、"失德"、"失仁"、"失义"四句，王弼本与诸传
本经文皆同，唯后一句严遵本无"夫"字，作"礼者，忠信之薄而
乱之首"；景福、楼古、孟頫、傅奕、司马、范、徽、彭、焦诸
本，句末均有"也"字，作"夫礼者，忠信之薄而乱之首也"。

　　帛书甲本残损十三字，首句"失"下似有重文号，又似"道"
字残迹，"道"下一字模糊不清，似被勾去的坏字。据帛书研究
组云："此多'失道矣'三字。"因字迹不清未敢苟同，姑记于此，
以备参考。甲本"後"字，均写为"后"。帛书乙本保存完好，可
据补甲本缺文。乙本"後"字亦写作"后"，或假"句"字为"后"。
与今本勘校，经文多同，有之仅因虚词稍异。刘师培云："案
《韩非子·解老篇》云：'道有积而德有功，德者道之功。功有
实而实有光，仁者德之光。光有泽而泽有事，义者仁之事也。
事有礼而礼有文，礼者义之文也。故曰：失道而后失德，失德
而后失仁，失仁而后失义，失义而后失礼。'据此文观之，则王
本、河上本均脱四'失'字。"马叙伦曰："《后汉书·崔骃传》注
引无四'而'字，《朱穆传》注引有，《辅行记》一之三引更有'失
礼而后智，失智而后信'两句。然各本及《庄子·知北游篇》引
并同此。又验义，亦不当有此两句及四'失'字。"帛书甲、乙本
经文与今本相同，均无四"失"字，则为马说得一确证。可见
《韩非子·解老篇》所引《老子》之文，未必全是，皆应具体
考证。

　　王弼注："不能无为而贵博施，不能博施而贵正直，不能正直而贵饰敬。所谓'失德而后仁，失仁而后义，失义而后礼也'。夫礼也，所始首于忠信不笃，通简不阳，责备于表，机微争制。夫仁义发于内，为之犹伪，况务外饰而可久乎!"按：德、仁、义三者，虽相递次，然皆发之于内，守忠而笃信。夫礼者，形之于外，饰非而行伪，故曰礼行德丧仁义失。则质残文贵，本废末兴，诈讹日盛，邪慝争生，因而谓为"乱之首"。

甲本：〔前识者〕，道之华也，而愚之首也。

乙本：前识者，道之华也，而愚之首也。

王本：前识者，道之华也，而愚之始。

　　严遵本"识"字作"职"，谓"前职者"，注云："预设然也。"显知"职"乃"识"之误字。傅奕本"始"作"首"，下有"也"字，则为"前识者，道之华而愚之首也"。楼古、孟頫、司马、徽、邵、范、吴、彭、焦等诸本，"始"下皆有"也"字，作"前识者，道之华而愚之始也"。《韩非子·解老篇》引作"前识者，道之华也，而愚之首也"，与帛书甲、乙本经文同。

　　帛书甲本残损三字，乙本完好，可据补甲本缺文。与今本勘校，帛书末句"而愚之首也"，世传本多同王本作"而愚之始"，唯傅奕本与帛书同，《韩非子·解老篇》引亦作"而愚之首也"。王弼注亦云"道之华而愚之首"，是王本原亦作"首"。故知此文当从帛书甲、乙本作"愚之首"是。

　　河上公注："不知而言知为前识。"王弼注："前识者，前人而识也，即下德之伦也。竭其聪明以为前识，役其智力以营庶事，虽得其情，奸巧弥密，虽丰其誉，愈丧笃实。"《韩非子·解老篇》云："先物行、先理动之谓前识。前识者，无缘而忘（通妄）意度。何以论之？詹何坐，弟子侍，有牛鸣于门外，弟子曰：'是黑牛也，而白在其题。'詹何曰：'然，是黑牛也，而白在其角。'使人视之，果然黑牛而以布裹其角。以詹子之术婴众人之心，华焉殆矣，故曰'道之华也'。尝试释詹子之察，而使五尺之愚童子视之，亦知其黑牛而以布裹其角也。故以詹子之察，苦心伤神，而与五尺之愚童子同功，是以曰'愚之首也'。"韩非用詹何识牛之例，批判其不调查，不研究，不遵循认识规律，而任凭主观猜测之浮华虚伪之术，则对"前识者"解释得极其透澈。今本多作"愚之始"，傅奕同甲、乙本皆作"愚之首"。《尔雅·释诂》："首，始也。""首"、"始"义同，"首"字当释为"始"。易顺鼎云："窃谓'愚'当作'遇'，即《书·盘庚》'暂遇奸宄'之'遇'，又即《淮南》'偶睫智故'之'偶'。《吕氏春秋·勿躬篇》'幽诡愚险之言'，王氏《经义述闻》以为'愚'即'遇'，'愚'、'遇'古字通用，知此书亦然矣。'愚之始'，即邪伪之始也。"

甲本：是以大丈夫居其厚而不居其泊（薄），居其实不居其华4。故去皮（彼）取此。

乙本：是以大丈夫居〔其厚而不〕176上居其泊（薄），居其实而不居其华。故去罢（彼）而取此。

王本：是以大丈夫处其厚不居其薄，处其实不居其华。故去彼取此。

　　严遵、顾欢、傅奕、范应元四本"居"字均作"处"，读作"是以大丈夫处其厚不处其薄，处其实不处其华"；景龙、易玄、庆阳、楼古、磻溪、孟頫、楼正、遂州、徽、邵、司马、苏、吴、彭诸本首句"居"字作"处"，后句"处"字作"居"，读作"是以大丈夫处其厚不处其薄，居其实不居其华"。又严遵本无"故"字，作"去彼取此"。

　　帛书甲本假"泊"字为"薄"，假"皮"字为"彼"；乙本残损四字，可据甲本补，亦假"泊"字为"薄"，又假"罢"字为"彼"，经文相同。与今本勘校，帛书甲、乙本"居"字，严、傅诸本皆作"处"，其他本"居"、"处"两用，此二字词异义同，于经义无别。

　　《老子》所谓"厚"与"实"者，乃指道德而言，而"薄"与"华"者，则指仁、义、礼之谓也。如《文子·上仁篇》云："文子问：'仁义礼何以薄于道德也?'老子曰：'为仁者必以哀乐论之，为义者必以取与明之；四海之内哀乐不能遍，府库之财货不足以赡万民。故知不如修道而行德，因天地之性，万物自正，而天下赡，仁义因附，是以大丈夫居其厚不居其薄。'"《韩非子·解老篇》云："所谓'大丈夫'者，谓其智之大也。所谓'处其厚不处其薄'者，行情实而去礼貌也。所谓'处其实不处其华'者，必缘理不径绝也。所谓'去彼取此'者，去貌径绝，而取缘理好情实也。"

德经校注

三十九（今本《德经》第三十九章）

甲本： 昔之得一者，天得一以清，地得〔一〕以宁，神得一以䨺（灵），浴（谷）得一以盈，侯〔王得一〕而以为〔天下〕5正。

乙本： 昔得一者，天得一以清，地得一以宁，神得176下一以䨺（灵），浴（谷）得一盈，侯王得一以为天下正。

王本： 昔之得一者，天得一以清，地得一以宁，神得一以灵，谷得一以盈，万物得一以生，侯王得一以为天下贞。

自"昔之得一者"以下，天、地、神、谷四句，世传本均与王本相同。唯"万物得一以生"与下文"万物无以生将恐灭"二句，严遵与敦煌戊二本无。傅、范、遂州、徽四本"侯王"二字作"王侯"；徽、范二本"贞"字作"正"，谓"王侯得一以为天下正"；遂州本"贞"字作"政"，谓"王侯得一以为天下政"；景龙、庆阳、楼古、磻溪、楼正、河上、顾、邵、司马、林诸本"贞"字均作"正"，谓"侯王得一以为天下正"；景福碑作"侯王得一为天下正"。

帛书甲本最后一句甚残,文字多毁。帛书研究组将其复原为"侯王得一而以为正"。此处修补有误,不敢苟同,故据乙本补。乙本保存完好,唯首句"昔"字下脱"之"字,第五句"盈"字上脱"以"字,应据甲本补。与今本勘校,主要分歧有二处:

一、帛书甲、乙本无"万物得一以生"与下文"万物无以生将恐灭"二句对文;王弼、河上公及世传诸本多有此二句。此乃本章经文之一大差异,其中必有一误。河上公本"其致之"三字之注文云:"致,诚也。谓下五事也。""下五事",显然是指以下"天"、"地"、"神"、"谷"、"万物"、"侯王"而言。但是,如依帛书甲、乙本将"万物"一事删去,则正与河上公所讲"五事"相合,否则就为六事,而非五事。由此可见,河上公注《老子》时,经文只有"天"、"地"、"神"、"谷"、"侯王"五事,而无"万物"一事,足以说明"万物得一以生"与下文"万物无以生将恐灭"二句对文,是在河上公注释之后增入的。再就严遵、敦煌戊本以及《文选·江文通杂体诗》注引《老子》皆无此二句,足可证明"万物"二句绝非《老子》原文,乃为后人妄增,当据帛书甲、乙本删去。

二、帛书甲、乙本"侯王得一以为天下正",世传今本有同王本"正"字作"贞",也有同傅本作"正"。"贞"与"正"二字通用,而"正"为本字。根据以上所举古今各本勘校,此文当订正为:"昔之得一者,天得一以清,地得一以宁,神得一以灵,谷得一以盈,侯王得一以为天下正。"

王弼注:"昔,始也。一,数之始而物之极也。"第四十二章经云："道生一，一生二，二生三，三生万物。"王注："万物万形，其归一也。""一"字均指道言。"天得一以清"，即天得道以清也。下文皆如是，犹谓地得道以宁，神得道以灵，谷得道以盈，侯王得道以为天下正。王念孙云："河上本'贞'作'正'，注云：'为天下平正。'念孙案：《尔雅》曰：'正，长也。''为天下正'，犹《洪范》言'为天下王'耳。下文'天无以清'、'地无以宁'，即承上文'天得一以清，地得一以宁'言之。又云：'侯王无以贵高。''贵高'二字正承'为天下正'言之，是'正'为君长之义，非平正之义也。王弼本'正'作'贞'，借字耳。"按：为天下之君，为天下之主，未必能为天下正。蒋锡昌云："'贞'为'正'之假，其谊专指清静之道言，此为《老子》特有名词。八章'正善治'，言清静之道善治也；四十五章'清静为天下正'，言以清静之道为天下清静之模范也；五十七章'以正治国'，言以清静之道治国也；五十七章'我好静而民自正'，言我好静而民自清静也。'为天下贞'，即四十五章'清静为天下正'，言为天下清静之模范。王氏以《尔雅》及《吕氏春秋》高注为证，训'正'为'主'，其说虽辨，然无以通《老子》全书之例也。王说非是。"直而不衺、纯而不杂之谓正。侯王守道才能纯正无衺、虚静无为，正如韩非所云："知治人者，其思虚静；知事天者，其孔窍虚。"

甲本：其致（诚）之也，胃（谓）天毋已清将恐〔裂〕，胃（谓）地毋〔已宁〕将恐〔发〕，胃（谓）神毋已霝（灵）〔将〕恐歇，胃（谓）浴（谷）毋已盈6 将恐渴

(竭)，胃(谓)侯王毋已贵〔以高将恐蹶〕。

乙本：其至(诚)也，胃(谓)天毋已清将恐莲(裂)，地毋
已宁将恐发，神毋〔已灵177上将〕恐歇，谷毋已
〔盈〕将渴(竭)，侯王毋已贵以高将恐欤(蹶)。

王本：其致之，天无以清将恐裂，地无以宁将恐发，神
无以灵将恐歇，谷无以盈将恐竭，万物无以生将
恐灭，侯王无以贵高将恐蹶。

首句"其致之"，楼古、孟頫、傅、范、徽、邵、司马、
彭、林、焦诸本均作"其致之一也"；景龙碑作"其致之"，与王
本同，朱谦之《老子校释》遗漏。此句以下之天、地、神、谷、
万物、侯王六句均承前文，世传本多与王本同；唯严遵与敦煌
戊本与帛书同，无"万物无以生将恐灭"句。"侯王"一句，世传
本甚复杂，流传多种句型。如王本作"侯王无以贵高将恐蹶"。
异于王本者，严、邵二本作"侯王无以为正而贵高将恐蹶"；
徽、彭、吴、孟頫石刻等作"侯王无以为贞而贵高将恐蹶"；傅
奕本作"王侯无以为贞而贵高将恐蹶"；范应元本作"王侯无以
为贞将恐蹶"；遂州本作"王侯无以贵高将恐蹶"；敦煌戊本作
"侯王无贵而高将恐蹶"；楼古、焦竑二本作"侯王无以贞而贵
高将恐蹶"；李道纯《道德会元》作"侯王无以贞贵高将恐蹶"。

帛书甲本残损十字，乙本残损四字，彼此可互补缺文，二
本经义相同。与今本勘校，其中主要差异，帛书各句"毋已"，
今本皆作"无以"，乃将"已"字写为"以"。因一字之差，则经
义全非，故各家注释颇多臆测，尤其是诠释"侯王"一句，更是
众说纷纭，不着边际。如王弼注："用一以致清耳，非用清以

清也。守一则清不失，用清则恐裂也。故为功之母不可舍也。是以皆无用其功，恐丧其本也。清不能为清，盈不能为盈，皆有其母，而存其形。故清不足贵，盈不足多，贵在其母，而母无贵形。"刘师培曰："案上文'天无以清'，'地无以宁'，'神无以灵'，'谷无以盈'，'万物无以生'，均承上文'以清'、'以灵'、'以盈'、'以生'言；惟此句'无以贵高'与上'以为天下贞'不相应。疑'贵'即'贞'字之讹。'贵'、'贞'形近，后人据此节王注有'清不足贵'诸文，遂改'贞'为'贵'。又疑'贵高'并文，与下'贵'、'高'二语相应，遂于'贵'下增'高'字。实则'贵'当作'贞'，'高'乃衍文也。"易顺鼎云："当作'侯王无以贞，将恐蹶'，'贞'误为'贵'。后人见下文'贵以贱为本，高以下为基'二句，以为承上文而言，妄于'贵'下又加'高'字，遂致踵讹袭谬，而义理不可通矣。"马叙伦曰："参核各本，知因下文误衍'贵高'二字，而后人加'而'字以贯其义者，此本是也（指经训堂刊傅奕校定本《老子》）。但衍'贵高'二字而转脱'为'字者，张嗣成本是也。衍'贵高'而转脱'为贞'二字者，寇等是也。衍'贵高'二字而脱'为'字加'而'字者，潘本是也。"蒋锡昌云："按'侯王无以为贞将恐蹶'，言侯王无以为天下贞，将恐颠败也。"朱谦之云："'侯王无以贞将恐蹶'，言侯王无以为贞，将恐颠覆失其位也。"任继愈《老子今译》将"侯王无以贵高将恐蹶"译作"侯王不能保持地位的贵高，怕要亡国"。高亨《老子注译》将"侯王无以为贞将恐蹶"译作"侯王若不得道就不能作为君长，将会垮台"。由于今本经文皆有讹误，故各家释译也多背离《老子》本义。帛书甲、乙本则作"天毋已清"，

“地毋已宁”，“神毋已灵”，“谷毋已盈”，“侯王毋已贵以高”，今本将“毋已”二字改作“无以”，尤其是将其中一个关键字“已”改作“以”，则原义全失。傅奕、范应元又将“毋已”改作“无以为”，失误更甚。《诗经·郑风·风雨》“鸡鸣不已”，郑笺：“已，止也。”“毋已”即无休止、无节制之义。如帛书甲、乙本云“天毋已清将恐裂”，正如河上公注：“言天当有阴阳施张，昼夜更用，不可但欲清明无已时，将恐分裂不为天。”由此可见，河上本“无以”原作“无已”，故作此诠释。再如，“地毋已宁将恐发”，刘师培云：“发，借为废。”河上公释为“泄”，皆有塌陷之义。河上公注云：“言地当有高下刚柔，气节五行，不可但欲安静无已时，将恐发泄不为地。”“神毋已灵将恐歇”，高亨释“歇”为“消失”。河上公注云：“言神当有王相囚死休废，不可但欲灵无已时，将恐虚歇不为神也。”“谷毋已盈将恐竭”，河上公注云：“言谷当有盈缩虚实，不可但欲盈满无已时，将恐枯竭不为谷。”帛书甲、乙本“侯王毋已贵以高将恐欮”，“以”字在此为连词。《广雅·释诂》：“以，与也。”“欮”乃“蹷”字之省，或作“躐”。《荀子·成相篇》“国乃躐”，杨倞注：“颠覆也。”经文犹言，侯王当屈己下人，如无节制地但欲贵于一切与高于一切，将恐被人所颠覆。贵与高并列，则同下文“故必贵而以贱为本，必高矣而以下为基”，前后词义恰相吻合。河上公经文作“侯王无以贵高将恐蹷”，与帛书甲、乙本相较，除“无已”二字作“无以”外，又于“贵”、“高”二字之间少一连词“与”，稍有差异。河上公注云：“言侯王当屈己以下人，汲汲求贤，不可但欲高于人，将恐颠覆失其位也。”从河上公注

文分析，他释"致"为"诚"，谓"其致之"为"其诚之"，谓
"天"、"地"、"神"、"谷"、"侯王"为"五事"而不计"万物"，
并释"无以"二字为"无已"，均可说明河上公原本此文与帛书
甲、乙本相近似，从而亦可证明帛书甲、乙本确保存了《老子》
本义。后人误将"天无已清"、"地无已宁"等诸"已"字，同前
文"天得一以清"、"地得一以宁"诸"以"字联系在一起，故将
"天无已清"等诸句"已"字皆改作"以"。因此一字之差，本义
全非。后人因讹袭谬，连绵千载，各家注释皆各持己见，自以
为说，唯河上公注于此段经文较切本义。但是，刘师培则斥之
曰："河上本出于王本后，据误文生训。"可见主观成见之深。
今幸有长沙马王堆汉墓帛书《老子》甲、乙本出土，千载之结顺
势而解。今据上述古今各本勘校，此文当订正为："其诚之也，
谓天毋已清将恐裂，地毋已宁将恐发，神毋已灵将恐歇，谷毋
已盈将恐竭，侯王毋已贵以高将恐蹶。"

甲本：故必贵而以贱为本，必高矣而以下为基。夫是7以
　　　　侯王自胃（谓）〔孤〕寡不彙（穀）。

乙本：故必贵以贱为本，必高矣而以下为177下基。夫是
　　　　以侯王自胃（谓）孤寡不彙（穀）。

王本：故贵以贱为本，高以下为基。是以侯王自谓孤寡
　　　　不穀。

　　景福、顾欢、司马诸本"贵"、"高"二字下均有"必"字，
作"故贵必以贱为本，高必以下为基"；河上公本仅在"高"下有
"必"字，作"故贵以贱为本，高必以下为基"；易玄本无下

"为"字，作"故贵以贱为本，高以下基"。傅奕、范应元二本
"侯王"二字作"王侯"，范氏又改"谓"字为"称"，作"是以王侯
自称孤寡不穀"；徽、邵、彭、孟頫诸本"谓"字也作"称"，作
"是以侯王自称孤寡不穀"；景福本"谓"字改作"曰"，谓"是以
侯王自曰孤寡不穀"；河上、顾欢、遂州、林志坚诸本"穀"字
均作"穀"，谓"是以侯王自谓孤寡不穀"；严遵本无"是以"二
字，作"侯王自谓孤寡不穀"。

　　帛书甲本残损一字，乙本保存完好，可据补甲本缺文。与
今本勘校，帛书甲、乙本"贵"、"高"二字之上，均有一"必"
字，作"故必贵以贱为本，必高矣而以下为基"。世传本多同王
本，无"必"字。景福等少数本有"必"字，则在"贵"、"高"二
字之下。从经义分析，"必"字不可缺，如河上公注文云："言
必欲尊贵，当以薄贱为本。""言必欲尊贵，当以下为本基。"可
见河上本原在"贵"、"高"二字之上皆有"必"字，与帛书甲、
乙本同。《淮南子·道应》引此文作"贵必以贱为本，高必以下
为基"，《原道训》引作"是故贵者必以贱为本，而高者必以下为
基"，两引四句皆有"必"字。今本并脱，均当据帛书甲、乙本
补正。

　　"孤寡不穀"皆侯王之谦称，洪颐煊云："《德经》'是以侯
王自谓孤寡不穀'。案《礼记·曲礼》：'于内自称曰不穀。'郑
注：'穀，善也。'《左传》僖公四年'岂不穀是为'，杜预注：
'孤寡不穀，诸侯谦辞。'字皆作'穀'。《列子·天瑞篇》'鹯之
为布穀'，《释文》：'穀，本又作穀。'此'穀'为'穀'之借字，
河上注读为'车穀'之'穀'，失之。"四十二章云："人之所恶唯

孤寡不穀，而王公以为称。"正可为"夫是以侯王自谓孤寡不穀"之诠释。

甲本：此其〔贱之本与，非也〕？
乙本：此其贱之本与，非也？
王本：此非以贱为本邪，非乎？

　　严遵本"此"字作"斯"，上有"唯"字，无"非"字，"邪"字作"与"，"乎"字作"耶"，谓"唯斯以贱为本与，非耶"。傅奕、范应元二本"此"字作"是"，上"非"字作"其"，"邪"字作"也"，"乎"字作"欤"，谓"是其以贱为本也，非欤"。敦煌戊本作"是其以贱为本与，非乎"。景龙、遂州二本作"此其以贱为本耶，非"。易玄、邢玄、庆阳、楼古、磻溪、楼正、徽、彭、林、焦等本上"非"字均作"其"，谓"此其以贱为本邪，非乎"。顾欢本作"此其以贱为本也，非乎"。邵、苏、吴、孟頫诸本作"此其以贱为本耶，非乎"。景福本作"此其以贱为本，悲乎"。

　　帛书甲本甚残，仅存二字。乙本保存完好，可据补甲本缺文。与今本勘校，世传本此文复杂多异，从文义分析，似以帛书经文义胜。朱谦之云："作'其'是也。此经文中用楚方言。"蒋锡昌曰："按《史记·高祖纪》：'其以沛为朕汤沐邑。'《集解》引《风俗通》：'其者，楚言也。'老子楚人，当用楚言。五十八章'其无正'，犹言'无正'也。七十七章'其不欲见贤'，犹不欲见贤也。'是其以贱为本也，非欤'，犹言'是以贱为本也，非欤也'。"按帛书甲、乙本均作"此其贱之本与，非也"。

朱、蒋所说甚是。

甲本：故致数与(誉)无与(誉)。
乙本：故至(致)数舆(誉)无舆(誉)。
王本：故致数舆无舆。

　　吴澄本"致"字作"至"，"舆"作"誉"，谓"故至誉无誉"；
傅、范、遂州、徽、彭、邵、孟頫诸本"舆"字均作"誉"，谓
"故致数誉无誉"；景龙、景福、河上、顾欢、林本等"舆"字均
作"车"，谓"故致数车无车"；敦煌戊本作"故致数舆无舆也"；
严遵本作"故造舆于无舆"。

　　帛书甲、乙本经文相同。与今本勘校，世传本多同王本，
唯傅、范诸本"舆"字作"誉"，谓"故致数誉无誉"。作"誉"字
者是，帛书"与"、"舆"二字均假为"誉"。

　　陶邵学云："吴澄作'至誉无誉'，义似可通，但不知何
据。"易顺鼎曰："据《释文》，王本作'誉'。按'誉'乃美称。
'致数誉无誉'，即'王侯自称孤寡不穀'之义。称'孤寡不穀'，
是致数毁也，然致数毁而终无毁。若有心'致数誉'，将反'无
誉'矣。作'舆'义不可通，当以作'誉'为是。"

甲本：是故不欲〔禄禄〕若玉，硌〔硌若石〕8。
乙本：是故不欲禄禄若玉，硌硌若石178上。
王本：不欲琭琭如玉，珞珞如石。

　　严、苏二本"琭琭"作"碌碌"，景福本作"渌渌"，景龙、
易玄、楼正、庆阳、磻溪、遂州、孟頫、河上、顾欢、司马、

彭、林、焦等诸本"珞珞"二字均作"落落"。傅奕本"如"作"若"，谓"不欲碌碌若玉，落落若石"；范应元作"不欲琭琭若玉，落落若石"；敦煌戊本作"不欲禄禄如玉，落落如石"。

帛书甲本残损五字，乙本保存完好，可据补甲本缺文。与今本勘校，帛书甲、乙本句前均有"是故"二字，世传本皆无此二字。

毕沅云："古无'琭'、'碌'、'珞'三字，'珞'应作'落'。"洪颐煊云："落落，石坚貌。《晏子春秋·内篇·问下》：'坚哉石乎落落，视之则坚，无以为久，是以速亡也。'即此义。"蒋锡昌曰："《后汉书·冯衍列传》云：'不碌碌如玉，落落如石。'注云：'玉貌碌碌为人所贵，石形落落为人所贱。'以贵贱为释，正与上文'故贵以贱为本'相应，其言是也。河上注：'琭琭，喻少；落落，喻多。玉少故见贵，石多故见贱。'亦以贵贱为释。'不欲琭琭如玉，珞珞如石'，言不欲琭琭如玉之高贵，宁珞珞如石之下贱也。'琭琭'或作'禄禄'，或作'碌碌'，或作'录录'，'珞珞'或作'落落'，或作'硌硌'，均可。盖重言形容词只取其声，不取其形，皆随主词及上下文以见意，不必辨其谁是谁非也。"蒋说诚是。

德经校注

四十（今本《德经》第四十一章）

甲本：此段经文全部残毁。

乙本：上〔士178上闻〕道，董（勤）能行之。中士闻道，若存若亡。下士闻道，大笑之。弗笑，〔不足〕以为道。

王本：上士闻道，勤而行之。中士闻道，若存若亡。下士闻道，大笑。不笑，不足以为道。

　　根据帛书乙本勘校，世传本第四十一章与第四十章倒误，致使经文割裂难通。过去姚鼐《老子章句》与马叙伦《老子覈诂》，均疑今本第三十九章与第四十二章错简。今据帛书《老子》得知，错在四十与四十一章次颠倒。第四十一章应在第四十章之前，而第三十九与四十二章无误。帛书《老子》甲、乙本虽不分章，但从经文顺序完全可辨清楚，故将此文前移至此。

　　傅奕本"勤而"二字作"而勤"，谓"上士闻道，而勤行之"；范应元同傅本，唯"勤"字作"憨"。遂州本"而"字作"能"，谓"勤能行之"，与乙本同。敦煌乙本作"勤能行"，易玄本作"勤而行"，均无"之"字。景龙、遂州二本"笑"字写作"咲"，作"下士闻道，大咲之"；易玄作"大嘆之"；傅、范二本作"而大笑之"。敦煌戊本"不笑"下有"之"字，谓"不笑之，不足以为道"。

帛书甲本此文全部残毁，乙本残损五字，则据王本补其缺文。与今本勘校，经文基本相同，唯帛书乙本假"堇"字为"勤"。"勤能行之"，今本或从王弼作"勤而行之"，或从傅奕作"而勤行之"，稍异。

河上公注："上士闻道，自勤苦竭力而行之。中士闻道，治身以长存，治国以太平，欣然而存之。退见财色荣誉，或于情欲而复亡之也。下士贪狠多欲，见道柔弱谓之恐惧，见道质朴谓之鄙陋，故大笑之。不为下士所笑，不足以名为道。""若存若亡"，"亡"在此假借为"忘"。高亨云："'若'犹'或'也。留于心之谓存，去于心之谓亡。言'中士闻道'，有时则留之于心，有时则去之于心也。留于心之谓存者，《礼记·祭义》曰：'致爱则存，致悫则著。'郑注曰：'存、著，谓其思念也。'是其例也。去于心之谓亡者，'亡'读为'忘'。《诗·假乐篇》'不愆不忘'，《说苑·建本篇》引'忘'作'亡'……《诗·绿衣篇》：'心之忧矣，曷维其亡。'郑笺曰：'"亡"之言忘也。'亦其例也。《周易略例》曰：'存言者非得象者也，存象者非得意者也。忘象者乃得意者也，忘言者乃得象者也。''存'、'忘'对举，与此例同。"高说诚是。

甲本：此段经文全部残毁。

乙本：是以建178下言有之曰：明道如费（昧），进道如退，夷道如类。

王本：故建言有之：明道若昧，进道若退，夷道若纇。

易玄、邢玄、景福、庆阳、磻溪、楼古、楼正、遂州、苏辙诸本均无"故"字，作"建言有之"；敦煌戊本、顾欢本"故"字均作"是以"，戊本"之"后有"曰"字，作"是以建言有之曰"，与帛书乙本相同；傅奕、范应元二本也有"曰"字，作"故建言有之曰"。焦竑本"进"作"远"，谓"远道若退"。嘉庆四年刊潘静观《道德经妙门约》"夷"字作"彝"，谓"彝道若类"。景龙、景福、敦煌戊、遂州、傅奕、河上、顾欢、林、焦等诸本"纇"字均作"类"。傅、徽、邵、彭、孟頫诸本"夷道若类"在"进道若退"之前。

帛书甲本此文全部残毁，乙本保存完好。与今本勘校，首句"是以"今本多作"故"字，经义无别。唯帛书"费"字假为"昧"，"如类"，王本作"若纇"。范应元曰："'纇'古本音'耒'，丝节也。河上公本作'类'，今从古本。"《左传》昭公二十八年"忿纇无期"，杜预注："'纇'又作'类'，立对反，服作'类'。"朱谦之曰："'纇'、'类'古通用。《广雅·释言》：'纇，节也。'《通俗文》'多节曰纇'，简文注：'疵也。'《淮南·氾论》'明月之珠，不能无纇'，注：'纇，般若丝之结纇也。'假借为'戾'。《左传》昭公十六'刑之颇纇'，服注：'不平也。'不平与平对立，故曰'夷道若纇'。'夷'，平也，'纇'则引申为不平之义。"帛书乙本"明道如费"，"费"字乃"昧"之假，当从王本作"明道若昧"。"明"、"昧"，"进"、"退"，"夷"、"纇"，语皆相偶而义皆相反。

甲本：此段经文全部残毁。

乙本：上德如浴(谷)，大白如辱。

王本：上德若谷，大白若辱。

敦煌戊本"大白若辱"在"上德若谷"之前；傅奕、范应元二本"辱"作"纇"，谓"大白若纇"；敦煌乙本、遂州本"谷"均作"俗"，谓"上德若俗"。

帛书甲本此文全部残毁，乙本保存完好。与今本勘校，帛书"如"字世传本多作"若"，"浴"字作"谷"。成玄英云："'谷'本亦作'俗'字者，言亦能忘德不异嚣俗也。"马叙伦云："各本作'谷'，'俗'之省也。言高上之德，反如流俗，即和光同尘之义也。"成、马两家所言，可备一说。帛书乙本"谷"字作"浴"，"浴"乃"谷"之本字。敦煌乙本与遂州本作"大德若俗"，"俗"乃"谷"之借字耳。蒋锡昌曰："按二十八章'为天下谷'，三十九章'谷得一以盈'，'谷'字用法均与此同。'谷'者虚空卑下，为水所归，故老子用以比道。'上德若谷'，言上德之人，虚空卑下，一若谷也。十五章'古之善为士者……旷兮其若谷'，谊与此同。""大白若辱"，王弼注："知其白，守其黑，大白然后乃得。"范应元曰："'纇'音'辱'，黑垢也。古本如此，河上公作'辱'。"易顺鼎曰："按'辱'者，《仪礼·士昏礼》注云：'以白造缁曰辱。'即此'辱'字之义。……盖'以白造缁'，除去污辱之迹，故曰'辱'也。此《老子》本义，幸有《诗》传、《礼》注可以互证。"

甲本：此段经文全部残毁。

乙本：广德如不足，建德如〔偷〕。

王本：广德若不足，建德若偷。

严遵本与《庄子·寓言篇》引"广"字均作"盛"，谓"盛德若不足"；敦煌戊本"足"字作"濡"，谓"广德若不濡"。傅奕本"偷"字作"媮"，谓"建德若媮"；范应元本与楼古碑作"建德若输"；日本奈良圣语藏旧抄卷子残本《河上公老子章句》作"建国若揄"；敦煌戊本无此句。

帛书甲本此文全部残毁，乙本残损一字，兹据王本补。与今本勘校，帛书"广德"今本有作"盛德"者；"偷"字也有作"媮"、"输"、"揄"、"摇"等字不同。马叙伦云："《庄子·寓言篇》引'广'作'盛'。《史记·老子传》'君子圣德容貌若愚'，盖即此义。疑当从《庄子》作'盛'，是故书。"蒋锡昌曰："二十八章'常德乃足'，三十八章'上德不德'，六十五章'常知楷式，是谓玄德'，'广德'并与'常德'、'上德'、'玄德'谊同。'不足'即谦下卑弱之义。此言广德之人，谦下卑弱，若不足也。"按帛书乙本作"广德如不足"，王弼注谓："广德不盈，廓然无形，不可满也。"成玄英《疏义》亦云："广，大也。言怀大德之士，体道虚忘，故内至有馀，而外若不足。"当以帛书乙本为是。范应元曰："傅奕云：'媮，古本作输。'引《广韵》（当指《广雅》）云：'输，愚也。'河上公作'揄'，乃草字变'车'为'手'。傅奕云：'手字之误，动经数代，况"辱"字少"黑"字乎？'傅奕当时必有所据。王弼作'偷'，董遇作'摇'，今从古本。"马叙伦云："据范说则河上作'揄'，'输'、'揄'并'媮'之借。董遇作'遥'者，古书'俞'、'䍃'相通。《礼记·投壶》

曰：'毋踰言。'郑注曰：'踰，或作遥。'《汉书·黥布传》：'隃
谓布："何苦而反？"'颜师古注曰：'隃，读曰遥。'并是例证。
各本并作'偷'，成疏曰："偷，盗也。'"俞樾曰："'建'当读为
'健'。《释名·释言语》曰：'健，建也，能有所建为也。'是
'建'、'健'音同而义亦得通。'健德若偷'，言刚健之德，反
若偷惰也。"俞说可从，帛书据王本补"偷"字。

甲本： 此段经文全部残毁。
乙本： 质〔真179上如渝〕。
王本： 质真若渝。

　　世传今本多同王本，唯傅奕本"渝"字作"输"，谓"质真若
输"；司马本"真"字作"直"，谓"质直若渝"；《经典释文》作
"质贞若渝"。

　　帛书甲本此文全部残毁，乙本也只残存一"质"字，此文乃
据王本补。但是，关于今本经文之分歧，学者意见并不一致，
颇多议论。例如：刘师培云："案上文言'广德若不足，建德若
偷'，此与并文，疑'真'亦当作'德'。盖'德'字正文作'悳'，
与'真'相似也。'质德'与'广德'、'建德'一律。'广德'为广
大之德，与'不足'相反，'建德'为刚健之德，与'偷'相反，
'质德'为质朴之德，与'渝'相反，三语乃并文也。"蒋锡昌云：
"刘说是。'悳'、'真'形近而误。'悳'本作'直'者，亦形近而
误也。"又云："《说文》：'渝，变污也。''若渝'，犹十五章言
'若浊'。'质德若渝'，言朴德之人若污浊也。此句并与上二句
词异谊同。"张松如云："'质真'对'大白'，文谊甚明，不必看

作'形近而误'也。"又云："'大白若辱'句，自帛书起就似有错简，敦煌本露出了一点消息，但文义仍凌乱不畅，今移置'质真'句后，则'明道'、'进道'、'夷道'与'上德'、'广德'、'建德'，各为三句连读。且'若辱'上韵'若渝'，又'大白'下接'大方'、'大器'、'大音'、'大象'诸句，读起来就顺当多了。"按各家意见都有些道理，又都没有足够的根据，帛书甲、乙本此段经文又皆有残损，是非难以裁断，只得存疑，暂依今本释读，不擅自更变为好。

甲本： 此段经文全部残毁。

乙本： 大方无禺（隅），大器免成，大音希声，天（大）象无刑（形），道褒无名。

王本： 大方无隅，大器晚成，大音希声，大象无形，道隐无名。

世传今本多同王本，唯严遵《道德指归》"大方无隅"作"大方不矩"；傅奕本"大音希声"作"大音稀声"。

帛书甲本此文全部残毁。乙本保存完好，唯假"禺"字为"隅"、"刑"字为"形"，"大象"二字误作"天象"。与今本勘校，主要有两处差异。

一、帛书乙本"大器免成"，世传今本皆作"大器晚成"。"免"、"晚"虽可通用，但孰为本字还须研究。楼宇烈云："愚谓经文'大器晚成'疑已误。本章言'大方无隅'、'大音希声'、'大象无形'，二十八章言'大制无割'等，一加'大'字则其义相反。'方'为有隅，'大方'则'无隅'；'音'为有声，'大音'

则‘无声’；‘象’为有形，‘大象’则‘无形’；‘制’为有割，
‘大制’则‘无割’。唯此‘大器’则言‘晚成’，非‘器’之反义。
长沙马王堆汉墓出土帛书《老子》经文，此句甲本残缺，乙本作
‘大器免成’。‘免’或为‘晚’之借字。然据以上分析，又似非
‘晚’之借字，而当以‘免’本字解为是。二十九章经文‘天下神
器’，王弼注：‘神，无形无方也；器，合成也。无形以合故谓
之神器也。’‘器’既为合成者，则‘大器’当为‘免成’者，亦即
所谓‘无形以合’而使之成者。如此，则与‘大方无隅’、‘大音
希声’、‘大象无形’等文义一致。”楼说甚是。陈柱《老子韩氏
说》即曾提出：“‘晚’犹‘免’也，‘免成’犹‘无成’也。”今帛书
乙本则为陈说得一确证。

　　二、帛书乙本“道褒无名”，世传今本皆作“道隐无名”，此
亦经文之一大分歧。帛书研究组注：“‘褒’义为大为盛，严遵
《道德指归》释此句云：‘是知道盛无号，德丰无谥。’盖其经文
作‘褒’，与乙本同，经文后人改作‘隐’。‘隐’，蔽也。‘道
隐’犹言道小，与‘大方无隅’四句意正相反，疑是误字。”注云
至确。“道隐无名”同“大器晚成”句型一律，则与《老子》此文
正言若反之辩证语义不类。足证其皆有讹误，当从帛书订正。

甲本：〔夫唯〕道，善〔始且11 善成〕。
乙本：夫唯道，善始且善179下成。
王本：夫唯道，善贷且成。

　　世传今本多同王本，唯景龙碑作“善贷且善”；敦煌戊本
“贷”字作“始”，谓“善始且成”，与帛书接近；范应元本作“善

贷且善成"。

帛书甲本甚残,乙本保存完好,可据补甲本。与今本勘校,帛书"善始"之"始"字,除敦煌戊本与之同外,世传本皆作"贷",同王本作"善贷且成"。因"贷"字于经义不谋,则古今注释多望文生训。如河上公注:"成就也。言道善禀贷人精气,且成就之也。"王弼注:"'贷'之非唯供其乏而已,一贷之则足以永终其德,故曰'善贷'也。'成'之不加机匠之裁,无物而不济其形,故曰'善成'。"高亨将其译为:"只有道善于施予万物,而且善于成就万物。"可见古今注释多不着边际,与《老子》本义大相径庭。于省吾云:"敦煌'贷'作'始',乃声之转。《周语》'纯明则终',注:'终,成也。'又'故高明令终',注:'终,犹成也。'《书·皋陶谟》《箫韶》九成',郑注:'成,犹终也。'是'成'、'终'互训,义同。然则'善始且成'即善始且终也。"于氏之说至确。帛书乙本作"善始且善成",即善始且善终也,而为于说得一确证。王本经文"善贷且成"夺一"善"字,但注文不夺。

德经校注

四十一（今本《德经》第四十章）

甲本：〔反也者〕，道之动也；弱也者，道之用也。
乙本：反也者，道之动也；〔弱也〕者，道之用也。
王本：反者，道之动；弱者，道之用。

世传今本多同王本，唯赵志坚《道德真经疏义》"反"字作"返"，谓"返者，道之动"。

帛书甲本残损三字，乙本残损二字，彼此可互补缺文。与今本勘校，异在帛书多虚词，而经义无别。

王弼注："高以下为基，贵以贱为本，有以无为用，此其反也。""反"者是辩证之核心，相反之事物彼此对立，又相互依存。如第二章所云："有无相生，难易相成，长短相形，高下相倾，音声相和，前后相随。"说明宇宙间万事万物既对立又依存，相互运动，其中主要是"反"的作用。河上公注："反，本也。本者道所以动，动生万物，背之则亡也。"《老子》中之"反"字又有"复"的意思。林希逸《道德真经口义》云："反，复也，静也。"如第六十五章："玄德深矣，远矣，与物反矣。"王弼注："反其真也。""反其真"之"反"当作"返"，谓复归其真也。又如第十六章："夫物芸芸，复归其根。"王弼注："各返其所始也。"第二十五章则明白指出："有物混成，先天地生，寂兮寥兮，独立不改，周行而不殆，可以为天下母。吾不知其名，字之曰道，强为之名曰大。大曰逝，逝曰远，远曰反。"说明"反"的本义是使事物向自己对立方面发展、转化的辩证规律。

蒋锡昌云："'弱者道之用'，言用柔弱之道，为善成之用也。《老子》柔弱之道，盖从自然现象观察得来。八章：'上善若水，水善万物而不争，处众人之所恶，故几于道。……夫唯不争，故无尤。'六十六章：'江海所以能为百谷王者，以其善下之。'七十八章：'天下莫弱于水，而攻坚强者莫之能胜。'此就水之现象观察也。七十六章：'人之生也柔弱，其死也坚强。万物草木之生也柔脆，其死也枯槁。故坚强者死之徒，柔弱者生之徒。'此就生死现象观察也。以此道而用人事，则主'不争'、'不以兵强天下'。《老子》曰'柔弱胜刚强'，又曰'强梁者不得其死'，其所以戒人之深矣。"

甲本：天〔下之物生于有，有生于无〕。

乙本：天下之物生于有，有〔生〕于无。

王本：天下万物生于有，有生于无。

易玄、邢玄、楼古、磻溪、孟頫、楼正、敦煌戊、傅奕、范应元、司马、徽、彭、焦诸本"万"字均作"之"，谓"天下之物生于有，有生于无"。遂州本无"天"字，"万"字也作"之"，谓"下之物生于有，有生于无"。严遵本作"天地之物生于有，有生于无"。

　　帛书甲本残甚，仅存一"天"字。乙本保存较好，仅损一字，可据补甲本缺文。与今本勘校，帛书"天下之物"，傅、范诸本与之相同，王弼、河上诸本皆作"天下万物"，稍异。马叙伦云："弼注曰：'天下之物，皆有以为生。'是王亦作'之物'。今作'万物'者，后人据河上本改之。"验之帛书，《老子》古本确作"天下之物"，今本作"天下万物"者，乃由后人妄改。

　　《文子·道原篇》云："有形者，遂事也；无形者，作始也。遂事者成器也，作始者朴也。有形则有声，无形则无声。有形产于无形，故无形者，有形之始也；……有名产于无名，无名者，有名之母也。"本章所谓之"有"与"无"，义犹一章。道既"无形"又"无名"，"无形"以表道之永恒性，"无名"以表道之普遍性。任继愈云："老子的哲学在先秦哲学中巨大贡献之一，就是'无与有'一对范畴的初次被认识。老子在他五千言里反反覆覆讲明事物中有个别和一般，有本质和现象的区别，现象是个别的，本质是一般的。个别的东西有生灭，本质的东西没有生灭。就这一点来说，就是人类认识史上一大进步。"

　　今本第四十章与四十一章错简。据帛书甲、乙本经文次序，本章当在第四十一章之后与第四十二章之前，兹依帛书文次移此。

德经校注

四十二(今本《德经》第四十二章)

甲本：〔道生一，一生二，二生三，三生万物。万物12 负
　　　阴而抱阳〕，中(冲)气以为和。

乙本：道生一，一生二，二生三，三生〔万物。万物负阴
　　　而180上抱阳，冲气〕以为和。

王本：道生一，一生二，二生三，三生万物。万物负阴
　　　而抱阳，冲气以为和。

　　世传今本多同王本，唯傅奕本"抱"字作"裛"，谓"万物负
阴而裛阳"；楼古与范应元二本"冲"字作"盅"，谓"盅气以为
和"。

　　帛书甲本残损较甚，仅存五字，乙本亦残坏十一字，均参
照王本补。按今本经文多同，据帛书甲、乙本与之勘校，经义
无别。

　　关于"一"至"三"数之解释，历代学者见解不一，注释亦不
相同。诸如，《淮南子·天文篇》云："道曰规始于一(王念孙谓
"曰规"二字衍文，《宋书·律志》作"道始于一")，一而不生，
故分而为阴阳，阴阳合和而万物生，故曰：'一生二，二生三，
三生万物。'"奚侗云："《易·系辞》：'是故《易》有太极，是生

两仪。'道与《易》异名同体，此云'一'即'太极'；'二'即'两仪'，谓天地也。天地气合而生和，二生三也。和气合而生物，三生万物也。"河上公谓"一"为"道始所生也"，"二"乃"一生阴与阳也"，"三"为"阴阳生和、气、浊三气，分为天、地、人也"。王弼注云："万物万形，其归一也。何由致一？由于无也。由无乃一，一可谓无？已谓之一，岂得无言乎？有言有一，非二如何？有一有二，遂生乎三。从无之有，数尽乎斯，过此以往，非道之流。故万物之生，吾知其主，虽有万形，冲气一焉。"蒋锡昌谓"一"指"道"言，他说："道始所生者一，一即道也。自其名而言之，谓之'道'；自其数而言之，谓之'一'。三十九章'天得一以清'，言天得道以清也。此其证也。然有一即有二，有二即有三，有三即有万，至是巧历不能得其穷焉。《老子》一二三，只是以三数字表示道生万物，愈生愈多之义。如必以'一'、'二'、'三'为天、地、人，或以'一'为太极，'二'为天地，'三'为天地相合之和气，则凿矣。"蒋说进而发展了王弼注释，似较他说义胜。

《淮南子·精神篇》、《文子·上德篇》均作"万物背阴而抱阳"。蒋锡昌云："按《说文》：'冲，涌摇也。'此字老子用以形容牝牡相合时，摇动精气之状，甚为确切。'气'指阴阳之精气而言。'和'者，阴阳精气互相调和也。《庄子·田子方》：'至阴肃肃，至阳赫赫……两者交通成和而物生焉。'《荀子·天论篇》：'万物各得其和以生。'《贾子·道术篇》：'刚柔得适调之和。'并与此谊相同。'冲气以为和'，言摇动精气以为调和也。'万物负阴而抱阳，冲气以为和'，即万物生育之理，乃所以释上文生生之义者也。"

甲本：天下之所恶，唯孤寡不橐（穀），而王公以自名
　　　　也。

乙本：人之所亚（恶），唯〔孤〕寡不橐（穀），而王公以自
　　　　〔名也〕。

王本：人之所恶，唯孤寡不穀，而王公以为称。

　　遂州与林志坚二本"穀"字作"穀"，谓"唯孤寡不穀"。傅
奕、范应元、敦煌己三本"公"字作"侯"，"为"字作"自"，傅
奕本谓"而王侯以自称也"，范应元本谓"而王侯以自谓也"，敦
煌己本作"王侯以自名"，严遵本作"而王公以名称"。

　　帛书甲本保存完好，唯假"橐"字为"穀"，乙本残损三字，
可据甲本补其缺文。但是，甲本"天下之所恶"，乙本作"人之
所恶"，彼此各异。与今本勘校，世传本皆作"人之所恶"，与
乙本相同，无作"天下之所恶"者，可见甲本已曾被人改动。再
如，帛书甲、乙本"王公"，傅奕诸本作"王侯"；"自名"，又
有作"自称"、"为称"和"自谓"者。关于"公"、"侯"二字分
歧，劳健云："'而王公以为称'，诸唐本、河上本皆如此。此
作'王公'，乃与称字谐韵，亦如第三十二章'侯'、'守'字，
第三十九章'王贞'、'王称'字。当从诸唐本。"按"王侯"、"王
公"，自古以来各持一说，莫衷一是。帛书甲、乙二本均作"王
公"，不作"王侯"，验之诸唐本，怡兰堂与《道藏》二严本亦均
作"王公"，不作"王侯"，与帛书甲、乙本相同，足证劳氏之说
诚是。帛书甲本作"而王公以自名"，世传今本除敦煌己本作

"自名"外，其他有作"为称"、"自称"、"名称"或"自谓"者，用语虽异而意义无别。但是，如从词谊与谐韵分析，似当从帛书甲、乙本作"自名"义胜。

甲本：勿（物）或敗（损）之〔而益，益〕13 之而敗（损）。

乙本：〔物或益之而〕云（损），云（损）之而益180 下。

王本：故物或损之而益，或益之而损。

易玄、楼古、磻溪、楼正、敦煌己、遂州、顾欢、司马、徽、彭、邵、吴、林等诸本均无下"或"字，皆作"故物或损之而益，益之而损"；苏辙本无"故"字，作"物或损之而益，或益之而损"；严遵本作"损之而益，或益之而损"。

帛书甲本残损三字，"勿"字假为"物"，"损"字写作"敗"。按古代汉字，形旁"手"可与"攴"互用。如"扶"《说文》古文写作"𢶍"，"扬"古文写作"𢾙"，皆其证。乙本残甚，仅存五字，且残损不完。帛书研究组注云："通行本作'故物或损之而益，或益之而损'，甲本同，此二句疑误倒。"从残留字迹观察，乙本倒误，抄写不慎所致。与今本勘校，帛书无"故"字，经义无别。

《文子·符言篇》云："《老子》曰：'道者，守其所已有，不求其所未得。'求其所未得，即所有者亡；循其所已有，即所欲者至。治未固于不乱，而事为治者必危；行未免于无非，而急求名者必挫。故福莫大于无祸，利莫大于不丧；'故物或益之而损，损之而益'。"《老子》以朴素的辩证观点，说明了"损"、"益"两种现象之相互转化。

甲本：故（古）人〔之所〕教，夕（亦）议（我）而教人。

乙本：此段经文全部残毁。

王本：人之所教，我亦教人。

王本"人之所教，我亦教人"，世传今本有多种句型，异于王本者，如易玄、邢玄、磻溪、楼正、敦煌己、遂州、苏、彭等诸本作"人之所教，亦我义教之"；顾欢、邵若愚二本作"人之所教，我亦义教之"；严遵、司马二本作"人之所教，亦我教之"；宋吕知常《道德经讲义》作"人之所教，而我义教之"；傅奕本作"人之所以教我，亦我之所以教人"；范应元作"人之所以教我，而亦我之所以教人"。综合分析世传本之句型，基本上可划分为两类：一类下句无"义"字，如王弼本"人之所教，我亦教人"；另一类如诸唐本作"人之所教，亦我义教之"，句中多一"义"字。两类句型并行千有馀载，是非终无结论。历代注释亦各持一说，令人无可适从。如王弼注云："我之教人，非强使从之也，而用夫自然。举其至理，顺之必吉，违之必凶。故人相教，违之必自取其凶也。亦如我之教人，勿违之也。"唐人成玄英注"人之所教，亦我义教之"云："言俗人儒教亦尚谦柔，我之法门本崇静退。然儒俗谦柔犹怀封执，我之静退贵在虚忘，所以为异也。"成氏将"义"字释为"法门"。帛书乙本已全部残坏，甲本虽亦有残缺，但为解决今本经文此一争议而得一确证。甲本"故人之所教，夕议而教人"，"故"、"夕"、"议"三字皆为假借字。"故"字当假为"古"，"故人"应读作"古人"。"夕"字当假为"亦"，"夕"古为邪纽铎部字，"亦"为喻纽铎部字，声近韵同，可互相假用。"议"字乃"我"

之假借字，"议"从"义"得声，"义"从"我"得声，古读音相同，皆为疑纽歌部字，均属双声叠韵，故而在此"议"字当读作"我"。如将借字恢复为本字，那么甲本经文当读作："古人之所教，亦我而教人。"不难想象，诸唐本中之"义"字，犹若甲本中的"议"字，因后人不理解"义"乃"我"之借字，故衍入经文，踵讹袭谬传至如今，幸得帛书才真相大白。今据帛书甲本"古人之所教，亦我而教人"，"而"在此作"以"用。王引之《经传释词》卷七："家大人曰：'而犹以也。'"正如奚侗所云："上'人'字谓古人。凡古人流传之善言以教我者，我亦以之教人，述而不作也。"奚氏之释，似较他说切合经义。

甲本：故强良（梁）者不得死，我〔将〕以为学父。
乙本：〔故强梁者不得其死〕，〔我〕将以〔为学〕父。
王本：强梁者不得其死，吾将以为教父。

敦煌己、傅奕、范应元诸本"教"字作"学"，谓"强梁者不得其死，吾将以为学父"。范应元曰："《音辩》云：'古本作"学父"，河上公作"教父"。'按《尚书》'惟敩学半'，古本并作'学'字，则'学'宜音'敩'，亦'教'也，义同。父，始也。今并从古本。"马叙伦云："范、罗卷及《弘明集》六释慧通《驳顾道士夷夏论》引并作'学父'。成疏曰：'将为学道之先，父亦本也。'是成亦作'学父'。臧疏引顾欢曰：'其敩学之本父也。'则顾本作'敩'，'学'为'敩'省。《说文》曰：'敩，觉悟也。'各本作'教父'。"朱谦之云："'教父'即'学父'，犹今言师傅。《方言》六：'凡尊老，南楚谓之父。'"帛书乙本残，甲本作"学父"。诚如前贤所论，"敩"、"学"古同字。《尔雅·释诂》："学，敩也。"《大盂鼎铭》"朕小敩汝"，《师𨽍𣪘》"先王小敩汝，汝敏可事"，"敩"字均写作"学"。

帛书乙本残，甲本作"强良者不得死"，"良"字当从今本作"梁"，"得"下漏一"其"字，应据今本补作"强梁者不得其死"。高亨、任继愈均将其译作"强悍的人不得好死"。据王弼注分析，"强梁者不得其死"，似若古谚。如弼云："强梁则必不得其死，人相教为强梁。"乃谓强梁必不得其死，故而人们才以强梁相教。又云："则必如我之教人不当为强梁也。举其强梁不得其死以教邪，若云顺吾教之必吉也。"老子主张柔弱，如第三十六章"柔弱胜刚强"，第七十六章"人之生也柔弱，其死也坚强"，"故坚强者死之徒，柔弱者生之徒"。故经文之旨：我之教人不当为强梁，乃与他人相教为强梁者不同，但举强梁不得其死以教人，异于他人所取，凡听从我教道的人必受益。经文云"强梁者不得其死，吾将以为教父"，王弼将"强梁者"释作"违教之徒"，他说："故得其违教之徒，适可以为教父。"则谓老子取强梁者不得其死以教人民，乃教民以强梁为诫也。

德经校注

四十三（今本《德经》第四十三章）

甲本：天下之至柔，〔驰〕14骋于天下之致（至）坚。

乙本：天下之至〔柔〕，驰骋乎（于）天下〔之至坚〕181上。

王本：天下之至柔，驰骋天下之至坚。

敦煌己本无"骋"字，作"天下之至柔，驰天下之至坚"；范应元本"骋"下有"于"字，作"天下之至柔，驰骋于天下之至坚"，与帛书甲、乙本同。

帛书甲本残损一字，乙本残损四字，彼此可互补缺文。与今本勘校，世传本在"驰骋"之下脱一介词"于"字，范本不脱。从文义分析，应有介词，当从帛书甲、乙本作"驰骋于天下之至坚"为是。

成玄英云："至柔，水也；坚，金也。'驰骋'是攻击贯穿之义也。言水至柔，能攻金石之坚，喻无为至弱能破有为之累。"第七十八章："天下莫柔弱于水，而攻坚者莫之能先。"老子以水为天下至柔之物，则用水而攻之，无坚而不摧，无孔而不入。

甲本：无有人于无间。

乙本：〔无有入于〕无间。

王本：无有入无间。

　　景福、邢玄、庆阳、楼古、磻溪、楼正、孟頫、严遵、邵、徽、吴、彭、焦等诸本"入"下有"于"字，作"无有入于无间"，与帛书甲本相同。景龙碑"间"字误写作"闻"，谓"无有入于无闻"。傅奕、范应元二本及《淮南子·原道训》引句前均有"出于"二字，作"出于无有，入于无间"。

　　帛书甲本保存完好，乙本残损四字，可据甲本补其缺文。与今本勘校，王弼、河上诸本在"入"字后脱一介词"于"字；严遵、景福诸本不脱，同帛书作"无有入于无间"。傅、范二本与《淮南》所引皆作"出于无有，入于无间"，与诸本异，此亦历史遗留而未得解决之疑案。如范应元云："间，隙也。傅奕、严遵同古本。"按怡兰堂校本与《道藏》严本均作"无有入于无间"，与帛书经文一致，则与范氏所见不同。易顺鼎、刘师培据《淮南子·原道》"出于无有，入于无间"，均谓经文句前原有"出于"二字，后人将其误入注中。刘师培云："王本亦有'出于'二字，王弼上文注云：'气无所不入，水无所不出于经。'注文'无所不出于经'，当作'无所不经'，与上'无所不入'对立。'出于'二字必'无有'上之正文。"但是，《道藏》《集注》本不衍，作"气无所不入，水无所不经"。今据帛书《老子》勘校，除傅、范与《淮南子·原道》作"出于无有，入于无间"之外，世传本多同帛书作"无有入于无间"。从文义分析，则与前文"天下之至柔，驰骋于天下之至坚"，前后经文之思维逻辑完全一致。正如王弼注云："虚无柔弱，无所不通。无有不可穷，至柔不可折。"

王道《老子亿》注释此文，亦极贴切。如云："天地之气本无形也，而能贯于金石；日月之光本无质也，而能透乎藩屋。无有入于无间者，此类是也。"如依易、刘二氏之说，而在句前增添"出于"二字，读作"出于无有，入于无间"，则与经义相违。今以帛书经文证之，易、刘之说不确，而傅、范二本俱有衍误。

甲本：五（吾）是以知无为〔之有〕益也。

乙本：吾是以〔知无为之有益〕也。

王本：吾是以知无为之有益。

　　遂州、徽、彭三本无"吾"，作"是以知无为之有益"；景龙碑、敦煌己本无"吾"与"之"二字，作"是以知无为有益"；顾欢本无"之"字，作"吾是以知无为有益"；易玄本"益"字重，作"吾是以知无为之有益益"；唐李荣《老子道德经注》（《道藏》丝七—丝十）将"是以"改作"以是"，谓"吾以是知无为之有益"；傅奕、邵若愚二本作"吾是以知无为之有益也"，与帛书甲本同。

　　帛书甲本残损二字，乙本残损六字，彼此可互补缺文。与今本勘校，世传本多同王本，句尾无"也"字，与帛书稍异。

　　《文子·自然篇》云："天地之道，无为而备，无求而得，是以知其无为而有益也。"王弼注："虚无柔弱，无所不通。无有不可穷，至柔不可折。以此推之，故知无为之有益也。"

甲本：不〔言之〕教，无为之益，〔天〕15 下希能及之矣。

乙本：不〔言之教，无为之益，天下希能及之〕矣。

王本：不言之教，无为之益，天下希及之。

　　世传今本多同王本，唯傅奕本"希"字作"稀"，句末有
"矣"字，谓"天下稀及之矣"；徽、邵、彭三本作"天下希及之
矣"。

　　帛书甲本残损三字，乙本残甚，仅存首尾各一字，均参照
王本补其缺文。与今本勘校，彼此经文基本相同，唯甲本"希"
下有"能"字，作"天下希能及之矣"。"希"字通作"稀"，《尔
雅・释诂》："希，罕也。"《论语・公冶长》："怨是用希。"疏：
"希，少也。"从经义分析，"希"下当有"能"字，义如第七十
章："吾言甚易知，甚易行，天下莫能知，莫能行。"足证此文
当从帛书甲本作"天下希能及之矣"为是，今本皆脱"能"字。再
如，河上公注："天下之人主也，希能有及道无为之治身治国
也。"可见河上本原亦有"能"字，与帛书《老子》经文相同。

德经校注

四十四（今本《德经》第四十四章）

甲本：名与身孰亲（親）？身与货孰多？得与亡孰病？

乙本：名与181下〔身孰親？身与货孰多？得与亡孰病〕？

王本：名与身孰親？身与货孰多？得与亡孰病？

　　世传今本多与王本相同，唯景龙碑"孰"字作"熟"，朱谦之云："'孰'、'熟'通用。"元张嗣成《道德真经章句训颂》（《道藏》谈一—谈二）、李道纯《道德会元》（《道藏》谈三—谈四）后一句"亡"字作"失"，则谓"得与失孰病"。

　　帛书乙本残甚，仅存"名与"二字，甲本保存较好，经文与王本相同，唯"親"写作"亲"，古体親字。"名与身孰親"，以诚好名而舍身者。"身与货孰多"，奚侗云："《说文》：'多，重也。'谊为重叠之'重'，引申可训为轻重之'重'。《汉书·黥布传》'又多其材'，师古注：'多，犹重也。'""身与货孰多"，犹言身与财货哪个重。"得与亡孰病"，《广雅·释诂四》："病，苦也。""得"指前二句中之"名"与"货"而言，"亡"指"身"言，犹谓获得名利而损丧其身，二者哪个痛苦。"名与身孰親？身与货孰多？得与亡孰病？"从句型观察，三者是彼此平列的并列句；但从词义分析，实际是从属关系。正如王弼注

云："尚名好高，其身必疏；贪货无厌，其身必少。得名利而
亡其身，何者为病?"

甲本：甚〔爱必大费，多藏必厚〕16 亡。
乙本：此段经文全部残毁。
王本：是故甚爱必大费，多藏必厚亡。

世传今本多同王本，唯景福、河上、顾欢诸本无"是故"二
字，作"甚爱必大费，多藏必厚亡"，与帛书甲本相同。帛书
甲、乙本虽均已残甚，但是甲本存首尾各一字，从而足证帛书
无"是故"二字。按今本"是故"之"故"字，当在下文"知足不
辱"之前，后人误将其窜前而又赘增"是"字。关于此一问题，
将在下文一并讨论。

王弼注云："'甚爱'，不与物通；'多藏'，不与物散。求
之者多，攻之者众，为物所病，故'大费'、'厚亡'也。"河上
公注云："甚爱色费精神，甚爱财遇祸患，所爱者少，所亡者
多，故曰'大费'。"成玄英云："甚爱名誉之人，必劳形、怵心、
费神、损智。多藏贿货于府库者，必有劫盗之患，非但丧失财
物，亦乃害及己身。其为败亡，祸必深厚。"王弼、河上公、成
玄英三家注疏互为补充，甚切经义。

甲本：故知足不辱，知止不殆，可以长久。
乙本：此段经文全部残毁。
王本：知足不辱，知止不殆，可以长久。

世传今本多同王本，唯景龙、遂州、敦煌己和严遵本前有

"故"字，作"故知足不辱，知止不殆，可以长久"。《淮南子·
人间篇》引"长久"作"修久"，此因避厉王讳而更"长"字为
"修"，非异文也。敦煌己本"不辱"作"不厚"，因抄写而误，
亦非异文。

帛书甲本"故知足不辱，知止不殆，可以长久"，王弼等诸
本经文同此而无"故"字。据经文内容分析，当从帛书甲本为
是。按本章经文共分作三段：第一段讲生命与名、生命与财
货，何者为亲与何者为重。第二段讲过分贪名誉、好财货，则
必耗精神费体魄，招致祸害。最后一段乃是对前两段经文之结
语，因而谓"故知足不辱，知止不殆，可以长久"。犹言故此知
足才能免遭屈辱，知止才能免除危险，如此才可以长寿久安。
从帛书甲本则文从义顺。因王弼等今本将"故"字窜至"甚爱必
大费"之前，又在"故"前增添"是"字而作"是故"，则使经文词
义颠倒，难以通贯。帛书甲本"故"字在"知足不辱"之前，当为
《老子》原本之旧。今本均应据以订正。

德经校注

四十五（今本《德经》第四十五章）

甲本：大成若缺，其用不币（敝）。大盈若盅（盅），其用不窬（穷）。

乙本：〔大成若缺，其用不敝。大〕盈如冲（盅），其〔用不穷〕。

王本：大成若缺，其用不弊。大盈若冲，其用不穷。

景龙碑与河上本"缺"字写作"缺"，傅、徽、邵、吴、彭、焦、孟頫等诸本"弊"字均作"敝"。敦煌己与遂州本"盈"字作"满"；傅奕、范应元本"盈"亦作"满"，而"冲"字又作"盅"，谓"大满若盅，其用不穷"。

帛书甲本保存完好。乙本残甚，仅存四字，可据甲本补其缺文。甲本假借字与别体字较多，如假"币"为"敝"，又"盅"乃"盅"之别体，"窬"乃"穷"之别体。与今本勘校，帛书甲本用词虽异，但经义无别。范应元云："'大满若盅'，郭云、王弼同古本。"蒋锡昌云："按范谓'王弼同古本'，则范见王本作'大满若盅'。'满'字以汉惠帝讳而改，马叙伦谓'盈'是故书，是也。'冲'当据范本改'盅'。"

马叙伦云："'成'为'盛'省。《说文》曰：'盛，黍稷在器中以祀者也.'引申谓器曰'盛',《礼·丧大记》'食粥于盛'是也。此文'盛'、'缺'相对,《说文》:'缺,器破也.'"马说甚辩,故多采此说。岂不知"成"字在此非指某一具体物,而泛指大的成功或大的成就而言。如蒋锡昌所谓:"'大成'与下文'大盈'、'大直'、'大巧'、'大辩'(应作"大赢")词例一律。如解'成'为器,则'成'为实物,而与下文词例不类矣。"《德经》第四十一章"大方无隅,大器免成,大音希声,大象无形",凡事成"大"者其义相反,这是老子以无为观察事物的辩证逻辑。此言"大成若缺"与"大盈若盅","成"与"缺"意义相反,"盈"与"盅",《说文·皿部》:"盈,满器也。""盅,器虚也。"满与虚对立。老子此言,正如高亨所译:"大的成就好像亏缺,但它的用处是不会失败的。大的充实好像空虚,但它的用处是不会穷尽的"。

甲本:大直17如诎,大巧如拙,大赢如炳(朒)。
乙本:〔大直如诎,大巧〕如拙,〔大赢如〕绌(朒)。
王本:大直若屈,大巧若拙,大辩若讷。

傅奕、范应元二本"屈"字作"诎",谓"大直若诎",与帛书甲本相同。马叙伦云:"《说文》:'屈,无尾也.''诎,诘诎也.'……古书屈申字亦多用'诎'。""大巧若拙,大辩若讷",世传今本多同王本,唯楼正本"辩"字作"辨",敦煌己本"讷"字写作"呐"。《牟子理惑论》引"大辩若讷"在"大巧若拙"之前。

帛书甲本保存完好,乙本残甚,仅存三字,可据甲本补其缺文。与今本勘校,其中主要差异是,今本"大辩若讷",帛书甲本作"大嬴如炳",乙本仅存一"绌"字。按甲本"大嬴如炳"
与今本"大辩若讷",两句句尾皆为从"内"声之字,彼此皆可借
用。其中主要的区别,是"嬴"与"辩"二字之差异。"嬴"与
"辩"毫无共同之义,显然是由后人更换的。但是孰是《老子》中
的原文,孰是由后人窜改,这是需要我们予以澄清的问题。
"大辩若讷","讷"谓语言迟钝,或言缓,犹谓大的辩论家而若
口吃难言。"大嬴如炳","炳"字假为"肭","嬴"指盈馀,
"肭"谓亏损或不足。"嬴肭"本来就是一个复音词,也谓"盈不
足",是我国古代计算盈亏问题的一种算术方法。如《九章算
术》第七章中一题云:"今有人共买物,每人出八,盈三,每人
出七,不足四,问人数、物价各几何。""大嬴如肭",犹谓最大
的嬴馀如若亏损。从句型和词义分析,二者皆符合本章内容。
但是,其中必有一种属于《老子》原文,另一种出于后人窜误。
过去易顺鼎曾云:"《道德指归论·大成若缺篇》'大巧若拙'下
又云:'是以嬴而若绌。'疑所据本有'大嬴若绌'一句,无'大
辩若讷'一句。"易氏从严遵《道德指归论》中,首先觉察出严氏
所据《老子》似有"大嬴若绌"而无"大辩若讷",实属独到,颇
有见地。按《道德指归论》所讲"嬴而若绌",即帛书甲本之"大
嬴若肭"。古"出"、"内"二字,声皆属舌音,韵同在物部,读
音相同。如《广韵》十四《黠》:"豽",别体作"貀",皆"女滑
切"。乙本此句虽仅存一"绌"字,但亦必同甲本作"大嬴如绌
(肭)",决无可疑。今从帛书甲、乙本得证,易氏之说至确。
帛书"大嬴如肭"当是《老子》原文,今本"大辩若讷"乃为后人
窜改。窜改的迹象也很清楚,因为它们都是用从"内"得音的字

收尾，"朒"与"讷"又音同通假，帛书甲本则假"炳"为"朒"，这就是后人将"大赢如朒"误改作"大辩若讷"的主要原因。幸而汉严遵《道德指归论》尚保存"赢而若诎"一句，得与帛书《老子》相为契合，真伪得以大白，使两千馀载之讹误得到纠正。如无帛书《老子》出土，《老子》真言难复原矣。

　　帛书甲、乙本与世传今本此文共三句，每句四字，共十二字。乙本仅存三字，即第二句的"如拙"和第三句最后一字"绌"。"绌"显为"大赢如朒"之"朒"的假借字。但是，不知何据，帛书研究组将乙本发展成四句，变十二字为十六字，读作"大直如诎，大巧如拙，大辩如讷，大赢如绌"，而把被后人改"赢"为"辩"的伪句，也纳入正文。此甚不妥。岂不知此一改动，出自帛书整理者之手，其后果不堪设想。其实乙本残存句末之"绌"字，即甲本"大赢如朒"之"朒"的假借字。乙本虽残，甲本全文俱在，焉能任意增文。又曰：《韩诗外传》引《老子》作"大直若诎，大辩若讷，大巧若拙，其用不屈"。按"其用不屈"显然是前文"其用不穷"之重文，《淮南子·道应》引此文作"大直若屈，大巧若拙"，其下并无"其用不屈"四字，蒋锡昌曾已说明"《外传》所引不足为据"。过去不为人所信任的资料，今日焉能据以而否定出土帛书。

甲本：趮胜寒，靓（静）胜炅（热），请（清）靓（静）可以为天下正。

乙本：趮朕（胜）寒182下，〔静胜热，清静可以为天下正〕。

王本：躁胜寒，静胜热，清静为天下正。

　　景龙碑"寒"作"塞"，误字。敦煌己本"静"字作"净"，谓"清净为天下正"；严遵本作"能静能清"，谓"能静能清为天下正"；景龙、邢玄、景福、顾欢等诸本"静"下均有"以"字，作"清静以为天下正"；遂州本"静"下有"能"字，"正"字作"政"，谓"清静能为天下政"；傅奕本"静"字作"净"，前并有"知"字，作"知清净以为天下正"；范应元本作"知清静以为天下正"。

　　帛书甲本保存完好，唯"静"字写作"靓"，"热"字写作"炅"。乙本残甚，仅存"趮胜寒"三字，缺文可据甲本补。与今本勘校，帛书"清静可以为天下正"一句，今本句型多异，而经义无别。帛书"趮胜寒"，今本皆作"躁胜寒"。"趮"、"躁"同字异体，古文足旁与走旁通用，如"踊"字可写作"趰"，"趺"字可写作"趹"，即其证。马叙伦云："躁，《说文》作'趮'，疾也。今通作'躁'。此当作'燥'。"朱谦之云："实则'躁'者'燥'也。'燥'乃《老子》书中用楚方言，正指炉火而言。《诗·汝坟·释文》曰：'楚人名火曰"燥"，齐人曰"毁"，吴人曰"焜"。'老子楚人，故用'躁'字。'躁胜寒'与'静胜热'为对文，'静'与'瀞'字同，《楚辞》'收潦而水清'，注作'瀞'。《说文》：'瀞，从水静声。'意谓清水可以胜热，而炉火可以御寒也。"马叙伦、朱谦之皆谓"躁"为"燥"，按《说文·火部》："燥，干也。"《释名·释言语》："燥，焦也。"从词义分析，"燥"与"静"不类。朱谦之说"静"同"瀞"，为清水，谓清水可以胜热。其实水能胜热何以只限清水，其说皆与《老子》原义相违。"躁胜寒，静胜热"，帛书甲、乙本与世传今本相同，不必改字。如第二十六章"静为躁君"，《管子·心术上》"躁者不静"，《淮南子·主术篇》"人主静漠而不躁"，皆"躁"、"静"对言。《广雅·释诂三》："躁，扰也。"《礼记·内则》"狗赤股而躁"，注："举动急疾。""躁"乃疾急扰动，正与"静"字相对。"躁"与"静"是指人之体魄在不同环境下而表现的不同情绪或状态。肢体运动则生暖，暖而胜寒；心宁体静则自爽，爽而胜热。徐大椿《老子经注》云："凡事相反则能制。如人躁甚则虽寒亦不觉，而足以胜寒；心静则虽热亦不觉，而足以胜热。由此推之，则天下纷纷纭纭，若我用智术以相逐，则愈乱而不可理矣。惟以清静处之，则无为而自化，亦如静之胜热矣。"陈鼓应《老子注译及评介》根据蒋锡昌、严灵峰之说，而将"躁胜寒，静胜热"改为"静胜躁，寒胜热"，擅改经文，甚不可取也。帛书甲本"清静可以为天下正"，今本除遂州本"正"字写作"政"，其他多同王本作"清静为天下正"。河上公云："能清静则为天下长。"而学者多释"正"为君长，其实不确。"正"在老子哲学中是一个特定的词，经文多见。蒋锡昌谓其为"天下清静之模范"。我想不如说它是天下清静无为的最高标准，因为"正"是直而不衺、中而不偏、纯而不杂之总名。

德经校注

四十六（今本《德经》第四十六章）

甲本： 天下有〔道，却〕走马以18粪。天下无道，戎马生于郊。

乙本： 〔天下有〕道，却走马〔以〕粪。无道，戎马生于郊。

王本： 天下有道，却走马以粪。天下无道，戎马生于郊。

世传今本多同王本，唯傅奕本"粪"字作"播"；吴澄本"粪"下有"车"字，作"却走马以粪车"；敦煌己本"粪"字写作"雚"，又误"戎"字为"我"，作"却走马以雚"，"我马生于郊"。

帛书甲本残损二字，乙本残损四字，彼此可互补缺文。与今本勘校，经文基本相同，唯乙本"无道"之前无"天下"二字，稍异。

吴澄云："'粪'下诸家并无'车'字，惟朱子《语录》所说有之，而人莫知其所本。今按张衡《东京赋》云：'却走马以粪车。'是《老子》全句，则后汉之末'车'字未阙。魏王弼注去衡未远，而已阙矣。"易顺鼎曰："按《文子·精诚篇》云：'惟夜行者能有之，故却走马以粪，车轨不接于远方之外。'或以'车'字连上读，亦可为吴说作证。然《淮南子·览冥》云：'故却走马以粪，而车轨不接于远方之外。''粪'下有'而'字，则'车轨’当连读矣。高注云：‘“却走马以粪”，《老子》词也。止马不以走，但以粪粪田也。……一说：国君无道，戎马生于郊；无事，走马以粪田也。故兵车之轨不接远方之外。’”蒋锡昌云："《说文》：‘粪，弃除也。’字与‘坋’、‘拚’、‘攒’并同。《说文》：‘坋，扫除也。’段注：‘“坋”字，《曲礼》作“粪”，《少仪》作“拚”，又皆作“攒”。’《礼记·中庸·释文》：‘粪，弗运反，本亦作“攒”，亦作“拚”，同。’并其证也。《荀子·彊国篇》‘堂上不粪，则郊草不瞻旷芸’，杨注：‘堂上犹未粪除，则不暇瞻视郊野之草有无也。’正用本谊。惟《老子》用之于马，则含有用马耕载之意，谊较《说文》为广。此言人主有道，则兵革不兴，故却还走马以农夫，使服耕载之役；人主无道，戎马悉被征发入阵，故驹犊生于战地之郊也。"

甲本：罪莫大于可欲，䄟（祸）莫大于不知足，咎莫憯于欲得。

乙本：罪莫大可欲，祸〔莫大于不知183上足，咎莫憯于欲得〕。

王本：祸莫大于不知足，咎莫大于欲得。

景龙、易玄、景福、庆阳、磻溪、楼正、遂州、敦煌己、严遵、河上、顾欢、傅奕、范应元、司马、邵、徽、苏、吴、林、彭、焦等诸本，均在"祸莫大于不知足"之前有"罪莫大于可欲"，与帛书甲、乙本同，王本脱漏。末句傅、范二本"大"字作"憯"，谓"咎莫憯于欲得"，与帛书同；敦煌己、遂州、顾欢三本作"咎莫甚于欲得"；吴澄本此句在"祸莫大于不知足"

之前。

帛书甲本保存较好，乙本残损较甚，仅存六字，并在首句"大"下脱一"于"字，均可据甲本补。与今本勘校，王本无"罪莫大于可欲"一句；第三句"咎莫大于欲得"，帛书甲、乙本"大"字均作"憯"，傅、范二本与帛书同，敦煌己、遂州与顾欢三本又作"甚"。按此当从帛书本作"憯"字。马叙伦云："'甚'借为'憯'，声同侵部，《说文》'糂'重文作'糣'，是其例证。"马说诚是。刘师培曰："《解老篇》此语上文云：'苦痛杂于肠胃之间，则伤人也憯，憯则退而自咎。'即释此'憯'字之义也。'憯'与'痛'同，犹言'咎莫痛于欲得'也。"《喻老篇》亦云："虞君欲屈产之乘与垂棘之璧，不听宫之奇，故邦亡身死，故曰'咎莫憯于欲得'。"综上所勘校，此文当据帛书甲本订正为："罪莫大于可欲，祸莫大于不知足，咎莫憯于欲得。"

陆希声注云："无道之君毒痛天下，原其所以，其恶有三：心见可欲，非理而求，故罪莫大焉；求而不已，必害于人，故祸莫大焉；欲而必得，其心愈炽，故咎莫重焉。"

甲本：〔故知19足之足〕，恒足矣。

乙本：〔故知足之足，恒〕足矣。

王本：故知足之足，常足矣。

严遵本无"故"字，作"知足之足，常足矣"；景龙、遂州、河上、吴澄诸本无"矣"字，作"故知足之足，常足"；敦煌己本前无"故"字，后无"矣"字，作"知足之足，常足"；司马光本无"之足"二字，作"故知足，常足矣"。

　　帛书甲、乙本此段经文均残，唯"常足"作"恒足"。原本如此，后因避汉文帝讳改"恒"字为"常"。朱谦之云："案'足'字从止，即'趾'字，故义为'止'。《易》'鼎折足'，郑注：'无事曰趾，陈设曰足。'《汉书·五行志》：'足者，止也。'二十八章'常德乃足'，河上注：'止也。'刘咸炘曰：'"知止"即"知反"，经屡言"知足"，即"知止"，"知止"谓保富贵也。相对往来皆不常久，必反，乃为常，乃能久。'常久，实《老子》之宗旨。"按朱谦之谓"足"字从"止"，即"趾"字，否。"止"即"足"之象形字，商代甲骨文写作'Ψ'（甲六〇〇）。从双"止"的"步"字，甲骨文写作"♥"（铁二二·二），铜器铭文写作"♥♥"（子祖尊），实际上"止"即人脚之象形字。"足"、"止"二字同源，谓"知足"为"知止"，甚是。

德经校注

四十七（今本《德经》第四十七章）

甲本：不出于户，以知天下。不规（窥）于牖，以知天道。

乙本：不出于户，以知天下。不𥩟（窥）于〔牖，以〕知天道。

王本：不出户，知天下；不闚牖，见天道。

傅奕、范应元二本"知"、"见"之上均有"可以"二字，傅本作"不出户，可以知天下；不窥牖，可以知天道"；范本作"不出户，可以知天下；不窥牖，可以见天道"；景福碑作"不出户以知天下，不窥牖以见天道"；顾欢本作"不出户，知天下；不窥牖，以见天道"；唐陆希声《道德真经传》（《道藏》必一——必四）作"不出户而知天下，不窥牖而见天道"。王本"闚"字，景龙、易玄、庆阳、楼古、磻溪、楼正、孟頫、遂州、河上、顾欢、傅奕、徽、邵、司马、苏、吴、彭、林、焦等诸本皆作"窥"，帛书甲本作"规"，乙本作"𥩟"。毕沅云："案《韩非子》作'不闚于牖，可以知天道'。《说文解字》曰：'窥，小视也。''闚，闪也。''闪，窥头门中也。'《方言》：'凡相窃视，南楚谓之闚。'沅以为穴中窃视曰'窥'，门中窃视曰'闚'，应用'闚'字。老子楚人，用楚语矣。"其实"窥"与"闚"同字异体，古通用。《玉篇》："闚，相视也，与'窥'同。"今本"不闚牖"之下文多同王本作"见天道"或"以见天道"、"可以见天道"等。帛书甲、乙本"见"字作"知"，皆作"以知天道"。验之古籍，诸如《吕氏春秋·君守篇》、《韩非子·喻老篇》、《文子·精诚篇》、《淮南子·主术篇》皆引作"知天道"，与帛书甲、乙本相同。综上所举古今各本勘校，此文当据帛书订正为："不出于户，以知天下。不窥于牖，以知天道。"

河上公注："圣人不出户以知天下者，以己身知人身，以己家知人家，所以见天下也。"成玄英疏云："户者，谓知觉攀缘分别等门户也。有道之人虚怀内静，不驰于世境，而天下之事悉知，此以真照俗也。"老子主张心境虚静，直观自省，依循事物运动之自然规律，观察内在的联系，即第五十四章所云："故以身观身，以家观家，以乡观乡，以邦观邦，以天下观天下。吾何以知天下之然哉？以此。"《说文·片部》："牖，穿壁以木为交窗也。"成玄英疏云："牖，根窍也。天道自然之理，隳体坐忘，不窥根窍，而真心内朗，睹见自然之道，此以智照真也。""天道"指天体运动规律。《易·谦》："天道亏盈而益谦。"《国语·周语》："吾非瞽史，焉知天道？"韦昭注："瞽，乐大师，掌知音乐风气，执同律以听军声而诏吉凶；太史掌抱天时，与大师同车，皆知天道也。"天体运行的时数与古代历法有微小的差度，如果长时间失调就会出现"朒"与"仄慝"两种差异。《汉书·五行志》云："晦而月见西方，谓之朒；朔而月见东方，谓之仄慝。"孟康注："朒者，月行疾，在日前，故早见；仄慝者，月行迟，在日后，当没而更见。""朒"与"仄慝"皆为

天体运行与历法之间发生的一些混乱现象，古代即由太师与太
史观测星象运移以知吉凶。

甲本：其出也彊（弥）远，其〔知弥少〕。

乙本：其出籅（弥）远者183下，其知籅（弥）〔少〕。

王本：其出弥远，其知弥少。

　　傅奕、范应元"少"字写作"尟"，傅本作"其出籭远，其知
籭尟"；范本作"其出弥远，其知弥尟"；景龙碑作"其出弥远，
其知弥近"。朱谦之云："'近'乃'少'之误字。"《韩非子·喻老
篇》、《吕氏春秋·君守篇》、《淮南子·道应篇》《精神篇》所引
皆作"其出弥远者，其知弥少"，与帛书乙本同，稍异甲本，可
见早在秦汉时代《老子》一书已被传抄成几种形状。

　　《吕氏春秋·论人篇》云："太上反诸己，其次求诸人。其
索之弥远者，其推之弥疏；其求之弥强者，失之弥远。"王弼亦
云："无在于一，而求之于众也。道视之不可见，听之不可闻，
搏之不可得。如其知之，不须出户；若其不知，出愈远愈迷
也。"综上所述，谓既不能自我修养，虚静内观，净化思欲，焉
能观察外物，求诸于众，故而出之愈远，迷惑愈深。道"无所
不在"，既需却躁守静，务在直观自反，故体道不必涉远。

甲本：〔是20以圣人不行而知，不见而明，弗〕为而
　　　〔成〕。

乙本：〔是以圣人不行而知，不见〕而名（明），弗为而成。

王本：是以圣人不行而知，不见而名，不为而成。

　　世传今本多同王本，唯元张嗣成《道德真经章句训颂》(《道藏》谈一—谈二)、明危大有《道德真经集义》(《道藏》覆四—器四)、王守正《道德真经衍义手抄》(《道藏》量一—墨五)及《韩非子·喻老篇》"而名"二字写作"自明"，谓"不见自明"。河上、孟頫二本"不为"二字写作"无为"，谓"无为而成"。

　　马叙伦云："名，张嗣成及《韩非子·喻老篇》引作'明'，当从之。然'名'、'明'实一字。"蒋锡昌云："'名'、'明'古虽通用，然《老子》作'明'不作'名'。二十二章'不自见故明'，五十二章'见小曰明'，皆'见'、'明'连言，均其证也。此当从张本改。"帛书甲、乙本均残，乙本有"而名"二字，显然是"不见而名"之残句。《释名·释言语》："名，明也。""不见而名"虽不违本义，但应从张本用本字为是。"不出于户，以知天下"，乃"不行而知"也；"不窥于牖，以知天道"，即"不见而明"也。是以圣人知物之性，识物之宗，因势而趋，虽弗为而物自成。

德经校注

四十八（今本《德经》第四十八章）

甲本： 此段经文全部残毁。

乙本： 为学者日益，闻道者日云(损)。

王本： 为学日益，为道日损。

世传本经文多同王本，唯傅奕、范应元二本"日"字上有"者"，作"为学者日益，为道者日损"。

帛书甲本残毁，乙本完好，两句均有"者"字，与傅本相同。范应元云："傅奕、严遵与古本有'者'字。"验之王弼第二十章注文，其中引作"为学者日益，为道者日损"，皆有"者"字，足证《老子》原本即当如此。再如，今本均作"为道者日损"，帛书甲本残，乙本作"闻道者日损"，"为道"和"闻道"似有不同，二者必有一误。验之《老子》用语，多谓"闻道"，不言"为道"。如第四十一章"上士闻道，勤能行之"，使其情欲日以消损，此当从乙本作"闻道者日损"为是。

河上公注："'学'谓政教、礼乐之学也；'日益'者，情欲文饰日以益多。'道'谓自然之道也；'日损'者，情欲文饰日以消损。"其说诚是。"为学"指钻研学问，因年积月累，知识日益渊博。"闻道"靠自我修养，要求静观玄览，虚静无为，无知无欲，故以情欲自损，复返纯朴。

甲本： 此段经文全部残毁。

乙本： 云（损）之有（又）云（损），以至于无184上〔为，无
　　　　为而无以为〕。

王本： 损之又损，以至于无为，无为而无不为。

景龙、易玄、景福、庆阳、楼古、磻溪、遂州、顾、傅、
范、焦诸本"损"下皆有"之"字，作"损之又损之，以至于无
为"；严遵本作"损之又损之，至于无为"；敦煌己本作"损之又
损，以至无为"。后一句，景龙、敦煌己二本作"无为无不为"；
景福、磻溪二本作"无为而无不为"；孟頫、司马、吴、邵、焦
诸本作"无为而无不为矣"；顾本作"无为而无不为也"；遂州本
作"无为无所不为"；徽、彭二本作"而无不为矣"；严遵本作
"而无以为"。

帛书甲本此文全部残毁，乙本也有残损，只存"损之又损，
以至于无"八字。"无"下应是"为"字，全句应读作"损之又损，
以至于无为"。但是，最后一句，甲、乙本均残无痕迹；世传
今本经文句型虽有不同，但内容一致，多同王本作"无为而无
不为"；唯严遵《道德真经指归》作"而无以为"。过去我在《帛
书〈老子〉甲乙本与今本〈老子〉勘校札记》中对此曾有这样的说
明："今本'损之又损，以至于无为，无为而无不为'，《庄子·
知北游》引文也与此相同。甲本残，乙本此段前文仅存'损之又
损，以至于无'八字，但下文保存较好，作'将欲取天下，恒无
事；及其有事也，又不足取天下矣'。'无为'、'无事'连用之

语在《老子》中多见，此文若依今本作'无为而无不为'者，上下语义相为违背，足证今本有误。汉严遵《道德真经指归》保存此句正作'损之又损之，至于无为而无以为'，当为《老子》原本之旧。"事后刘殿爵教授在《马王堆汉墓帛书〈老子〉初探》(下)一文中指出："此文中有几点值得注意：(一)经文是'至于无为("无为"二字似应重)而无以为'，严文夹注中则作'无为而无不为者也'，两引经文不同。(二)经文下谷神子注'无不事也'，则释所注经文应作'无不为'，不应作'无以为'。(三)严遵文很难看得出是解释'无不为'还是解释'无以为'，所以我们只能说：严遵所解的《老子》究竟作'无为而无以为'抑'无为而无不为'，是无法判断的。谷神子增入的经文，一作'无为而无以为'，一作'无为而无不为者也'，前者与解释又不相符。所以我认为，连谷神子的经文作'无为而无以为'的结论也无确实证据。"刘氏所言实为中肯，但我所断定乙本残缺之文应同严遵《指归》本作"无为而无以为"，主要是根据乙本经文内容，尤其是本章下文讲的"恒无事"。"无为"、"无事"是《老子》习惯用语，经文常见。反之，"无不为"与"恒无事"互不相谐。就这一点来讲，我的意见可能与刘氏的看法是一致的。因为他说："虽然如此，但我们仍认为高氏之说极有见地。帛书另有一处显示《老子》的重视'无以为'。七十五章今本作'民之难治，以其上之有为，是以难治'；帛书本作'百姓(乙本作生)之不治也，以其上之(甲本无之字)有以为也(甲本"也"字残缺)'。"关于类似的证据还有：第五十七章："我无为而民自化，我好静而民自正，我无事而民自富。"第六十三章："为无为，事无事。"第六十四章："是以圣人无为也，故无败也；无执也，故无失也。"以《老》证《老》，更为有力。再就严遵《道德真经指归》而论，历史源流确较复杂。汉代距今已两千馀年，经历代展转传抄，亦与其他今本相似，书内真伪杂糅，问题很多。据《道藏》本谷神子注云："严君平者，蜀郡成都人也。姓庄氏，故称庄子。东汉章和之间，班固作《汉书》，避明帝讳，更之为严。'庄'、'严'亦古今之通语。君平生西汉中叶，王莽篡政，遂隐遁炀和，盖上世之真人也。"而胡刊本载有谷神子序，前文与此注全同，唯在"也"字下续有五十七字，谓："其所著有《道德指归论》若干卷，陈隋之际已逸其半，今所存者，止《论德篇》。因猎其讹舛，定为六卷，而以其说目冠于端，庶存全篇之大义尔。谷神子序。"但是，晁公武《郡斋读书志》云："《老子指归》十三卷，右汉严遵君平撰，谷神子注。其章句颇与诸本不同，如以'曲则全'章末十七字为后章首之类。按《唐志》有严遵《指归》四十（当为"十四"之误）卷，冯廓《指归》十三卷，此本卷数与廓注同，其题谷神子而不显姓名，疑即廓也。"按"曲则全"章乃《道经》之第二十二章，而晁氏所见严遵《指归》似上下篇俱全。范应元《道德经古本集注》、陈景元《道德真经藏室纂微》注引严书则上下篇俱存。谷神子序既言"陈隋之际已逸其半"，何以至宋晁、范、陈等皆能见到全书？因而有人推测谷神子序乃经目注之伪托；或谓《指归》及谷注虽真而经文假托；还有人谓全部皆由明人伪造，等等。众议纷纭，无可适从。但自马王堆汉墓帛书《老子》出土以后，有些问题似乎可以解决。关于经文问题，郑良树在《从帛书〈老子〉论严遵〈道德指归〉之真伪》一文中，列举严遵《指归》中类似这种异于今本而同于帛书甲、乙本的词句，即有二十四处，充分说明严遵《指归》本确实是保存了许多已被他本搞错了的《老子》经文。因此他说："良树认为今传严本，包括《指归》，应该都是西汉末年严君平的真著，非后人所能赝托。"

甲本：取天下也，恒〔无事；及其有事也，不足以取天下〕。

乙本：取天下，恒无事；及其有事也，〔不〕足以取天〔下〕。

王本：取天下常以无事，及其有事，不足以取天下。

　　徽、邵、司马、彭、孟頫诸本句前有"故"字，第一"下"字后有"者"字，作"故取天下者常以无事"；楼古、焦竑二本作"故取天下常以无事"；严遵、傅奕二本作"将欲取天下者常以无事"；范应元本作"将取于天下常以无事"。后一句，傅本前有"又"字，后有"矣"字，作"及其有事，又不足以取天下矣"。

　　帛书甲本较残损，仅存五字。乙本残损二字，据王本补。帛书研究组帛书《老子》释文是据傅本补，故经文稍异，则经义无别。

　　河上公注云："取，治也。"老子主张无为而治，反对兴业劳民，五十七章经文即是他对"取天下，恒无事"的诠释。如云："以无事取天下，吾何以知其然也哉？夫天下多忌讳，而民弥贫。民多利器，国家滋昏。民多智慧，而邪事滋起。法物滋章，而盗贼多有。是以圣人之言曰：'我无为而民自化，我好静而民自正，我无事而民自富，我欲不欲而民自朴。'"反之，国君繁政苛敛，好奇多欲，民必贫饥劳苦，尔虞吾诈，终于导致国破身死，不得而治。

德经校注

四十九（今本《德经》第四十九章）

甲本：〔圣人恒无22心〕，以百〔姓〕之心为〔心〕。

乙本：〔圣〕人恒无心，以百省（姓）之184下心为心。

王本：圣人无常心，以百姓心为心。

景龙碑、敦煌己、顾欢等诸本无"常"字，作"圣人无心，以百姓心为心"；范应元、吴澄二本"姓"下有"之"字，作"圣人无常心，以百姓之心为心"。

帛书甲本首句残损，乙本也残一"圣"字，当读作"圣人恒无心"；世传今本多同王本作"圣人无常心"；景龙碑、敦煌己与顾欢本作"圣人无心"，少"常"字，则意义均有差异。王本"常"字原本作"恒"，因避汉文帝讳而改。"恒"、"常"二字义同。帛书乙本"圣人恒无心"，今本多作"圣人无常心"，"恒无心"与"无恒心"意义不同，其中必有一因词序颠倒而误。按：老子一贯主张"知常"和"常知"，第十六章"知常曰明，不知常妄作凶"；第六十五章"常知楷式，是谓玄德"。"知常曰明"与"常知楷式"意义相近，皆谓深知自然永恒之法则。若"圣人无恒心"，焉能达到如此之境界。此句经文显然是今本有误。验之河上公注："圣人重改更，贵因循，若自无心。"可见河上公原本亦作"圣人恒无心"，当与帛书乙本同。可以肯定地讲，王弼以下今本作"圣人无常心"者皆误。但观察旧注多望文生意，如宋李荣注云："圣人之心常与道俱，道无所不在，而吾心亦无所不存，故无常心。"明焦竑注云："惟天无亲，克敬惟亲，故无常心。"蒋锡昌注："圣人治国，无常心于有为。"皆违《老子》本义。河上公注所谓"重改更，贵因循"，是指人主不师心自用，亦无主观模式或人为规范。客观体察百姓之需求和心意，因势利导，即所谓"以百姓之心为心"也。正如太史公所讲，道家"其为术也，因阴阳之大顺，采儒墨之善，撮名法之要，与时迁移，应物变化，立俗施事，无所不宜。指约而易操，事少而功多"。

甲本：善者善之，不善者亦善〔之，德善也〕。

乙本：善〔者善之，不善者亦善之，德〕善也。

王本：善者吾善之，不善者吾亦善之，德善。

景龙碑、敦煌己、遂州三本"德"字写作"得"，谓"善者吾善之，不善者吾亦善之，得善"；严遵、傅奕、司马、吴澄诸本"德"字亦作"得"，后并有"矣"字，谓"善者吾善之，不善者吾亦善之，得善矣"；顾、徽、苏、范、彭、焦、孟頫等诸本作"善者吾善之，不善者吾亦善之，德善矣"；邢玄本作"善者吾善之，不善者吾亦善之，德善者"。

帛书甲本稍残，乙本残甚，仅存三字，俱据王本补"德"字。与今本勘校，世传本皆有"吾"字，作"吾善之"与"吾亦善"，帛书甲本无。今本此文分"德善"与"得善"两释，如王弼

注："各因其用，则善不失也，无弃人也。"以第二十七章"是以
圣人常善救人，故无弃人"解之，是为"德善"。高亨亦云：
"'德'、'得'古通用，今依'德'字作解。德，品德也。"将其释
作："百姓以为善良的人，我就以善良对待之；百姓以为不善
良的，我也以善良对待之。于是一个时代的品德就将同归于善
良了。"河上公释"德"字为"得"，注云："百姓为善，圣人因而
善之；百姓虽有不善者，圣人化之使善也。百姓德化圣人为
善。""德化"读作"得化"。蒋锡昌亦云："'德'假为'得'，此
言民之善与不善，圣人一律待之以善，而任其自化，则其结果
皆得善矣。"从此两种解释分析，似以"得善"之说义胜。

甲本：〔信者信之，不信者亦信之23，德〕信也。

乙本：信者信之，不信者亦信之，德信也。

王本：信者吾信之，不信者吾亦信之，德信也。

　　景龙碑、敦煌己、遂州三本"德"字作"得"，谓"信者吾信
之，不信者吾亦信之，得信"；严遵、傅奕、司马、吴澄诸本
作"信者吾信之，不信者吾亦信之，得信矣"；顾、邵、徽、
苏、范、彭、焦、孟頫诸本作"信者吾信之，不信者吾亦信之，
德信矣"；邢玄本开始无"信者"二字，似脱漏。

　　帛书甲本残甚，仅存二字。乙本保存完好，可据补甲本缺
文。与今本勘校，世传本"德善"、"德信"前后二文中皆有
"吾"字，帛书本皆无此字，彼此稍异。从经文内容分析，老子
所言乃无欲、无争之道义，非谓为人处世之态度，因而"吾"字
在此，而将老子讲述"得善"、"得信"之意义缩小。此当从帛书

为是。

河上公注："百姓为信，圣人因而信之；百姓为不信，圣人化之使信也。百姓德化圣人为信。"吴澄云："民之善、不善，信、不信，圣人不分其是非，皆以为善，以为信。不惟善者得善，信者得信，而不善者亦得善，不信者亦得信矣。'得'谓民得此善，信而不失，盖不善、不信亦化而为善、信，是人人得此善、信也。"

甲本：〔圣人〕之在天下，惵惵焉，为天下浑心。

乙本：耶(圣)人之在天下也，欲欲焉185上，〔为天下浑心〕。

王本：圣人在天下歙歙，为天下浑其心。

邵、徽、彭三本"人"下有"之"字，"歙歙"二字作"惵惵"，无"其"字，作"圣人之在天下惵惵，为天下浑心"；苏辙、孟頫二本作"圣人之在天下惵惵，为天下浑其心"；易玄、庆阳、磻溪、楼正、遂州、焦竑诸本作"圣人在天下惵惵，为天下浑其心"；敦煌己本作"圣人在天下惵惵，为天下混其心"；严遵本作"圣人在天下惵惵乎，为天下浑心"；司马本作"圣人在天下惵惵焉，为天下浑其心"；楼古本作"圣人在天下喋喋，为天下浑其心"；景龙、景福、河上、顾欢、林志坚等诸本作"圣人在天下怵怵，为天下浑其心"；傅奕本作"圣人之在天下，歙歙焉，为天下浑浑焉"；范应元本作"圣人之在天下，歙歙焉，为天下浑心焉"。

帛书甲本残损二字，乙本残损五字，彼此可互补缺文。与今本勘校，句型与用词多有差异。如帛书甲本"憺憺"，乙本作"欱欱"，王本作"歙歙"，严遵等本作"惵惵"，河上本作"怵怵"，楼古作"喋喋"。因用词各异，故注释亦不相同。河上公注："圣人在天下，怵怵常恐怖，富贵不敢骄奢。言圣人为天下百姓浑浊其心，若愚暗不通也。"成玄英云："惵惵，勤惧之貌也，言无心赴感之。圣人其在天下也，恒布大慈，拯救苍生，恐其没溺，故惵惵而勤惧也。"释"怵怵"、"惵惵"为恐惧。马叙伦云："伦案'歙'借为'合'。""歙"字即有"合"义。《正字通》："歙，合也，与'翕'通。"《诗经·小雅·棠棣》"兄弟既翕"，毛传："翕，合也。""歙歙"如"歙然"，合貌，字亦作"欱"。王弼注云："甚矣！害之大也，莫大于用其明矣。夫任智则人与之讼，任力则人与之争。智不出于人而立乎讼地，则穷矣；力不出于人而立乎争地，则危矣。未有能使人无用其智力于己者也，如此则己以一敌人，而人以千万敌己也。若乃多其法网，烦其刑罚，塞其径路，攻其幽宅，则万物失其自然，百姓丧其手足，鸟乱于上，鱼乱于下。是以圣人之于天下歙歙焉，心无所主也；为天下浑心焉，意无所适莫。"所谓害莫大于用其明，即王本第六十五章所言："古之善为道者，非以明民，将以愚之。民之难治，以其智多。故以智治国，国之贼；不以智治国，国之福。"任用智力则人必与之讼争，避免讼争必须守道弃明，回到无是、无非、无善、无恶之浑合境域，则使人无思、无欲、无事、无为，化归浑朴。王弼注"歙歙"为"心无所主"，释"浑心"为"无所适莫"。"心无所主"即无所区分，"无所适莫"则无厚无薄。从词义分析，确有"合"、"浑"之义。帛书乙本正作"欱欱","欱"字乃"歙"之别构。此文当从王弼、傅奕、范应元诸本作"歙"字为是。

甲本：百姓皆属耳目焉，圣人〔皆孩之〕。

乙本：〔百姓〕皆注其〔耳目焉，圣人皆孩之〕。

王本：〔百姓皆注其耳目〕，圣人皆孩之。

《武英殿聚珍版丛书》王本无"百姓皆注其耳目"七字，浙江书局附《老子校勘记》云："阁本、毕本、黎本并有'百姓皆注其耳目'一句。据注'各用其聪明'，《释文》：'注，之树反。'知王弼本实有此句，以文繁难补附记于此。"《道藏》王本有此句，帛书甲、乙本亦有此句，此据《道藏》王本补。

林志坚本无"皆"字，作"百姓注其耳目"；宋陈象古《道德真经解》（《道藏》知五—知六）无"其"字，作"百姓皆注耳目"；司马本"目"下有"焉"字，作"百姓皆注其耳目焉"。敦煌己、遂州二本"孩"字作"恢"，谓"圣人皆恢之"；傅奕本作"圣人皆咳之"；严遵作"圣人皆骇之"；元邓錡《道德真经三解》（《道藏》改一—改四）作"圣人皆孩也"。

帛书甲本"百姓皆属耳目焉"，乙本"属"字作"注"，同今本。《国语·晋语》"则恐国人之属耳目于我也"，韦昭注："'属'犹'注'也。""属"、"注"二字同谊，乃谓百姓皆注意使用耳目体察世情，以智慧判断是非，犹若王弼注云："各用聪明。"成玄英云："河上'注'，诸本作'浮'，'浮'者染滞也。颠倒之徒，迷没世境，纵恣耳目，滞着声色，既而漂浪长流，愆非自积。"朱谦之云："案'浮'乃妄人以意改字，以求合于佛说。

《老子》无此。"

　　"圣人皆孩之"，旧注多谓圣人怜爱百姓，而以无识无知之孩婴养教之；或如陈鼓应云："有道的人使他们都回复到婴孩般真纯的状态。"而将各本所见之"孩"、"㤥"、"咳"、"骇"均视为"孩"字。帛书甲、乙本此二字均已残毁，原为何字已无法知道，只能照今本补。但此字在句中当作动词解，非名词。高亨释"孩"字为"阂"，他说："《说文》：'阂，外闭也。'《汉书·律历志》'阂藏万物'，颜注引晋灼曰：'外闭曰阂。''圣人皆孩之'者，言圣人皆闭百姓之耳目也。上文云'歙歙为天下浑其心'，即谓使天下人心胥浑浑噩噩而无识无知也。此文云'百姓皆注其耳目，圣人皆阂之'，即谓闭塞百姓耳目之聪明，使无闻无见也。此老子之愚民政策耳。'孩'、'咳'一字，因其为借字，故亦作'骇'或'㤥'。《晏子·外篇第八》'颈尾咳于天地乎'，孙星衍曰：'"咳"与"阂"同。'亦以'咳'为'阂'。"

德经校注

五十（今本《德经》第五十章）

甲本：〔出〕生〔入死。生之24 徒十〕有〔三，死之〕徒十有
三，而民生生，动皆之死地之十有三。夫何故也？
以其生生也。

乙本：〔出〕生入死。生之〔徒十有三，死〕之徒十又（有）
三，而民185 下生生，僮（动）皆之死地之十有三。
〔夫〕何故也？以其生生。

王本：出生入死。生之徒十有三，死之徒十有三，人之生
动之死地，亦十有三。夫何故？以其生生之厚。

敦煌己本"十"字并作"什"，谓"生之徒什有三，死之徒什
有三，人之生动之死地，亦什有三"；严本下句"人"字作
"民"，句型亦异，作"而民生动之死地十又三"；傅本作"而民
之生生而动动皆之死地亦十有三"；范本作"民之生生而动之死
地亦十有三"；徽、邵、彭诸本作"民之生动之死地亦十有三"；
林本作"人之生动入死地亦十有三"；景福本作"人之生动皆之
死地十有三"；景龙、易玄、邢玄、磻溪、楼正、遂州、河上、
司马诸本皆与王本相同，唯无"亦"字，作"人之生动之死地十
有三"。末句，范本"故"字作"哉"，句尾有"也"字，作"夫何

哉？以其生生之厚也”；景福与傅本作“夫何故？以其生生之厚也”。

　　帛书甲本残损十字，乙本残损七字，彼此可互补缺文。甲本经文句尾有“也”字，乙本无，并假“僮”字为“动”。两本经文基本相同。与今本勘校，帛书甲、乙本“而民生生，动皆之死地之十有三”一句，今本有多种句型，彼此出入甚大，并自相矛盾，各家注释亦多不相同。诸如《韩非子·解老篇》：“人之身三百六十节，四肢九窍，其大具也。四肢与九窍十有三者，十有三者之动静尽属于生焉。属之谓徒也，故曰：‘生之徒也十有三者。’至其死也，十有三具皆还而属之于死，死之徒亦十有三。故曰：‘生之徒十有三，死之徒十有三。’”朱谦之云：“‘十有三’之说，自韩非子、河上公、碧虚子、叶梦得以四肢九窍为‘十三’，已涉附会。乃又有以十恶三业为‘十三’者，如杜广成；以五行生死之数为‘十三’者，如范应元；其说皆穿凿不足信。”高亨以七情六欲为“十三”，所谓“七情”，指人之喜、怒、哀、惧、爱、恶、欲；“六欲”，指声、色、衣、香、味、室。诸如此类之说，虽言情至，言数合，似得道家真旨，其实纯出冥思臆测，远背本义。

　　帛书甲、乙本此文虽有残损，但彼此可互补，故经文词义都很清楚。根据上举古今各本勘校，此文当从帛书甲、乙本作：“出生入死。生之徒十有三，死之徒十有三，而民生生，动皆之死地之十有三。夫何故？以其生生也。”

　　理解经文之关键则在“生生”一词，全文共出现二次，一作“而民生生”，另一作“以其生生”。世传本中只有傅、范二本有此二处，而其中亦有讹误。如前句作"民之生生"，后句作"以其生生之厚也"。他本前句皆作"人之生动"，其间脱掉一"生"字。因经文伪误，经义必然全失。"生生"是一动宾结构之短语，译成今语则谓"过分地奉养生命"。韩非释此文云："凡民之生，生而生者固动，动尽则损也；而动不止，是损而不止也；损而不止，则生尽，生尽之谓死。"老子于此文谓全生之极十有三分，全死之极也十有三分，彼此相等。但人之欲生盛于欲死，如果为了养生长寿而费精劳形，结果正相反，所得皆为那死地的十有三分。王弼注云："'十有三'犹云十分有三分。取其生道，全生之极十分有三耳；取其死道，全死之极亦十分有三耳。而民生生之厚，更之无生之地焉。"高延第云："富贵之人，厚自奉养，服食药饵，以求长生，适自蹈于死地。此即动而之死者之端。"王、高二氏所释，均切经义，而王弼谓"而民生生之厚"一句，则引自今本，帛书甲、乙本均无"之厚"二字。按《老子》用"生生"一词，即表达厚自奉养之义，后人不解，故妄增"之厚"二字。实属画蛇添足，多此一举，当据帛书甲、乙本订正。

甲本：盖〔闻善〕25执（摄）生者，陵行不〔避〕矢（兕）虎，入军不被甲兵。

乙本：盖闻善执（摄）生者，陵行不辟（避）兕虎，入军不被兵革（甲）。

王本：盖闻善摄生者，陆行不遇兕虎，入军不被甲兵。

　　严遵本"遇"字作"避"，谓"陆行不避兕虎"；河上、孟頫

二本"被"字作"避",谓"入军不避甲兵";吴澄本作"陆行不避
兕虎,入军不避甲兵";敦煌己本与之全同,唯"甲兵"作"钾
兵"。

　　帛书甲本残损三字,乙本保存完好,可据补甲本缺文。又
乙本"辟"字假为"避"。甲本"入军不被甲兵",乙本"甲兵"二
字作"兵革"。与今本勘校,甲、乙本"善执生者",今本皆作
"善摄生者"。按"摄"之古音声在书纽,韵在叶部;"执"在章
纽缉部。章、书属舌,叶、缉旁转,故"摄"、"执"古音相同通
假。"摄生",养生也。左思《吴都赋》:"土壤不足以摄生。"王
本用本字,帛书甲、乙本皆用借字。又甲、乙本"陵行不避
虎",今本皆作"陆行不遇兕虎"。《说文》云:"陆,高平地。"
"陵,大自也。"按豭虎猛兽,当处山陵,不处大陆,此当从帛
书作"陵行不避豭虎"。帛书甲本"入军不被甲兵"与世传今本相
同,唯乙本作"入军不被兵革"。"甲"、"革"乃同音相假,当
从甲本。今据帛书甲、乙本与上举诸本勘校,此文当订正为:
"盖闻善摄生者,陵行不避兕虎,入军不被甲兵。"

　　刘师培云:"按《韩非子·解老篇》云:'圣人之游世也,无
害人之心,则必无人害,无人害,则不备人,故曰:"陆行不
遇兕虎。"入山不恃备以救害,故曰:"入军不备甲兵。"'《老
子》古本'被'当作'备',言不恃甲兵之备也。'备'、'被'音
近,后人改'备'为'被',非古本矣。"蒋锡昌云:"《广雅·释
诂二》:'被,加也。''遇'、'被'皆为受动词。'陆行不遇兕
虎,入军不被甲兵',言陆行不为兕虎所遇,入军不为甲兵所
加也。"

甲本：矢（兕）无所椯（投）其角，虎无所昔（措）其蚤
　　　（爪），兵无所容〔其刃，夫〕26 何故也？以其无死
　　　地焉。

乙本：兕无〔所186 投其角，虎无所措〕其蚤（爪），兵〔无
　　　所容其刃，夫何故〕也？以其无〔死地焉〕。

王本：兕无所投其角，虎无所措其爪，兵无所容其刃，
　　　夫何故？以其无死地。

　　敦煌己本"投"字作"驻"，"爪"字作"狐"，谓"兕无所驻其
角，虎无所措其狐"；景龙碑"兕"字作"兊"，"措"字作"揩"，
谓"兊无所投其角，虎无所揩其爪"；河上本无下"其"字，作
"兕无投其角，虎无所措爪"；遂州本"投"作"注"，"措"字作
"错"，谓"兕无所注其角，虎无所错其爪"；范应元本与《释
文》"措"字亦作"错"，唯范本下句"故"字作"哉"，谓"夫何
哉？以其无死地"；遂州本作"夫其故？以其无死地"；傅奕本
作"夫何故也？以其无死地焉"；严遵本作"夫何故哉？以无死
地"。

　　帛书甲本残损三字，乙本残甚，仅存九字。甲本多借字，
如假"矢"字为"兕"，假"椯"字为"投"，假"昔"字为"措"，假
"蚤"字为"爪"。乙本因毁字过多，只知假"蚤"为"爪"一字，
缺文皆据甲本补。与今本勘校，除个别虚词和用字稍有不同，
经义完全一致。

　　朱谦之云："案'兕'，兽名，犀之雌者。《尔雅》云：'形
似野牛，一角，重千斤。'《淮南子·墬形篇》：'南方之美者，
有梁山之犀象焉。'高诱注：'梁山在会稽，长沙湘南有犀角牙，

皆物之珍也。'《山海经》云：'兕出湘水之南，苍黑色。'老子楚人，故以'兕'为喻。"帛书甲本"投"字作"椯"，敦煌己与遂州二本皆作"驻"。"投"、"椯"、"驻"古同音相借，王本用本字，其他皆为借字。"善摄生者"，以无为无欲，静修体魄，猛兽不能以角爪加害之，故陵行不必避兕虎，强敌不能以刀枪加害之，故入军不必被甲兵。因其修道务本而不入死亡之途。正如王注："故物，苟不以求离其本，不以欲渝其真，虽入军而不害，陆行而不犯，可也。赤子之可则而贵，信矣。"所谓"赤子"，即第五十五章"比于赤子"，皆指婴儿。因"赤子"无求无欲不犯众物，故猛兽毒虫之物亦无犯于人。王弼云："含德之厚者，不犯于物，故无物以损其全也。"

德经校注

五十一(今本《德经》第五十一章)

甲本： 道生之而德畜之，物刑(形)之而器成之。是以万物尊道而贵〔德〕。

乙本： 道生之，德畜之，物186下刑(形)之而器成之。是以万物尊道而贵德。

王本： 道生之，德畜之，物形之，势成之。是以万物莫不尊道而贵德。

前一句，世传今本多与王本同，唯遂州本"势成之"作"熟成之"，"熟"字乃为"势"字之误。后一句，易玄本"万物"作"圣人"，谓"是以圣人莫不尊道而贵德"；敦煌己与严遵二本无"莫不"二字，作"是以万物尊道而贵德"；景福本无"而"字，作"是以万物莫不尊道贵德"；顾欢本作"是以万物莫不尊道而首德"。

帛书甲本残损一字，乙本完好，可补甲本缺文。两本异在虚词，而经义无别也。与今本勘校，甲、乙本"器成之"，今本多同王本作"势成之"。"器"、"势"古读音相同，可互相假用，但是彼此意义不同。何为本字，则须作出说明。旧注皆以"势"为本字，解释为形势、趋势、气候或环境等多种意义。如王弼

注：“何因而形？物也。何使而成？势也。唯因也，故能无物
而不形；唯势也，故能无物而不成。”河上公谓为“寒暑之势”。
陈柱谓“势”为力，如云：“势者，力也。”林希逸谓“势”为“阴
阳之相偶，四时之相因”。蒋锡昌谓“势”指各物所处之环境，
如地域之变迁，气候之差异，水陆之不同，等等。按今本“势”
字注释，恐皆未达《老子》本义。按物先有形而后成器，《老子》
第二十八章“朴散则为器”，王弼注：“朴，真也。真散则百行
出，殊类生，若器也。”二十九章“天下神器”，王弼注：“器，
合成也。无形以合，故谓之神器也。”《周易·系辞上》“形乃谓
之器”，韩康伯注：“成形曰器。”皆“形”、“器”同语连用。从
而可见，今本中之“势”应假借为“器”，当从帛书甲、乙本作
“器成之”。夫物生而后则畜，畜而后形，形成而为器。其所由
生者道也，所畜者德也，所形者物也，所成者器也。王弼云：
“凡物之所以生，功之所以成，皆有所由。有所由焉，则莫不
由乎道也。故推而极之，亦至道也。随其所因，故各有称焉。”

甲本：〔道〕27之尊，德之贵也，夫莫之时（爵），而恒自
　　　　然也。

乙本：道之尊也，德之贵也，夫莫之爵也，而恒自然也。

王本：道之尊，德之贵，夫莫之命而常自然。

　　　　敦煌己、严遵、顾欢、遂州诸本无上二“之”字，“命”字作
“爵”，谓“道尊，德贵，夫莫之爵而常自然”；徽、邵、彭三本
无“夫”字，“命”字作“爵”，谓“道之尊，德之贵，莫之爵而常
自然”；易玄、楼古、磻溪、楼正、孟頫、傅奕、司马光、苏

辙诸本作"夫莫之爵而常自然";吴澄本作"莫之命而常自然";景福本作"夫莫大之命而常自然";元李道纯《道德会元》(《道藏》谈三—谈四)作"夫莫知命而常自然"。

帛书乙本每句都有"也"字,甲本第二与第四两句有"也"字,彼此有所不同。王本"夫莫之命",帛书甲、乙本均作"夫莫之爵",与严遵、傅奕、敦煌己、易玄、楼古、磻溪、遂州诸本相同。朱谦之云:"遂州、严遵、顾欢亦作'爵'。又《道藏》宋张太守《汇刻四家注》此节附注校语云:'明皇、王弼二本"命"并作"爵"。'各王注本均误录作弼注,殿本亦如此。纪昀曰:'案此句,疑"命"字下原校语误作弼注。'案纪说是也。《道藏》张刻所见王弼本作'爵',与严遵、傅奕古本并同,敦煌本亦作'爵'。作'爵'谊亦可通。""爵"字在此做动词,有"封爵"、"赐爵"之意。成玄英云:"世上尊荣必须品秩,所以非久,而道德尊贵无关爵命,常自然。"此之谓道德所以尊贵,非为世俗所封之品秩爵位,它以虚静无为,任万物之本能,按照自然规律而发展。此之尊贵,亦非世俗品秩、爵位所能比也。

甲本: 道生之、畜之、长之、遂(育)之、亭〔之、毒之、养之、覆之〕。

乙本: 道生之、畜之187上、〔长之、育〕之、亭之、毒之、养之、复(覆)之。

王本: 故道生之、德畜之、长之、育之、亭之、毒之、养之、覆之。

严遵本无"故"字,"亭"字作"成","毒"字作"熟",谓

"道生之、德畜之、长之、育之、成之、熟之、养之、覆之"；易玄、庆阳、楼古、磻溪、孟頫、楼正、顾欢、徽、邵、司马、苏、吴、彭等诸本无"德"字，"亭"字作"成"，"毒"字作"熟"，谓"故道生之、畜之、长之、育之、成之、熟之、养之、覆之"；唯楼古、磻溪二本"熟"字写作"孰"；敦煌已无"德畜之"三字，"亭"字作"成"，"毒"字作"熟"，谓"道生之、长之、育之、成之、熟之、养之、覆之"；景龙、景福、遂州、河上诸本作"故道生之、德畜之、长之、育之、成之、熟之、养之、覆之"；唯河上本"熟"字写作"孰"；焦竑本作"故道生之、畜之、长之、育之、亭之、毒之、养之、覆之"；傅奕、范应元作"故道生之、德畜之、长之、育之、亭之、毒之、盖之、覆之"；唯范本"畜"字作"蓄"，稍异。

帛书甲本此文残损七字，乙本残损三字，彼此可互补缺文。甲本假"遂"字为"育"，乙本假"复"字为"覆"，甲、乙二本经文相同。与今本勘校，帛书均无"故"与"德"二字，而"亭之毒之"一句，王、傅、范、焦诸本与之同，他本多作"成之熟之"。按"成"字和"亭"，"孰"字和"毒"，彼此古音虽同，可以通假，但孰为本字，孰为借字，过去并未作出明确判断。诸家注释皆各持一说。河上公注云："道之于万物，非但生之而已，乃复长、养、成、熟、覆、育，全于性命。"此乃据经文为"成之熟之"而释。《道经》第一章"有名万物之母"，王弼注云："及其有形有名之时，则长之、育之、亭之、毒之，为其母也。"可见王弼所见《老子》作"亭之毒之"，不是"成之熟之"，与河上本不同。验之帛书，甲、乙二本同作"亭之毒之"，足证

《老子》原本即当如此。范应元云："'亭'、'毒'，王弼、李奇同古本。傅奕引《史记》云：'亭，凝结也。'《广雅》云：'毒，安也。'"蒋锡昌云："《文选》谢灵运《初去郡》注引《仓颉篇》：'亭，定也。'《广雅·释诂》：'毒，安也。''亭之毒之'，犹云定之安之也。"王弼注旧有夺失，楼宇烈据易顺鼎、南总宇惠说增补，则谓："'亭'为品其形，'毒'为成其质。各得其庇荫，不伤其体矣。"从文义分析，"长"、"育"而谓体魄，"亭"、"毒"而谓品质，"养"、"覆"则谓全其性命耳。

甲本：〔生而〕28弗有也，为而弗寺（恃）也，长而弗宰也，此之谓玄德。

乙本：〔生而弗有，为而弗恃，长而〕弗宰，是胃（谓）玄德。

王本：生而不有，为而不恃，长而不宰，是谓玄德。

　　世传今本多同王本，唯敦煌己本"恃"字作"怅"，谓"为而不怅"。恐抄写之误，非异文也。唐李约《道德真经新注》（《道藏》能一——能四）无"长而不宰"一句。严遵本"谓"字作"为"，谓"是为玄德"。

　　帛书甲本残损二字，乙本残损十字，据甲本补。与今本勘校，彼此异在虚词，而经义全同。

　　道生育万物而不自有自用，惠泽施为而不图报偿，抚养成长而不宰不制，此之谓博大幽深，玄妙之德也。王弼云："凡言'玄德'，皆有德而不知其主，出乎幽冥。"

德经校注

五十二（今本《德经》第五十二章）

甲本：天下有始，以为天下母。愿（既）得其母，以知其〔子〕29；复守其母，没身不殆。

乙本：天下有始，以为天下母187下。既得其母，以知其子；既知其子，复守其母，没身不伯（殆）。

王本：天下有始，以为天下母。既得其母，以知其子；既知其子，复守其母，没身不殆。

　　傅奕本"以"上有"可"字，作"天下有始，可以为天下母"；景龙、顾欢二本"得"字作"知"，"以"字作"又"，谓"既知其母，又知其子"；《释文》作"既知其母，以知其子"；河上本作"既知其母，复知其子"；李道纯《道德会元》（《道藏》谈三—谈四）"守"字作"归"，谓"既知其子，复归其母，没身不殆"；景福本"得"、"守"二字均作"知"，谓"既知其母，以知其子；既知其子，复知其母，没身不殆"。

　　帛书甲本残损一字，假"愿"字为"既"；乙本保存完好，而假"伯"字为"殆"。但是，甲本缺"既知其子"一句，乙本不缺，彼此各异。与今本勘校，世传本皆有此句，经文多与乙本相同，从文义分析，亦证明甲本将此句经文脱漏，当为抄写之误，非异文也，应据乙本补正。

　　王弼注云：“善始之，则善养畜之矣。故‘天下有始’，则可以为天下母矣。”又云：“母，本也。子，末也。得本以知末，不舍本以逐末也。”第三十八章注：“本在无为，母在无名。弃本舍母而适其子，功虽大焉，必有不济，名虽美焉，伪亦必生。……载之以道，统之以母，故显之而无所尚，彰之而无所竞。用夫无名，故名以笃焉；用夫无形，故形以成焉。守母以存子，崇本以举其末，则形名俱有而邪不生，大善配天而华不作。故母不可远，本不可失。”既知道为万物之母，以知万物乃道之所生，进而守道而存万物，崇本而举末，则可终身不危矣。正如第三十七章经文所云：“道恒无名，侯王若能守之，万物将自化。”亦即此义。

甲本：塞其闷（兑），闭其门，终身不堇（勤）。启其闷（兑），济其事，终身〔不救〕。

乙本：塞其兑，闭其门，冬（终）身不堇（勤）。启其兑，齐（济）其〔事188上，终身〕不棘（救）。

王本：塞其兑，闭其门，终身不勤。开其兑，济其事，终身不救。

　　景福本“兑”字均作“锐”，“闭”字作“闲”，谓“塞其锐，闲其门，终身不勤。开其锐，济其事，终身不救”；景龙、河上、孟頫三本“闭”字写作“闲”，谓“塞其兑，闲其门”；遂州本下句“兑”字作“门”，谓“开其门，济其事，终身不救”。

　　帛书甲、乙本彼此用字有所不同，甲本前句“塞其闷”，乙本作"塞其堄",世传今本多同王本作"塞其兑",甲本后句"启其闷",乙本作"启其堄",王本作"开其兑",遂州本作"开其门"。今本第五十六章"塞其兑,闭其门",与本章王本相同,乙本仍作"塞其堄,闭其门",甲本依然作"塞其闷,闭其门"。前后三处王本均作"兑",乙本均作"堄",甲本作"𨴀"与"闷"。由此看来,彼此各有所据,非因笔误而写错字。世传今本"闭其兑"、"开其兑",乙本作"闭其堄"、"启其堄"。"开"、"启"二字谊同,因避汉景帝讳故改"启"字为"开"。"兑"字与"堄"通用。俞樾云:"案'兑'当读为'穴',《文选·风赋》'空穴来风',注引《庄子》'空阅来风'。'阅'从'兑'声,可假为'穴','兑'亦可假作'穴'也。'塞其穴'正与'闭其门'文义一律。"孙诒让云:"案'兑'当读为'隧',二字古通用。襄二十三年《左传》:'杞植、华还载甲夜入且于之隧。'《礼记·檀弓》郑注引之云:'"隧"或作"兑"。'《晏子春秋·内篇·问下篇》又作'兹于兑',是证也。《广雅·释室》云:'隧,道也。'《左传》文公元年杜注云:'隧,径也。''塞其兑'亦谓塞其道径也。"奚侗云:"《易·说卦》'兑为口',引申凡有孔窍者皆可云'兑'。《淮南子·道应训》:'王者欲久持之,则塞民于兑。'高注:'兑,耳目鼻口也。《老子》曰"塞其兑"是也。''门'谓精神之门。'塞兑'、'闭门',使民无知无欲,可以不劳而理矣。"俞、孙、奚三氏之说皆通,尤以奚侗举"兑为口"引申为人之耳目鼻口,谓"塞兑、闭门,使民无知无欲,可以不劳而理",更切《老子》经义。帛书甲本作"塞其𨴀","𨴀"字也写作"闷"。过去读为"门"或"闷",皆不确。此字绝非作"懑"解的"闷"字。

甲本中之“闷”字乃“闅”之省，正体当写作“闅”，读音必与“兑”字相同。“闅”字由二、门、心三者组成。《说文·门部》“门，登也。从门二。‘二’，古文‘下’字，读若军敶之‘敶’。”段玉裁注：“按‘从门二’当作‘从门二’，篆当作‘门’，《篇》《韵》‘𨶛’字可证。直刃切十二部，从此为声者有‘閔’、‘闉’。”按《玉篇》有“𨵢”字，良刃切。《字汇补》有“閔”字，良刃切。皆舌音字。“门”即“闅”字之声符“闩”，“闩”与“门”乃同字异形，读音如“敶”(阵)。古声在定纽，韵在真部，恰与“兑”字同音。“兑”古亦定纽字，韵为入声月部，“真”、“月”乃一声之转。帛书甲本“闅”字，乙本“堄”字，今本“兑”字，古皆为双声叠韵，可互相通假。此字与“门”字连用，可训作“穴”、“隧”、“径”、“口”。由此可见，似当从乙本作“堄”字更为贴切。

今本“终身不勤”，帛书甲、乙本均作“终身不堇”。马叙伦云：“‘勤’借为‘瘽’，《说文》曰：‘病也。’”可备一说。案帛书本“堇”字，当从王本作“勤”为是，《说文》：“勤，劳也。”“终身不勤”，犹言无事永逸，终身不受劳苦。“勤”字似较“瘽”义长。

甲本：〔见〕小曰30〔明〕，守柔曰强。用其光，复归其明，毋遗身央(殃)，是胃(谓)袭常。

乙本：见小曰明，守〔柔曰〕强。用〔其光，复归其明，毋〕遗身央(殃)，是胃(谓)〔袭〕常。

王本：见小曰明，守柔曰强。用其光，复归其明，无遗

身殃，是为习常。

吴澄本"曰"字作"日"，谓"见小日明"。敦煌己本"守"字作"用"，谓"用柔曰强"；河上、吴澄二本作"守柔曰强"。《道德真经》(《道藏》慕一)白文无注，后一"其"字作"无"，谓"用其光，复归无明"；楼古本作"用其光，复归于明"。易玄、邢玄、楼古、楼正、孟頫、敦煌己、遂州、严遵、傅奕、范应元、徽、邵、司马、苏、吴、彭诸本，"为"字均作"谓"，"习"字作"袭"，谓"无遗身殃，是谓袭常"；景龙、景福、河上、顾欢、林志坚等本均作"无遗身殃，是谓习常"；焦竑本作"无遗身殃，是为袭常"。

帛书甲本残损二字，并假"央"字为"殃"，"胃"字为"谓"。"遗"字残存其半，帛书研究组识为"道"字，愚以为不确，仍应从乙本读作"遗"。乙本残损十字，借字与甲本同，可据甲本补其缺文。与今本勘校，帛书甲本"是谓袭常"一句，乙本"常"上一字残坏，今本"袭常"与"习常"两作。按："袭"字与"习"古音相同通用，从经义分析，在此当假"习"字为"袭"，《老子》本义乃为"袭常"。

"见小曰明"，河上公注："萌牙未动，祸乱未见，为小昭然，独见为明。"《韩非子·喻老篇》以一历史故事喻之，他说："昔者纣为象箸，而箕子怖。以为象箸，必不加于土鉶，必将犀玉之杯；象箸玉杯，必不羹菽藿，则必旄、象、豹胎；旄、象、豹胎，必不衣短褐而食于茅屋之下，则锦衣九重，广室高台。吾畏其卒，故怖其始。居五年，纣为肉圃，设炮烙，登糟邱，临酒池，纣遂以亡。故箕子见象箸以知天下之祸，故曰

'见小曰明'。""守柔曰强",乃谓忍辱处弱则可胜强。韩非以
句践灭吴之故事喻之。他说:"句践入宦于吴。身执干戈,为
吴王洗马,故能杀夫差于姑苏。"此乃忍辱守柔韬术之功。"用
其光,复归其明,无遗身殃,是谓袭常。"过去对其释者甚多,
而颇不一致。如"是谓袭常"一句,王本作"是为习常",旧注释
为"习修常道",不确。唯朱谦之释此文较切经义,他说:"惟
《老子》书中'光'与'明'异义(大田晴轩说),十六章'复命曰
常,知常曰明',五十五章'知和曰常,知常曰明',三十三章
'知人者智,自知者明',五十二章'见小曰明',二十二章'不
自见故明',二十四章'自见不明',言'明'皆就内在之智慧而
言。五十八章'光而不耀',四章、五十五章'和其光',五十二
章'用其光,复归其明',言'光'皆就外表之智慧而言。盖和光
同尘,光而不耀,是韬藏其光,亦即《庄子·齐物论》所谓'葆
光',此之谓'袭裳'也。'不自见故明','明道若昧'(四十一
章),则是韬藏其明,'是谓微明'(三十六章),'是谓袭明'
(二十七章),盖'袭明'之与'袭常',似同而实异也。"又云:
"常,《说文》:'下帬也,从巾尚声,或从衣。'盖'常'即古
'裳'字。《释名》:'裳,障也;所以自障蔽也。'此云'袭常',
与二十七章'是谓袭明',同有韬光匿明之意。"朱氏释"袭常"
乃韬光匿明之意,颇有见地,甚贴切《老子》本义。《韩非子·
主道篇》论君主御臣下之术云:"故曰:'君无见其所欲;君见
其所欲,臣自将雕琢。君无见其意;君见其意,臣将自表异。'
故曰:'去好去恶,臣乃见素;去旧去智,臣乃自备。'故有智
而不以虑,使万物知其处;有行而不以贤,观臣下之所因;有

勇而不以怒，使群臣尽其武。是故去智而有明，去贤而有功，去勇而有强。群臣守职，百官有常，因能而使之，是谓'习常'。"韩非此论乃为《老子》"用其光，复归其明，毋遗身殃，是谓袭常"作一具体诠释，可见《老子》原作"袭常"，今本作"习常"者，乃同音借字，当订正。

德经校注

五十三(今本《德经》第五十三章)

甲本： 使我挈(挈)有知，〔行于〕大道，唯31〔迆是畏〕。

乙本： 使我介(挈)有知188下，行于大道，唯他(迆)是畏。

王本： 使我介然有知，行于大道，唯施是畏。

世传今本皆与王本相同，经文无别。

帛书甲本残损五字，乙本保存完好，可据补甲本缺文。乙本假"他"字为"迆"。与今本勘校，其分歧为：甲本"使我挈有知"，乙本作"使我介有知"；世传本皆作"使我介然有知"，"介"字下有"然"字。旧注皆据此诠释，议论纷纭。河上公注："介，大也。老子疾时王不行大道，故设此言，使我介然有于政事，我则行大道，躬无为之化。"马叙伦谓"介"字借为"哲"，引《说文》曰："哲，知也。"高亨云："'介'读为'黠'，《广雅·释诂》：'黠，慧也。'"均未达本义。马王堆汉墓帛书整理小组云："'挈'即'挈'之异体，各本皆作'介'。严遵《道德指归》释此句云：'负达抱通，提聪挈明。'注引经文作'挈然有知'，而经的正文已改作'介'。"郑良树也云："案严本、河上本及其他诸本'介然'同，《指归》云：'是以玄圣处士负达抱通，提聪挈明。'谷神子注云：'挈然有知行于大道者。'是严本原作'挈然',不作'介然',明矣。今严本作'介然',浅人之所改也。《说文·手部》:"挈,县持也。"引申为持握或掌握。"使我挈有知",谓假使我掌握了知识。"挈"、"介"古同为见纽月部字,读音相同,今本"介"乃"挈"之借字,此当从甲本。

　　帛书乙本"行于大道,唯他是畏",甲本残损,仅存"大道"与"唯"三字。世传今本多同王本作"行于大道,唯施是畏"。马叙伦曰:"'是',罗卷作'甚'。"敦煌唐天宝十年神沙乡写本(《老子集成》第一五五册)、《道藏》玄宗御注本(《道藏》男三一男六)"是"字亦作"甚",谓"行于大道,唯施甚畏"。帛书作"是"字,与王本同,原本当如此。《韩非子·解老篇》:"书之所谓'大道'也者,端道也;所谓'貌施'也者,邪道也;所谓'径大'也者,佳丽也。佳丽也者,邪道之分也。"王先慎云:"貌,饰也,下文所谓'饰巧诈'也。"王念孙云:"'施'读为'迆'。迆,邪也。言行于大道之中,唯惧其入于邪道也。"今本"施"字和甲、乙本"他"与"迆"字,古皆同音,均假为"迆"。诚如王说。

甲本:〔大道〕甚夷,民甚好解(径)。
乙本:大道甚夷,民甚好僻(径)。
王本:大道甚夷,而民好径。

　　范应元本"夷"字作"徲",谓"大道甚徲";严遵本"径"字作"迳",谓"而民好迳";景龙碑作"而人好俓";河上本作"而民好俓";易玄碑作"民其好俓";敦煌己本作"其民好径";遂州本作"其人好径";楼古、磻溪、楼正、司马、苏辙、范应元等诸本皆作"民甚好径"，与帛书甲、乙本同。

帛书甲本残损"大道"二字，乙本保存完好，可据补甲本缺文。与今本勘校，帛书甲、乙本均作"民甚好解"，今本有作"民其好俓"或"其人好径"等多种句型。其中主要分歧是，甲本"解"字，乙本作"傒"，景龙、易玄、河上三本作"俓"，世传本多同王本作"径"。"俓"乃"径"字之俗体，"傒"乃"解"字之古形。"径"与"解"字古音相同，可互相假用，在此"径"为本字。河上公注："俓，邪不平正也。"《说文·彳部》："径，步道也。"小徐注："道不容车，故曰步道。"步道自成，多弯曲不直，俗谓羊肠小道，正与"大道甚夷"对文。

甲本：朝甚除，田甚芜，仓甚虚。

乙本：朝甚除，田甚芜，仓甚虚。

王本：朝甚除，田甚芜，仓甚虚。

世传今本此文多与王本相同，唯遂州本"田甚芜"一句作"田甚苗"，稍异。

帛书甲、乙本经文相同，与今本亦完全一致，足证《老子》原本如此，遂州本作"田其苗"者误。

首句"朝甚除"，旧注多谓洁修宫室。如王弼注："朝，宫室也。除，洁好也。'朝甚除'，则'田甚芜，仓甚虚'，设一而众害生也。"成玄英云："无道之君，好行邪径，不崇朴素，唯尚华侈。既而除其故宇，更起新宫，雕楹刻桷，穷乎绮丽。徭役既繁，农夫丧业，界皋不作，南亩荒芜，稼穑有退，国用无赀，杼轴既空，仓廪斯馨。"陆希声曰："观朝阙甚修除，墙宇

甚雕峻，则知其君好木土之功，多嬉游之娱矣。观田野甚荒
芜，则知其君好力役夺民时矣。观仓廪甚空虚，则知其君好末
作废本业矣。"若依王、成、陆三家所释，则前文不当作"民甚
好径"。奚侗曾云："'人'指人主言，各本皆误作'民'，与下
文谊不相属。"他主张把"民"字改作"人"，指当政的君主。案
古籍中有时"民"与"人"字互改，乃唐初因避太宗讳而致，今观
汉帛书甲、乙本均作"民甚好径"，不作"人甚好径"，说明《老
子》原本即作"民"字，不作"人"字，奚氏所说非是。但是，前
文既指民，如此节经文谓君"多嬉游"、"夺民时"等，则前后文
谊龃龉不可通。马叙伦云："伦案'除'借为'污'。犹'柠'之
作'涂'也。诸家以'除治'解之，非也。"高亨《老子正诂》云：
"亨按《韩非子·难一篇》曰'左右请除之'，《淮南子·齐俗
训》作'左右欲涂之'，即'除'、'涂'通用之证。《后汉书·
班彪传》李贤注、《文选·西都赋》李善注并云：'涂，污
也。'"《韩非子·解老篇》云："'朝甚除'也者，狱讼繁也。
狱讼繁则田荒，田荒则府仓虚。"韩非谓因狱讼繁多而"朝甚
除"，说明王注释"除"为"修治"不确。马、高二氏释"除"为
"污"，犹言民之狱讼繁多，官吏忙于审讯，官府污秽肮脏，
甚切经义。

甲本：服文采，带利〔剑，猒饮〕食，〔资32 财有馀〕。

乙本：服文采，带利剑，猒食而齎（资）财189 上〔有馀〕。

王本：服文綵，带利剑，厌饮食，财货有馀。

　　易玄本"綵"字作"彩"，谓"服文彩"；磻溪、楼正、严遵、

傅奕、范应元、徽、邵、苏、吴、彭、焦等诸本"綵"字作
"采"，谓"服文采"；唐广明元年《泰州道德经幢》"綵"字作
"丝"，谓"服文丝"。易玄、楼正、范应元三本"厌"字写作
"猒"，谓"猒饮食"；敦煌己本"厌"字作"厴"，谓"厴饮食"。
敦煌己、遂州、顾欢、焦竑诸本"财"字作"资"，谓"资货有
馀"；徽、邵、吴、彭、孟頫诸本作"资财有馀"；傅、范、苏
三本作"货财有馀"。

　　帛书甲本残损七字，乙本残损二字，"资"字写作"齎"。甲
本缺文据乙本和王本补。如"猒饮食"一句，甲本仅存一"食"
字，乙本此句作"猒食"，无"饮"字。帛书研究组根据乙本将甲
本缺文亦补作"猒食"二字。按世传本此句皆作"厌饮食"，作
"猒食"于义不通。乙本无"饮"字乃为脱误，当据今本补，不该
据此误文补甲本。根据上举古今各本勘校，此文当订正为：
"服文采，带利剑，猒饮食，而资财有馀。""文采"指服饰之有
花色者，《汉书·货殖传》"文采千匹"，颜注："文，文绘也。
帛之有色者曰'采'。""猒饮食"指酒食厴饱，《说文》："猒，饱
也，足也。"俗作"厴"。此乃继前文"大道甚夷，民甚好径"而
言，诚如严遵《指归》所云："衣重五采，锦绣玄黄，冰纨绮縠，
靡丽光辉。利剑坚甲，强弩劲弓，轻车骏马，多侠凶人。权重
名显，威势流行，伐杀绝里，臣役细民。妬廉嫉让，疾忠毒
信，结邪连伪，与善为怨。尚争贵武，无不侵凌，使通境外，
常议弑君。食重五味，残贼群生，刳胎杀觳，逆天之心。居常
醉饱，取求不厌，多藏金玉，畜积如山，所有珍宝，拟于人
君。"但是，民贪则君侈，君暴而民顽。君民这对矛盾是相互影

响的。观民服好文采,知其君必好文巧蠹女工。观民趣好利剑,知其君必好武勇勤征战。观民食常餍饫,知其君必好醉饱贪女色。观民欲好资财,知其君必好财货强聚敛。君民志趣相映不可移也。

甲本:此段经文全部残毁。

乙本:〔是谓盗〕杒(竿),非〔道也哉〕!

王本:是谓盗夸,非道也哉!

邵若愚本"盗"字作"道","夸"字作"誇",谓"是谓道誇";磻溪、楼古、徽、彭、林诸本作"是谓盗誇";遂州本作"是谓盗跨";景龙、孟頫二本作"是谓盗夸";范本作"是谓盗牟";焦本作"是谓盗竽";易玄、傅奕二本作"是谓盗夸,盗夸非道也哉";司马本作"是谓盗誇,盗誇非道也哉";敦煌己本作"是谓盗誇,盗誇非道";严遵本作"是谓盗誇,非道哉";河上、吴澄二本作"是谓盗夸,非道哉"。

帛书甲本此文残毁,乙本残存一"木"字形旁和"非"字。帛书研究组注云:"《韩非子·解老篇》作'盗竽',此本'盗'字下仅存右部木旁,或是一从木于声之字。"案帛书乙本"盗"字已毁,帛书研究组误校。但估计其残字为"从木于声之字",似有可能,故此据王本及《解老篇》补。

《解老篇》云:"诸夫饰智故以至于伤国者,其私家必富;私家必富,故曰'资货有馀'。国有若是者,则愚民不得无术而效之,效之则小盗生。由是观之,大奸作则小盗随,大奸唱则小盗和。竽也者,五声之长者也,故竽先则钟瑟皆随,竽唱则诸乐皆和。今大奸作则俗之民唱，俗之民唱则小盗必和，故'服文采，带利剑，厌饮食，而资货有馀'者，是之谓'盗竽'矣。"

德经校注

五十四（今本《德经》第五十四章）

甲本：善建〔者不〕拔，〔善抱者不脱〕，子孙以祭祀〔不
　　　绝〕。

乙本：善建者〔不拔，善抱者不脱〕，子孙以祭祀不绝。

王本：善建者不拔，善抱者不脱，子孙以祭祀不辍。

　　敦煌己与遂州二本无"者"字，作"善建不拔，善抱不脱"；
顾欢本作"善建不拔，善抱者不脱"。傅奕本"抱"字写作"裒"，
谓"善裒者不脱"；范应元本"脱"字写作"挩"，谓"善抱者不
挩"。景龙、楼古、磻溪、孟頫、楼正、遂州、严遵、河上、
顾欢、司马、苏辙、吴澄、焦竑等诸本均无"以"字，作"子孙
祭祀不辍"；敦煌己本作"子孙祭祠不餟"。

　　帛书甲、乙本均有残损，从残留字句来看，与王本经文基
本相同，唯"辍"字作"绝"，如乙本作"子孙以祭祀不绝"。甲
本"祭祀"之"祭"字，帛书整理小组谓作"祭"，同"然"字。
"辍"字与"绝"音义相近，《韩非子·解老篇》引作"祭祀不绝"，
《喻老篇》则引作"子孙祭祀世世不辍"，"辍"、"绝"二字互用。

　　就词义言，"善建者不拔"，王弼注："固其根而后营其末，
故不拔也。""善抱者不脱"，王弼注："不贪于多，齐其所能，

故不脱也。"以此则子孙祭祀尚可不绝。《韩非子·解老篇》从哲理、道义方面又作了深一层解释。他说:"人无愚智,莫不有趋舍;恬淡平安,莫不知祸福之所由来。得于好恶,怵于淫物,而后变乱。所以然者,引于外物,乱于玩好也。恬淡有趋舍之义,平安知祸福之计,而今也玩好变之,外物引之。引之而往,故曰'拔'。至圣人不然,一建其趋舍,虽见所好之物不能引,不能引之谓'不拔';一于其情,虽有可欲之类,神不为动,神不为动之谓'不脱'。为人子孙者,体此道以守宗庙,不灭之谓'祭祀不绝'。"

甲本:〔**修之身**33**,其德乃真。修之家,其德有〕徐。修之〔乡,其德乃长。修之国,其德乃丰。修之天下,其德**34 **乃博〕。**

乙本:**修之身,其德乃真**189 下。**修之家,其德有馀。修之乡,其德乃长。修之国,其德乃夆(丰)。修之天下,其德乃博。**

王本:**修之于身,其德乃真。修之于家,其德乃馀。修之于乡,其德乃长。修之于国,其德乃丰。修之于天下,其德乃普。**

　　景福本无"之"字,第二个"乃"字作"有",谓"修于身,其德乃真。修于家,其德有馀。修于乡,其德乃长。修于国,其德乃丰。修于天下,其德乃普";景龙碑无前三个"于"字,第二个"乃"字作"有",谓"修之身,其德乃真。修之家,其德有馀。修之乡，其德乃长。修之于国，其德乃丰。修之于天下，其德乃普"；敦煌己与林志坚二本无"于"字，"乃"字作"能"，第二个"能"字下增一"有"字，谓"修之身，其德能真。修之家，其德能有馀。修之乡，其德能长。修之国，其德能丰。修之天下，其德能普"；遂州本作"修之于身，其德能真。修之于家，其德有馀。修之于乡，其德能长。修之于国，其德能丰。修之于天下，其德能普"；易玄本作"修之身，其德乃真。修之家，其德能有馀。修之乡，其德乃长。修之国，其德乃丰。修之天下，其德乃普"；楼古、磻溪、楼正、徽、邵、司马、苏、彭诸本作"修之身，其德乃真。修之家，其德乃馀。修之乡，其德乃长。修之国，其德乃丰。修之天下，其德乃普"；傅奕本作"修之身，其德乃真。修之家，其德乃馀。修之乡，其德乃长。修之邦，其德乃丰。修之天下，其德乃溥"；范应元本作"修之身，其德乃真。修之家，其德乃馀。修之乡，其德乃长。修之邦，其德乃丰。修之天下，其德乃普"；河上本作"修之于身，其德乃真。修之于家，其德有馀。修之于乡，其德乃长。修之于国，其德乃丰。修之于天下，其德乃普"；吴澄、焦竑二本作"修之于身，其德乃真。修之于家，其德乃馀。修之于乡，其德乃长。修之于邦，其德乃丰。修之于天下，其德乃普"；严遵本作"修之于身，修之于家，其德有馀。修之于乡，其德乃长。修之于国，其德乃丰。修之于天下，其德乃普"，首句下脱掉"其德乃真"一句。

从以上勘校，足以说明今本《老子》此文句型之复杂，一句而有多型。虽然差异甚微，不伤经义，但却反映出传抄两千馀年的《老子》，内容讹变相当严重。此文帛书甲本仅存三字，乙本完好，但经文也与上述各本不同。可是，乙本与《韩非子·解老篇》引文的句型词义都基本一致，兹据上述古今各本及《韩非·解老》共同勘校，此节经文当据乙本订正为："修之身，其德乃真。修之家，其德有馀。修之乡，其德乃长。修之国，其德乃丰。修之天下，其德乃博。"

《韩非子·解老篇》云："身以积精为德，家以资财为德，乡、国、天下皆以民为德。今治身而外物不能乱其精神，故曰：'修之身，其德乃真。'真者，慎之固也。治家者，无用之物不能动其计，则资有馀，故曰：'修之家，其德有馀。'治乡者行此节，则家之有馀者益众，故曰：'修之乡，其德乃长。'治邦者行此节，则乡之有德者益众，故曰：'修之邦，其德乃丰。'莅天下者行此节，则民之生莫不受其泽，故曰：'修之天下，其德乃普。'"帛书乙本"普"字作"博"，傅奕本作"溥"。《广雅·释诂》："博，大也。"《论语·雍也》："子贡曰：'如有博施于民，而能济众，何如？可谓仁乎？'子曰：'何事于仁，必也圣乎！尧舜其犹病诸。'"刘宝楠《正义》云："'博'训'广'也。'广施恩惠'，言君无私，德能遍及也。"此即"修之天下，其德乃博"之义，当从帛书乙本。

甲本：以身〔观〕身，以家观家，以乡观乡，以邦观邦，以天〔下观天下。吾何以知天下之然哉？以此〕35。

乙本：以身观身，以家观〔家190上，以国观〕国，以天下观天下。〔吾何以知〕天下之然兹（哉）？以〔此〕。

王本：故以身观身，以家观家，以乡观乡，以国观国，以天下观天下。吾何以知天下然哉？以此。

彭耜云："程大昌《易老通言》无'故'字，其他均同王本以'故'为首。"傅奕、范应元二本"国"字作"邦"，"何"字作"奚"，"然"上有"之"字，谓"故以身观身，以家观家，以乡观乡，以邦观邦，以天下观天下。吾奚以知天下之然哉？以此"；严遵本"天下"二字作"其"，谓"吾何以知其然哉？以此"；易福、楼古、磻溪、孟頫、楼正、顾欢、徽、司马、苏、彭、焦等诸本作"吾何以知天下之然哉？以此"；景龙、易玄、敦煌己、遂州诸本作"吾何以知天下之然？以此"；河上本作"何以知天下之然哉？以此"。

帛书甲本残损十六字，乙本残损九字，并脱漏"以乡观乡"一句。此乃因抄写不慎而脱误，非异文也。甲、乙本可以互补缺文。与今本勘校，经文与王本相同，唯句首无"故"字，稍异。

《韩非子·解老篇》云："修身者以此别君子小人，治乡、治邦、莅天下者，各以此科适观息耗，则万不失一。"修身则需推己及人，举一反三。视己之身推而及之，可知他身。视己之家推而及之，可知他家。视己之乡推而及之，可知他乡。视己之邦推而及之，可知他邦。以己所莅之天下推而及之，可知他人所莅之天下。何以知修身、治家、治乡、治邦及其莅天下者，全凭如此观察体验而获得。

德经校注

五十五（今本《德经》第五十五章）

甲本：〔含德〕之厚〔者〕，比于赤子。
乙本：含德之厚者，比于赤子。
王本：含德之厚，比于赤子。

　　傅奕本"厚"下有"者"字，"比"下有"之"字，最后有"也"字，作"含德之厚者，比之于赤子也"；范应元本"厚"下有"者"字，最后有"也"字，作"含德之厚者，比于赤子也"；司马本作"含德之厚者，比于赤子"。

　　帛书甲本有残损，乙本完好，作"含德之厚者，比于赤子"，与司马本相同。"赤子"指新生的婴儿。《汉书·贾谊传》颜师古注："赤子，言新生未有眉发，其色赤。"吴澄云："含怀至厚之德于内者，如婴儿也。"老子常以道深德厚之人比作无思无虑的赤子，书中多见。如《道经》第十章："专气致柔，能婴儿乎？"第二十八章："常德不离，复归于婴儿。"王弼云："赤子无求无欲，不犯众物。"

甲本：逢（螽）㘞（虿）蛴（虺）地（蛇）弗螫，攫（玃）鸟猛兽弗搏。

乙本：螽疠（蜇）虵（虺）蛇190下弗赫（螫），据（攫）鸟孟（猛）兽弗捕（搏）。

王本：蜂虿虺蛇不螫，猛兽不据，攫鸟不搏。

　　范应元本"蜂虿"作"毒虫"，谓"毒虫虺蛇不螫，猛兽攫鸟不搏"；遂州本"蜂虿虺蛇"四字只作"毒虫"二字，谓"毒虫不螫，攫鸟猛兽不搏"；傅奕本作"蜂虿不螫，猛兽不据，攫鸟不搏"；景福、楼古、磻溪、孟頫、楼正、河上、顾欢、邵、司马、苏、吴、彭、林、焦等诸本皆作"毒虫不螫，猛兽不据，攫鸟不搏"；景龙、敦煌己二本与上述诸本三句全同，唯"攫"字作"貜"，谓"貜鸟不搏"；易玄本"攫"字作"㰌"，谓"㰌鸟不搏"；徽本"搏"字作"抟"，谓"攫鸟不抟"；严遵本"猛兽"与"攫鸟"两句次序颠倒，作"毒虫不螫，攫鸟不搏，猛兽不据"。

今本此节经文句型可分为四种：

　　第一种为六六字句排列，如范应元本："毒虫虺蛇不螫，猛兽攫鸟不搏。"

　　第二种为六四四字句排列，如王弼本："蜂虿虺蛇不螫，猛兽不据，攫鸟不搏。"

　　第三种为四六字句排列，如遂州本："毒虫不螫，攫鸟猛兽不搏。"

　　第四种为四四四字句排列，作此种句型的版本最多，而彼此又有差异。这里以严遵本与傅奕两本为代表：

　　严本："毒虫不螫，攫鸟不搏，猛兽不据。"

　　傅本："蜂虿不螫，猛兽不据，攫鸟不搏。"

　　今本中流传的四种句型，究竟哪一种是《老子》的原文本义，长期以来没有解决。旧注亦踵讹袭谬，各持一说。帛书甲、乙本同为六六字句型，与范应元本相近，但内容有异。甲本原文作"逢（蠭）俐（蚈）螟（虺）地（蛇）弗螫，攫（攫）鸟猛兽弗搏"，乙本原文作"蠭疠（蚈）虫（虺）蛇弗赫（螫），据（攫）鸟孟（猛）兽弗捕（搏）"。因两本都用有假借字和异体字，故将彼此共性而撅隐。甲本"逢"字，当从乙本作"蠭"，《玉篇·虫部》："蠭，螫人飞虫也。"今多写作"蜂"。甲本"俐"字与乙本"疠"字，均假为"蚈"，《广雅·释虫》："蚈、蠆，蝎也。"王念孙《疏证》云："案'蚈'、'蠆'皆毒螫伤人之名。……'蠆'一作'厲'。"甲本"螟"字乃"虺"字别体，乙本"虫"字乃"虺"字古文，"赫"字借为"螫"。甲本"攫鸟"与乙本"据鸟"，今本作"攫鸟"或"玃鸟"。成玄英云："玃鸟，鹰鹯类也。"《礼记·儒行》"鸷虫攫搏"，疏云："以脚取之谓之'攫'，以翼击之谓之'搏'。""攫鸟"指以爪取物之鹰鹯属。如将其假借字都改用本字，帛书甲、乙本经文应同作"蜂蚈虺蛇不螫，攫鸟猛兽不搏"。王弼本经文首句也作"蜂蚈虺蛇不螫"，与甲、乙本相同。王弼注云："故毒虫螫之物，无犯之于人也。"河上公本经文首句作"毒虫不螫"，其注云："蜂蚈蛇虺不螫。"河上公注文与帛书甲、乙本及王本经文首句相同。此一现象不难理解，分明是河上公本经文首句原亦作"蜂蚈虺蛇不螫"，当与帛书本和王本一致。但是河上公本误将经文混入注中，而且还把"虺蛇"二字误写成"蛇虺"。不仅如此，又把解释经文的王注中"毒虫"二字窜入经内。经文与注文互相颠倒，彼此移位，显然这是后人抄写不慎而造成的错误。这就是河上公本有关本章此段经文的实际情况。后来凡与河上公本同一系统的各种传本，多承讹袭谬以误传误。过去俞樾怀疑王弼本经文"蜂虿虺蛇不螫"为河上公的注文羼入，因此他说："河上公本作'毒虫不螫'，注云：'蜂虿蛇虺不螫。'后人误以河上公注羼之。"朱谦之也谓："河上本较王本为早。如五十五章河上本'毒虫不螫'，王本作'蜂虿虺蛇不螫'。按此六字乃河上公注，王本误以河上公注羼入，此为王本后于河上之铁证。"关于此一公案，在帛书《老子》出土之前无法裁定，若干年来一直悬而未决。自甲、乙本出土后，则真相大白，朱氏所谓的"铁证"也不炼自熔了。事实证明，并非王本将河上公注羼入经文，而是河上公本误将经文混入注中。从而证明不仅王本经文首句不误，河上公本经文首句原来也作"蜂虿虺蛇不螫"，他们原来与帛书甲、乙本都完全相同。

　　帛书《老子》甲、乙本此段经文首句"蜂虿虺蛇不螫"，确为《老子》原文，已是无可争辩的事实。从而还进一步证明，下句六字经文"攫鸟猛兽不搏"也是《老子》原文，均未经过后人的窜改。从句型分析，原本是两个相对的六字句，其他作四六字句、六四四字句或四四四字句的，皆为后人妄改。帛书甲、乙本经文中"蜂虿虺蛇"与"攫鸟猛兽"是对文，"蜂虿"对"攫鸟"，"虺蛇"对"猛兽"，皆为古籍中常见之双音连用词汇。例如，《荀子·议兵》："惨如蜂虿。"《淮南子·俶真》："蜂虿螫指。""蜂虿"，有毒性的虫。又如，《淮南子·本经》："虺蛇可蹍。"《后汉书·段颎传》："养虺蛇于室内也。""虺蛇"是指有毒性的蛇。"攫鸟"是指以爪喙搏斗的禽，"猛兽"是指虎豹豺狼之属。"弗螫"与"弗搏"也是对文，皆为否定动词词组，而"螫"、

"搏"为韵。无论从任何方面分析，皆可证明帛书《老子》甲、乙本经文"蜂虿虺蛇不螫，攫鸟猛兽不搏"是未曾被窜改的《老子》原文。今本此文皆经过浅人之改动，所传均有伪误，皆应根据帛书甲、乙本订正。

甲本：骨弱筋柔而握固，未知牝牡〔之会36 而朘怒〕，精〔之〕至也。

乙本：骨筋弱柔而握固，未知牝牡之会而朘怒，精之至也。

王本：骨弱筋柔而握固，未知牝牡之合而全作，精之至也。

　　易玄、孟頫、河上三本"筋"字写作"觔"，谓"骨弱觔柔而握固"；景龙、景福、敦煌己三本又写作"蘄"，谓"骨弱蘄柔而握固"。遂州本"牝"字作"玄"，"全"字作"峻"，句后有"也"字，谓"未知玄牡之合而峻作，精之至也"；景福、孟頫、河上、徽、邵、司马、吴、彭、志、焦等诸本"全"字作"峻"，谓"未知牝牡之合而峻作，精之至也"；傅奕、范应元二本"全"字作"朘"，谓"未知牝牡之合而朘作，精之至也"；邢玄、磻溪、楼正、敦煌己、严遵、顾欢、苏辙等诸本"全"字作"峻"，无"也"字，谓"未知牝牡之合而峻作，精之至"。

　　帛书甲本"骨弱筋柔而握固"，乙本作"骨筋弱柔而握固"。世传今本皆同甲本作"骨弱筋柔"，无一作"骨筋弱柔"者，可见乙本抄写有误，当据甲本更正。河上公注云："赤子筋骨柔弱而持物坚固，以其意心不移也。"成玄英疏云："言赤子筋骨柔弱，手握坚固。喻含德心性柔弱，顺物谦和，虽复混迹同尘，而灵府洁白，在染不染，故言'握固'。"帛书乙本"未知牝牡之会而朘怒，精之至也"，"牝牡之会"，今本"会"字作"合"，"朘"字多作"峻"，王本作"全"。"朘"、"峻"同字别体，"朘"、"全"同音相假，在此均指男性婴儿之生殖器。河上公注："赤子未知男女之合会而阴作怒者，由精气多之所致也。"犹谓尚不知而且无两性交媾之理与欲之赤子，生殖器何以充盈翘起，乃因体内精气之充沛，纯属生理之自然现象。

甲本：终日号而不发（嗄），和之至也。

乙本：冬（终）日号而不嗄，和〔之191上至也〕。

王本：终日号而不嗄，和之至也。

　　严遵本"号"字作"嘷"，"而"下有"嗌"字，后无"也"字，作"终日嘷而嗌不嗄，和之至"；楼古、磻溪、孟頫、范、徽、邵、吴、彭等诸本作"终日号而嗌不嗄，和之至也"；傅奕本作"终日号而嗌不歇，和之至也"；林本作"终日号而不嗌，和之至也"；河上本作"终日号而不哑，和之至也"；景龙、易玄、邢玄、庆阳、楼古、磻溪、楼正、敦煌己、遂州、顾欢、苏辙等诸本作"终日号而不嗄，和之至"。

　　帛书甲本"终日号而不发"，乙本"不"下一字残，只存左半边一"口"字形符。原字难辨，帛书整理小组云："'发'当为'憂'之省，犹'爵'省为'尌'（见前），此读为'嗄'，严遵本作'嗄'。《玉篇·口部》：'嗄，《老子》曰："终日号而不嗄。"嗄，气逆也。'帛书'憂'字常写作'夏'，通行本《老子》此字多作'嗄'。《庄子·庚桑楚》引亦作'嗄'，司马彪注：'楚人谓啼极无声曰"嗄"。'"此字王弼本写作"嗄"，傅奕本写作"歇"，河上本作"哑"，林志坚本作"嗌"。由于世传本经文用字不同，旧注亦各持一说，是非难以裁定。此字帛书甲本作"发"，为"憂"字之省；乙本虽仅残存一"口"字形符，但帛书整理组参照甲本复原为"嚘"，则为澄清此一是非悬案提供了很好的依据。毕沅曾谓："彭耜曰：'古本无"嗌"字。"嗌不嗄"，《庄子》之文，后人溷于《老子》，所不取。'案此及谷神子、李约皆有'嗌'字，即耜所云相沿之误也。'嚘'本又作'哑'，陆德明曰：'当作噎。'《玉篇》引作'终日号而不嚘'，'嚘'从口从憂，《说文解字》有'嚘'字，云：'语未定貌。'扬雄《太玄经》：'柔儿于号，三月不嚘。'《玉篇》'嚘'是'歒'之异字。'嚘'与'嗄'形近，或误'嚘'为'嗄'，又转'嗄'为'哑'耳。"汉帛书《老子》甲、乙本，为毕氏之说得一确证。《玉篇·口部》："嚘，气逆也。""不嚘"即不气逆，正与下文"和之至也"相一致。"和"指气言，如第四十二章"冲气以为和"。由于赤子元气淳和，故而终日号哭，而气不逆滞。准此，经文当从帛书作"终日号而不嚘，和之至也"。

甲本：和曰常，知和（常）曰明，益生曰祥，心使气曰强。

乙本：〔知和曰〕常，知常曰明，益生〔曰〕祥，心使气曰强。

王本：知和曰常，知常曰明，益生曰祥，心使气曰强。

　　遂州本无"知常曰明"一句，下句作"益生曰详"。景福碑下三个"曰"字均作"日"，谓"知和曰常，知常日明，益生日祥，心使气日强"；河上本后二句"曰"作"日"，谓"知和曰常，知常曰明，益生曰祥，心使气曰强"；元李道纯《道德会元》第三句作"益生不祥"；傅奕本第四句作"心使气则彊"。

帛书甲本首句"和"前夺一"知"字，当作"知和曰常"；第二句"知常曰明"，"常"字又误作"和"，抄写不慎之过也。乙本残三字。与今本勘校，甲、乙本经文与王本相同。"知和曰常"，王弼注："物以和为常，故知和则得常也。"王弼释"和"为谐和无事，恐未达老子本义。老子所谓"和"者，系指雌雄两性动物之交合。如第四十二章："万物负阴而抱阳，冲气以为和。"《庄子·田子方》："至阴肃肃，至阳赫赫……两者交通成和，而物生焉。"《荀子·天论》："万物各得其和以生。"皆与此"和"字义同。"和"指阴阳相交。对立面的统一，是宇宙间事物运动永恒不变的规律，人亦如是。婴儿初生，精纯气和，无思无欲，故而"骨弱筋柔而握固"，"未知牝牡之会而朘怒"，"终日号而不嚘"。车载云："婴儿是人的开端，少年、壮年、老年都以之为起点，但婴儿浑沌无知，与天地之和合而为一。'和'所表示的统一包含着对立在内，是有永恒性的，所以说'知和曰常'。""益生曰祥"，王弼注："生不可益，益之则夭也。"易顺鼎云："按'祥'即不祥。《书序》云：'有祥桑穀共生于朝。'与此'祥'字同义。王注曰："生不可益，益之则夭。''夭'字当作'妖'，盖以'妖'解'祥'字。"奚侗云："'祥'当训'眚'。《易》'复有灾眚'，子夏传：'妖祥曰"眚"。'是'祥'有'眚'谊。'灾眚'连语，'眚'亦'灾'也。《庄子·德充符篇》：'当因自然而不益生。'盖以生不可益，益之则反乎自然而灾害至矣。"蒋锡昌云："按《素问·六元正纪大论》'水乃见祥'，注：'祥，妖祥。'《左氏》僖公十六年《传》疏:'恶事亦称为"祥"。'《道德真经取善集》引孙登曰:'生生之厚,动之妖祥。'又引舒王曰:'此"祥"者,非作善之"祥",乃灾异之"祥"。'""心使气曰强","强"字在此与"祥"字义近,亦指灾异而言。犹如第四十二章"强梁者不得其死",七十六章"坚强死之徒也",意义相同。乃谓心宜虚静守柔,无思无欲,若因情而动,气必非正;感物而欲,心使其气,失于守柔,去静离道,则陷入强梁,非灾即祸,甚者至死。

甲本:〔物壮〕37 即老,胃(谓)之不道,不道〔早已〕。
乙本:物〔壮〕则老,胃(谓)之不道,不道蚤(早)已。
王本:物壮则老,谓之不道,不道早已。

　　河上本"则"字作"将",谓"物壮将老";敦煌己、遂州、顾欢三本"不"字并作"非",谓"物壮则老,谓之非道,非道早已";易玄、楼古、磻溪、孟頫、楼正、徽、邵、范、司马、苏、吴、彭、林等诸本,"谓之"二字作"是谓",谓"物壮则老,是谓不道,不道早已";金寇才质《道德真经四子古道集解》(《道藏》过一——过十)作"物壮则老,是谓不道,不道早死"。

　　帛书甲、乙本均稍有残损。甲本"则"字作"即",谓"物壮即老"。乙本经文与王本同。朱谦之云:"'早已'当作'早亡'。"朱说非是,帛书乙本即作"早已"。"已"字训"止","早已"可引申为"早亡"。河上公注:"万物壮极则枯老也,老不得道,不得道者早已死也。"案此节经文与第三十章同文复出,本章王弼无注，第三十章王注云："壮，武力暴兴，喻以兵强于天下者也。飘风不终朝，骤雨不终日，故暴兴必不道，早已也。"蒋锡昌云："此'壮'则指'益生'、'使气'而言……此言物过壮者，则易衰老，故谓之不道，不道之结果，常早死也。"在此则蒋说义胜。

德经校注

五十六（今本《德经》第五十六章）

甲本：〔知者〕弗言，言者弗知。塞其闷（垗），闭其〔门，和〕其光，同其㙢（尘），坐（挫）其阅（锐），解38其纷，是胃（谓）玄同。

乙本：知者弗言，言191下者弗知。塞其垗，闭其门，和其光，同其尘，锉（挫）其兑（锐）而解其纷，是胃（谓）玄同。

王本：知者不言，言者不知。塞其兑，闭其门，挫其锐，解其分，和其光，同其尘，是谓玄同。

傅奕、范应元二本"不言"、"不知"下均有"也"字，作"知者不言也，言者不知也"。景龙、景福、楼古、遂州、严遵诸本"分"字作"忿"，谓"挫其锐，解其忿"；邢玄、磻溪、孟頫、楼正、河上、顾欢、傅奕、范应元、司马、邵、苏、吴、彭、焦等诸本"分"字作"纷"，谓"解其纷"。

帛书甲、乙本"和其光，同其尘"在"挫其锐，解其纷"句前，作"塞其垗，闭其门，和其光，同其尘，挫其锐，解其纷"，语序与今本异。

蒋锡昌云："按二章'行不言之教'，五章'多言数穷，不如守中'，四十三章'不言之教，无为之益，天下希及之'，是'言'乃政教号令，非言语之意也。'知者'谓知道之君，'不言'谓行不言之教、无为之政也。王注：'因自然也。'知道之君行不言之教、无为之政，是因自然也。'言者'谓行多言有为之君，'不知'谓不知道也。王注：'造事端也。'行多言之教、有为之政，则天下自此纷乱，是造事端也。下文皆申言'不言'之旨。"

　　按"塞其兑，闭其门，和其光，同其尘，挫其锐，解其纷"，前二句曾见于《德经》第五十二章，后四句曾见于《道经》第四章。易顺鼎云："按此六句皆已见前，疑为复出。'挫其锐'四句与上篇第四章同，乃上篇无注，而此皆有注，疑此注亦上篇第四章之注也。《文选·魏都赋》、《运命论》两注皆引《老子》：'知者不言，言者不知，是谓玄同。'并无六句，可证其为衍文矣。"蒋锡昌云：'按四章王注：'锐挫而无损，纷解而不劳，和光而不污其体，同尘而不渝其真。'是明系'挫其锐'四句之注，何得谓无注？又《选·注》乃约引此文，亦不可举以为证也。"蒋说诚是。从帛书甲、乙本观察，乃同文复出，非衍文也。"塞兑"、"闭门"，使民无知无欲。"挫锐"、"解纷"，使民无事无争。"和光"、"同尘"，使民无贵无贱，无荣无辱。均承前文"知者不言，言者不知"而论。使民如痴如愚，行动同一。所谓"玄同"，王道谓"与物大同又无迹可见"，高亨谓"玄妙齐同"，蒋锡昌谓"无名之同"，犹同道。蒋说是。

甲本：故不可得而亲，亦不可得而疏；不可得而利，亦

不可得而害；不可〔得〕39 而贵，亦不可得而浅
（贱），故为天下贵。

乙本：故不可得而亲也，亦192 上〔不可得〕而〔疏；不可
得〕而利，〔亦不可〕得而害；不可得而贵，亦不
可得而贱，故为天下贵192 下。

王本：故不可得而亲，不可得而疏；不可得而利，不可得
而害；不可得而贵，不可得而贱，故为天下贵。

　　徽、邵、吴、彭等诸本首句无“故”字，作“不可得而亲，
不可得而疏”；严遵本首句和末句均无“故”字，首句作“不可得
而亲，不可得而疏”；末句作“为天下贵”。遂州本无“而”字，
作“故不可得亲，不可得疏；不可得利，不可得害；不可得贵，
不可得贱”；景福碑无“而”字，下句有“亦”字，作“故不可得
亲，亦不可得疏；不可得利，亦不可得害；不可得贵，亦不可
得贱”；顾欢本作“故不可得而亲，故不可得而疏；不可得而
利，亦不可得而害；不可得而贵，亦不可得而贱”；傅奕、范
应元二本作“不可得而亲，亦不可得而疏；不可得而利，亦不
可得而害；不可得而贵，亦不可得而贱”；景龙碑作“故不可得
而亲，不可得而疎；不可得而利，亦不可得而害；不可得而
贵，亦不可得而贱”；河上与司马二本作“故不可得而亲，亦不
可得而疎；不可得而利，亦不可得而害；不可得而贵，亦不可
得而贱”，末句同作“故为天下贵”；唯李约《道德真经新注》
（《道藏》能一—能四）与孟頫石刻均无“不可得而贵”一句。

　　帛书乙本稍残，甲本保存完好，甲、乙本经文首句皆有
“故”字，下句有“亦”字，均作“故不可得而亲，亦不可得而

疏；不可得而利，亦不可得而害；不可得而贵，亦不可得而贱，故为天下贵"。与河上、司马二本完全相同。唯乙本首句有"也"字，第二句"利"上衍"害"字，但被钩去。

"不可得"犹言"不得"或"不使"，因义而训。如"不可得而亲，亦不可得而疏"，犹言不得与其亲，也不得与其疏。王弼则以反义注之，而谓："可得而亲，则可得而疎也。""不可得而利，亦不可得而害"，犹言不使其得利，也不使其受害。王弼注则谓："可得而利，则可得而害也。""不可得而贵，亦不可得而贱"，犹言不得使其尊贵，也不得使其卑贱。王弼注则谓："可得而贵，则可得而贱也。"《庄子·徐无鬼篇》："故无所甚亲，无所甚疏，抱德炀和，以顺天下，此谓真人。"与《老子》此文语异而意同。

德经校注

五十七（今本《德经》第五十七章）

甲本：以正之（治）邦，以畸（奇）用兵，以无事取天下。
乙本：以正之（治）国，以畸（奇）用兵，以无事取天下。
王本：以正治国，以奇用兵，以无事取天下。

　　邢玄、磻溪、傅奕三本"正"字作"政"，谓"以政治国"；唐玄宗《御注道德真经疏》（《道藏》效一——效十）"正"字作"政"，"治"字作"理"，谓"以政理国"；顾欢本作"以正理国"；易玄本"正"字作"政"，"奇"字作"其"，谓"以政治国，以其用兵"；遂州本作"以正之国"。

　　马叙伦云："各本及《尹文子·圣人篇》引作'正'，是'正'与'奇'对文。臧疏'治'字作'理'，盖避唐高宗讳改也。奈卷作'之'。验河上注曰：'以，至也。'似以'至'字释句首'以'字。'以'字古无'至'训，奈卷引河上注曰：'之，至也。'则'以'为'之'字之伪，是河上'治'字作'之'。今作'治'者，后人据别本改也。"刘师培云："案'奇'与'正'对文，则'奇'义同邪。《管子·白心篇》'奇身名废'，注云：'奇邪不正也。'是'奇'即不正。'以奇用兵'，即不依正术用兵也。"帛书甲、乙本均作"以正之国"，"之"字假为"治"，当作"以正治国"。

"畸"字假为"奇"，"以畸用兵"即"以奇用兵"。"正"、"奇"对语，今本有改"正"字为"政"者，非是。"正"是《老子》的惯用语，指清静无为，书中多见。如第八章"正善治"，乃谓清静无为是治国之良策。又如第四十五章"清静为天下正"，再如本章"以正治国"，"我无为而民自化，我好静而民自正"，皆言以清静无为治国，本义相同。《史记·老子列传》云："李耳无为自化，清静自正。""以无事取天下"与"以正治国"语异义同。"无为"、"无事"本义相同，皆道之核心，义如第四十八章所讲："将欲取天下者，恒无事，及其有事也，又不足以取天下矣。"均可为"以正治国"之诠释。

甲本：吾何〔以知其然〕40也哉？

乙本：吾何以知其然也才（哉）？

王本：吾何以知其然哉？以此。

　　傅奕、范应元二本"何"字作"奚"，"知"后有"天下"二字，谓"吾奚以知天下其然哉？以此"；磻溪、楼正、顾欢、焦竑等诸本作"吾何以知天下其然哉？以此"；遂州本作"吾何以知天下之然？以此"；景龙、景福、易玄三本无"天下"与"哉"字，作"吾何以知其然？以此"；严遵、徽、邵、司马、苏、吴、彭等诸本无"以此"二字，只作"吾何以知其然哉"，而与帛书甲、乙本基本相同。

　　俞樾云："自'以正治国'至此数句当属上章。如二十一章曰：'吾何以知众甫之然哉？以此。'五十四章曰：'吾何以知天下之然哉？以此。'并用'以此'二字为章末结句，是其例矣。下文'天下多忌讳而民弥贫'乃别为一章，今误合之。"蒋锡昌曰：
"'此'乃指下文一段文字而言，俞谓下文别为一章，非是。此
言吾何以知天下必以无事为治乎，以此下文知之也。"俞、蒋二
氏所讲彼此意见虽然不同，但各有一定道理。俞氏举二十一章
与五十四章"并用'以此'二字为章末结句"，故而提出"自'以
正治国'至此数句当属上章"，亦当用"以此"作章末结句。这是
很有见解的看法。说明本章在中间出现"以此"二字，是违《老
子》书中常例的。故而怀疑"下文'天下多忌讳而民弥贫'乃别为
一章，今误合之"。换而言之，本章此文既非章末结句，即不
当出现"以此"二字。诚然，帛书甲、乙本与严遵等世传今本均
无"以此"二字，说明无"以此"二字是符合《老子》书中通例的。
《老子》云："吾何以知其然也哉?"正如蒋锡昌所云："此言吾
何以知天下必以无为治乎，以此下文知之也。"因蒋氏不知"以
此"二字为衍文，故用"以此下文知之"解之。实际上老子是以
下面四句极富哲理的论点直接解答"何以知其然"的疑问的，前
后语气连贯，词义明确、流畅。可见"以此"二字非《老子》原本
所有，乃由浅人妄增，当据帛书甲、乙本删去。

甲本：夫天下〔多忌讳〕，而民弥贫。民多利器，而邦家
　　　兹（滋）昏。
乙本：夫天下多忌讳，而民弥贫。民多利器，〔而国193
　　　上家滋〕昏。
王本：天下多忌讳，而民弥贫。民多利器，国家滋昏。
　　　傅奕本首句有"夫"字，"弥"字作"彌"，谓"夫天下多忌

讳，而民瓕贫"；楼古、邵、徽、彭诸本首句有"夫"字，下句
"民"字作"人"，谓"夫天下多忌讳，而民弥贫。人多利器，国
家滋昏"；司马、吴澄、彭耜三本与王本全同，唯句首多一
"夫"字。景龙碑与遂州本作"天下多忌讳，而人弥贫。人多利
器，国家滋昏"；范应元本作"夫天下多忌讳，而民弥贫。民多
利器，而国家滋昏"。

帛书甲、乙本稍残，可互补。经文较王本句首多一"夫"
字，下句多一"而"字，与傅奕本也基本一致。吴云云："傅本
作'夫天下多忌讳'，诸本无'夫'字。"朱谦之云："彭、范、高
同傅本，有'夫'字。弥，傅本作'瓕'。《说文》：'瓕，久长
也。从长尔声，今字作"弥"。'《小尔雅·广诂》：'弥，久也。'
又《仪礼·士冠礼》'三加弥尊'，注：'犹"益"也。'《晋语》'赞
言弥兴'，《东京赋》'历世弥光'，皆以'弥'假借为'益'。'天
下多忌讳'，王注：'所畏为忌，所隐为讳。'言天下忌讳愈多，
而人乃益贫也。""民多利器"，王弼注："利器，凡所以利己之
器也。民强则国家弱。"河上公云："'利器'者，权也。民多权，
则视者眩于目，听者惑于耳，上下不亲，故国家昏乱。"高亨谓
"利器"即"武器"，"民间多武器，国家就生混乱"。似以高说
义长。

甲本：人多知，而何（奇）物兹（滋）〔起。法物滋彰41，
　　　而〕盗贼〔多有〕。

乙本：〔人多知巧，而奇物滋起。法〕物兹（滋）章（彰），
　　　而盗贼〔多有〕。

王本：人多伎巧，奇物滋起。法令滋彰，盗贼多有。

　　傅奕本"人"字作"民"，"伎巧"作"知慧"，"奇物"作"而衺事"，谓"民多知慧，而衺事滋起"；范应元本与傅本同，唯"慧"字作"惠"；易玄、楼正、邵、焦诸本"伎"字写作"技"，谓"人多技巧，奇物滋起"；遂州本作"人多知巧"；司马本作"民多利巧"；唐陆希声《道德真经传》（《道藏》必一——必四）作"民多智慧，邪事滋起"。景龙、景福、敦煌庚、河上诸本"令"字作"物"，谓"法物滋章，盗贼多有"；楼正、傅奕、苏辙、吴澄、焦竑等诸本"彰"字作"章"，谓"法令滋章"；范应元本作"法令滋彰，而盗贼多有"。

　　帛书甲、乙本此节经文皆有残损。前一句甲本"知"后夺一字，"兹"字下多残文。乙本残甚，前一句已无痕迹。今本经文多不相同，彼此各有差异。综合起来，大致有"人"与"民"之别；有"知巧"、"伎巧"、"技巧"、"利巧"与"智慧"、"知慧"、"知惠"之异；还有"奇物"与"衺事"之不同；词义虽多相近，但《老子》原来所用的本词本义，甚难确定。王弼注云："民多智慧，则巧伪生；巧伪生，则邪事起。"王是以"智慧"与"巧伪"解释"伎巧"，并以"智慧"与"巧伪"并列，合称"智巧"。河上公注："'人'谓人君，百里诸侯也。'多知伎巧'，谓刻画宫观，雕琢服章，奇物滋起，下则化上，饰金镂玉，文绣彩色，日以滋甚。"河上公亦谓"多知伎巧"。古"知"、"智"二字通用，"知巧"即"智巧"。成玄英疏云："'知巧'谓机心也，'奇物'谓战具也。言在上好武，下必顺之。故各起异端，竞献知巧。"遂州本经文即作"人多知巧，奇物滋起"。综合王弼与河上公两注、成玄英之疏以及遂州本经文四个方面考查，足以证明经文首句当为"人多知巧"。帛书乙本此节经文已残坏，甲本此句作"人多知"三字，"知"下一字被夺，原抄写时即已遗漏。通过上述考查，已有充分理由说明"知"下所夺的当为"巧"字，甲本经文当作"人多知巧"。下句经文甲本作"而何物兹起"，"何"字假借为"奇"，"兹"字假借为"滋"。"何"为匣纽歌部字，"奇"属见纽歌部，古为同音。"兹"与"滋"双声叠韵。如将帛书《老子》中的借字都换作本字，经文当为"人多智巧，而奇物滋起"。第二句帛书甲本残坏；乙本残三字，仅存"物兹章而盗贼"六字，均据今本补，当作"法物滋彰，而盗贼多有"。惟上句今本多同王本作"法令滋彰"，河上、景龙等本作"法物滋彰"。"法令"与"法物"经义不同，其中必有一误。河上公注："法物，好物也。珍好之物滋生彰著，则农事废，饥寒并生，故盗贼多有也。"蒋锡昌云："'令'字景龙、河上本皆作'物'，以《老》校《老》，当从之。三章'不贵难得之货，使民不为盗'，十九章'绝巧弃利，盗贼无有'，五十三章'财货有馀，是谓盗夸'，皆以货物与盗贼连言，均其例证。"吴荣增据帛书乙本进一步证明《老子》原作"法物滋彰"，今本作"法令滋彰"者，乃浅人所改，从而使此文得以订正。

甲本：〔是以圣人之言曰〕：我无为也而民自化，我好静
　　　而民自正，我无事民〔自富，我欲不42欲而民自
　　　朴〕。
乙本：是以〔圣〕人之言曰：我无为而193下民自化，我

好静而民自正，我无事而民自富，我欲不欲而民
自朴。

**王本：故圣人云：我无为而民自化，我好静而民自正，
我无事而民自富，我无欲而民自朴。**

吴澄本“故”字作“是以”，谓“是以圣人云”；严遵本无
“故”字，“人”下有“之言”二字，“无事”句在“好静”句之上，
谓“圣人之言云：我无为而民自化，我无事而民自富，我好静
而民自正，我无欲而民自朴”；遂州本“民”字均作“人”，“正”
字作“政”，“无事”句在“好静”句之上，谓“故圣人云：我无为
而人自化，我无事而人自富，我好静而人自政，我无欲而人自
朴”；易玄、邢玄、磻溪、楼正、顾欢、司马、林等诸本经文
与王本同，唯“无事”句在“好静”句之上，与王本异。傅奕本
“静”字作“靖”，谓“我好靖而民自正”；敦煌庚本有“我无情而
民自清”一句。

帛书甲本残，乙本保存完好，句首为“是以圣人之言曰”，
下述“我无为”、“我好静”、“我无事”、“我欲不欲”，词序和
内容与王本同，唯首句和末句稍异，亦无“我无情而民自清”一
句。首句吴澄本作“是以圣人云”，严遵本作“圣人之言曰”，其
他世传今本皆同王本作“故圣人云”，帛书乙本作“是以圣人之
言曰”。从句型考察，类似帛书“是以圣人”云云者，乃老子习
用之语，书中出现的次数最多，如第三章、七章、十二章、二
十二章、二十六章、二十七章、四十七章、六十三章、六十六
章、七十二章、七十三章、七十七章、七十九章等。在五千言
的著作中出现如此之多，足见“是以圣人”云云是老子经常使用

的口头语，说明帛书乙本之"是以圣人之言曰"，要比王弼本的"故圣人云"、严遵本的"圣人之言曰"等用语更接近原作。如第七十八章帛书乙本作"是故圣人之言曰：受国之垢，是谓社稷主"。同本节经文首句用语基本一致。

《老子》所讲的"我无为"、"我好静"、"我无事"、"我欲不欲"四句，词义和语序都似有一定安排。王弼与帛书甲、乙本相同，严遵、顾欢、易玄、遂州诸本"好静"句移至"无事"句前者，恐为后人抄写所误。乙本"我欲不欲而民自朴"，甲本残毁，今本皆作"我无欲而民自朴"。"我欲不欲"与"我无欲"义有差异，非仅用语之区别。严遵《指归》云："人主诚能欲不欲之欲，则天下心虚志平，大身细物，动而反止，静而归足，不拘不制，万民自朴。"王弼注亦谓："上之所欲，民从之速也。我之所欲唯无欲，而民亦无欲而自朴也。"从而足证《老子》原文当如乙本作"我欲不欲而民自朴"。今本皆有脱误。

德经校注

五十八（今本《德经》第五十八章）

甲本：〔其政闷闷，其民惇惇〕。其正（政）察察，其邦（民）夬夬（狭狭）。

乙本：其正（政）阏阏（闷闷），其民屯屯（惇惇）。其正（政）察察，其194上〔民狭狭〕。

王本：其政闷闷，其民淳淳。其政察察，其民缺缺。

傅奕、范应元二本"闷闷"二字作"闵闵"，"淳淳"二字作"偆偆"，"察察"二字作"詧詧"，谓"其政闵闵，其民偆偆。其政詧詧，其民缺缺"；严遵本作"其政闷闷，其民偆偆。其政察察，其民缺缺"；景龙碑"民"字作"人"，"淳"字作"醇"，"缺"字作"欵"，谓"其政闷闷，其人醇醇。其政察察，其人欵欵"；遂州本作"其政闷闷，其人蠢蠢。其政察察，其人缺缺"；景福、河上、顾欢三本作"其政闷闷，其民醇醇。其政察察，其民欵欵"；林志坚本作"其政闷闷，其民谆谆。其政察察，其民缺缺"；敦煌庚本作"其政闷闷，其民醇醇。察察，其民缺缺"，当为抄写时脱漏"其政"二字。

帛书甲、乙本均有残损，前一句甲本残，乙本作"其正阏阏，其民屯屯"；后一句乙本残三字，甲本稍好，作"其正察

察，其邦夬夬"。甲本"邦"字乃"民"之误，"正"字当据王本作
"政"。王弼注："言善治政者，无形，无名，无事，无政可举，
闷闷然，卒至于大治，故曰'其政闷闷'也。其民无所争竞，宽
大淳淳，故曰"其民淳淳"也。立刑名，明赏罚，以检奸伪，故
曰'其政察察'也。殊类分析，民怀争竞，故曰'其民缺缺'。"
傅奕、范应元二本"闷闷"二字作"闵闵"。易顺鼎云："按《道
德指归论》云：'不施不予，闵闵缦缦，万民思挽，墨墨倳倳。'
'闵闵'即'闷闷'之异文，'倳倳'即'淳淳'之异文。"按帛书乙
本作"阂"，从系门声，当与从系文声之"紊"同字异体。"闷
闷"、"闵闵"、"阂阂"皆重言形况字，读音相同。高亨云：
"'闷'、'闵'均借为'潣'。潣潣，水混浊。'其政潣潣'，是说
国家的政治混混沌沌，没有制度、法律、教育、文化，不辨善
恶，不用赏罚。""屯屯"、"倳倳"、"蠢蠢"、"醇醇"、"淳
淳"，亦皆重言形况，音同互用，在此当假借为"惇"。《说文·
心部》："惇，厚也。""其民惇惇"，形容民众朴实、憨厚之状。
"察察"乃清明、洁白之义，《楚辞·渔父》："安能以身之察
察，受物之汶汶者乎?"洪兴祖《补注》："五臣云：'察察，洁
白也。'"又云："汶，蒙，沾辱也，一音'昏'。《荀子》注引此
作'惛惛'。惛惛，不明也。"此乃"察察"与"汶汶"对文。帛书
甲本"夬夬"，王本作"缺缺"。高亨云："'夬'、'缺'均借为
'狭'。'狭'与'狯'同，狡诈也。"经文"其政闷闷，其民惇惇。
其政察察，其民狭狭"，犹谓其政无事无为，则民必朴实惇厚。
其政严明苛细，则民必狡猾狭诈。

甲本：䧴（祸），福之所倚；福，䧴（祸）之所伏。〔孰知
　　　其极〕43？

乙本：〔祸，福之所倚；福，祸之〕所伏。孰知其极？

王本：祸兮福之所倚，福兮祸之所伏，孰知其极？

　　景龙碑无"兮"字，"孰"字作"熟"，谓"祸，福之所倚；
福，祸之所伏。熟知其极"；遂州本作"祸，福之所倚；福，祸
之所伏。孰知其极"；景福、楼古、磻溪、孟頫、楼正、徽、
邵、范、司马、苏、吴、彭、焦等诸本均无"之"字，作"祸兮
福所倚，福兮祸所伏，孰知其极"。

　　帛书甲、乙本均有残损，帛书整理组谓乙本脱"祸，福之
所倚"一句，恐不确。因对残缺之字的位置难以估计精确，有
无脱句很难肯定。与其估计其脱，无宁估计其不脱。易顺鼎
云："《御览》四百五十九《说苑》引《老子》曰'得其所利必虑其
所害，乐其所乐必顾其败。人为善者，天报以福；人为不善
者，天报以祸。故曰"祸兮福所倚，福兮祸所伏"。'按所引疑系
此处逸文。《吕氏春秋》：'故祸者福之所倚，福者祸之所伏。
圣人所独见，众人焉知其极。'文亦多于此。"刘师培云："案《韩
非子·解老篇》所引于'祸兮'句下有'以成其功也'五字，疑此
节多佚文。"马叙伦云："《说苑·敬慎篇》'老子'二字疑当在
'故'字下，独'祸兮'以下引《老子》文耳。不然此二语《老子》
引古记，而《老子》全书无'故曰'例也，惟此下脱'圣人所独见
众人'七字，当据《吕氏春秋》补。刘氏谓此节多佚文，是也。"
案"祸，福之所倚；福，祸之所伏。孰知其极"，是《老子》中的
名言，自先秦以来，学者竞相引用，因而经文句型多变，而且

又将后人议论掺杂其中。除如易、刘、马三氏所举古籍之外，像《荀子·正名篇》："权不正则祸托于欲，而人以为福；福托于恶，而人以为祸。此亦人所以惑乱祸福也。"《大略篇》："庆者在堂，吊者在闾，祸与福邻，莫知其门。"皆本《老子》此言宏发议论。朱谦之云："实则《老子》语盖只此三句，《韩非》'以成其功也'与《说苑》引'故曰'以上诸语，皆为后人发挥《老子》之旨，非其本文，不可不辨。"今从帛书甲、乙本勘校，朱说诚是。经文三句今本多变化，甲、乙本虽残损，但可互相勘正，同作"祸，福之所倚；福，祸之所伏。孰知其极"，与遂州本同，当为《老子》原本之旧，世传今本均当据帛书经文订正。

甲本：此节经文全部残毁。

乙本：〔其〕无正也，正〔复为奇〕，善复为〔妖，人〕之恋（迷）也，其日固久矣。

王本：其无正，正复为奇，善复为妖，人之迷，其日固久。

邢玄、庆阳、磻溪、楼正、孟頫、邵、司马、苏、林等诸本"正"后有"邪"字，作"其无正邪，正复为奇，善复为妖"；易玄、彭耜、焦竑三本与之全同，唯"妖"字作"祅"，稍异；傅奕本作"其无正衺，正复为奇，善复为祧"；范应元本与傅本全同，唯"衺"字作"邪"，稍异；景福、敦煌庚、河上三本作"其无正，正复为奇，善复为訞"；顾欢本与之全同，唯"訞"字作"祅"，稍异；景龙碑作"其无正，政复为奇，善复为妖"；遂州本作"其无政，政为奇，善复为訞"。易玄、楼古、磻溪、孟頫、楼正、顾欢、苏、林等诸本"人"字作"民"，谓"民之迷，

其日固久”；司马本作“民之迷也，其日固久”；徽、彭二本作
“民之迷也，其日固久矣”；范、邵、吴三本作“民之迷，其日
固已久矣”；傅奕、焦竑作“人之迷也，其日故久矣”；严遵本
与之全同，唯无“也”字，稍异；唐陆希声《道德真经传》（《道
藏》必一——必四）作“民迷，其日固以久矣”。

　　帛书甲本此节经文已毁，乙本亦有残缺，参照王本补。与
今本勘校，此节经文因各本句型、用字多不同，旧注亦甚歧
异。如河上公注：“无，不也。谓人君不正其身，其无国也。
奇，诈也。人君不正，下虽正，复化上为诈也。善人皆复化
上，妖祥也。言人君迷惑失正以来，其日已固久。”奚侗改“正”
为“止”，谓：“天下一治一乱，始卒若环而无终无止。”高亨云：
“‘其’犹‘岂’也，‘正’下当脱‘善’字，下文可证。”高氏将经
文补作“其无正善”，译作：“难道没有正确和良善吗?”皆未达
老子本义。帛书乙本经文作“其无正也”，应在“也”字断句。朱
谦之据《玉篇》“正，定也”，谓此“‘正’读为‘定’，言其无定
也”。其说至确。言祸福倚伏，正善奇妖，诸如此类之对立统
一而又互相转化，皆无定则，谁能知其终极，人们对这种变化
之原因迷惑不解，时间已相当久长了。

甲本：此节经文全部残毁。

乙本：是194下以方而不割，兼（廉）而不刺，直而不继
　　　　（肆），光而不眺（燿）。

王本：是以圣人方而不割，廉而不刿，直而不肆，光而
　　　　不燿。

　　河上、傅、范、徽、邵、司马、苏、吴、彭、焦等诸本与王本全同，唯"爥"字作"耀"，稍异；景龙、景福、敦煌庚诸本"刿"字作"害"，"爥"字作"曜"，谓"是以圣人方而不割，廉而不害，直而不肆，光而不曜"；顾、林二本与之全同，唯"曜"字写作"耀"；严遵本无"是以圣人"四字，作"方而不割，廉而不刿，直而不肆，光而不耀"。

　　帛书甲本此节经文残毁，乙本保存完好。与今本勘校，世传各本皆在"是以"之下有"圣人"二字，乙本无，作"是以方而不割，廉而不刺，直而不肆，光而不爥"。从各本用字分析，乙本"兼"字假为"廉"，"眺"字假为"爥"，"绁"字假为"肆"，"刺"、"刿"二字音义相近。《方言》："凡草木刺人，自关而东或谓之'刿'，自关而西谓之'刺'。"通言"刺"，《方言》作"刿"。《说文》："刿，利伤也。"段注："利伤者，以芒刃伤物。"乙本无"圣人"二字，今本除严本外其他皆有之，究属孰是？从前后文意分析，前文则谓："正复为奇，善复为妖，人之迷也，其日固久矣。"后边则接"是以方而不割，廉而不刺，直而不肆，光而不爥"。显然这是老子教导人们为了适应这种鲜为人知的变化，应自我进行严于律己、宽以待人之道德修养，非指天赋予圣人的特有美德。例如"方而不割"，《墨子·天志篇》："中吾矩者谓之方。"这是从外形观察。从品德讲，如《韩非子·解老篇》云："内外相应也，言行相称也。"《说文·刀部》："割，剥也。"段注："割，谓残破之。"以刀伤物为"割"。"方而不割"，犹谓用"内外相应、言行相称"以律己，而不可以此苛责于人。以此苛责于人，犹割伤人也。"廉而不刺"，《九章算术》："边谓之廉。"《广雅·释言》："廉，棱也。"从外形观察，"廉"为边、棱；从品德讲，则如《韩非》所云："必生死之命也，轻恬资财也。"《说文·刀部》："刺，直伤也。""廉而不刺"，犹谓用"必生死之命，轻恬资财"以律己，而不可以此苛责于人。以此苛责于人，犹刺击人也。"直而不肆，光而不燿"，《韩非》云："所谓'直'者，义必公正，心不偏党也。所谓'光'者，官爵尊贵，衣裘壮丽也。"皆为用以律己而不可以此苛责于人。正如《韩非》所讲："虽义端不党，不以去邪罪私。虽势尊衣美，不以夸贱欺贫。"经文所谓"割"、"刺"、"肆"、"燿"者，非刀伤刃刺，皆比喻之言。从而可见，帛书乙本无"圣人"二字，似与经文内容更为贴切。今本多出"圣人"二字，释义颇多牵强，当据帛书经文订正。

德经校注

五十九（今本《德经》第五十九章）

甲本：此节经文全部残毁。

乙本：治人事天莫若嗇，夫唯嗇，是以蚤（早）服，蚤
（早）服是胃（谓）重积195上〔德〕。

王本：治人事天莫若嗇，夫唯嗇，是谓早服，早服谓之
重积德。

邢玄本"人"字作"民"，谓"治民事天莫若嗇"；徽、吴、
彭三本"若"字作"如"，"是谓"二字作"是以"，"服"字作
"复"，谓"治人事天莫如嗇，夫唯嗇，是以早复，早复谓之重
积德"；敦煌庚、顾欢、傅奕、范应元等诸本皆与王本相同，
唯"是谓早服"作"是以早服"，稍异；司马光与林志坚二本亦同
王本，唯"服"字作"复"，稍异；遂州本作"治人事天莫若式，
夫唯式，是谓早伏，早伏谓之重德"；严遵本无最后一句，作
"治人事天莫如嗇，夫唯嗇，是以蚤服"；孟頫本无"夫唯嗇"一
句，作"治人事天莫如嗇，夫是谓早复，早复谓之重积德"。

帛书甲本此节经文残毁，乙本保存较好，仅残缺最后一
"德"字。经文内容与王本相近，唯"是以蚤服，蚤服是谓重积
德"，王本作"是谓早服，早服谓之重积德"，稍异。

王弼注："'莫若'犹'莫过'也。啬，农夫。农夫之治田，务去其殊类，归于齐一也。全其自然，不急其荒病，除其所以荒病。上承天命，下绥百姓，莫过于此。"刘师培云："案《韩非子·解老篇》述此文曰：'书之所谓治人者，适动静之节，省思虑之费也。所谓事天者，不极聪明之力，不尽知识之任。苟极尽则费神多，费神多则盲聋悖狂之祸至，是以啬之。啬之者，爱其精神，啬其知识也。故曰：治人事天莫如啬。'是古谊'啬'为'省啬'。王说非。"奚侗云："《吕览·先己篇》'所事者，末也'，高注：'事，治也。'又《本身篇》'以全其天也'，高注：'天，身也。'《说文》：'啬，爱濇也。''啬'以治民，则民不劳；'啬'以治身，则精不亏。"俞樾云："按《困学纪闻》卷十引此文，两'服'字均作'复'，且引司马公、朱文公说，并云'不远而复'，又曰王弼本作'早服'，而注云：'早服，常也。'亦当为'复'。今按《韩非子·解老篇》曰：'夫能啬也，是从于道而服于理者也。众人离于患，陷于祸，犹未知退而不服从于道理。圣人虽未见祸患之形，虚无服从于道理以称蚤服。'然则古本自是'服'字，王说非。"帛书乙本即作"是以蚤服"，俞说诚是。"治人事天"，费精耗神，伤身损寿，莫若无事无为，尽从啬省。以啬治国，民不劳；以啬事天，民不厌。故早从于道，服于理，则积德深厚矣。

甲本：〔重积德则无不克，无不克则莫知[45] 其极。莫知其极〕，可以有国。有国之母，可以长久。

乙本：重积〔德则无不克，无不克则〕莫知其〔极〕。莫知

　　其〔极，可以〕有国。有国之母，可〔以长久〕。
王本：重积德则无不克，无不克则莫知其极。莫知其极，
　　可以有国。有国之母，可以长久。

　　景龙、景福、河上三本首句"克"字均作"剋"，谓"重积德
则无不剋，无不剋则莫知其极"；范应元本下句多一"则"字，
作"莫知其极则可以有国"；遂州本首句"克"字作"充"，无下
"则"字，下句"莫"字作"能"，后一句"长久"二字作"久长"，
谓"重积德则无不充，无不充莫知其极。能知其极可以有国。
有国之母，可以久长"；孟頫本在"之母"上无"有国"二字，作
"重积德则无不克，无不克则莫知其极。莫知其极，可以有国。
之母，可以长久"；严遵本首句"克"字作"剋"，下缺"无不克
则"四字，"可以有国"作"可以为国"，谓"重积德则无不剋，
莫知其极。莫知其极，可以为国。有国之母，可以长久"。

　　帛书甲、乙本均有残损，各存一半，参照王本复原。朱谦
之云："案'克'、'剋'可通用，《字林》、《尔雅·释言》均训
'克'为'能'，河上注：'克，胜也。'案《字林》'剋，能也'，
是音义同。又'莫知其极'，《尔雅·释诂》：'极，至也。'《吕
览·制乐》'乐人焉知其极'，注：'犹终也。'《礼记·大学》'君
子无所不用其极'，注：'尽也。'《离骚》'观民之计极'，注：
'穷也。'此'莫知其极'，即莫知其所穷尽之义。""重积德"乃谓
积德纯厚，积德纯厚即无不能胜。《韩非子·解老篇》云："积
德而后神静，神静而后和多，和多而后计得，计得而后能御万
物，能御万物则战易胜敌，战易胜敌而论必盖世，故曰：'无
不克。'无不克本于重积德，故曰：'重积德则无不克。'战易胜

敌则兼有天下，论必盖世则民人从。进兼天下而退从民人，其术远，则众人莫见其端末；莫见其端末，是以莫知其极。故曰：‘无不克则莫知其极。’凡有国而后亡之，有身而后殃之，不可谓能有其国，能保其身。夫能有其国，必能安其社稷；能保其身，必能终其天年。而后可谓能有其国，能保其身矣。夫能有其国、保其身者，必且体道。体道则其智深，其智深则其会远；其会远，众人莫能见其所极。唯夫能令人不见其事极，不见其事极者为能保其身、有其国。故曰：‘莫知其极，莫知其极则可以有国。’所谓‘有国之母’，母者，道也；道也者，生于所以有国之术；所以有国之术，故谓之‘有国之母’。夫道以与世周旋者，其建生也长，持禄也久。故曰：‘有国之母，可以长久。’”

甲本：是胃(谓)深槿(根)固氐(柢)，〔长生久视之〕道也。

乙本：是胃(谓)〔深〕根固氐(柢)，长生久视之道195下也。

王本：是谓深根固柢，长生久视之道。

严遵、遂州二本无“是谓”二字，作“深根固蒂，长生久视之道”；易玄本“固”字作“故”，谓“是谓深根故蒂，长生久视之道”；景龙、景福、邢玄、楼古、磻溪、楼正、孟頫、敦煌庚、河上、顾、林、司马、苏、吴诸本“柢”字均作“蒂”，谓“是谓深根固蒂，长生久视之道”。

帛书甲本“根”字写作“𣖕”，从木从艮从土，当隶定为“槿”字，乃“根”字别作，帛书组误释为“槿”字。甲、乙本“氐”字乃“柢”之省。范应元云：“‘柢’字，傅奕引古本云：

'柢，本也。'又引郭璞注云：'柢，谓根柢也。'河上公本作'蒂'，非经义。"《韩非子·解老篇》云："树木有曼根，有直根。直根者，书之所谓'柢'也。'柢'也者，木之所以建生也。曼也者，木之所以持生也。德也者，人之所以建生也。禄也者，人之所以持生也。今建于理者其持禄也久，故曰：'深其根。'体其道者其生也长，故曰：'固其柢。'柢固则生长，根深则视久，故曰：'深其根，固其柢，长生久视之道也。'""长生久视"，"视"字在此当训"活"。《吕氏春秋·重己篇》"无贤不肖，莫不欲长生久视"，高诱注："视，活也。"在此犹延年益寿之义。

德经校注

六十（今本《德经》第六十章）

甲本：〔治大国若亨(烹)小鲜46，以道莅〕天下，其鬼不神。

乙本：治大国若亨(烹)小鲜，以道立(莅)天下，其鬼不神。

王本：治大国若烹小鲜，以道莅天下，其鬼不神。

　　严遵本"国"下有"者"字，作"治大国者若烹小鲜"；景龙碑"烹"字作"亨"，谓"治大国若亨小鲜"；敦煌辛本作"治大国若亨小腥"，遂州本与之同，唯"亨"字误为"厚"；敦煌庚本"天下"后有"者"字，作"治大国若亨小鲜，以道莅天下者，其鬼不神"；范应元本作"治大国者若亨小鳞，以道莅天下，其鬼不神"；傅奕本"莅"字作"涖"，谓"以道涖天下，其鬼不神"；孟頫本"涖"字又作"蒞"。

　　帛书甲本残损过半，乙本保存完好，除"烹"字作"亨"，"莅"字作"立"，经文与王本同。孔广森《诗声类》"亨"字下云："案'亨'、'烹'、'享'三字，后人所别，古人皆只作'亨'字，而随义用之，其读似亦只有'亨'音。"《韩非子·解老篇》云："事大众而数摇之，则少成功；藏大器而数徙之，则多败伤；烹小鲜而数挠宰，则贼其宰；治大国而数变法，则民苦之。是以有道之君，贵虚静而重变法。故曰：'治大国若烹小鲜。'"王弼注："不扰也。躁则多害，静则全真。故其国弥大，而其主弥静，然后乃能广得众心矣。"范本作"亨小鳞"，范应元云："傅奕、孙登同古本。'小鳞'，小鱼也。治大国者，譬若亨小鳞。夫亨小鳞者不可扰，扰之则鱼烂。治大国者当无为，为之则民伤。盖天下神器，不可为也。"遂州本作"厚小腥"，"厚"乃误字。成玄英云："腥，鱼也。河上公作'鲜'字，亦鱼也。言煮小鱼挠之则糜烂，任置即自全。喻理国无为即太平，躁动则荒乱。"案"鲜"、"鳞"、"腥"皆可作"鱼"解，帛书乙本作"鲜"。乙本"以道立天下"，当从王本作"莅天下"。傅本作"涖天下"，赵孟頫作"蒞天下"，意义相同。毕沅云："古'涖'字作'𣲽'，亦通用'位'，俗作'涖'及'莅'，并非也。"陆德明曰："莅，古无此字，《说文》作'𣲽'。"案"莅"、"涖"均见《玉篇》，如云："莅，力至切，临也。与'涖'同。"《诗经·小雅·采芑》"方叔涖止"，毛传："涖，临也。""莅"、"涖"、"蒞"同字，既见《玉篇》，也用于《诗经》，陆说"无此字"不确。正如成玄英疏云："莅，临也。言用正道以临天下者，使邪魅之鬼不敢为妖孽之患也。"

甲本：非其鬼不神也，其神不伤人也。非其申（神）不伤人也，圣人亦弗伤〔也〕。

乙本：非其鬼不神也，其神不伤人也。非其神不伤人也，〔圣196上人亦〕弗伤也。

王本：非其鬼不神，其神不伤人。非其神不伤人，圣人

亦不伤人。

易玄、楼古、庆阳、磻溪、楼正、徽、范、彭等诸本"人"字均作"民"，谓"非其鬼不神，其神不伤民。非其神不伤民，圣人亦不伤民"；吴澄、焦竑二本最后的"人"字作"之"，谓"非其神不伤人，圣人亦不伤之"；河上公本作"非其神不伤人，圣人亦不伤"。

帛书甲、乙本均保存较好，经文内容与今本义同。王弼注："神不害自然也。物守自然，则神无所加。神无所加，则不知神之为神也。道洽，则神不伤人。神不伤人，则不知神之为神。道洽，则圣人亦不伤人。圣人不伤人，则亦不知圣人之为圣也。犹云非独不知神之为神，亦不知圣人之为圣也。夫恃威网以使物者，治之衰也。使不知神圣之神圣，道之极也。"所谓"神不害自然"，而无天下自然之灾，民生得以安定，即神不伤人也。圣人以无为、无事、无欲，而无扰于民，民得自化、自正、自富、自朴，得安居乐业，免受饥劳，此之谓圣人不伤人也。

甲本：〔夫47两〕不相〔伤，故〕德交归焉。
乙本：夫两〔不〕相伤，故德交归焉。
王本：夫两不相伤，故德交归焉。

严遵本无"夫"与"故"二字，作"两不相伤，德交归焉"；范应元本作"两不相伤，则德交归焉"；景龙碑同王本，唯"德"字作"得"，稍异；遂州、顾欢二本无"焉"字，作"夫两不相伤，故德交归"；敦煌辛本与之全同，唯"德"字作"得"，稍异。

　　帛书甲、乙本均稍残损，经文与王本同。王弼注："神不伤人，圣人亦不伤人；圣人不伤人，神亦不伤人。故曰'两不相伤'也。神圣合道，交归之也。"《韩非子·解老篇》云："上不与民相害，而人不与鬼相伤，故曰：'两不相伤。'民不敢犯法，则上内不用刑罚，而外不事利其产业。上内不用刑罚而外不事利其产业，则民蕃息。民蕃息，而蓄积盛。民蕃息而蓄积盛之谓有德。凡所谓祟者，魂魄去而精神乱，精神乱则无德。鬼不祟人则魂魄不去，魂魄不去则精神不乱，精神不乱之谓有德。上盛蓄积而鬼不乱其精神，则德尽在民矣。故曰：'两不相伤则德交归焉。'言其德上下交盛，而俱归于民也。"

德经校注

六十一（今本《德经》第六十一章）

甲本：大邦者，下流也，天下之牝。天下之郊（交）也，牝
恒以靓（静）胜牡。为其靓（静）〔也48，故〕宜为下。

乙本：大国〔者，下流也，天下之〕牝也。天下之交也，牝
196下恒以静朕（胜）牡。为其静也，故宜为下也。

王本：大国者下流，天下之交，天下之牝。牝常以静胜
牡，以静为下。

傅奕本"者"下有"天下之"三字，"静"字作"靖"，下"以"
字后有"其"字，"为"字上有"故"字，最后有"也"字，作"大国
者，天下之下流，天下之交，天下之牝。牝常以靖胜牡，以其
靖故为下也"；范应元本作"大国者，天下之下流，天下之所交
也。天下之牝，牝常以静胜牡，以其静故为下也"；严遵本作
"大国者，天下之所流，天下之所交，天下之牝。牝以静胜牡，
牝以静为下"；景福本作"大国下流，天下之交，天下之牝。牝
常以静胜牡，以静为下"；司马本与之同，唯后一句作"以其静
为之下"，稍异；楼古、磻溪、楼正、吴诸本作"大国者下流，
天下之交。天下之交牝，牝常以静胜牡，以静为下"；敦煌辛
本与之全同，唯"交"字作"郊"，"静"字作"彰"，稍异；顾欢

本亦如是，唯后二句作"牝常以静故胜牡，以静为下"，稍异；易玄、孟頫二本作"大国者下流，天下之交。天下之交，牝常以静胜牡，以静为下"；遂州本"交"字作"郊"，又无"以静为下"一句，稍异；敦煌庚本作"大国者下流，天下之交，天下之牝，牝常静胜牡，以其静为下"；景龙碑作"大国者下流，天下之交，天下之牝，牝常以静胜牡，以静为下"。

　　帛书甲、乙本各稍有残损，可彼此互补，经文内容相同，唯用字稍异。如甲本"邦"字，乙本因避汉高祖讳改为"国"。又乙本较甲本多两个虚词"也"字。与今本勘校，帛书本与世传本之主要差异是语序稍有不同。帛书本"天下之牝"在"天下之交也"句前，世传本经文虽纷异不一，但"天下之牝"皆在"天下之交"句后。如严遵、范应元作"天下之所交也，天下之牝"。而易玄、孟頫与遂州三本作"天下之郊"或"天下之交"两个重句。由于今本语次颠倒或误重，本义全非，旧注踵谬袭讹，皆不可信。诸如"天下之交"，河上公注："大国，天下士民之所交会。"王弼注："天下所归会也。"吴澄谓："犹江海善下而为众水之交会也。"范应元谓："天下之所交会。"因敦煌辛本"交"字作"郊"，成玄英云："郊，墧外也。"近年出版的《老子注释及评介》，虽据帛书甲、乙本将今本语次更正，但仍释"天下之交也"为"是天下交汇的地方"。皆同《老子》本义绝远。帛书本"大国者下流也，天下之牝也"，言大国如自谦似水而居下，可为"天下之牝"。"牝"乃雌性动物之总称，《说文》云："畜母也。"老子将其比作始生宇宙万物之母体，称为"玄牝"，用其作为道生万物之形象性比喻，并称牝为"天地根"。从而可知老子视大国如能自谦居下，其意若"天下之牝"。于是在下文进一步以雄雌交配为喻，说明牝近于道。如云"天下之交也，牝恒以静胜牡。为其静也，故宜为下"，这里主要说明大国如能自谦居下的意义。老子将"牝"喻为"天下根"，而将自谦似水甘居下流的大国比作"天下之牝"。依帛书甲、乙本之行文次序，不仅体现出哲理博深，语言明畅，而且经文所论意旨，是针对当时列国诸侯兴兵黩武、大兼小、强凌弱、称雄争霸的东周社会，历史背景非常清楚。今本文次倒误，旧注多失《老子》本义。

甲本：大邦〔以〕下小〔邦〕，则取小邦；小邦以下大邦，则取於大邦。故或下以取，或下而取。

乙本：故大国以下〔小〕国，则取小国；小国以下大国，则取於大国。故或下〔以197上取，或〕下而取。

王本：故大国以下小国，则取小国；小国以下大国，则取大国。故或下以取，或下而取。

傅奕本第一、二个"取"字下有"於"字，下句无"故"字，作"故大国以下小国，则取於小国；小国以下大国，则取於大国。或下以取，或下而取"；焦竑本第二个"以"字作"而"，谓"故大国以下小国，则取小国；小国而下大国，则取大国"；易玄、孟頫二本第二与第四个"取"字均改作"聚"，谓"故大国以下小国，则取小国；小国以下大国，则聚大国。故或下以取，或下而聚"；敦煌辛、遂州、顾欢三本与之全同，唯后二句作"故或下而取，或下而聚"，稍异；严遵本前四句同王本，唯后二句作"故或下而取之，或下而取"；景龙、景福、敦煌庚三本作"故或下以取，或下如取"。

帛书甲、乙本经文作"大国（甲本"国"字作"邦"，下同。）以下小国，则取小国；小国以下大国，则取於大国"。前后语句不同，意义有别。世传今本多同王本作"故大国以下小国，则取小国；小国以下大国，则取大国"；傅本则作"大国以下小国，则取於小国；小国以下大国，则取於大国"。二者语句虽有差异，但意义相同，均将大国取小国和小国取大国平列，视大取小或小取大相等，绝非《老子》本义。河上公注："此言国无大小。能执谦畜人，则无过失也。"则违经义远矣。前人似已觉察到经文有误，像易玄、遂州、敦煌辛、顾欢等诸唐本，都将后一"取"字改为"聚"，读作"故大国以下小国，则取小国；小国以下大国，则聚大国"。显然是由后人所改，非《老子》原文。陶绍学曾谓："详文义，似上句应无'於'字，下句应有'於'字。"（《校老子》）今从帛书本得证陶说至确。甲、乙本同在下句"取"下增一介词"於"字，则是表达经义的关键，反映出老子的本来思想。《经传释词》卷一："《广雅》曰：'於，于也。'常语也。亦有於句中倒用者，《书》《酒诰》曰：'人无於水监，当於民监。'犹言无监於水，当监於民也。僖九年《左传》曰：'入而能民，土於何有。'言何有於土也。昭十九年《左传》曰：'其一二父兄，私族於谋而立长亲。'言私谋於族也。又曰：'谚所谓"室於怒，市於色"者，楚之谓也。'言怒於室而色於市也。"准此，"则取於大国"，犹言则大国於取也，即为大国所取。"大国以下小国，则取小国"，乃谓大国对待小国能谦恭自下，可取得小国的归附。"小国以下大国，则取於大国"，言小国对大国谦恭自下，可取於大国之容纳。经之下文则谓"故大国者，不过欲兼畜人；小国者，不过欲入事人。夫皆得其欲，大者宜为下"。前后语义甚明，而今本夺失一"於"字，则经义全非，均当据帛书甲、乙本经文订正。

甲本：〔故〕49 大邦者，不过欲兼畜人；小邦者，不过欲入事人。夫皆得其欲，〔大者宜〕为下。

乙本：故大国者，不〔过〕欲并畜人；小国，不过欲入事人。夫〔皆得〕其欲，则大者宜197 下为下。

王本：大国不过欲兼畜人，小国不过欲入事人。夫两者各得其所欲，大者宜为下。

严遵本与王本同，唯首句有"夫"字，作"夫大国不过欲兼畜人"；敦煌辛、遂州、顾欢诸本首句有"夫"字，末句"大者"前有"故"字，作"夫大国不过欲兼畜人，小国不过欲入事人。夫两者各得其所欲，故大者宜为下"；邢玄、楼古、磻溪、楼正、孟頫、傅奕、邵、司马、苏、吴、彭等诸本前二句同王本，后二句作"两者各得其所欲，故大者宜为下"；徽宗御注与吴澄二本作"两者各得其所欲，大者宜为下"；景福、敦煌庚二本作"各得其所欲，大者宜为下"；景龙、易玄与林志坚三本作"此两者各得其所欲，大者宜为下"；范应元本作"夫两者各得其所欲，故大国者宜为下"。

帛书甲、乙本各残损四字，可互补。其经文内容相同，仅个别用字稍异。如甲本"欲兼畜人"，乙本作"欲并畜人"。此节经文乃承上文而言，上文云："大国以下小国，则取小国；小国以下大国，则取於大国。故或下以取，或下而取。"此则谓："故大国者不过欲兼畜人，小国不过欲入事人。夫皆得其欲，则大者宜为下。"正如吴澄所云："大国下小国者，欲兼畜小国而已；小国下大国者，欲入事大国而已；两者皆能下，则大小各得其所欲。然小者素在人下，不患乎不能下，大者非在人下，或恐其不能下，故曰'大者宜为下'。"

德经校注

六十二（今本《德经》第六十二章）

甲本：〔道〕50 者万物之注（主）也，善人之蘪（宝）也，不善人之所蘪（保）也。

乙本：道者万物之注（主）也，善人之蘪（宝）也，不善人之所保也。

王本：道者万物之奥，善人之宝，不善人之所保。

徽、邵、彭三本"奥"下有"也"字，作"道者万物之奥也"；傅与司马二本"奥"下亦有"也"字，第二个"之"下有"所"字，作"道者万物之奥也，善人之所宝，不善人之所保"；范应元与之相同，唯"奥"下无"也"字，稍异；林志坚本作"善人之宝，不善之所保"；敦煌辛作"善人之宝，不善人所不保"；景龙、遂州、严遵三本作"善人之宝，不善人之所不保"。

帛书甲、乙本均保存较好，经文相同，异于今本者，世传本均作"道者万物之奥"，甲、乙本同作"道者万物之注"。河上公注："奥，藏也。道为万物之藏，无所不容也。"王弼注："'奥'犹'暖'也，可得庇荫之辞。""奥"为室之西南隅，乃幽隐之处，故王弼谓"奥"如"暖"。帛书甲、乙本"奥"字均作"注"，当读为"主"。《礼记·礼运》"故人以为奥也"，郑玄注："'奥'

犹'主'也。"《左传》昭公十三年"国有奥主",即谓国之主也。帛书《老子》既然皆作"道者万物之主也",足证今本中之"奥"字当训"主",旧注训"藏"不确,非指室内深隐秘奥,犹若第四章云:"道冲而用之或不盈,渊兮似万物之宗。"从而可见,《老子》原文当犹帛书甲、乙本作"道者万物之主也","奥"字乃后人所改。帛书甲、乙本"善人之葆也","葆"字今本作"宝"。"葆",从玉,葆省声,乃"宝"字别构。"葆"、"宝"通用,如《史记·秦始皇本纪》"珍宝",《项羽本纪》作"珍葆",《后汉书·光武纪》作"珍珤"。"宝"、"葆"、"珤"皆同字别体。又如乙本"不善人之所保也",甲本"保"字仍写作"葆",借字耳。蒋锡昌云:"善人化于圣人之道,益进于善,故道为善人之宝。不善人化于圣人之道,可以改善,故道为不善人之所保。盖天下之人,无善与不善,唯在圣人之以道为化。四十九章所谓:'圣人无常心,以百姓心为心,善者吾善之,不善者吾亦善之。'"朱谦之云:"案此文当以'善'、'不善'断句。"这是他根据景龙碑的经文所作的解释。景龙碑此文作"善人之宝,不善人之所不保",衍一"不"字。经文既有讹误,据其所作的注释,当然更不足信。案今本经文均应据帛书甲、乙本予以订正。

甲本:美言可以市,尊行可以贺(加)人。人之不善也,何〔弃之〕51有。

乙本:美言可以市,尊行可以贺(加)人。人之不善,何〔弃之198上有〕。

王本:美言可以市,尊行可以加人。人之不美,何弃之有。

傅奕本上"以"与"加"字之后有"于"字，"行"字作"言"，谓"美言可以于市，尊言可以加于人"；范应元本作"美言可以于市，尊行可以加于人"；徽、邵、彭等诸本"加"下有"于"字，作"美言可以市，尊行可以加于人"。敦煌辛、遂州、顾欢、林志坚诸本"何"字作"奚"，谓"人之不善，奚弃之有"。

俞樾云："按《淮南子·道应训》、《人间训》引此文并作'美言可以市尊，美行可以加人'，是今本脱下'美'字。"奚侗曰："'市'当训'取'。《国语·齐语》'市贱鬻贵'，高注：'市，取也。''加'当训'重'。《尔雅·释诂》：'加，重也。'此言美言可以取人尊敬，美行可以见重于人。……各本脱下'美'字，而断'美言可以市'为句，'尊行可以加人'为句，大谬。兹从《淮南·道应训》、《人间训》引订正。二句盖偶语，亦韵语也。"自俞、奚二氏提出下文脱一"美"字，当读作"美言可以市尊，美行可以加人"后，颇得学者称赞，朱谦之即遵从俞、奚之说而将景龙碑文断作"美言可以市尊，行可以加人"。他说："此文以'美言'与'美行'对文，又'尊'、'人'二字，'尊'文部，'人'真部，此文、真通韵，宜从《淮南》。"今同帛书甲、乙本勘校，甲、乙本均作"美言可以市，尊行可以贺人"；尤其是甲本，在"美言可以市"之后而有一逗。说明自古以来即如此断句，王弼等今本既无脱也无误；而俞、奚之说非是，《淮南·道应》、《人间》引文皆有衍误。甲、乙本"贺"字今本作"加"，"加"、"贺"古同音，当从今本假为"加"。王弼注："美言之，则可以夺众货之贾，故曰'美言可以市'也。尊行之，则千里之外应之，故曰‘可以加于人’也。”“市”指交易之行为，“美言”者可得善价疾售；“尊行”者可给人以影响，益于恭敬知礼，绝恶从善。人皆能化道从善，故老子云：“人之不善，何弃之有。”义若第二十七章：“是以圣人常善救人，而无弃人。”不善人化于道，改过迁善，焉能弃之，故道为不善人之所保也。

甲本：故立天子，置三卿，虽有共（拱）之璧以先四（驷）马，不善（若）坐而进此。

乙本：〔故〕立天子，置三乡（卿），虽有〔拱之〕璧以先四（驷）马，不若坐而进此。

王本：故立天子，置三公，虽有拱璧以先驷马，不如坐进此道。

世传今本多同王本，唯赵志坚《道德真经义疏》（《道藏》悲八—悲十）“有”字作“以”，谓“虽以拱璧以先驷马”；范应元本“拱”字写作“珙”，谓“虽有珙璧以先驷马”；遂州本无“先”字，作“虽有拱璧以驷马”；傅奕本下句无“坐”字，后有“也”字，作“不如进此道也”。

帛书甲、乙本均作“故立天子，置三卿，虽有共之璧以先四马，不若坐而进此”。乙本残三字，据甲本补。今本“三卿”作“三公”，“共之璧”作“拱璧”，“四马”作“驷马”，“此”下有“道”字。彼此虽有多处不同，但经义相合。王弼曰：“此道，上之所云也。言故立天子，置三公，尊其位，重其人，所以为道也。物无有贵于此者，故虽有拱抱宝璧以先驷马而进之，不

如坐而进此道也。"易顺鼎曰:"《左传》襄三十一年'叔仲带窃
其拱璧',杜注:'拱璧,公大璧。'《玉篇》:'珙,大璧也。'
'拱璧'即'珙璧'。王注谓为'拱抱宝璧',非是。"蒋锡昌云:
"按《左传》襄二十八年《传》云:'既,崔氏之臣曰:与我其拱
璧,吾献其枢。'杜注:'崔氏大璧。'《正义》:'拱,谓合两手
也。此璧两手拱抱之,故为大璧。'据此,则王注谓为'拱抱宝
璧'是也。易氏以为'拱璧'即'珙璧',非是。"帛书甲本作"共
之璧","共"字当假为"拱"。"拱之璧"即拱抱之璧,王说诚
是。"四马"即"驷马",一乘之数。"先"字当为"駪",《说
文》:"駪,马众多皃。""以"字训"与"或"及",王引之《经传
释词》卷一:"《广雅》曰:'以,与也。'又云:'以,犹及也。'"
此之谓立天子,置三卿,纵有拱抱之宝璧与众多之乘马,莫若
静坐无为尤进于道。

甲本: 古之所以贵此者何也? 不胃(谓)〔求52 以〕得,有
　　　　罪以免舆(与)! 故为天下贵。

乙本: 古〔之所以贵此者何也〕? 198 下不胃(谓)求以得,
　　　　有罪以免与! 故为天下贵。

王本: 古之所以贵此道者何? 不曰以求得,有罪以免邪!
　　　　故为天下贵。

　　邵若愚本无"者"字,"何"后有"也"字,作"古之所以贵此
道何也";楼古本无"何"字,作"古之所以贵此道者";傅、
徽、吴、彭诸本"何"后有"也"字,作"古之所以贵此道者何
也"。林志坚本"不"字作"必","曰"字作"日",谓"必日以求

得，有罪以免邪"；景福、河上二本"曰"字作"日"，谓"不日以求得，有罪以免耶"；顾欢本"曰"字作"日"，"以求"作"求以"，谓"不日求以得，有罪以免邪"；敦煌庚本"以求"作"求以"，"得"下有"之"字，作"不曰求以得之，有罪以免邪"；景龙碑、遂州、敦煌辛、严遵诸本"以求"作"求以"，下无"邪"字，谓"不曰求以得，有罪以免"；傅、范、徽、司马、苏、吴、彭、焦等诸本皆作"不曰求以得，有罪以免邪"。

　　帛书甲本保存较好，乙本残损八字，从甲本观察，"此"下无"道"字，作"古之所以贵此者何也"，则与前文"不若坐而进此"语句一致，均无"道"字。王弼本"不曰以求得"，帛书甲、乙本均作"不谓求以得"，与景龙碑、傅奕、敦煌辛等作"求以得"相同。俞樾云："唐景龙碑及傅奕本并作'求以得'，正与'有罪以免'相对成文，当从之。'古之所以贵此道者何'九字为句，乃设为问辞以晓人也。'不曰求以得，有罪以免邪'，言人能修道则所求者可以得，有罪者可以免也。'不曰'字、'邪'字相应，犹言'岂不以此邪'，谦不敢质言也。下云'故为天下贵'，则自问还自答也。河上公本'不曰'误作'不日'，因曲为之说曰：'不日日远行求索，近待于身。'失其义矣。"

德经校注

六十三（今本《德经》第六十三章）

甲本：**为无为，事无事，味无未（味），大小，多少，报怨以德。**

乙本：**为无为，〔事无事，味无味，大小，多少，报怨以德〕。**

王本：**为无为，事无事，味无味，大小，多少，报怨以德。**

  世传今本皆同王本；帛书乙本甚残，仅存"为无为"三字，其馀皆毁；甲本保存完好，经文同王本。姚鼐曰："'大小多少'下有脱字，不可强解。"奚侗亦云："'大小多少'句，谊不可说，疑上或有挩简。"马叙伦云："成玄英《庄子·逍遥游篇》疏引'为无为，事无事'两句，'大小'句姚说是，吴无'大小'以下八字，伦谓疑是古注文。《韩非·喻老篇》曰：'有形之类，大必起于小。行久之物，族必起于少。故曰：天下难事必作于易，天下之大事必作于细。'盖注者取非意为文，因有脱误，溷入经文也。'报怨以德'一句，当在七十九章'和大怨'上，错入此章。"今从帛书甲本观察，今本此文无挩亦无误，马说非是。朱谦之云："'大小多少'，即下文'天下难事必作于易，大事必作于细'之说，谊非不可解。六十四章：'九层之台，起于累土；千里之行，起于足下。'亦即本此。此谓大由于小，多出于少。韩非曰：'有形之类，大必起于小；行久之物，族必起于少。'"高亨云："大小者，大其小也，小以为大也。多少者，多其少也，少以为多也。视星星之火，谓将燎原；睹涓涓之泉，谓将漂邑；即谨小慎微之意。"

　　过去解此经文，皆把"为无为，事无事，味无味"视为三个并列的动宾结构的短句，即所谓"为所无为，事所无事，味所无味"。果真如此，则同下文"大小多少，报怨以德"语谊全不相应，故姚鼐、奚侗、马叙伦等皆疑"大小"以下有挩简佚文。仔细分析经文"为无为，事无事，味无味"三句，皆非动宾结构，而是三个词义相近的并列句，如果用标点断开，当写作"为、无为，事、无事，味、无味"，即为与无为，事与无事，味与无味。而同下文之大与小、多与少、怨与德、难与易、大与细等同属一种结构，每一个并列句中的两个词都是相对的。老子则以"报怨以德，图难乎其易也，为大乎其细也"处理二者的关系。对待为首的三句，显然以同一处理方法，即为以无为，事以无事，味以无味，以此理解则文畅义顺，毫不勉强。《老子》中确有许多动宾结构的句子，如第六十四章"是以圣人欲不欲，不贵难得之货；学不学，复众人之所过"，欲其所不欲、学其所不学，皆符合"以辅万物之自然而不敢为"之道，则同"为无为，事无事，味无味，大小，多少"完全是两种含义，不能混为一谈。过去误将它们视为同一句类，故而语谊难通。

甲本：图难乎〔其53 易也，为大乎其细也〕。

乙本：〔图难乎199上其易也，为大〕乎其细也。

王本：图难于其易，为大于其细。

　　傅奕、范应元二本"于"上有"乎"字，作"图难乎于其易，为大乎于其细"；景龙碑、敦煌辛、严遵、遂州、顾欢等诸本无"其"字，作"图难于易，为大于细"。

　　帛书甲、乙本均甚残损，甲本仅存前三字，乙本存后四字，皆参照王本补。《韩非子·喻老篇》与《续汉书·五行志》引《马融集》均作"图难于其易也，为大于其细也"，较王本多二'也'字。帛书乙本"于"字作"乎"，古"于"、"乎"通用，如《孟子·万章》："孝子之至，莫大乎尊亲。""莫大乎尊亲"，犹言莫大于尊亲也。准此，则乙本"图难乎其易也，为大乎其细也"与《韩非·喻老篇》同。此之谓欲攻克其难者，必先成其易者；欲要完成大者，必先作好小者。

甲本：天下之难作于易，天下之大作于细，是以圣人冬（终）不为大，故能〔成其大〕54。

乙本：天下之〔难作于〕易，天下之大〔作于细，是以圣人终不为大，故能成其大〕199下。

王本：天下难事必作于易，天下大事必作于细，是以圣人终不为大，故能成其大。

　　傅、范、徽、彭诸本"下"后有"之"字，作"天下之难事必作于易，天下之大事必作于细"；敦煌辛本无下句"天下"二字，作"天下难事必作于易，大事必作于细"；邵本"下"后有"之"字，"是以"作"故"，谓"天下之难事必作于易，天下之大事必作于细，故圣人终不为大，故能成其大"；敦煌庚本上句"下"后有"之"字，下文无"故"字，作"天下之难事必作于易，天下大事必作于细，是以圣人终不为大，能成其大"；严遵本作"难事作于易，大事作于细，是以圣人终不为大，故能成其大"；遂州本作"天下难事必作于易，大事必作于小"，无"是以"二句。

　　帛书乙本残甚，甲本保存较好，前句作"天下之难作于易，天下之大作于细"。世传本与《喻老篇》引文"难"、"大"之下皆有"事"字，作"难事"、"大事"，与帛书经文不同。按此乃顺绪前文，前文既言"图难于其易，为大于其细"，均无"事"字，此亦当与前文一律，足证"事"字乃浅人妄增，当从帛书。再如"是以圣人终不为大，故能成其大"，奚侗云："二句乃三十四章文，复出于此。"按帛书前者作"是以圣人之能成大也，以其不为大也，故能成大"，王弼本作"以其终不为大，故能成其大"，均与此文不同。前者谓圣人不自为大，故能成大，此谓圣人不做大事，故能成大事。彼此经义不同，奚说非。

甲本： 〔夫轻诺必寡信，多易〕必多难，是〔以圣〕人犹难之，故终于无难。

乙本： 夫轻若（诺）〔必寡〕信，多易必多难，是以耴（圣）人〔犹难〕之，故〔终于无难〕。

王本： 夫轻诺必寡信，多易必多难，是以圣人犹难之，故终无难矣。

　　傅奕本"诺"、"易"下均有"者"字，"多难"下有"矣"字，作"夫轻诺者必寡信，多易者必多难矣"；范应元本"诺"、"易"下也有"者"字，最后无"矣"字，作"夫轻诺者必寡信，多易者必多难，是以圣人犹难之，故终无难"；严遵本无句首"夫"字，"诺"、"易"下有"者"字，下文无"是以"与"矣"字，作"轻诺者必寡信，多易者必多难，圣人犹难之，故终无难"；磻溪、苏辙二本"犹"字作"由"，最后无"矣"字，谓"是以圣人由难之，故终无难"；徽、司马、邵、彭、孟頫诸本作"是以圣人由难之，故终无难矣"；景龙、景福、楼古、敦煌庚、敦煌辛、敦煌壬、遂州、顾、林、焦等诸本最后均无"矣"字，作"是以圣人犹难之，故终无难"。

帛书甲、乙本均有残损，彼此参校仍可复原，经文内容与王本同。"轻诺"与"寡信"，"多易"与"多难"，皆为彼此矛盾而又相互转化的两个对立面，处理不慎，必然陷于困境，因而圣人处事谨慎，严于细易，由难而易，故终于无难。王弼云："以圣人之才，犹尚难于细易，况非圣人之才，而欲忽于此乎？故曰'犹难之'也。"

德经校注

六十四（今本《德经》第六十四章）

甲本：其安也，易持也。〔其未55兆也，易谋也。其脆
也，易破也。其微也，易散也。为之于其未有也，
治之于其未乱也〕。

乙本：此节经文全部残毁。

王本：其安易持，其未兆易谋，其脆易泮，其微易散，
为之于未有，治之于未乱。

遂州本"脆"字作"毳"，"泮"字作"破"，谓"其安易持，其
未兆易谋，其毳易破，其微易散"；焦竑本"泮"字作"判"，谓
"其脆易判"；吴澄本"泮"字作"伴"，谓"其脆易伴"；景龙、
景福、邢玄、磻溪、楼古、楼正、敦煌辛、敦煌壬、河上、顾
欢、司马、林等诸本"泮"字均作"破"，谓"其脆易破"；严遵
本后二句无"于"字，作"为之未有，治之未乱"；敦煌庚本
"泮"字作"破"，"于"下有"其"字，谓"其安易持，其未兆易
谋，其脆易破，其微易散，为之于其未有，治之于其未乱"；
傅奕本作"其安易持，其未兆易谋，其脆易判，其微易散，为
之乎其未有，治之乎其未乱"；范应元本与之全同，唯"脆"字
作"脃"，稍异。

　　帛书甲、乙本均已残损，乙本全部毁坏，甲本仅存六字。世传今本大同小异，经文内容基本一致。稍异者如"其脆易泮"一句，"脆"字有作"毳"或"脃"者，"泮"字有作"判"、"伴"、"破"者，因帛书本残甚，无法校定。从字音字义分析，"毳"字与"脆"音近，"脃"字乃"脆"之别构。《管子·事语》"城脃致冲"，注"脃"为"不坚也"。王弼云："以其微脆之故，未足以兴大功，故易也。""易"之所言，当依《说文》"易破也"，又可说明"破"字较"泮"义胜。于省吾曰："何氏校刊：'只范本"泮"作"判"，馀均作"破"。'罗氏《考异》：'诸本亦作"破"。'按作'破'是也。后人不明古音改'破'为'泮'，以韵下句'其微易散'之'散'，殊有未当。《释文》'脆'，河上本作'膬'。按'膬'与'脆'同。《说文》：'膬，耎易破也。'亦可为此文不应作'泮'之证，古韵'破'歌部，'散'元部，'歌'、'元'对转。"

甲本：〔合抱56之木，生于〕毫末。九成（层）之台，作于
　　　　　羸（虆）土。百仁（仞）之高，台（始）于足〔下〕。
乙本：〔合抱之〕木，生于毫末。九成（层）200下之台，
　　　　　作于虆土。百千（仞）之高，始于足下。
王本：合抱之木，生于毫末。九层之台，起于累土。千
　　　　　里之行，始于足下。

　　范应元、焦竑二本"毫"字作"豪"，"层"字作"成"，谓"合抱之木，生于豪末。九成之台，起于累土"；傅本与之全同，唯"抱"字作"褱"，稍异；庆阳、楼古、徽宗、司马、吴澄诸本"毫"字均作"豪"，谓"合抱之木，生于豪末"；严遵本"层"字

作"重"，"千里之行"作"百仞之高"，谓"九重之台，起于累土。百仞之高，始于足下"；遂州本与之全同，唯"始"字均作"起"，稍异；敦煌辛本作"九重之台，起于累土。而百刃之高，起于足下"；庚本作"九成之台，起于累土"；壬本作"九曾之台，起于累土"。

帛书乙本"九成之台，作于虆土"，甲本"虆"字作"蠃"，今本多作"累"。"虆"，土笼名，字也作"蔂"，当从乙本。甲本假"仁"字为"仞"，乙本误写为"千"，均当作"百仞之高"。今本多同王本作"千里之行"，唯严遵、遂州、敦煌辛诸本作"百仞之高"，与帛书本同，强本成疏引经文亦作"百仞之高"。马叙伦云："言远亦得称仞，然古书言仞，皆属于高。疑上'九层'句，盖有作'百仞'者，传写乃以误易'千里'耳。"今以帛书甲、乙本验之，马说诚是。按：世传本均应根据帛书此文刊订为"百仞之高，始于足下"为是。

甲本：〔为之者败之，执之者失之。是以圣人57无为〕也，〔故〕无败〔也〕；无执也，故无失也。

乙本：为之者败之，执者失之。是以耴（圣）人无为〔也，故无败也；无执也，故201上无失也〕。

王本：为者败之，执者失之。是以圣人无为，故无败；无执，故无失。

严遵本"是以"二字作"故"，原"故"字作"则"，谓"为者败之，执者失之。故圣人无为，则无败；无执，则无失"；敦煌庚、河上、林等诸本无"是以"二字，作"圣人无为，故无败；

无执，故无失"；景福、敦煌壬二本无"是以"二字，在"无执"上有"圣人"二字，作"圣人无为，故无败；圣人无执，故无失"。

帛书乙本仅存前二句，后二句残损，甲本存有后二句，前二句残损，可彼此互补。奚侗云："四句与上下文谊不相属，此第二十九章中文，彼章捝下二句，误羼于此。"今从汉帛书观察，甲、乙本此节经文虽有残损，但此四句经文俱在，纯属《老子》旧文无疑，奚氏之说非是。

甲本：民之从事也，恒于其（几）成事而败之，故慎终若始，则〔无败58事矣〕。

乙本：民之从事也，恒于其（几）成而败之，故曰：慎冬（终）若始，则无败事矣。

王本：民之从事，常于几成而败之，慎终如始，则无败事。

徽、邵、彭诸本句首有"故"字，最后有"矣"字，作"故民之从事，常于几成而败之，慎终如始，则无败事矣"；傅奕本"于"后有"其"字，最后有"矣"字，作"民之从事，常于其几成而败之，慎终如始，则无败事矣"；范应元本与之全同，唯最后无"矣"字，稍异；遂州本"民"字作"人"，谓"人之从事，常于几成而败之"。

帛书乙本"民之从事也，恒于其成而败之"，甲本作"民之从事也，恒于其成事而败之"。从文义分析，甲本下一个"事"字，似因上文而衍，当据乙本删去，作"恒于其成而败之"。今本"其"字作"几"，谓"常于几成而败之"。上古"几"字声在见

纽，韵属微部；"其"在群纽、之部。见、群同声，之、微通
转，"几"、"其"古音相同通假。《尔雅·释诂》："几，近也。"
"几成"乃"近于成功"之谓。马叙伦云："伦谓'其'即'几'也，
'其'、'几'古通。《诗·楚茨》'如几如式'，毛传曰：'几，期
也。'此其例证。"河上公注："民人为事，常于功德几成而贪位
好名，奢泰盈满，而自败也。"按："其"乃"几"之借字，当从
王本作"常于几成而败之"。

甲本：〔是以圣人〕欲不欲，而不贵难得之肷（货）；学不
　　　学，而复众人之所过；能辅万物之自〔然，而〕59
　　　弗敢为。

乙本：是以耶（圣）人欲不欲201下，而不贵难得之货；
　　　学不学，复众人之所过；能辅万物之自然，而弗
　　　敢为。

王本：是以圣人欲不欲，不贵难得之货；学不学，复众
　　　人之所过；以辅万物之自然，而不敢为。

　　傅奕本"复"前有"以"字，最后有"也"字，作"学不学，以
复众人之所过；以辅万物之自然，而不敢为也"；范应元本与
之同，唯"复"前无"以"字，稍异；徽、邵、彭三本亦与傅本
同，唯最后无"也"字，稍异；敦煌辛与遂州二本"复"字作
"备"，谓"学不学，备众人之所过"；景福与敦煌壬二本最后有
"焉"字，作"以辅万物之自然，而不敢为焉"。

　　帛书甲本残损六字，并假"肷"字为"货"；乙本完好，可据
补甲本缺文。与今本勘校，除所用虚词稍有不同外，经义无

别。刘师培云："《韩非·喻老篇》述此义曰：'故知者不以言谈教，而慧者不以书藏箧，此世之所过也，而王寿复之，是学不学也。故曰："学不学，复归众人之所过也。"'据此，则古本'复'下有'归'字，与十四章'复归于无物'，与二十八章'复归于婴儿'、'复归于无极'、'复归于朴'一律。"朱谦之云："刘说非是。'复归'之'归'字无义，敦煌一本作'备'，成玄英曰：'复，河上作"备"。''备'亦无义。'复'也者，犹'复补'也。《庄子·德充符篇》：'夫无趾，兀者也，犹务学以复补前行之恶。'此'复'之本义。《韩非·喻老篇》引'复归众人之所过也'，顾广圻曰：'傅本及《德经》无"归"字、"也"字。'王先慎曰：'王弼注："学不学，以复众人之过。""归"字疑衍。'"今验之帛书甲、乙本，亦均无"归"字，也不作"备"，朱说诚是。又如，帛书甲、乙本"能辅万物之自然，而弗敢为"，今本多作"以辅万物之自然，而不敢为"，《韩非·喻老篇》作"恃万物之自然，而不敢为也"。《广雅·释诂》："辅，助也。"《论衡·自然篇》："然虽自然，一须有为辅助之也。"即《老子》此文。足证原本作"辅"不作"恃"。甲、乙本"能辅"二字，今本作"以辅"。"能"字与"以"可同训作"而"，在此"能辅"似较"以辅"义胜。

德经校注

六十五（今本《德经》第六十五章）

甲本：故曰：为道者非以明民也，将以愚之也。民之难
〔治也，以其〕知（智）也。故以知（智）知（治）
邦，邦之贼也；以不知（智）知（治）邦，〔邦之〕
60 德也。

乙本：古之为道者，非以明〔民也202上，将以愚〕之也。
夫民之难治也，以其知（智）也。故以知（智）知
（治）国，国之贼也；以不知（智）知（治）国，国之
德也。

王本：古之善为道者，非以明民，将以愚之。民之难治，
以其智多。故以智治国，国之贼；不以智治国，
国之福。

敦煌壬本下一个"之"字作"民"，"愚"字作"遇"，作"古之
善为道者，非以明民，将以遇民"；顾欢本下一个"以"字作
"欲"，谓"古之善为道者，非以明民，将欲愚之"；景龙碑第一
个"民"字作"人"，"智多"二字作"多智"，下句无"故"字，谓
"古之善为道者，非以明人，将以愚之。民之难治，以其多智。

以智治国，国之贼；不以智治国，国之福"；遂州本"民"字皆作"人"，"愚"字作"娱"，下句无"故"字，"福"字作"德"，谓"古之善为道者，非以明人，将以娱之。人之难治，以其智多。以智治国，国之贼；不以智治国，国之德"；敦煌辛本第二个"之"字作"民"，"智多"二字作"多智"，"福"字作"德"，谓"古之善为道者，非以明民，将以愚民。民之难治，以其多智。故以智治国，国之贼；不以智治国，国之德"；范应元本作"民之难治，以其知多也"；傅奕本作"民之难治，以其多智也"；景福、敦煌庚、严遵、河上诸本后句无"故"字，作"以智治国，国之贼；不以智治国，国之福"。

帛书甲、乙本经文除首句句型稍有差异之外，其他皆相同。甲本首句"故曰为道者"，乙本作"古之为道者"，世传今本多同王本作"古之善为道者"。三者句型各异而意义相近，似同一源而传抄有误。从内容分析，当以乙本为宗。再如，帛书甲、乙本"非以明民也，将以愚之也"，世传今本多同王本作"非以明民，将以愚之"，唯遂州本作"将以娱之"，敦煌壬本作"将以遇民"。朱谦之云："'愚'字武内敦本作'娱'。《说文》：'娱，乐也。'《诗·出其东门》'聊可与娱'，张景阳《咏史诗》'朝野多欢娱'，'娱'字义长。又壬本作'遇'，'愚'、'遇'二字古可通用。《吕氏春秋·勿躬篇》'幽诡愚险之言'，《经义述闻》以为'愚'即'遇'也，惟此作'遇'无义。又案'愚'与'智'对，'愚之'谓使人之心纯纯，纯纯即沌沌也。二十章'我愚人之心也，沌沌呵'，盖老子所谓'古之善为道者'，乃率民相安于闷闷涽涽之天，先自全其愚人之心，乃推以自全者全人耳。

高延第曰："道,理也,谓理天下。愚之,谓反朴还淳,革去浇漓之习,即为天下浑其心之义,与秦人燔《诗》、《书》,愚黔首不同。'"高说甚是,帛书作"愚",今本作"娱"者非。还如,世传今本多同王本"民之难治,以其智多",景龙碑作"民之难治,以其多智",帛书甲、乙本均作"民之难治也,以其智也",皆无"多"字。老子主张存愚弃智,先以自全其愚人之心,推以全人。所谓"愚"者,即憨厚惇朴之谓,而无智多智少之分别。如十章"爱民治国,能毋以知乎",十九章"绝圣弃智,民利百倍",足见老子所谓"弃智",是使人纯朴像个婴儿,憨厚像个愚人。故甲、乙本云"民之难治,以其智也",本义乃谓人民难以治理,全在于他们有智慧,因之下文则谓"故以智治邦(乙本"邦"字作"国"),邦之贼也;以不智治邦,邦之德也",无"智多"或"多智"之义。从而足证帛书甲、乙本"民之难治,以其智也",似保存了《老子》古谊,今本所谓"以其智多"或"以其多智",皆由后人所改。

帛书甲、乙本"以不智治国,国之德也",敦煌辛、遂州二本作"不以智治国,国之德";世传今本多同王本作"不以智治国,国之福"。甲、乙本"以不智",是承上文"以智治国"而来。前文作"以智",后文则为"以不智","智"与"不智"相对。今本皆作"不以智",谊虽无别,句型当从甲、乙本。帛书本"国之德也",敦煌辛、遂州二本亦作"国之德",世传今本多同王本作"国之福"。易顺鼎云:"《文子·道原篇》引'不以智治国,国之德',或后人不知此'贼'与'福'为韵而改之。"朱谦之云:"易说是也。此宜作'福',《荀子·大略篇》:'天子即位,上卿进："如之何忧之长也。能除患则为福，不能除患则为贼。"'亦'福'、'贼'并举为韵。敦煌二本'福'作'德'，'福'、'德'义可通。《礼记·哀公问》'百姓之德也'，注：'犹福也。'《晋语》：'夫德，福之基也。''德'或为'福'之注文。"按帛书经文均作"德"，非"福"字注语，朱说不确。《文子·道原篇》引亦作"德"。"德"、"贼"古皆职部字，谐韵，足证《老子》古本如此。据以上勘校，此文当订正为："古之为道者，非以明民也，将以愚之也。夫民之难治也，以其智也。故以智治国，国之贼也；以不智治国，国之德也。"

甲本：恒知此两者，亦稽式也；恒知稽式，此胃（谓）玄德。玄德深矣，远矣，与物〔反〕矣，乃至大顺。

乙本：恒知202下此两者，亦稽式也；恒知稽式，是胃（谓）玄德。玄德深矣，远矣，〔与〕物反也，乃至大顺。

王本：知此两者，亦稽式；常知稽式，是谓玄德。玄德深矣，远矣，与物反矣，然后乃至大顺。

傅奕本句首有"常"字，上一个"式"后有"也"字，"常"字作"能"，末句无"然后"二字，"乃"后有"复"字，"至"后有"于"字，作"常知此两者，亦稽式也；能知稽式，是谓玄德。玄德深矣，远矣，与物反矣，乃复至于大顺"；范本与之相似，唯前句作"知此两者，亦稽式也；知此稽式，是谓玄德"；遂州本"稽"字作"楷"，无后一个"玄"字和二"矣"字，"亦"下有"为"字，作"知此两者，亦为楷式；常知楷式，是谓玄德。德

深远，与物反，然后乃至大顺"；景龙碑、敦煌辛、顾欢三本
"稽"字作"楷"，亦无二"矣"字，作"知此两者，亦楷式；常知
楷式，是谓玄德。玄德深远，与物反，然后乃至大顺"（景龙碑
"楷"字写作"揩"）；吴、焦二本作"知此两者，亦楷式；能知
楷式，是谓玄德。玄德深矣，远矣，与物反矣，乃至于大顺"；
楼古、河上二本与之全同，唯"能知楷式"作"常知楷式"，稍
异；严遵本作"知此两者，亦楷式；常知楷式，是谓玄德。玄
德深矣，远矣，与物反，至于大顺"；景福、敦煌壬二本与之
全同，唯后句作"与物反矣，乃至大顺"，稍异；敦煌庚本作
"知此两者，亦楷式；常知楷式，是谓玄德。玄德深矣远，乃
至于大顺"。

　　帛书甲、乙本经文相同，唯甲本"此谓玄德"一句，乙本作
"是谓玄德"，稍异。同今本勘校，皆大同小异。甲、乙本同作
"稽式"，与王本一致，世传今本多作"楷式"。范应元云："傅
奕、王弼同古本。稽，古兮反，考也，同也，如《尚书》'稽古'
之'稽'。此用智、不用智两者，亦是考古之法也。能知此考古
之法，是谓玄远之德也，故三代皆顺考古道而行之。傅奕云：
'稽式，今古之所同式也。'"朱谦之云："今案《道藏》宋张太守
《汇刻四家注》引弼注：'楷，同也。今古之所同，则不可废，
能知楷式，是谓玄德。'是张太守所见王本亦作'楷式'，与此石
（指景龙碑）同。虽'稽'、'楷'古混，《庄子·大宗师篇》'狐不
偕'，《韩非子·说疑》作'狐不稽'，'稽式'即'楷式'，但
'楷'为本字。稽，《字林》：'留也，止也。'《玉篇》：'留也，
治也，考也，合也，计当也。'在此皆无义。《玉篇》：'楷，式

也。'《礼记》曰：'今世之行，后世以为楷。'《广雅·释诂》：
'楷，法也。'是'楷式'即'法式'，义长。碑文'楷'作'揩'。
案《字林》：'揩，摩也。'《广雅·释诂》：'揩，磨也。'与'楷'
字迥别，当从六朝写本与诸唐本作'楷'。"蒋锡昌云："按'两
者'指上文'以智治国，国之贼；不以智治国，国之福"而言。
'稽'为'楷'之借字。'稽'、'楷'一声之转。《广雅·释诂》：
'楷，法也。'是'稽式'即'法式'，三十八章王注所谓'模则'
也。'知此两者，亦稽式也'，言人主知贼与福两者之利害，而
定取舍乎其间，亦可谓知治国之模则也。'知此稽式，是谓玄
德'，言人主能知此治国之模则者，是谓合乎无名之道也。"朱、
蒋之说皆是。

德经校注

六十六（今本《德经》第六十六章）

甲本：〔江〕海之所61以能为百浴（谷）王者，以其善下
之，是以能为百浴（谷）王。

乙本：江海所以能为百浴（谷）〔王者203上，以〕其〔善〕
下之也，是以能为百浴（谷）王。

王本：江海所以能为百谷王者，以其善下之，故能为百
谷王。

景龙碑第一个"王"字后无"者"字，作"江海所以能为百谷
王"；严遵本下句无"善"字，作"以其下之，故能为百谷王"；
傅、邵、吴、孟頫诸本"之"下有"也"字，作"以其善下之也，
故能为百谷王"。

帛书甲本"江海之所以能为百谷王者"，乙本作"江海所以
能为百谷王者"，甲本多一"之"字。后句甲本"以其善下之"，
乙本作"以其善下之也"，乙本多一"也"字。彼此所用虚词稍
异。和今本勘校，甲、乙本"浴"字今本皆作"谷"。"浴"借字
耳，当从今本。蒋锡昌云："按《说文》：'泉出通川为谷。'是
'百谷'犹'百川'也。《说文》：'王，天下所归往也。'是'王'
即'归往'之义。此言江海所以能为百川归往者，以其善居卑下

之地，故能为百川归往也。六十一章王注：'江海居大而处下，则百川流之。'即据此文而言。"王弼本此章失注。

甲本：是以圣人之欲上民也，必以其言下之；其欲先〔民也〕62，必以其身后之。

乙本：是以耴（圣）人之欲上民也，必以其言下之；其欲先民203下也，必以其身后之。

王本：是以欲上民，必以言下之；欲先民，必以身后之。

　　景龙碑第一个"以"后有"圣人"二字，"民"字均作"人"，谓"是以圣人欲上人，必以言下之；欲先人，必以身后之"；敦煌庚本与之同，唯"欲先人"作"欲先民"；景福、敦煌壬、河上、林等诸本亦与之同，唯"人"字均作"民"；磻溪、楼正、孟頫、徽、邵、司马、苏、遂州、吴、彭、焦诸本第一个"以"后亦有"圣人"二字，"民"字均作"人"，"必以"二字均作"以其"，谓"是以圣人欲上人，以其言下之；欲先人，以其身后之"；敦煌辛本与之全同，唯"欲先人"作"欲先民"；顾欢本亦与之同，唯"人"字均作"民"；严遵本亦有"圣人"二字，"欲"前有"其"字，"必以"二字均作"以其"，谓"是以圣人其欲上民，以其言下之；其欲先民，以其身后之"；傅、范二本亦有"圣人"二字，"必以"后有"其"字，作"是以圣人欲上民，必以其言下之；欲先民，必以其身后之"。

　　帛书甲、乙本经文首句均作"是以圣人之欲上民也，必以其言下之"，王本无"圣人"二字，世传本多有之，与帛书同。从文义分析，原本当有"圣人"二字，无则无所指，语义不明。

今本凡无“圣人”二字者，皆因后人传写而遗漏。再如，帛书甲、乙本“必以其言下之”与“必以其身后之”，“必以”二字磻溪、楼正、顾欢、彭耜等诸本皆作“以其”。“必以”与“以其”意义不同，此当以帛书义长。《文子·符言篇》云：“人之情，心服于德，不服于力。德在与，不在来。是以圣人之欲贵于人者，先贵于人；欲尊于人者，先尊于人；欲胜人者，先自胜；欲卑人者，先自卑。故贵贱尊卑，道以制之。”河上公云：“欲在民上，法江海处谦虚下；欲在民之前也，先人而后己也。”圣人必能谦下尚可居尊，居后尚可率先，此乃道之旨，非南面之术。

甲本：故居前而民弗害也，居上而民弗重也。天下乐隼（推）而弗猒（厌）也。

乙本：故居上而民弗重也，居前而民弗害。天下皆乐谁（推）而弗猒（厌）也。

王本：是以圣人处上而民不重，处前而民不害。是以天下乐推而不厌。

　　邵若愚本上“是以”二字作“是故”，“民”字均作“人”，下“是以”二字作“所以”，谓“是故圣人处上而人不重，处前而人不害。所以天下乐推而不厌”；磻溪、楼正、司马、苏、吴等诸本无“圣人”二字，“民”字均作“人”，谓“是以处上而人不重，处前而人不害。是以天下乐推而不厌”；景龙、楼古、彭耜三本与之全同，唯“处上”前有“圣人”二字；遂州本亦与之同，唯“处上而人不重”作“处上其民不重”；敦煌辛本作“是以处上而民不重，处前而民不害，天下乐推而不厌"；焦竑本作"是以处上而人不重，处前而人不能害。是以乐推而不厌"；严遵本作"故在上而民不重，居民之前而民不害，天下乐推而上之而不知厌"；傅奕本作"是以圣人处之上而民弗重，处之前而民不害也。是以天下乐推而不厌"；范应元本与之同，唯"不害"后无"也"字。

帛书甲本"居前"句在"居上"句之前，乙本"居上"句在"居前"句之前，彼此语次颠倒。据世传今本考察，"居上"句均在"居前"句之前，甲本有误，当从乙本。又甲本"天下乐推而弗厌也"，与今本多同，乙本作"天下皆乐推而弗厌也"，多一"皆"字。今本经文多异，如"圣人"二字有无各不相同。帛书甲、乙本经文"故居上而民弗重也，居前而民弗害。天下乐推而弗厌也"，此乃承上文"是以圣人之欲上民也，必以其言下之；其欲先民也，必以其身后之"而言，前文既言"圣人"，此处即不该重复。因王弼等今本将前文"圣人"二字误移于此，故导致今本有的仿效王本将其后移，有的前后重复，均当据甲、乙本勘正。高亨云："民戴其君，若有重负以为大累，即此文所谓'重'也。故'重'犹'累'也。'而民不重'，言民不以为累也。《诗·无将大车篇》曰：'无思百忧，祇自重兮。'郑笺曰：'重，犹累也。'《汉书·荆燕吴王传》曰'事发相重'，颜注曰：'重，犹累也。'即'重'有'累'义之证。《淮南子·原道训》曰：'处上而民弗重，居前而民弗害。'又《主术训》曰：'百姓载之上弗重也，错之前弗害也。'盖皆本于《老子》。"君处上民不觉其累，处前不觉其害，故乐推其功而不觉厌。

甲本：非以其无静（争）与，〔故天63下莫能与〕静（争）。

乙本：不以其无争与，故204上〔天〕下莫能与争。

王本：以其不争，故天下莫能与之争。

　　傅奕本"以"上有"不"字，作"不以其不争，故天下莫能与之争"；范应元本与之相近，唯"其"下无"不"字，作"不以其争"；敦煌壬本"以"上有"非"字，作"非以其不争，故天下莫能与之争"；敦煌辛、遂州二本"不"字作"无"，作"以其无争"；敦煌庚本此句后有"也"字，作"以其不争也"；严遵本前无"其"字而后无"能"字，作"非以争，故天下莫与之争"。

　　帛书甲本前句作"非以其无争与"，乙本作"不以其无争与"；后句同作"故天下莫能与争"。世传今本多同王本，作"以其不争"或"不以其争"。唯傅奕本作"不以其不争"，敦煌壬本作"非以其不争"。句中包含两个否定词，则与帛书甲、乙本经义相同。一谓圣人"以其不争"，另一谓"非以其不争"。两说对立，难以调和，只有从前后经文中找出共同的含义，才能判断孰是孰非。审校经义，前文云"是以圣人之欲上民也，必以其言下之；其欲先民也，必以其身后之"，此乃说明圣人非无争，而是谦虚自下，让先自退，如云欲上而言下，欲先而身后。则同《道经》第七章"是以圣人退其身而身先，外其身而身存，不以其无私与？故能成其私"同一种语义和句型结构，从而足证帛书甲、乙本确保存了《老子》原义，今本凡作"不以其争"或"以其不争"者，皆由后人所改，旧注皆不可信。

德经校注

六十七（今本《德经》第八十章）

甲本： 小邦寡（寡）民，使十百人之器毋用，使民重死而
　　　　远徙。

乙本： 小国寡民，使有十百人器而勿用，使民重死而远徙。

王本： 小国寡民，使有什伯之器而不用，使民重死而不
　　　　远徙。

　　景龙碑与王本全同，唯"民"字作"人"；遂州本"民"字亦
作"人"，并无前一个"使"字和后句"远"字，作"小国寡人，有
什伯之器而不用，使人重死而不徙"；傅、范、徽、邵、彭诸
本前一个"使"后有"民"字，下有"也"字，作"小国寡民，使民
有什伯之器而不用也，使民重死而不远徙"；楼古、敦煌辛、
吴澄、孟頫诸本与之全同，唯"不用"后无"也"字；严遵、河上
等诸本亦与之同，唯"什伯"后有"人"字，作"使有什伯人之器
而不用"；敦煌庚本作"使有阡陌人之器而不用"；景福本作"使
有什百之器而不用"；顾、林二本作"使有什伯民之器而不用"；
司马光本"远徙"二字作"重复"，谓"使民重死而不重复"；苏
辙本无"使民重死而不远徙"一句。

　　帛书甲本"使十百人之器毋用"，乙本作"使有十百人器而

勿用"，王本作"使有什伯之器而不用"。从文义分析，三者皆
有夺字，均非全文。河上本作"使有什伯人之器而不用"，过去
俞樾谓："河上公本'什伯'下误衍'人'字，遂以'使有什伯'四
字为句，失之矣。"今从帛书甲、乙本勘校，"什伯"之下均有
"人"字，同作"十百人之器"，说明河上本不衍。王弼本"什
伯"之下夺一"人"字，甲本"使"下夺一"有"字，"器"下夺一
"而"字，乙本"人"下夺一"之"字。河上本此节经文保存最完
整，其他今本多有讹误。俞樾云："按'什伯之器'，乃兵器也。
《后汉书·宣秉传》注曰：'军法：五人为伍，二伍为什，则共
其器物，故通谓生生之具为什物。'然则'什伯之器'，犹言'什
物'矣。其兼言'伯'者，古军法以百人为伯。《周书·武顺
篇》：'五五二十五曰元卒。四卒成卫曰伯。'是其证也。什、伯
皆士卒部曲之名。《礼记·祭义篇》曰'军旅什伍'，彼言'什
伍'，此言'什伯'，所称有大小，而无异义。徐锴《说文系传》
于人部'伯'下引《老子》曰：'有什伯之器，每什伯共用器，谓
兵革之属。'得其解矣。'使有什伯之器而不用，使民重死而不
远徙'，两句一律。下文云：'虽有舟舆，无所乘之；虽有甲
兵，无所陈之。''舟舆'句蒙'重死而不远徙'而言，'甲兵'句
蒙'什伯之器不用'而言，文义甚明。"俞氏之说，曾颇得学者们
赞同。但今同帛书《老子》勘校，甲、乙本虽各有夺文，唯"十
百"之下皆有"人"字，同作"十百人之器"，而非"十百之器"。
此绝非偶合，《老子》原本即当如此。"十百人之器"，则谓材堪
十人百人之长者。苏辙云："老子生于衰周，文胜俗弊，将以
无为救之，故于书之终言其所志，愿得小国寡民以试焉，而不

可得耳。民各安其分，则小有材者，不求用于世，'什伯人之器'，则材堪什夫伯夫之长者也。事少民朴，虽结绳足矣。内足而外无所慕，故以其所有为美，以其所处为乐，而不复求也。民物繁夥而不相求，则彼此皆足故也。"日人大田晴轩云："《列子·说符篇》：'伯乐称九方皋曰：是乃所以千万臣而无数者也。'《吕氏春秋·至忠篇》：'子培贤者也，又为王百倍之臣。'《孟子》：'或相倍蓰，或相什伯，或相千万。'(《滕文公上》)以物言之。'或相倍蓰而无筭者'(《告子上》)，以人言也。然则什伯千万，亦皆可以人言也。'器'，利器。器长之器，什伯之器，为特异之材明矣。""十百人之器"，系指十倍百倍人工之器，非如俞樾独谓兵器也。经之下文云："虽有舟舆，无所乘之；虽有甲兵，无所陈之；使人复结绳而用之。""舟舆"代步之器，跋涉千里可为十百人之工；"甲兵"争战之器，披坚执锐可抵十百人之力。可见"十"乃十倍，"百"乃百倍，"十百人之器"系指相当于十、百倍人工之器。胡适云："文明进步，用机械之力代人工，一车可载千斤，一船可装几千人，这多是'什伯人之器'。下文所说'虽有舟舆，无所乘之；虽有甲兵，无所陈之'，正释这一句。"俞氏所据乃今本中经文作"什伯之器"者，故所释为兵器。今据帛书甲、乙本勘校，"什伯"之下确有"人"字，当作"十百人之器"。其中并不排除兵器，但俞谓专指兵器而言，似欠全面。

又如，帛书甲、乙本同作"使民重死而远徙"，世传今本除遂州本作"使人重死而不徙"之外，其他本均作"使民重死而不远徙"。"远徙"与"不远徙"义相对立，此亦是帛书本与今本之一分歧。审校经文，老子主张使民"甘其食，美其服，乐其俗，安其居，邻国相望，鸡犬之声相闻，民至老死不相往来"。足见他不仅反对民之"远徙"，也同样反对"不远徙"，主张使民安居而不徙。故而"远徙"之"远"字，非作"远近"解的副词，而是作"疏"、"离"解的动词。《广雅·释诂》："远，疏也。"《国语·周语》"将有远志"，《晋语》"诸侯远己"，《论语·学而》"远耻辱也"，在此"远"皆训"离"。乙本《道经》"不远其甾重"，甲本作"不离其甾重"，"远"、"离"二字互用，则取离别之义。帛书甲、乙本"使民重死而远徙"，犹言使民重死而离别迁徙，即使民重视生命而避免流动。因后人误识"远"为远近之义，又疑"使民重死"与"远徙"义不相属，故于"远徙"之前增添"不"字，改作"不远徙"，结果则与《老子》本义相违，造成大谬。遂州本作"使民重死而不徙"，经义虽同帛书，但亦非《老子》原文，而为后人所改。故今本均当据帛书甲、乙本勘正。

甲本：有车周（舟）无所乘之，有甲兵无所陈64〔之，使民复结绳而〕用之。

乙本：又（有）周（舟）车无所204下乘之，有甲兵无所陈之，使民复结绳而用之。

王本：虽有舟舆，无所乘之；虽有甲兵，无所陈之；使人复结绳而用之。

　　敦煌庚本首句"虽有"二字作"其"，第二句无"虽"字，

"人"字作"民"，最后有"矣"字，谓"其舟舆无所乘之，有甲兵无所陈之，使民复结绳而用之矣"；遂州本首句"舆"字作"轝"，第二句无"虽"字，"陈"字作"阵"，谓"虽有舟轝无所乘之，有甲兵无所阵之"；河上本同王本，唯首句"舆"字作"轝"；林、焦二本首句"舆"字作"车"，谓"虽有舟车无所乘之"；景龙、邢玄、景福、庆阳、楼古、磻溪、楼正、孟頫、顾、傅、范、徽、邵、司马、苏、吴、彭等诸本"人"字均作"民"，谓"使民复结绳而用之"；严遵本无"复"字，作"使人结绳而用之"。

　　帛书甲、乙本均无"虽"字，乙本"有舟车无所乘之，有甲兵无所陈之"，甲本作"有车舟无所乘之，有甲兵无所陈之"。乙本"舟车"，今本作"舟舆"，文次一律；甲本作"车舟"，显然是文次颠倒，当从乙本。马叙伦云："'虽有舟舆'四句，古注文误入经文者也。"今从帛书《老子》考察，四句俱全，马说非是。蒋锡昌曰："民不远徙，故虽有舟舆，无所乘之。民有什伯之器不用，故虽有甲兵，无所陈之。事简民淳，书契无用，故结绳可复。"

甲本：甘其食，美其服，乐其俗，安其居，𤨛（邻）邦相望（望），鸡狗之声相闻，民至65〔老死不相往来〕。

乙本：甘其食，美其服，乐其俗，安其居，𡛳（邻）国相望，鸡犬之〔声相〕205上闻，民至老死不相往来。

王本：甘其食，美其服，安其居，乐其俗，邻国相望，

鸡犬之声相闻，民至老死不相往来。

　　傅奕本句首有"至治之极民各"六字，"居"字作"俗"，"俗"字作"业"，"民"上有"使"字，"相"下有"与"字，谓"至治之极，民各甘其食，美其服，安其俗，乐其业，邻国相望，鸡犬之声相闻，使民至老死不相与往来"；范应元本与之同，唯"犬"字作"狗"，"死"下有"而"字，无"与"字，谓"鸡狗之声相闻，使民至老死而不相往来"；徽、邵、彭三本亦与之同，唯无前六字；严遵本"安其居"在"乐其俗"后，作"甘其食，美其服，乐其俗，安其居"；敦煌庚、顾欢、河上诸本"犬"字作"狗"，无"死"字，谓"鸡狗之声相闻，民至老不相往来"；敦煌辛本与之同，唯"民"上有"使"字，作"使民至老不相往来"；景龙、景福二本"犬"字作"狗"，谓"鸡狗之声相闻"；邢玄、庆阳、楼古、磻溪、楼正、司马、苏、焦诸本"声"字作"音"，谓"鸡犬之音相闻"；遂州本"民"字作"人"，上并有"使"字，谓"使人至老死不相往来"。

　　帛书甲、乙本"甘其食，美其服，乐其俗，安其居"，语序与严遵本同，王弼本"安其居"在"乐其俗"之前。傅、范二本在"甘其食"前有"至治之极民各"六字，甲、乙本与其他今本皆无。又《史记·货殖列传》引作"至治之极，邻国相望，鸡狗之声相闻，民各甘其食，美其服，安其俗，乐其业，至老死不相往来"，足证傅、范所谓古本者，则广抄古籍，此节经文来自《货殖列传》而稍作改动。《庄子·胠箧篇》引作"甘其食，美其服，乐其俗，安其居"，语序异于今本而同于帛书，说明"食"、"服"、"俗"、"居"是《老子》原来的次序，今本已有错乱。蒋锡昌云："'甘其食'，言食不必五味，苟饱即甘也。'美其服'，言服不必文彩，苟暖即美也。'安其居'，言居不必大厦，苟蔽风雨即安也。'乐其俗'，言俗不必奢华，苟能淳朴即乐也。"

本章经文王弼、河上公、傅奕、范应元诸刻本，以及景龙、景福等碑本，均列为《德经》之第八十章。帛书甲、乙本虽不分章，但其位置则在第六十六章之后，位于第六十七章。因今本有错简，故按甲、乙本编次，将今本第八十章移此。

德经校注

六十八（今本《德经》第八十一章）

甲本：〔信言不美，美言〕不〔信。知〕者不博，〔博〕者不
知。善〔者不多，多〕者不善。

乙本：信言不美，美言不信。知者不博，博者不知。善
者不多，多者不善205下。

王本：信言不美，美言不信。善者不辩，辩者不善。知
者不博，博者不知。

傅、范、焦诸本"善者"、"辩者"作"善言"、"辩言"，谓
"善言不辩，辩言不善"；吴、林二本"辩"字写作"辨"，谓"善
者不辨，辨者不善"；敦煌辛本上"知者"二字作"智者"，谓
"智者不博，博者不知"；严遵、遂州、顾欢三本"知者"一句在
"善者"一句之前，作"知者不博，博者不知。善者不辩，辩者
不善"；敦煌辛本与之同，唯"知"字作"智"，稍异。

帛书甲本共残毁十三字，乙本保存完好，可据补甲本缺
文。与今本勘校，主要差异为：帛书甲、乙本"善者不多，多
者不善"一句，世传本皆作"善者不辩，辩者不善"，并多窜在
"知者不博，博者不知"之前。关于此一差异，是帛书出土后发
现的，过去学者注意到另外一些问题，并作了考证。如第一

句，俞樾云："按此当作'信者不美，美者不信'，与下文'善者不辩，辩者不善。知者不博，博者不知'文法一律。河上公于'信言不美'注云：'信者如其实，不善者朴且质也。'是可证古本正作'信者不美'，无'言'字也。"陶鸿庆云："案俞氏据河上注知经文两'言'字皆当作'者'，与下文一律者也。今按王注云：'实在质也，本在朴也。'但释'信'与'美'之义，而不及言'言'，以其所见本亦作'者'也。"验之帛书之乙本，则作"信言不美，美言不信"，与今本相同，足证俞、陶二氏之说非是。按今本误在"善者不辩，辩者不善"一句。从经义分析，原讲三层意义：一为"信言不美"，二为"知者不博"，三为"善者不多"。今本文次颠倒，经义重叠。前言"信言不美，美言不信"，后又言"善言不辩"或"善者不辩"，前后经义重复，其中必有讹误。甲、乙本同作"善者不多，多者不善"，正与下文"圣人无积，既以为人，己愈有；既以予人矣，己愈多"文义联属，足证今本有误。

甲本：圣人无积，〔既〕66 以为〔人，己愈有；既以予人矣，己愈多〕。

乙本：耵（圣）人无积，既以为人，己俞（愈）有；既以予人矣，己俞（愈）多。

王本：圣人不积，既以为人，己愈有；既以与人，己愈多。

　　范应元本"不"字作"无"，"愈"字作"俞"，谓"圣人无积，既以为人，己俞有；既以与人，己俞多"；严遵本句首有"是故"二字，"不"字作"无"，谓"是故圣人无积"，馀同王本；

傅、徽、邵、苏、彭诸本"不"字亦作"无"，谓"圣人无积"；景福、磻溪、庆阳、楼正诸本"为"字作"与"，谓"既以与人，己愈有"；邢玄本与之全同，唯"愈"字均作"逾"。

　　帛书甲本残甚，仅存六字，乙本保存完好，可据补甲本缺文。与今本勘校，经文与王本基本相同，唯帛书乙本"不"字作"无"，"愈"字作"俞"，"与"字作"予"，稍异。朱谦之云："《战国策·魏策》引《老子》曰：'圣人无积，尽以为人，己愈有；既以与人，己愈多。''不积'亦作'无积'。'既以与人'句，《庄子·田子房篇》引同。'既以为人'句，'既'字可据《魏策》改为'尽'字，与'既'字为对文。又'积'有藏义，《楚语》'无一日之积'，注：'积，储也。'《庄子·天道》'运而无积'，《释文》：'谓积滞不通。'《天下篇》称老聃'以有积为不足……无藏也故有馀'，'无积'即'无藏'也。"无积无藏则心虚静，心虚静则无所系，故无所不为人也；心静不系，则无私无虑，故无所不予人也。

甲本：此节经文全部残毁。

乙本：故天之道，利而不害；人之道，为而弗争。

王本：天之道，利而不害；圣人之道，为而不争。

　　世传今本多同王本，唯敦煌辛本无下一个"之"字，作"天之道，利而不害；圣人道，为而不争"；孟頫本无"圣"字，作"人之道，为而不争"。

　　帛书甲本此文皆残毁，乙本完好。与今本勘校，主要差异为：帛书"人之道，为而弗争"，世传本中除孟頫本与帛书相同外，其他多同王本作"圣人之道，为而不争"。朱谦之云："赵本作'人之道'，无'圣'字，'人'与'天'对，文胜；然非老子本谊。"岂不知老子所谓"为而不争"，正是指"人之道"言，"圣人之道"乃是无为不争，如第二章"是以圣人居无为之事"，第二十章"众人皆有以，我独顽似鄙"。"有以"即有志有为，"似鄙"乃无为无欲。足证《老子》原作"人之道"，帛书不误，今本"圣"字乃为浅人所增。

此节经文王弼、河上公、傅奕诸刻本均列为《德经》之第八十一章，为全书之末。帛书甲、乙本不分章，但将其置于第六十七章之后，相当于第六十八章。因今本错简，故依帛书甲、乙本编次，将第八十一章移此。

德经校注

六十九（今本《德经》第六十七章）

甲本：〔天下皆谓我大，大而不肖〕67。夫唯〔大〕，故不
　　　宵（肖）。若宵（肖），细久矣。

乙本：天下206上〔皆〕胃（谓）我大，大而不宵（肖）。夫唯
　　　不宵（肖），故能大。若宵（肖），久矣其细也夫。

王本：天下皆谓我道大，似不肖。夫唯大，故似不肖。
　　　若肖，久矣其细也夫。

　　　严遵本首句无"皆"、"道"二字，末句"细"字作"小"，"也
夫"二字作"矣"，谓"天下谓我大，似不肖。夫唯大，故似不
肖。若肖，久其小矣"；遂州本首句无"道"和"似"字，"肖"字
均作"笑"，末句"细"字作"小"，无"也夫"二字，谓"天下皆以
我大，不笑。夫唯大，故似不笑。若笑，久其小"；敦煌辛本
首句无"道"字，"肖"字均作"嘆"，末句"久"字作"救"，亦无
"也夫"二字，谓"天下皆以我大，似不嘆。夫唯大，故不嘆。
若嘆，救其小"；景福、河上二本作"天下皆谓我大，似不肖。
夫唯大，故似不肖。若肖，久矣其细夫"；敦煌庚、壬二本经
文均与之同，唯庚本末句作"久矣其细也夫"，壬本末句作"久
矣其细也"，稍异；景龙碑作"天下皆谓我大，不肖。夫唯大，

故不肖。若肖，久矣其细”；傅奕、范应元二本皆作"天下皆谓吾大，似不肖。夫惟大，故似不肖。若肖，久矣其细也夫"。

　　帛书甲本较残，乙本保存完好，但两本经文不同。如甲本"夫唯大，故不肖"，乙本作"夫唯不肖，故能大"。从而可见，此章经文早在秦汉时期即已出现分歧。世传今本更加词异型繁，各家注释亦各抒己见，莫衷一是。如河上公释"肖"为"善"，注云："老子言天下谓我德大，我则佯愚似不肖。"成玄英云："河上本作'肖'，诸家云'笑'。'笑'者言老君体道自然，妙果圆极，故天下苍生莫不尊之为大圣也。何意得如此耶？只为接物谦和，不矜夸嗤笑于物，故致然也。"朱谦之云："成说纡曲难通。'笑'与'肖'本声韵相同。于省吾《荀子新证》引《非相篇》：'今夫狌狌形笑，亦二足而毛也。''形笑'即'形肖'，则知此'不笑'亦即'不肖'耳。然碑本作'肖'乃本字，作'笑'者通假，若罗卷'笑'作'嘆'，则俗字耳。作'肖'乃《老子》书中用楚方言。扬雄《方言》七：'"肖"、"类"，法也。齐曰"类"，西楚、梁、益之间曰"肖"。西南梁、益之间凡言相类者，亦谓之"肖"。'郭璞注：'肖者，似也。'《小尔雅·广训》：'不肖，不似也。'验谊，'不肖'上不应再有'似'字。"朱说诚是，帛书甲、乙本均无"似"字，今本中"似不肖"之"似"字，显然是'肖'字的古注文，后人误将古注文羼入经内。"不肖"犹不似，即今语不像。帛书乙本"天下皆谓我大，大而不肖"，犹言天下皆谓我大，大而又不像。又云："夫唯不肖，故能大。若肖，久矣其细也夫。"因为不像，故而能成大。若像，则早已成为细漠了。依此则文畅义顺，从而可见帛书乙本确实反映了

《老子》本义，而甲本与今本皆有讹误，均当据帛书乙本订正。

甲本：我恒有三葆（宝），之。一曰兹（慈），二曰检
　　　（俭），〔三曰不敢为天下先〕。

乙本：我恒有三琛（宝），市（持）而琛（宝）之。一206下
　　　曰兹（慈），二曰检（俭），三曰不敢为天下先。

王本：我有三宝，持而保之。一曰慈，二曰俭，三曰不
　　　敢为天下先。

　　傅奕本"我"字作"吾"，"保"字作"宝"，谓"吾有三宝，持
而宝之"；范应元本与之全同，唯"吾"字作"我"；景龙碑、敦
煌庚、敦煌壬与河上诸本皆作"我有三宝，持而宝之"；遂州、
顾、徽、邵、吴、彭、林、焦等诸本"持而保之"作"宝而持
之"；楼古、磻溪、楼正、孟頫、司马、苏辙等诸本作"保而持
之"；敦煌辛本作"宝而持之"，下句无"敢"字，作"我有三宝，
宝而持之。一曰慈，二曰俭，三曰不为天下先"。

　　帛书乙本"我恒有三琛，市而琛之"，甲本作"我恒有三葆，
之"，王本作"我有三宝，持而保之"。乙本"琛"字即"宝"之别
构，"市"字假为"持"。甲本"葆"字通作"宝"，"之"字前夺
"持而宝"三字，抄写时挩漏。蒋锡昌云："范谓《韩非》、王
弼、傅奕同古本，则范见傅、王二本并作'持而宝之'，当据改
正。'持而宝之'与九章'持而盈之'文例一律。顾本成疏'宝重
而持之'，是成作'宝而持之'。强本荣注引经文云：'我有三
宝，保而持之。'是荣作'保而持之'。《广雅·释诂》：'宝，道
也。'《檀弓》'丧人无宝，仁亲以为宝'，郑注：'宝，谓善道可

守者。'六十二章'道者……善人之宝'，是老子以'宝'为道。六十九章'轻敌，几丧吾宝'，谓几丧吾道也。"

甲本：〔夫慈，故能勇；俭]68，故能广；不敢为天下先，故能为成事长。

乙本：夫兹（慈），故能勇；检（俭），敢（故）能广；不敢为天下先，故能为成器长。

王本：慈，故能勇；俭，故能广；不敢为天下先，故能成器长。

　　景龙、楼古、磻溪、楼正、孟頫、遂州、敦煌辛、傅、徽、苏、吴、彭、焦等诸本"慈"上有"夫"字，作"夫慈，故能勇"，同乙本；顾欢本"勇"前无"能"字，作"夫慈，故勇"；范应元与司马光二本后一个"能"后有"为"字，作"故能为成器长"；敦煌壬本后一个"能"后有"为民"二字，作"故能为民成器长"；潘静观《道德经妙门约》作"故能成其器长"。

　　帛书乙本"不敢为天下先，故能为成器长"，甲本作"不敢为天下先，故能为成事长"。《韩非子·解老篇》引此文作"不敢为天下先，故能为成事长"，与甲本同。俞樾云："《韩非·解老篇》作'不敢为天下先，故能为成事长'。'事'、'器'异文，或相传之本异，或彼涉上文'事无不事'句而误，皆不可知。至'故能'下有'为'字，则当从之。盖'成器'二字相连为文。襄十四年《左传》'成国不过半天子之军'，杜注曰：'成国，大国。'昭五年《传》'皆成县也'，'成县'亦谓大县。然则'成器'者，大器也。二十九章'天下神器，不可为也'，《尔雅·释诂》：'神，重也。'"神器"为重器，"成器"为大器，二者并以天下言。质言之，则止是不敢为天下先，故能为天下长耳。"俞说诚是，盖"成器长"与"成事长"意义相同。但此一分歧，先于马王堆汉墓出土帛书甲、乙本即已出现。二者究属孰先，实难裁定。从《老子》书内用语考察，如第二十八章云："朴散则为器，圣人用之则为官长。""为器长"似为《老子》之旧。王弼注："唯后外其身，为物所归，然后乃能立成器为天下利，为物之长也。"

甲本： 今舍（捨）其兹（慈），且勇；舍（捨）其后，且先：则必死矣。

乙本： 今207上舍（捨）其兹（慈），且勇；舍（捨）其检（俭），且广；舍（捨）其后，且先：则死矣。

王本： 今舍兹且勇，舍俭且广，舍后且先，死矣。

河上公、邵若愚二本"舍"字作"捨"，谓"今捨慈且勇，捨俭且广，捨后且先，死矣"；林志坚本与之同，唯"先"后有"者"字，作"捨后且先者，死矣"；庆阳、楼古、磻溪、楼正、孟頫、顾、司马、苏、遂州、徽、彭等诸本"舍"字作"捨"，"捨"下并有"其"字，作"今捨其慈，且勇；捨其俭，且广；捨其后，且先：死矣"；敦煌辛与焦竑本与之同，唯"捨"字作"舍"；严遵本"舍"字作"释"，"先"下有"则"字，作"今释慈且勇，释俭且广，释后且先，则死矣"；傅奕本"舍"字作"捨"，"捨"下并有"其"字，"死矣"二字作"是谓入死门"，谓"今捨其慈，且勇；捨其俭，且广；捨其后，且先：是谓入死门"；范应元本与之同，唯"捨"字作"舍"，稍异。

帛书甲本"捨其俭，且广"一句挩漏，当据乙本补。甲、乙本"舍"字均借为"捨"。后一句甲本"则必死矣"，乙本作"则死矣"，彼此稍异。与今本勘校，仅在各用虚词不同，而经义无别。

蒋锡昌云："按勇者必以慈为本，广者必以俭为本，先者必以后为本，今俗君舍弃其本，但务其末，是灭亡之道也。"

甲本：夫兹（慈），〔以战〕69 则胜，以守则固。天将建之，女（如）以兹（慈）垣之。

乙本：夫兹（慈），以单（战）则朕（胜），以守则固。天将207下 建之，如以兹（慈）垣之。

王本：夫慈，以战则胜，以守则固。天将救之，以慈卫之。

敦煌庚、辛二本"战"字作"陈"，谓"夫慈，以陈则胜"；傅、范、遂州三本"战"字亦作"陈"，"胜"字作"正"，谓"夫慈，以陈则正"（遂州本"正"字误写作"止"）；邵本"胜"字作"正"，谓"夫慈，以战则正"；敦煌壬与景福碑"救之"后有"以善"二字，作"天将救之，以善以慈卫之"。

马叙伦云："各本作'以战则胜'，卷子成疏作'以陈则胜'，旁改'陈'为'阵'。验弼注上文'一曰慈'曰：'夫慈，以陈则胜。'是王作'以陈则胜'，当从之。成疏曰：'以大慈之心，临于战陈，士卒感恩，所以胜捷。'疑成亦作'以陈则胜'。"朱谦之云："傅、范本作'以陈则正'。毕沅曰：'河上公、王弼作"慈，以战则胜"，《韩非》作"慈，于战则胜"，依义当作"瞅"

字。'又验王弼注:'夫慈,以陈则胜,以守则固,故能勇也。'
又'相愍而不避于难,故胜也'。'胜'字《道藏》王本作'正',
知王本原亦作'以陈则正'也。"帛书甲、乙本均作"以战则胜",
彼此用字虽不同,而意义无别。"战"与"陈"、"阵","胜"与
"正",古读音相同,义亦相近,可互为假用。"以陈则正"即
"以战则胜",甲、乙本用本字,今本则用借字。再如帛书甲、
乙本"天将建之,如以慈垣之",甲本"如"字写作"女",今本
皆作"天将救之,以慈卫之"。"垣"与"卫"义近,《释名·释宫
室》:"垣,援也。人可以依阻以为援卫也。"甲、乙本"如以慈
垣之","如"犹"则"也,而谓则以慈援卫也,与今本义同。唯
今本"天将救之",甲、乙本作"天将建之",各异。张松如云:
"建之、救之,皆助之之谓。"恐未确。"建"乃立也,与"助"不
类。如《周礼·天官·序官》"惟王建国",《国策·秦策》"可建
大功",皆训"建"为"立"。"天将建之,如以慈垣之",犹言天
将建立之事,则以慈援卫之。似较今本"天将救之"义胜。

德经校注

七十（今本《德经》第六十八章）

甲本：善为士者不武，善战者不怒，善胜敌者弗〔与〕70，
善用人者为之下。

乙本：故善为士者不武，善单（战）者不怒，善朕（胜）敌
者弗与，善用人者为之下。

王本：善为士者不武，善战者不怒，善胜敌者不与，善
用人者为之下。

世传诸本多同王本作"善为士者不武"，唯景龙、邢玄、敦
煌辛、顾欢、范应元等诸本"善"前皆有"古之"二字，作"古之
善为士者不武"；傅奕本与之同，唯句末有"也"字，作"古之善
为士者不武也"；宋李荣《道德真经义解》（《道藏》丝三—丝六）
"士"字作"事"，谓"善为事者不武"。第二与第三句敦煌辛本
无"者"字，作"善战不怒，善胜敌不与"；河上本"敌"字作
"战"，谓"善胜战者不与"；景龙、易玄、邢玄、楼古、磻溪、
楼正、敦煌辛、顾、傅、范、徽、邵、司马、苏、彭、林、焦
等诸本"与"字皆作"争"，谓"善胜敌者不争"；《道藏》河上本
（《道藏》知一—知四）作"善胜敌者不与争"。第四句景龙碑
"人"字作"仁"，无"之"字，作"善用仁者为下"；景福、遂州、

敦煌辛、河上、顾、林诸本皆无"之"字，作"善用人者为下"。

帛书甲、乙本均保存较好，甲本残一"与"字，据乙本补。乙本句前有"故"字，甲本无，彼此稍异。与今本勘校，经义相同，唯景龙、傅奕诸本句前有"古之"二字，与乙本近似；王弼、河上诸本无此二字，则与甲本相同。

蒋锡昌云："'士'亦君也。四十一章'上士闻道，勤而行之'，'上士'即上等之君。河上于彼章注云：'中士闻道，治身以常存，治国以太平。'是河上正以'士'为君。于此章注云：'谓得道之君也。'亦以'士'为君。六十八章'善为士者不武'，言善为君者不武也。王注：'士，卒之帅也。'非是。"案老子乃春秋末季人，"士"乃当时对有识者之泛称，诸如国君、官吏、卿大夫、士等皆可用之。《说文》云："士，事也。"段玉裁注："引伸之，凡能事其事者俪士。"蒋氏谓其专指国君言，恐未确。此所谓"士"者，乃谓国君及其所属官卿而握有军权者，泛指精于战略战术守道之士，则以仁慈、智谋用兵，如第六十七章"夫慈，以战则胜"，五十七章"以奇用兵"，非恃之于武力，先陵人也。凡气势充盈不可遏抑而战者，必祸民而殃兵。"不怒"，心平而气和。"善战者不怒"，王弼注："后而不先，应而不唱。"如此，则民祸少而兵不殃也。帛书乙本"善胜敌者弗与"，与王本同，景龙、易玄、傅、范、顾欢诸本皆作"善胜敌者不争"，《道藏》河上本又作"善胜敌者不与争"。马叙伦云："验弼注曰：'不与争也。'是王亦作'争'。河上注曰：'不与敌争而敌自服。'成疏曰：'既无喜怒，何所争耶？'臧疏引《节解》曰：'故曰"不争"。'是河上、成、《节解》并作'不争'。"陶鸿庆云："王注'不与争'，而但云'不与'，不辞甚矣。'与'即'争'也。《墨子·非儒下篇》云：'若皆仁人也，则无说而相与。'与下文'若两暴交争'云云文义相对，是'相与'即'相争'也。王氏引之《经义述闻》谓：'古者相当相敌，皆谓之"与"。'疏证最详。'当'与'敌'并与'争'义近。疑注文本作'与争也'。后人不达其义，臆增'不'字耳。"朱谦之云："古谓对敌为'与'，《左传》襄公二十五年：'一与一，谁能惧我？'是'与'即'争'也。劳健、高亨引证所见亦同。今《道藏》河上本作'不与争'，义重。'与'字与'武'、'怒'、'下'为韵，作'争'则无韵。"

　　帛书甲、乙本"善用人者为之下"，今本除景龙碑"人"字作"仁"外，馀者皆同，谓人君能谦恭自下，则天下归心。如第六十六章所云："欲上民，必以言下之。"

甲本：〔是〕胃（谓）不诤（争）之德，是胃（谓）用人，是胃（谓）天，古之极也。

乙本：是胃（谓）不争208上〔之〕德，是胃（谓）用人，是胃（谓）肥（配）天，古之极也。

王本：是谓不争之德，是谓用人之力，是谓配天，古之极。

　　严遵本无第二个"是谓"，作"是谓不争之德，用人之力"；景龙碑第二个"谓"字作"以"，谓"是以用人之力"；顾欢本第一个"谓"字作"以"，最后有"也"字，作"是以不争之德，是谓用人之力，是谓配天，古之极也"；景福、磻溪、敦煌庚、敦煌壬、傅、范、司马诸本最后均有"也"字，作"古之极也"。

　　帛书甲本第三个"是谓"后挩一"配"字，仅作"是谓天"，当从乙本作"是谓配天"。乙本借"肥"为"配"。第二句甲、乙本均作"是谓用人",无"之力"二字,与今本异。最后均有"也"字,作"古之极也"。俞樾云:"此章每句有韵。前四句以'武'、'怒'、'与'、'下'为韵,后三句以'德'、'力'、'极'为韵。若以'是谓配天'为句,则不韵矣。疑'古'字衍文也。'是谓配天之极'六字为句,与上文'是谓不争之德,是谓用人之力'文法一律。其衍'古'字者,'古'即'天'也。《周书·周祝篇》曰:'天为古。'《尚书·尧典篇》曰:'若稽古帝尧。'郑注曰:'古,天也。'是'古'与'天'同义。此经'配天之极',佗本或有作'配古之极'者,后人传写误合之耳。"马其昶云:"'极'字疑在'古之'二字上。《易》郑注:'三极,三才也。''天将救之,以慈卫之',以人相天,故曰'是谓配天极'。'古之用兵者有言',与'古之善为士者'、'古之善为道者'文句正同。"马氏所谓"古之极"中之"古之"二字,乃为下章"用兵有言"之前文而窜于此者。按今本旧读,则曰"是谓配天古之极"。俞、马二氏初创此说,曾得到奚侗、马叙伦、高亨、朱谦之等多数学者之赞同。今勘校于帛书甲、乙本,除"极"后有"也"字外,经文不误,当读作"是谓配天,古之极也"。可见俞、马之说非是。今本经文的错误并不在此,而在第二句。帛书甲、乙本同作"是谓用人",今本多作"是谓用人之力",多"之力"二字。俞氏云"此章每句有韵"甚是。他举前四句以"武"、"怒"、"与"、"下"为韵,后三句以"德"、"力"、"极"为韵,因此他说:"若以'是谓配天'为句,则不韵矣。"帛书甲、乙本无"之力"二字,作"是谓不争之德,是谓用人,是谓配天,古之极也"。则

"人"、"天"为韵，"德"、"极"为韵，前后皆为韵读。今本中间多出"之力"二字，格局全非。再从前后经文分析，前文曾言"善胜敌者不与，善用人者为之下"，故此言"是谓不争之德，是谓用人"。前后均无"之力"二字，文例相合。从而可见帛书甲、乙本无"之力"二字为是，今本有此二字者乃为后人所增，或因古注文羼入。"是谓配天"，朱谦之云："配，合也。《庄子·天地篇》：'尧问于许由曰："齧缺可以配天乎?"'成疏：'配，合也。尧云齧缺之贤者，有合天位之德。'""天"乃道也，十六章"天乃道"，二十五章"天法道"。前文言善为帅兵之士，"不武"、"不怒"、"不与"和"为之下"，此言是谓不争之德，是谓用人，是谓合于天道，乃古之极也。

德经校注

七十一（今本《德经》第六十九章）

甲本：用兵有言曰：吾[71]不敢为主而为客，吾不进寸而芮(退)尺。

乙本：用兵又(有)言曰：吾不敢为主而为客，不敢进寸而退[208下]尺。

王本：用兵有言：吾不敢为主而为客，不敢进寸而退尺。

　　傅奕本"言"下有"曰"字，作"用兵有言曰"；范应元本作"用兵者有言曰"。敦煌壬本"敢"字作"能"，谓"吾不能为主而为客，不能进寸而退尺"；遂州本"敢"下有"求"字，作"吾不敢求为主而为客，不敢求进寸而退尺"。

　　帛书甲本第二个"不"字下夺一"敢"字，抄写之误，又借"芮"字为"退"。甲、乙本首句均作"用兵有言曰"（乙本假"又"字为"有"），较王本"言"下多一"曰"字，与傅奕本同，当以有"曰"字者为是。蒋锡昌云："'用兵有言'，言古之用兵者有此言也。'吾不敢为主而为客，不敢进寸而退尺'，二语即古用兵者所言也。"

　　河上公注："主，先也，不敢先举兵。客者，和而不倡，用兵当承天而后动。"苏辙云："主，造事者也；客，应敌者也。

进者，有意于争者也；退者，无意于争也。"故《老子》云兵乃不祥之器，"不得以而用之，恬惔为上"。

甲本：是胃（谓）行无行，襄（攘）无臂，执无兵，乃无
　　　敌矣。
乙本：是胃（谓）行无行，攘无臂，执无兵，乃无敌。
王本：是谓行无行，攘无臂，扔无敌，执无兵。

　　景龙、景福、邢玄、磻溪、楼正、敦煌庚、敦煌辛、敦煌壬、严遵、河上、顾欢、傅奕、徽、邵、司马、苏、遂州、吴、彭、林、焦等诸本"扔"字均作"仍"，谓"仍无敌"。敦煌辛、敦煌壬、严、傅、顾、遂州、吴等诸本"扔无敌"均在"执无兵"之后。

　　帛书甲、乙本"扔"字均作"乃"，谓"乃无敌"，甲本"乃无敌"后并有"矣"字。甲、乙本此句皆在"执无兵"之后。陶邵学云："'执无兵'句应在'扔无敌'句上。弼注曰：'犹行无行，攘无臂，执无兵，扔无敌也。'是王同此。"楼宇烈《王弼集校释》云："'攘'，马叙伦说：'借为"纕"。'《说文》：'纕，援臂也。''扔'，《道藏》《集注》本作'仍'。马叙伦说：'扔'、'仍'音义同，《说文》曰：'扔，捆也。''捆，就也。'据马说，则'行无行'意为欲行阵相对而无阵可行，'攘无臂'意为欲援臂相斗而无臂可援，'执无兵'意为欲执兵相战而无兵可执，'扔无敌'意为欲就敌相争而无敌可就。此均为说明，由于'谦退'、'不敢为物先'，因而使得他人欲战、欲斗、欲用兵、欲为敌而都找不到对立的一方。按'扔'字疑当作'乃'，长沙马王堆三号汉

墓出土帛书《老子》甲、乙本经文均作'乃'。观王弼注文说'言
无有与之抗也'之意，正释经文'乃无敌'之义。故似作'乃无
敌'于义为长。作'扔'者，因经文'执无兵'三字误在下（当在
"攘无臂"下，"乃无敌"上），又因三十八章'则攘臂而扔之'
句，不明其义者妄改也。三十八章'攘臂而扔之'之'扔'字，长
沙马王堆三号汉墓出土帛书《老子》甲、乙本经文亦均作'乃'。
此'乃'字为'扔'之借字，而本章注'乃无敌'，当以'乃'本字
用。"楼氏之说似较旧注贴切，"乃无敌"谓无人与之为敌也。

甲本：䄛（祸）莫72于（大）于无適（敌），无適（敌）斤
（近）亡吾吾葆（宝）矣。

乙本：祸莫大于无敌，无敌近亡吾琛（宝）矣。

王本：祸莫大于轻敌，轻敌几丧吾宝。

傅奕本"轻"字作"无"，"几"上有"则"字，"丧"字作"亡"，
谓"祸莫大于无敌，无敌则几亡吾宝"；敦煌辛与遂州二本"无"
字作"侮"，谓"祸莫大于侮敌，侮敌则几亡吾宝"；世传今本多
同王本，唯敦煌庚、壬二本"轻"字作"誙"，谓"祸莫大于誙敌，
誙敌几丧吾宝"；楼古、范、邵、司马诸本，下句"几"上有"则"
字，作"轻敌则几丧吾宝"；苏辙本作"轻敌者则几丧吾宝"。

帛书甲、乙本作"祸莫大于无敌，无敌近亡吾宝矣"，经义
相同。甲本"祸"字作"䄛"，"近"字作"斤"，"大"字误作
"于"，并衍"吾"字。世传今本除傅奕本作"无敌"，同甲、乙
本之外，敦煌辛与遂州二本作"侮敌"，其他多同王本作"轻
敌"。"侮敌"与"轻敌"义近，皆为轻慢敌人或轻视敌人的意

思。但"无敌"则不同，"无敌"即无有敌过他的对手，如王弼所讲"无敌于天下"。许抗生云："然'无敌'（无视敌人）与'轻敌'（轻视敌人）义相近。"纯属臆测，非是。"无敌"与"轻敌"谊不相属，二者必有一误。陶邵学云："王弼注曰：'非欲以取强无敌于天下也。'则王本亦作'无敌'，今作'轻'字，殆后人所改。"陶说甚是。王弼注云："言吾哀慈谦退，非欲以取强无敌于天下也，不得已而卒至于无敌，斯乃吾之所以为大祸也。"可见王本原亦作"无敌"，今作"轻敌"者乃后人改动。足证帛书甲、乙本作"无敌"者，殆为《老子》本义。王本"几丧吾宝"，帛书甲、乙本同作"近亡吾宝"，"几"与"近"，"丧"与"亡"，彼此义近。河上公注："几，近也。"王弼注："故曰：'几亡吾宝。'"说明王本"丧"字原亦同帛书甲、乙本作"亡"。据上述各本勘校，当从帛书作"祸莫大于无敌，无敌近亡吾宝"。王弼注："宝，三宝也。""三宝"即第六十七章所云"慈"、"俭"、"不敢为天下先"。

甲本：故称兵相若，则哀者胜矣。

乙本：故抗兵相若，而依（哀）者朕（胜）209上〔矣〕。

王本：故抗兵相加，哀者胜矣。

敦煌辛本"加"字作"若"，"哀"上有"则"字，句末无"矣"字，作"故抗兵相若，则哀者胜"；傅奕本句末有"矣"字，作"故抗兵相若，则哀者胜矣"；敦煌壬本"加"字作"如"，作"故抗兵相如"；景龙碑"哀"上有"则"字，句末无"矣"字，作"则哀者胜"；遂州本"哀"上有"若"字，句末无"矣"字，作"若哀者胜"；顾、范、徽、邵、彭诸本"哀"上有"则"字，作"则哀者胜矣"；严遵本无此二句。

帛书甲本"故称兵相若，则哀者胜矣"，乙本作"故抗兵相若，而哀者胜矣"。敦煌辛与傅奕本均同乙本作"故抗兵相若"，世传今本多同王本作"故抗兵相加"。甲本"称兵"与乙本"抗兵"义同，皆谓举兵。王弼注："抗，举也。""称"亦举也。《尚书·牧誓》"称尔戈"，即举尔戈也。《左传》襄公八年"汝何故称兵于蔡"，即举兵于蔡也。"抗兵相若"与"抗兵相加"义不相属。"相若"义如相当或相等；"相加"，河上公注："两敌战也。"王弼注："加，当也。"按"加"字无相当、相等之义，显然是"若"字之误。楼宇烈据《道藏》《集注》本校改王注中之"加"字为"若"，他说："按'加'字无'当'义，当作'若'。傅奕本《老子》经文及长沙马王堆三号汉墓出土帛书《老子》甲、乙本经文，'相加'均作'相若'。可见注文'若'误作'加'，乃因经文之误而误。"楼说诚是，经文原本当作"故抗兵相若"，当从帛书甲、乙本。下句帛书甲本"则哀者胜矣"，乙本"则"字作"而"，并假"依"字为"哀"，谓"而哀者胜矣"。"而"犹"则"，古"而"、"则"二字通用，说见王引之《经传释词》。"哀者胜矣"，王弼注："哀者必相惜而不趣利避害，故必胜。"劳健云："王弼注云云，后人相承，多误解'哀'字如哀伤之义，大失其旨。王弼注'慈，以陈则正'句云：'相慜而不避于难，故正也。'（第六十七章经文当作"慈，以战则胜"，注文"正"字也当作"胜"——作者）与此句注大同小异，则王弼本意当亦以'哀'为慈爱而非哀伤。"

德经校注

七十二（今本《德经》第七十章）

甲本：吾言甚易知也，甚易行73也；而人莫之能知也，
而莫之能行也。

乙本：吾言易知也，易行也；而天下莫之能知也，莫之
能行也。

王本：吾言甚易知，甚易行；天下莫能知，莫能行。

严遵本"天"前有"而"字，作"而天下莫能知，莫能行"；
傅奕、范应元二本"天下"二字作"人"，"莫"下有"之"字，作
"人莫之能知，莫之能行"。

帛书甲本"吾言甚易知也，甚易行也"，两句皆有"甚"字，
与王本同。乙本作"吾言易知也，易行也"，两句皆无"甚"字，
稍异。又如帛书甲本"而人莫之能知也，而莫之能行也"，乙本
作"而天下莫之能知也，莫之能行也"。甲本与傅、范本同，作
"人莫之能知"；乙本与王弼本同，作"天下莫之能知"。由此看
来，此一分歧，自长沙马王堆三号汉墓出土帛书《老子》甲、乙
本以来即已出现。帛书甲、乙本"莫"字下均有"之"字，作"莫
之能知也，莫之能行也"，世传今本多同王本无"之"字与"也"
字，作"莫能知，莫能行"。蒋锡昌云："按王注：'惑于躁欲，

故曰"莫之能知也"。迷于荣利，故曰"莫之能行也"。'是王与傅、范二本同，当据改正。"蒋说甚是，帛书甲、乙本均如此，乃为《老子》原本之旧。

甲本：言有君，事有宗。

乙本：夫言又〔有〕宗，事又〔有〕君。

王本：言有宗，事有君。

世传今本多同王本，作"言有宗，事有君"；傅奕、范应元二本"君"字作"主"，谓"言有宗，事有主"。范应元曰："'主'字一作'君'，今从古本。"

帛书甲本"言有君，事有宗"；乙本以"又"字为"有"，作"夫言有宗，事有君"，"宗"与"君"二字彼此颠倒。而世传今本多同乙本，作"言有宗，事有君"，而无"夫"字。《淮南子·道应篇》、《文子·微明篇》均引作"言有宗，事有君"，同乙本。足证帛书甲本原亦作"言有宗，事有君"，抄写有误。王弼注："宗，万物之主也。君，万事之主也。"蒋锡昌云："宗，主也。君，亦主也。主者何？即道是也。此言圣人之教，虽千言万语，然其宗旨，总不离道，故知易，行亦易也。"

甲本：夫唯无知也，是以不〔我知。知我者74希，则〕我贵矣。

乙本：夫唯无知209下也，是以不我知。知者希，则我贵矣。

王本：夫唯无知，是以不我知。知我者希，则我者贵。

　　严遵本首句"夫唯无知"作"唯无我知"，第二句"我"字作"吾"，谓"是以不吾知"；敦煌辛本与之全同；遂州本作"是以莫吾知"；傅、范、徽、邵、彭、焦诸本作"是以不吾知也"；傅、邵、彭三本后二句作"知我者稀，则我贵矣"；敦煌庚、壬与严、徽、范、司马、吴诸本末句亦作"则我贵矣"；景福本作"明我者贵"。

　　帛书甲本残损七字，乙本保存完好，可据补甲本缺文。但乙本"知"下脱一"我"字，当作"知我者希"。与今本勘校，帛书甲、乙本"夫唯无知也"，世传今本多同王本作"夫唯无知"，无"也"字；唯严遵本作"唯无我知"。陶邵学云："王弼注曰：'故有知之人，不得不知之也。'疑王本'无知'作'有知'。"马叙伦云："陶说是也。上'知'字读作'智'。'有知'，即弼所谓'躁欲'，故不能知也。"楼宇烈云："此句注文文义不明，疑有错误。宇惠说'不得不知之也'句下'不'字疑为'而'字之误。按疑'有知'之'有'为'无'之讹，'不知'之'不'为'我'之讹。经文说：'夫唯无知，是以不我知。'注文正释此意，故当作'故无知之人，不得我知之也'。'无知之人'，指不懂得'言有宗，事有君'之道理的人。因此，也就不能懂得吾言'甚易知，甚易行'，亦即'不得我知之也'。'不得我知之'，如说不能知道我。所以经文说：'知我者希。'注：'唯深，故知之者希也。'"楼说甚是。严本"唯无我知"与下句"是以不吾知"意重，非《老子》之意，必为后人所窜改。再如，帛书甲、乙本"则我贵矣"，严、傅、敦煌庚等均与之同，唯王弼、河上诸本作"则我者贵"，景福碑作"明我者贵"。蒋锡昌云："《道德真经集注》引王弼注：'故曰："知我者希，则我贵也。"'是王本作'则我贵矣'，当据改正。今本经注'贵'上并衍'者'字，谊不可说。《蜀志·秦宓传》与《汉书·扬雄传》颜注均作'知我者希，则我贵矣'。"今验之帛书甲、乙本，蒋说至确。

王弼注："唯深，故知之者希也。知我益希，我亦无匹，故曰：'知我者希，则我贵矣。'"道义深奥。众庶惑于躁欲，虽易知而莫之能知也。众庶惑于躁进，迷于荣利，背道而行。如第二十章云："俗人昭昭，我独若昏呵。俗人察察，我独闷闷呵。""众人皆有以，我独顽似鄙。"由于我守虚却华，独异于人，故知我者少。少则弱而益静，故曰"则我贵矣"。

甲本：是以圣人被褐而襄玉。

乙本：是以耴（圣）人被褐而襄玉。

王本：是以圣人被褐怀玉。

世传今本多同王本，唯敦煌壬、严遵、傅奕三本"褐"下有"而"字，作"是以圣人被褐而怀玉"；范本"被"字作"披"，谓"是以圣人披褐而怀玉"。

帛书甲、乙本经文相同。与今本勘校，帛书甲、乙本"襄玉"，今本皆作"怀玉"，"襄"、"怀"古今字，帛书用古字。"褐"下有"而"字，今本多同王本脱此字。从经义分析，"而"字在此作连词，可训"与"或"而又"，犹言圣人被褐而又怀玉，特突出"怀玉"之意，故"而"字不可省。严遵、傅、范、敦煌壬诸本有"而"字，与帛书甲、乙本同，《老子》原本当如此。

王弼注："被褐者，同其尘；怀玉者，宝其真也。圣人之所以难知，以其同尘而不殊，怀玉而不渝，故难知而为贵也。"
"被褐"谓衣着粗陋，与俗人无别。"裹玉"谓身藏其宝，又与众
异。即所谓和光而不污其体，同尘而不渝其真，形秽而质真。
非有志之士而不得识，故而为贵。

德经校注

七十三（今本《德经》第七十一章）

甲本：知不知，尚矣；不不知知，病矣。
乙本：知不知，尚矣；不知知，病矣。
王本：知不知，上；不知知，病。

世传今本多同王本，唯傅、范、徽、邵、彭诸本句末皆有
"矣"字，作"知不知，尚矣；不知知，病矣"。

帛书甲、乙本经文相同，唯甲本后句"不"字后多一重文
号，本作"不知＝"，误作"不＝知＝"，抄写之误也。当据乙本
删去"不"字重文，作"不知知"。与今本勘校，甲、乙本"尚"
后皆有"矣"字；今本多同王本作"上"字，后无"矣"字。按
"上"、"尚"二字通用，《淮南子·道应训》引作"知而不知，尚
矣；不知而知，病也"。《文子·符言篇》引作"知不知，上也；
不知知，病也"。

河上公注："知道言不知，是乃德之上；不知道言知，是
乃德之病。"奚侗云："知之而不自以为知，是谓上德之人；若
不知而自以为知，则有道者之所病也。"

甲本：是以圣人之不病，以其75〔病病，是以不病〕。

乙本：是以耵（圣）人之不〔病〕210上也，以其病病也，
　　　是以不病。

王本：夫唯病病，是以不病。圣人不病，以其病病，是
　　　以不病。

　　景龙碑与敦煌辛本无"夫唯病病，是以不病"八字，作"是
以圣人不病，以其病病，是以不病"；遂州本作"圣人不病，以
其病病，是以不病"；敦煌壬本作"夫唯病，圣人不病，以其病
病，是以不病"；敦煌庚本作"夫唯病病，是以病。圣人不病，
以其病病，是以不病"；易玄作"夫惟病，是以不病。圣人不
病，以其病病，是以不病"；顾欢本作"夫唯病病，是以不病。
是以圣人不病，以其病病，是以不病"；严、邵、司马、彭、
焦诸本作"夫唯病病，是以不病。圣人之不病，以其病病，是
以不病"；傅、范二本作"夫唯病病，是以不病。圣人之不病，
以其病病，是以不吾病"。

　　帛书甲本残损六字，乙本仅残损一字，彼此经文可互补。
两本经义全同，乙本仅多二虚词"也"字。与今本勘校，景龙碑
与敦煌辛二本经文与帛书甲、乙本近似，其他传本多有衍误。
俞樾云："按上文已言'夫唯病病，是以不病'，此又言'以其病
病，是以不病'，则文复矣。《韩非子·喻老篇》作'圣人之不病
也，以其不病，是以无病'，当从之。盖上言'病病'，故'不
病'；此言'不病'，故'无病'，两意相承。'不病'者，不以为
病也。韩非所谓'越王之霸也，不病宦；武王之王也，不病晋'
是也。无病则莫之能病矣，此越王所以霸，武王所以王也。"俞
氏之说虽有见地，但验之帛书，所论仍有不周。《韩非·喻老

篇》所引此文，其中亦有讹误。如"以其不病"，帛书则作"以其病病"，当从帛书。朱谦之云："《韩非·喻老篇》引'圣人之不病，以其不病，是以无病也'，傅、范本作'夫唯病病，是以不病。圣人之不病，以其病病，是以不吾病'。遂州本无'夫唯病病，是以不病'二句，同此石。今案：《广雅·释诂三》：'病，难也。'《论语》'尧舜其犹病诸'，孔注：'犹"难"也。''圣人不病，以其病病，是以不病'，与六十三章'是以圣人犹难之，故终无难'义同。六十三章以事言，此则以知言。《庄子·让王》'学而不能行谓之病'，亦以知言，即此章'病'之本义。诸本文赘，既云'夫唯病病，是以不病'，又云'以其病病，是以不病'。傅、范本更赘，决非《老子》古本之旧。钱大昕曰：'"夫唯病病，是以不病。圣人不病，以其病病，是以不病。"石本但云："是以圣人不病，以其病病，是以不病。"此类皆远胜他本。'是也。"朱氏之说甚是，帛书甲、乙本"人"下有"之"字，作"是以圣人之不病，以其病病，是以不病"，《老子》原文当如此。

《礼记·乐记》："病，不得其众也。"注："病，犹忧也。"《论语·卫灵公》："君子病无能焉。"皇疏："病，犹患也。"《战国策·西周策》："今围雍氏五月不能拔，是楚病也。"注："病，困也。"可见"病"字既作名词，也作动词。"病病"乃是动宾结构之短语，引申为"惧怕困忧"。经文所言：圣人其所以没有困忧，因他害怕困忧，故而才避免了困忧。

德经校注

七十四（今本《德经》第七十二章）

甲本：〔民之不〕畏畏（威），则大〔畏（威）将至〕矣。

乙本：民之不畏畏（威），则大畏（威）将至矣。

王本：民不畏威，则大威至。

易玄、遂州二本"民"字作"人"，谓"人不畏威，则大威至"；景龙碑无"则"字，作"民不畏威，大威至"；景福、敦煌壬、严遵、河上、吴、林诸本作"民不畏威，大威至矣"；敦煌庚本作"民不畏威，大畏至矣"；敦煌辛本作"不畏威，民不畏威，则大威至"；傅、范二本作"民不畏威，则大威至矣"；孟頫本作"民不畏威，而大畏至矣"。

帛书甲本残损六字，乙本保存完好，可据补甲本缺文。与今本勘校，帛书"民之不畏威"，今本作"民不畏威"，或作"人不畏威"。马叙伦云："此'民'字当作'人'。唐人避讳，于'民'字均改作'人'。后世复之，转于'人'字误改为'民'，此其一也。"蒋锡昌云："马说是，'民'当改'人'，乃指人君言也。"今验之帛书，《老子》原作"民"，不作"人"，原指民众而言，非指人君，马、蒋二氏之说非是。今见易玄、遂州、《道藏》李约《道德真经新注》、强思齐《道德真经玄德纂疏》等唐本

"民"字均作"人"，因避太宗讳所改，非原文也。再如，帛书"则大畏将至矣"，今本作"则大威至矣"，或作"则大威至"与"大威至矣"。今本虽句型多异，但皆无"将"字。按"威"与"大威"，等级之别。言民不畏威，则大威将要临至。从经义分析，原文当有"将"字为是。王弼注云："离其清静，行其躁欲，弃其谦后，任其威权，则物扰而民僻，威不能复制民。民不能堪其威，则上下大溃矣，天诛将至。""天诛将至"即经文"大威将至"。可见王本原亦有"将"字，当从帛书为是。

焦竑注："'威'、'畏'古通用。人不畏其当畏，则大可畏者至矣。"又引王元泽注："民朴而生厚，则畏威。上失其道，多乎有为，以小道塞其生，故民巧伪雕薄，而威不能服也。夫如是则天诛所加，祸乱将起，故曰'大威至'。"

甲本：毋闸（狭）其所居，毋猒（厌）其所生。夫唯弗猒（厌），是76〔以不厌〕。

乙本：毋伸（狭）其所居，毋猒（厌）其所生。夫唯弗猒（厌），是210下以不猒（厌）。

王本：无狎其所居，无厌其所生。夫唯不厌，是以不厌。

景龙、景福、易玄、邢玄、庆阳、楼古、磻溪、楼正、孟頫、敦煌庚、敦煌辛、敦煌壬、河上、遂州、顾欢、徽、邵、苏、彭、林、焦诸本，首句"狎"字作"狭"，谓"无狭其所居"；严遵本作"无挟其所居"；司马本作"无狭其所安"。傅、范二本后句"不"字作"无"，谓"夫惟无厌，是以无厌"；吴澄本作"夫唯不狎，是以不厌"。

　　帛书甲本残损三字，乙本完好，可据补甲本缺文。与今本勘校，甲本首句"闸"字，乙本作"伊"，王本作"狎"，均当从罗卷与景龙碑等假为"狭"。朱谦之云："蒋锡昌校严本作'挟'。案怡兰堂本严亦作'狭'，傅、范本作'狎'，作'狭'是也。《道藏》《宋张太守汇刻四家注》引王弼注：'无狭其所居，无厌其所生，言威力不可任也。'又'自爱不自贵'句引王注：'自贵则物狭厌居生。'疑王本亦作'狭'。"奚侗云："狭，即《说文》'陕'字，隘也，隘有迫谊。厌，《说文》'笮'也。此言治天下者无狭迫人民之居处，使不得安舒；无厌笮人民之生活，使不能顺适。"再如，"厌"字甲、乙本均作"猒"。《说文》"猒"字"从甘从肰"，《集韵》"厌"字或作"猒"，"猒"与"厌"同。帛书甲、乙本"夫唯弗猒，是以不猒"，前作"弗猒"，后作"不猒"，前后用词不同，谊有区分。今本前后同用"不"字，或同用"无"字，绝非《老子》原本之旧。朱谦之云："上'厌'字与下'厌'字，今字形虽同，而音义尚异。上'厌'，压也；下'厌'，恶也。盖'厌'字四声转用，最为分明。(参照顾炎武《唐韵正·二十九叶》)'夫唯不厌'，'厌'益涉切，则入声也。'是以不厌'，'厌'於艳切，则去声也。《释文》出'厌'字'於艳反'，是知有下'厌'，而不知上二'厌'字，遂使《老》义为之不明。《说文》：'厌，笮也，从厂猒声。'徐曰：'笮，镇也，压也。'《左传》昭公二十六年'将以厌众'，《后汉·杜邺传》'折冲厌难'，《前·五行志》'地震陇西，厌四百馀家'，《礼记·檀弓》'畏厌弱'，《荀子·彊国》'如墙厌之'，又《解蔽》'厌目而视者，视一以为两'，《集韵》或作'猒'，亦作'压'。此云'夫唯不厌'，即'夫

唯不压'也。下一'厌'字於艳切，当如《论语》'学而不厌'之
'厌'，《周礼·大司徒》注、疏'有嫌厌'之'厌'，《淮南·主术
篇》'是以君臣弥久而不相厌'之'厌'。'是以不厌'即'是以不
恶'也。夫唯为上者无压笙之政，是以人民亦不厌恶之也。"朱
说甚是。帛书甲、乙本作"夫唯弗厌，是以不厌"，正与朱说
恰合。

甲本：〔是以圣人自知而不自见也，自爱〕而不自贵也。
　　　故去被（彼）取此。
乙本：是以耵（圣）人自知而不自见也，自爱而不自贵也。
　　　故去罢（彼）而取此。
王本：是以圣人自知不自见，自爱不自贵。故去彼取此。

　　敦煌辛与遂州二本"是以"二字写作"故"，谓"故圣人自知
不自见，自爱不自贵"；傅、范二本"不"前皆有"而"字，作
"是以圣人自知而不自见，自爱而不自贵"。

　　帛书甲本残损十三字，乙本保存完好，可据补甲本缺文。
与今本勘校，甲本假"被"字为"彼"，乙本假"罢"字为"彼"，
彼此经文基本相同，所异仅虚词之有无。马叙伦云："各本无
两'而'字。又案此文与上不相衔贯，疑当自为一章，有脱文。"
今验之帛书甲、乙本，今本无误，虚词虽有省略，但不伤经
义，马说不确。

　　王元泽注："自见则矜成，自贵则贱物。此所以自狭其居，
自厌其生；亦以狭民之居，厌民之生也。自知则明乎性而不为
妄，自爱则保其身而不为非，夫然则岂至于干天之威也。"蒋锡

昌云："'自知'与'自爱'词异谊同，'自见'与'自贵'词异谊同。'自爱'即清静寡欲，'自贵'即有为多欲。此言圣人清静寡欲，不有为多欲，故去后者而取前者也。"

德经校注

七十五（今本《德经》第七十三章）

甲本：勇于敢者〔则77杀，勇〕于不敢者则栝（活）。〔此
　　　两者或利或害，天之所恶，孰知其故〕？

乙本：勇于敢则杀，勇于不敢则栝（活）。〔此〕211上两
　　　者或利或害，天之所亚（恶），孰知其故？

王本：勇于敢则杀，勇于不敢则活。此两者或利或害，
　　　天之所恶，孰知其故？是以圣人犹难之。

　　景福与敦煌壬二本首句"杀"字作"煞"，谓"勇于敢则煞"。
景龙、易玄、楼古、磻溪、楼正、司马诸本第二句"此"前有
"知"字，作"知此两者或利或害"；严遵、景福、敦煌庚、敦煌
壬诸本作"常知此两者或利或害"；苏辙本作"两者或利或害"。
邵若愚本末句"犹"字作"由"，谓"是以圣人由难之"；景龙、
严遵、遂州、敦煌辛诸本无"是以圣人犹难之"七字。

　　帛书甲本较残，共损十八字。乙本保存较好，仅残一字，
可据补甲本缺文。甲本"敢"字下均有"者"字，乙本无，彼此稍
异。与今本勘校，其主要差别为，世传今本多同王本，较帛书
甲、乙本多出"是以圣人犹难之"一句；唯景龙、严遵、遂州、
敦煌辛诸本与帛书同，亦无此句。奚侗云："'是以'一句谊与

上下文不属，盖六十三章文复出于此。"马叙伦云："'是以'一句乃六十三错简复出者，易州无此句，可证也。"奚、马二氏之说甚是，今验之帛书甲、乙本均无此句，确为错简复出无疑，当据以删去。

吕吉甫注："用其刚强而必于物者，勇于敢者也，则死之徒是已，故曰'勇于敢则杀'。致其柔弱而无所必者，勇于不敢者也，则生之徒是已，故曰'勇于不敢则活'。勇于敢者人以为利，而害或在其中矣；勇于不敢者人以为害，而利或在其中矣。然则天之所恶，殆非可以知知而识识也。故曰'此两者或利或害，天之所恶，孰知其故'。"蒋锡昌云："按七十六章：'坚强者死之徒，柔弱者生之徒。''敢'即'坚强'，'不敢'即'柔弱'。'勇于敢则杀，勇于不敢则活'，言勇于坚强则死，勇于柔弱则生也。'此两者或利或害'，言勇于柔弱则利，勇于坚强则害，其勇虽同，然所得结果异也。'天之所恶，孰知其故'，言坚强何以必为天之所恶，世之人君有谁知其故而肯决然舍弃之邪？"

甲本：〔天之道，不战78而善胜〕，不言而善应，不召而自来，弹（坦）而善谋。〔天网恢恢，疏而不失〕。

乙本：天之道，不单（战）而善朕（胜），不言而善应，弗召而自来211 下，单（坦）而善谋。天罔裎裎（恢恢），疏而不失。

王本：天之道，不争而善胜，不言而善应，不召而自来，繟然而善谋。天网恢恢，疏而不失。

　　傅、范二本"繟"字作"默"，谓"默然而善谋"；敦煌庚、严、徽、邵、吴、彭诸本作"坦然而善谋"；敦煌辛与遂州二本作"不言而善谋"。易玄、磻溪、孟頫、楼正、河上、顾欢、彭耜诸本"疏"字写作"疎"，谓"疎而不失"；景龙碑作"疎而不漏"。

　　帛书甲本残损十六字，乙本保存完好，可据补甲本缺文。与今本勘校，经文内容基本一致，但其中也有分歧。如甲本"弹而善谋"，乙本作"单而善谋"，王弼本作"繟然而善谋"，傅奕本作"默然而善谋"，严遵本作"坦然而善谋"，敦煌辛本作"不言而善谋"。其中虽有词异谊同之通假字，但不排除由后人窜入之讹误。陆德明云："'繟'音'阐'。'坦'，吐但反。梁王尚、锺会、孙登、张嗣本有此。'坦'，平大貌，河上作'墠'。墠，宽也。"卢文弨云："'繟'、'坦'、'墠'三字音相近，得通用。"劳健云："《论语》郑注'坦荡荡'，宽广貌。'墠'训'宽'，是假作'坦'。'繟'字盖又从'墠'字传写演变，故今河上本亦作'繟'。《广雅》：'繟，缓也。'词固可通，然与下文'恢恢'义不相应。作'不言'则涉上句'不言善应'之误。'默然'又似从'不言'改作，皆非也。"劳说甚是，帛书甲本之"弹"字、乙本之"单"字，均当假为"坦"，作"坦而善谋"。

　　王弼注："夫唯不争，故天下莫能与之争。顺则吉，逆则凶，'不言而善应'也。处下则物自归。垂象而见吉凶，先事而设诫，安而不忘危，未兆而谋之，故曰'坦然而善谋'也。"蒋锡昌云："按二十五章'天法道，道法自然'，是'天'即'自然'。'天之道'，谓自然之道也。《说文》：'坦，安也。''坦然'，谓安然也。七十七章：'天之道，其犹张弓与！高者抑之，下者举之；有馀者损之，不足者补之。'盖老子之意，以为自然之道，贵柔弱，不贵强梁；贵卑下，不贵高大；贵不足，不贵有馀。又以为自然之道，有因果之相关，有一定之安排；人君顺之者吉，逆之者凶。故云：'天之道，不争而善胜，不言而善应，不召而自来，坦然而善谋。'成疏：'恢恢，宽大也。'此言天道赏善罚恶，不失毫分也。然则世之为人君者，可不知所惧乎！"

德经校注

七十六（今本《德经》第七十四章）

甲本：〔若民恒且不畏死〕79，奈何以杀愳（惧）之也？若
民恒是死，则而为者吾将得而杀之，夫孰敢矣。

乙本：若民恒且畏不畏死，若何以杀曜（惧）之也？使民
恒且畏死，而为畸（奇）者〔吾〕212上得而杀之，
夫孰敢矣。

王本：民不畏死，奈何以死惧之？若使民常畏死，而为
奇者吾得执而杀之，孰敢。

　　楼古、磻溪、楼正、遂州、顾、徽、邵、司马、苏、彭、
焦诸本首句"民"下有"常"字，作"民常不畏死，奈何以死惧
之"；邢玄本与之同，唯"民"字作"人"，因避唐讳所改；傅、
范二本作"民常不畏死，如之何其以死惧之"。后一句易玄、楼
古、磻溪、司马、苏辙诸本"民"字亦作"人"，谓"若使人常畏
死"；遂州本作"若使人常不畏死"；景龙碑作"若使常畏死"；
敦煌辛本作"若使常不畏死"；范本作"若使民而畏死"。景龙碑
与敦煌辛本作"而为奇者吾执得而煞之"，景福本作"而为奇者
吾得执而煞之"，傅本作"而为奇者吾得执而杀之"，遂州本作"而
为奇者吾试得而杀之"，徽、彭二本作"而为奇者吾岂执而杀

之"。景福、顾欢、敦煌辛三本"孰敢"二字作"孰敢矣"，傅本作"孰敢也"，司马本作"夫孰敢也"，严遵本作"夫孰敢矣"。

帛书甲本首句残损七字，并于后一句"恒是"二字下脱一"畏"字，又于"为"下脱一"奇"字，抄写之误也。乙本保存较好，仅残一"吾"字，彼此可互补缺文和脱字。但是，乙本首句"恒且"下衍一"畏"字，亦因抄写而误，当删去。帛书甲、乙本经义相同，唯经文稍异。如甲本后一句"若民恒是畏死，则而为奇者吾将得而杀之，夫孰敢矣"，乙本作"使民恒且畏死，而为奇者吾得而杀之，夫孰敢矣"。与今本勘校，经文之间的差异犹甚。如首句帛书"若民恒且不畏死"，世传今本多同王本作"民不畏死"，唯遂州、傅奕等本作"民常不畏死"。易顺鼎云："毕氏《考异》：傅奕本作'民常不畏死'。按下云'若使民常畏死'，则此亦当有'常'字矣。《容斋续笔》卷五、卷十两引皆有'常'字。"今验之帛书，易说诚是。"恒"、"常"二字谊同，今本改"恒"字为"常"，则因汉时避文帝讳而改。从经义分析，"民"前当有"若"字，尚可构成前后一致之疑问句型。故此文当从帛书作"若民恒且不畏死"，更近于《老子》原本。帛书甲本"奈何以杀惧之也"，世传今本多与之同，乙本作"若何以杀惧之也"，《慎子·外篇》引作"如何以死惧之"，傅本作"如之何其以死惧之"。按："奈何"、"若何"、"如何"、"如之何"，词异而谊同。王引之《经传释词》卷七："若，如也。'若'犹'奈'也。凡经言'若何'、'若之何'者皆是。"卷六："奈，如也。奈何，如何也。"因此文前后皆有"若"字冠首，故此当从甲本与王本作"奈何"为是。

　　再如，王本"若使民常畏死"，世传本多与之同，而遂州本作"若使人常不畏死"，敦煌辛本作"若使常不畏死"。同一经文，一作"常畏死"，一作"常不畏死"，如此抵牾，其中必有一误。蒋锡昌云："按验谊，'常'下当据辛本增一'不'字。盖既常畏死，即不敢为奇；惟其常不畏死，故敢为奇也。"蒋氏未能深解经谊，故作此说，甚谬。"若民恒且不畏死"者，兹因民之生尚不若死，故而民不畏死。若此，虽以杀身治之，仍无惧也，故《老子》曰："奈何以杀惧之也。"若民喜生而恶死，以死为畏，所谓"若民恒且畏死"，倘有犯律为奇者，吾执而杀之，谁敢以身试法。帛书甲、乙本均作"畏死"，无"不"字，足证王本不误，《老子》原本当如此。但是，此句甲本作"若民恒是畏死"，乙本作"使民恒且畏死"，王本作"若使民常畏死"，三者经文各异，其中均有讹误。此文言民"不畏死"、"畏死"，下文则言"若民恒且必畏死"，共三种情况。"不畏死"、"畏死"、"必畏死"句型一律，前皆冠以"若民恒且"四字。审校帛书甲、乙本，第一与第三，即"不畏死"与"必畏死"句型皆如是，唯第二"畏死"句，甲本"且"字误作"是"，乙本"若"字误作"使"，则将原来句型搞乱。又如，帛书甲、乙本"吾得而杀之"，傅本与之同，其他传本皆作"吾得执而杀之"，多一"执"字。按"得"字本有执、捕之谊，《史记·秦本纪》："初，缪公亡善马，岐下野人共得而食之者三百馀人，吏逐得，欲法之。""吏逐得，欲法之"之"得"字，与"吾得而杀之"之"得"字谊同，皆可训"执"或"捕"。不仅于此，"得"字与"执"古之声韵皆通，又可假用。从而可见，此文当从帛书甲、乙本作"吾得而杀之"

为是。今本作"吾得执而杀之"者，"得执"赘语，"执"字显为后世注文，后又误入经内，当据帛书甲、乙本将其删去。

世传今本本章经文伪误较多，帛书甲、乙本亦各有衍文夺字，兹根据上述古今各本与帛书甲、乙本相互勘校，《老子》此文当订正为："若民恒且不畏死，奈何以杀惧之也？若民恒且畏死，而为奇者吾得而杀之，夫孰敢矣。"

甲本：若民〔恒且〕80必畏死，则恒有司杀者。夫伐（代）司杀者杀，是伐（代）大匠斲也。夫伐（代）大匠斲者，则〔希〕81不伤其手矣。

乙本：若民恒且必畏死，则恒又（有）司杀者。夫代司杀者杀，是代大匠斲212下。夫代大匠斲，则希不伤其手。

王本：常有司杀者杀，夫代司杀者杀，是谓代大匠斲。夫代大匠斲者，希有不伤其手矣。

景龙碑、敦煌辛二本首句"杀"字写作"煞"，谓"常有司煞者煞"；遂州本无"常"字，作"有司杀者杀"；敦煌庚、河上、吴澄诸本作"常有司杀者"；景福碑与之同，唯"杀"字作"煞"。第二句，严、傅、徽、彭、焦、孟頫诸本"夫"字作"而"，谓"而代司杀者杀"；易玄、庆阳、敦煌庚、河上、遂州、顾欢诸本无后一个"杀"字，作"夫代司杀者"；景龙、景福、敦煌辛三本均与之同，唯"杀"字作"煞"；范本作"代司杀者杀"。第三句，严、傅、范、徽、苏、邵、彭、焦诸本无"谓"字，作"是代大匠斲"；敦煌庚本作"谓代大匠斲"；景龙碑作"是谓代大匠斲”；楼古、敦煌辛二本作“是代大匠斲”；遂州本作“是代大匠斫”。第四句，景福、楼古、庆阳、磻溪、孟頫、楼正、敦煌庚、敦煌辛、严、顾、徽、邵、苏、吴、彭、焦诸本无“者”字，作“夫代大匠斲”；遂州本与之同，唯“斲”字作“斫”；景龙、楼古、敦煌辛三本亦与之同，唯“斲”字作“斲”；易玄本作“代大匠斲”；范本作“夫代大匠斲者”；司马本无此句。末句，景龙、敦煌辛、严遵、遂州诸本无“矣”字，作“希有不伤其手”；傅本作“稀不自伤其手矣”；司马本与之同，唯“稀”字作“希”；林本作“希有不伤乎手矣”；河上、吴澄二本作“希有不伤手矣”；顾欢本作“希有不伤其手乎”。

　　帛书甲本残损三字，“代”字又误写成“伐”；乙本保存完好，可据补甲本缺误。帛书甲、乙本经义全同，唯乙本经文少虚词，与甲本异。与今本勘校，彼此重要差别有二。其一，帛书甲、乙本皆有“若民恒且必畏死”一句，世传本皆夺此句。其二，帛书甲、乙本“则恒有司杀者”，世传今本多同王本作“常有司杀者杀”，或同河上本作“常有司杀者”。前者句首脱“则”字，句尾衍“杀”字，后者仅脱“则”字，皆有讹误。就本章经文分析，全文当如帛书作“若民恒且不畏死，奈何以杀惧之也？若民恒且畏死，而为奇者吾得而杀之，夫孰敢矣。若民恒且必畏死，则恒有司杀者”。“不畏死”与“畏死”之“畏”字，皆可训“惧”，即所谓不惧怕死和惧怕死。民“不畏死”，指官府刑罚酷苛而民不聊生，因生不若死，所以死而不惧，故曰“奈何以杀惧之”。民“畏死”，指教民以道，安居乐生，倘有诡异乱群者，以法执而杀之，故谓“夫孰敢矣”。但是，“必畏死”之“畏”字与前两个"畏"字意义不同，乃谓犯罪当死之义。如《礼记·檀弓》："死而不吊者三：畏、厌、溺。"杜佑《通典》卷八十三自注引王肃说："犯法狱死谓之'畏'。"即本文"必畏死""畏"字本义。"若民恒且必畏死，则恒有司杀者"，谓民有犯罪以律必死者，则常由有司治之。甲、乙本经文"不畏死"、"畏死"与"必畏死"三层意义条理分明，足证《老子》原本当如帛书有"必畏死"一句，世传今本将此句脱漏，使上下经文脱节，晦涩难解，显必有误，均当据帛书甲、乙本补正。

最后老子特别警告人君："夫代司杀者杀，是代大匠斲也。夫代大匠斲者，则希不伤其手矣。""司"即前文"有司"，皆指主管刑律之机关。民有犯罪以律当死者，则由有司以法执办，人君守道无为，不可取而代之。奚侗云："人君不能以道治天下，而以刑戮代天之威，犹拙工代大匠斲也。""代大匠斲"，则方圆不得其理，以喻刑戮不依法律，严刑峻法，使民生不若死。民既死而无畏，人君必祸及己身，故老子曰："则希不伤其手矣。"

德经校注

七十七（今本《德经》第七十五章）

甲本：人之飢也，以其取食逆（税）之多也，是以飢。百
　　　姓之不治也，以其上有以为〔也〕82，是以不治。

乙本：人之飢也，以其取食跩（税）之多，是以飢。百生
　　　（姓）之不治也，以其上之有以为也，〔是〕213上
　　　以不治。

王本：民之饑，以其上食税之多，是以饑。民之难治，
　　　以其上之有为，是以难治。

　　　易玄、邢玄、敦煌辛、遂州诸本首句"民"字作"人"，谓
"人之饑"；严遵本作"人之饑，上食税之多"；傅、范二本作
"民之饑者，以其上食税之多也"；徽、邵、彭、焦诸本与之
同，唯"饑"下无"者"字；景福碑作"民之飢，以上食税之多"。
邢玄、遂州后一句"民"字作"人"，谓"人之难治"；傅、范二
本作"民之难治者，以其上之有为也"；徽、邵、彭三本与之
同，唯"治"下无"者"字；景龙、顾欢二本作"民之难治，以其
上有为"；敦煌辛本作"百姓之难治，以其上有为"；严遵本作
"百姓难治，以上有为，是以不治"；唐玄宗《御制道德真经疏》
作"民之难理，以其上之有为，是以难理"。

　　帛书甲本残损一字，并假"说"字为"税"，乙本亦残损一字，并假"说"字为"税"，假"生"字为"姓"。彼此经文相同，残文可互补。与今本勘校，主要有两处差异。其一，帛书甲、乙本首句"人之饥也，以其取食税之多，是以饥"，世传今本多同王本作"民之饥，以其上食税之多，是以饥"。"饥"与"饑"同字异构，无别。惟帛书甲、乙本"人之饥也"之"人"字今本多作"民"，唯严遵、敦煌辛等本作"人之饥"。《后汉书·郎顗传》引亦作"人之饥也"，与帛书甲、乙本相同。按"民"字，唐时避太宗讳多改作"人"，唐后重刻该书，又将讳字改回，此"人"字即误为唐时避讳所改，故改"人"字为"民"，因此而误。当从帛书作"人之饥也"为是。再如，帛书甲、乙本"以其取食税之多"，今本多作"以其上食税之多"，彼此各异。从甲、乙本经文分析，"以"字为介词，在此表示事之所因；"其"字为代词，作句中主语；"取"字为动词；"税"字为宾词；"食"字乃"税"之定语。《汉书·食货志上》："洪范八政：一曰食……食谓农殖嘉谷可食之物。"《战国策·西周策》"籍兵乞食于西周"，注："食，粮也。""食税"指粮食之税，经文犹言因国君榨取粮食之税过多，是以造成饥荒。今本误"取"字为"上"，以"食"字为动词，释为由于统治者吞食的租税太多，因而陷于饥荒。词谊牵强，亦非《老子》原本之旧，均当据帛书勘正。

　　其二，甲、乙本后一句"百姓之不治也，以其上之有以为也，是以不治"，世传本多同王本作"民之难治，以其上之有为，是以难治"。唯严遵与敦煌辛本"民"字作"百姓"，与甲、乙本同；严本末句亦同帛书作"是以不治"。蒋锡昌云："按强本成疏引经文云：'百姓之难治，以其上有为。'是成'民'作'百姓'，下'之'字无。《节解》云：'百姓，谓百脉也。'是《节解》亦作'百姓'。"按"百姓"二字，今本多作"民"，与前文将"人"字写作"民"的原因相似，误以"百姓"为唐时避"民"字讳所改。后人改回时，误将"百姓"与其他更变字一起改为"民"字，从而搞错。《老子》原本当如帛书甲、乙本作"百姓"为是。再如，帛书甲、乙本"百姓之不治也"与"是以不治"，今本两句皆作"难治"。"不治"与"难治"词义不同，"不治"谓不可治也，"难治"谓可治而不好治也。王弼注云："言民之所以僻，治之所以乱，皆由上，不由其下也。民从上也。"君行则民随，上行必下效。君有为，民多欲，君行暴敛，民多盗贼，乃历史之必然。故老子谆谆告诫人君虚静无为，"为者败之，执者失之"。"败之"、"失之"皆谓"不治"，非"难治"也。第三章云："恒使民无知无欲，使夫知者不敢，弗为而已，则无不治矣。"此又从反面进而阐述为而不治之道理。从而可见，此文当从帛书甲、乙本作"不治"为是，非如今本作"难治"也。再就河上公于此经所作注文云："民之不可治者，以其君上多欲好有为也。"足证河上公本经文原亦作"不治"，"难治"乃由后人所改。河上本首句注文作"民之不可治者"，严遵本末句作"是以不治"，皆反映出《老子》旧文之痕迹，足证帛书甲、乙本经文不误，保存了《老子》原来面目。

甲本：民之亞（轻）死，以其求生之厚也，是以亞（轻）死。夫唯无以生为者，是贤贵生。

乙本：民之轻死也，以其求生之厚也，是以轻死。夫唯无以生为者，是贤贵生。

王本：民之轻死，以其求生之厚，是以轻死。夫唯无以生为者，是贤于贵生。

　　易玄、邢玄、景福、磻溪、顾欢诸本首句"民"字作"人"，谓"人之轻死"；严遵本无"以其"二字，作"民之轻死，求生之厚"；景龙、敦煌辛、遂州、苏辙、吴澄诸本作"人之轻死，以其生生之厚"；彭本与之同，唯"人"字作"民"；邵本作"人之轻死，以其生生之厚也"；徽本与之同，唯"人"字作"民"；楼古本作"人之轻死，以其生求之厚"；傅本作"民之轻死者，以其上求生生之厚也"；范本作"民之轻死者，以其生生之厚也"；敦煌辛本独无"是以轻死"四字。后一句，徽、邵、彭三本无"夫"字，作"唯无以生为者"；严本无"夫唯"与"者"字，作"无以生为"；邢玄与敦煌辛二本作"夫唯无以生为生者"；傅本作"夫唯无以生为贵者"；范本作"夫惟无以为生者"；景福、傅、范、徽、邵、吴、彭诸本最后有"也"字，作"是贤于贵生也"。

　　帛书甲、乙本保存均较好，经文也相同，甲本较乙本仅少一虚词"也"字。甲本假"巠"字为"轻"，乙本全用本字。与今本勘校，王弼、河上诸本均与帛书相同，唯甲、乙本仅多一或二个虚词"也"字，稍异。但是，世传本此段经文可分成两种句型，如王弼、河上诸本均作"以其求生之厚"；而傅奕本作"以其上求生生之厚也"，景龙碑、敦煌辛诸本作"以其生生之厚"。"求生"与"生生"语义不同。易顺鼎云："按'求生之厚'当作'生生之厚'。《文选·魏都赋》'生生之所常厚'，张载注引《老子》曰：'人之轻生，以其生生之厚也。'谓通生生之情以自厚也，足证古本原作'生生'。《淮南·精神训》、《文选·鵩鹩赋》注、《容斋续笔》并引作'生生之厚'，皆其证。五十章云：'夫何故？以其生生之厚。'又其证之见于本书者矣。"除易说之外，还有人据傅本，在今本"求"前增一"上"字，改作"以其上求生生之厚"。如严灵峰云："'上'字原阙，傅奕本、杜道坚本俱有'上'字。王注云：'言民之所以僻，治之所以乱，皆由上，不由其下也。民从上也。'依注并上二句例，当有此一'上'字，因据傅本并注文补正。"今据帛书甲、乙本考察，易氏"生生"之说既不可信，严氏增字之举更加错误。帛书甲、乙本此文同作"以其求生之厚也"，"生"字不重，也无"上"字，足证王弼、河上诸本所载经文不误。从经义分析，如劳健所云："此章'生'字，义皆如生聚之'生'。旧说或解如生死、生命之'生'，非也。"乃谓民为求其厚生，虽死而逐利不厌。再如，帛书"夫唯无以生为者"，王弼、河上诸传本皆与之相同，唯邢玄幢与敦煌辛本作"夫唯无以生为生者"，傅奕本作"夫唯无以生为贵者"，各异。从古籍引文验之，《淮南子·道应》引作"夫唯无以生为者，是贤于贵生焉"，《文子·十守篇》引作"夫唯无以生为者，即所以得长生"。两书所引虽各有差异，但前七字完全同于帛书甲、乙本及王弼、河上诸传本，足证此文帛书不误，《老子》原本如此。其他如傅奕、邢玄诸传本凡异于此文者，皆有讹误，均当据以勘正。

河上公注云："人民轻犯死者，以其求生活之道太厚，贪利以自危。以求生太厚之故，轻入死地也。夫唯独无以生为务者，爵禄不干于意，财利不入于身，天子不得臣，诸侯不得使，则贤贵生也。"苏辙云："上以利欲先民，民亦争厚其生，故虽死而求利不厌，贵生之极，必至于轻死。"故此老子指出，保持清静恬淡之生活，胜过于富贵豪华的厚生。

德经校注

七十八(今本《德经》第七十六章)

甲本：人之生也83 柔弱，其死也蒼(筋)仞(朋)臤(坚)
强。万物草木之生也柔脆，其死也椁(枯)橐
(槁)。

乙本：人之生213 下也柔弱，其死也腘(筋)信(朋)坚强。
万〔物草〕木之生也柔捽(脆)，其死也椁(枯)槁。

王本：人之生也柔弱，其死也坚强。万物草木之生也柔
脆，其死也枯槁。

  磻溪、楼古、楼正、司马、苏辙诸本首句"人"字作"民"，
谓"民之生也柔弱"；景龙碑作"人生之柔弱，其死坚强"；严
遵、遂州二本作"人之生柔弱，其死坚强"；敦煌辛本作"人之
生柔弱，其死刚强"；范本作"人之生也柔弱，其死也刚强"。
后一句，楼古、孟頫、严、傅、徽、邵、吴、彭、焦诸本无
"万物"二字，作"草木之生柔脆"；易玄、庆阳、磻溪、楼正、
司马诸本作"万物草木生也柔脆"；敦煌庚本作"万物草木之生
柔脆"；景龙碑与敦煌辛本作"万物草木生之柔脆"；遂州本作
"万物草木之生也柔毳"；苏辙本作"万物草木生也柔弱"；景
龙、敦煌辛、严遵、司马诸本最后无"也"字，作"其死枯槁"；

敦煌庚本作"其死也槁"。

帛书甲本保存完好，乙本残损二字，可据甲本补。甲、乙本经文相同，唯甲本假"贤"字为"坚"，假"桿"字为"枯"；乙本假"椊"字为"脆"，假"桿"字为"枯"。与今本勘校，主要差异有二。其一，帛书甲本"其死也莈仞坚强"，乙本作"其死也髄信坚强"；今本多同王本作"其死也坚强"，无"莈仞"或"髄信"二字。帛书整理小组甲本注云："莈，乙本作'髄'，义为硬。仞，读为'肕'。慧琳《一切经音义》卷五十九：'坚韧，今作"肕"，同，而振反。《通俗文》："柔坚曰肕。"《管子》曰："筋肕而骨强。"是也。'《玉篇·肉部》：'肕，坚肉也。'《篆隶万象名义·肉部》：'肕，脯坚。'皆指干肉言，与此义尤近。"按"人之生也柔弱"，"柔弱"指人体中之筋、肉等组织而言，如第五十五章"骨筋柔弱而握固"（乙本），即此"柔弱"之义。帛书甲本"其死也莈仞坚强"，乙本"其死也髄信坚强"，"莈仞"或"髄信"显然亦是指人体中两种不同组织的名称。"莈"、"髄"二字字书皆无，读音均从"恒"，在此同假为"筋"。"恒"古为匣纽蒸部字，"筋"在见纽文部，"见"、"匣"旁纽，"文"、"蒸"通转，古"恒"、"筋"二字同音，"莈"、"髄"均与"筋"字通假。"仞"、"信"古音相同，在此均假为"肕"。《管子·内业篇》"筋信而骨强"，《心术篇》作"筋肕而骨强"，即其证。《玉篇》："肕，坚肉也。"从而可见，甲本"莈仞"与乙本"髄信"，皆当读作"筋肕"。帛书甲、乙本"其死也筋肕坚强"，则指人死之后尸体变为僵硬而言。今本脱"筋肕"二字，语义晦涩不明，旧注多妄生议论，皆不可信。

其二，帛书甲、乙本"万物草木之生也柔脆"；王弼、河上诸传本皆与之相同，唯严遵、傅奕诸本无"万物"二字，作"草木之生也柔脆"。蒋锡昌云："验谊，'万物'二字当为衍文。盖'柔脆'与'枯槁'，均指草木而言之。"今从帛书甲、乙本观察，两本皆有"万物"二字；验之古籍，《说苑·敬慎篇》引亦作"万物草木之生也柔脆，其死也枯槁"。足证《老子》原本如此，王弼、河上诸本均不误。"柔脆"与"枯槁"乃形容万物生死之不同现象。"柔脆"如"柔弱"，乃物之生态，"枯槁"乃物之死态。二者不仅形容草木，自然界之动植物皆多如此。如《吕氏春秋·孟冬·异用篇》："文王贤矣，泽及髊骨。"注："骨有肉曰'髊'，无曰'枯'。"《淮南子·齐俗篇》："以为穷民绝业而无益于槁骨腐肉。"据此足可说明"柔脆"、"枯槁"绝非仅指草木，蒋说不确，当从帛书甲、乙本为是。今本凡无"万物"二字者，皆脱误，当补。

甲本：故曰：坚强者死之徒84也，柔弱微细生之徒也。

乙本：故曰：坚强死之徒也，柔弱生之徒也214上。

王本：故坚强者死之徒，柔弱者生之徒。

敦煌庚本"故"下有"曰"字，作"故曰：坚强者死之徒"；顾欢本"故"字作"夫"，谓"夫坚强者死之徒"；范本"坚"字作"刚"，谓"故刚彊者死之徒"；傅、徽、邵、彭诸本"徒"下皆有"也"字，作"故坚强者死之徒也，柔弱者生之徒也"。

帛书甲本"坚强"下有"者"字，"柔弱"下有"微细"二字；乙本无此三字，彼此各异。与今本勘校，帛书甲、乙本"故"下皆有"曰"字，敦煌庚本与之同，世传今本多同王本作"故"，顾本作"夫"。按"故"、"夫"与"故曰"词义不同。《周髀算经》赵爽注："故者，申事之辞。"可作副词或连词。"故曰"则为引言之常用语，表明"曰"下之言乃为成语或古谚。在此则表明下文非老子之言，乃是当时众人皆知之谚语。如第七十八章云："柔之胜刚也，弱之胜强也，天下莫弗知也。"足以证明此文当从帛书甲、乙本作"故曰"为是，今本脱"曰"字，当据补正。

蒋锡昌云："按《淮南·原道训》作'柔弱者生之干也，而坚强者死之徒也'；《文子·道原篇》作'柔弱者生之干，坚强者死之徒'；《说苑·敬慎篇》作'柔弱者生之徒也，刚强者死之徒也'；《列子·黄帝篇》作'柔弱者生之徒，坚彊者死之徒'；《御览·木部》作'柔弱生之徒，刚强死之徒'。皆'坚强'句在'柔弱'句下，疑《老子》如此。盖上文先言'柔弱'，后言'坚强'，此文正承上文而言也。"帛书甲、乙本语序与世传本皆相同，"坚强"句均在"柔弱"句前，则同后文"强大居下，柔弱居上"语序一律，仍应从帛书与诸传本为是。综上所举之帛书乙本、敦煌卷本、碑幢本、木刻本及其古籍所引此文，皆"坚强"、"柔弱"对文。除帛书甲本外，从不见"微细"二字。据经义分析，前文言"坚强"，后文自然当谓"柔弱"，"微细"二字显为衍文无疑。依古今各本参校，此文当作："故曰：坚强者死之徒也，柔弱者生之徒也。"

甲本：兵强则不胜，木强则恒（烘）。强大居下，柔弱微细居上。

乙本：〔是〕214下以兵强则不朕（胜），木强则竞（烘）。

故强大居下，柔弱居上。

王本：是以兵强则不胜，木强则兵。强大处下，柔弱处上。

严本首句"是以"二字作"故"，无上一个"则"字，第二个"兵"字作"共"，谓"故兵强不胜，木强则共"；傅本作"是以兵彊者则不胜，木彊则共"；景龙、易玄、邢玄、景福、楼古、磻溪、孟頫、楼正、敦煌庚、敦煌辛、河上、顾、范、邵、司马、苏、彭、吴、林、焦诸本"兵"字均作"共"；遂州本作"木强则拱"；宋黄茂材《老子解》作"木强则折"（见彭耜《道德真经集注》下）。后一句，景龙、傅奕、吴澄三本前有"故"字，"强大"二字作"坚强"，谓"故坚强处下"；敦煌庚本作"故强大处下"；遂州本作"故强大居下"；范本作"故强大取下"；敦煌辛、徽、邵、彭诸本均作"故坚强居下"；严本"柔"字作"小"，谓"小弱处上"。

帛书甲、乙本此文句型各异，如甲本"兵强则不胜"，乙本有"是以"二字，作"是以兵强则不胜"；又如甲本"柔弱微细居上"，乙本作"柔弱居上"。乙本句型与王本近似。但是，帛书甲、乙本与世传诸本之重要分歧是：甲本"木强则恒"，乙本作"木强则竞"；王本作"木强则兵"，世传今本多同傅奕本作"木强则共"，唯黄茂材《老子解》作"木强则折"。诸本各异，莫知所从。黄茂材云："《列子》载老聃之言曰：'兵强则灭，木强则折。'《列子》之书，大抵祖述《老子》之意，且其世相去不远。'木强则折'，其文为顺。今作'共'，又读为'拱'，其说不通，当以《列子》之书为正。"俞樾云："案'木强则兵'于义难通。河上公本作'木强则共'，更无义矣。《老子》原文作'木强则折'。因'折'字阙坏，止存右旁之'斤'，又涉上句'兵强则不胜'而误为'兵'耳。'共'字则又'兵'字之误也。《列子·黄帝篇》引老聃曰：'兵强则灭，木强则折。'即此章之文，可据以订正。"易顺鼎云："俞氏《平议》据《列子》引《老子》作'兵强则灭，木强则折'，是矣。鼎又按《文子·道原篇》作'兵强即灭，木强即折'，《淮南·原道训》亦作'兵强则灭，木强则折'，皆与《列子》相同。王注'木强则兵'云'物所加也'四字，疑非原本。"自黄茂材根据《列子》改订此文为"木强则折"之后，像俞樾、易顺鼎、刘师培、奚侗、马叙伦、蒋锡昌、高亨、朱谦之等皆主此说，盖无异议，几成定论。但是，自帛书甲、乙本出土之后，该说完全动摇。帛书甲本此文作"木强则恒"，乙本作"木强则竞"。"恒"字从"亘"得音，与"竞"字同为见纽字。古韵"亘"字在蒸部，"竞"字在阳部，"蒸"、"阳"属旁转。"恒"、"竞"古音同可互假，但与"折"字音义绝远。从而证明原文绝非"木强则折"，"则"下一字，亦必为一见纽并与"恒"、"竞"通韵之字。由此看来，严遵、傅奕诸本所云"木强则共"不误。"共"字与"恒"、"竞"古读音相同，在此均当假借为"烘"。《尔雅·释言》："烘，燎也。"《诗·小雅·白华》"樵彼桑薪，卬烘于煁"，毛传："卬，我。烘，燎也。"郑笺："桑薪，薪之善者也。""木强则烘"，犹言木强则为樵者伐取，燎之于炷灶也。俞樾所谓"折"字"而误为'兵'耳，'共'字则又'兵'字之误也"，今据帛书勘校，实情则同俞说恰恰相反。初将"共"字误写作"兵"，《列子》等诸古籍又将"兵"字误写成"折"。今本《老子》此文之

分歧与后人之误识，均逾千年。今幸得帛书甲、乙本出土，为
澄清此一千载疑案，得一确证。另外，帛书甲本"柔弱微细居
上"，乙本作"柔弱居上"，王本及传世诸本皆与乙本同。盖甲
本因前文仍衍"微细"二字，当删去。综合上述各本参校，此文
当勘订为："是以兵强则不胜，木强则烘。故强大居下，柔弱
居上。"

德经校注

七十九（今本《德经》第七十七章）

甲本：天下〔之85道，犹张弓〕者也。高者印（抑）之，下
　　　者举之；有馀者敗（损）之，不足者补之。

乙本：天之道，酉（犹）张弓也。高者印（抑）之，下者举
　　　之214下；有余（馀）者云（损）之，不足者〔补
　　　之〕。

王本：天之道，其犹张弓与！高者抑之，下者举之；有
　　　馀者损之，不足者补之。

　　景龙、敦煌辛、严遵诸本首句无"与"字，作"天之道，其
犹张弓"；遂州本作"天之道，其由张弓"；傅、范二本作"天之
道，其犹张弓者欤"；景福、易玄、邢玄、庆阳、楼古、磻溪、
孟頫、楼正、敦煌庚、河上、顾、徽、邵、司马、苏、彭、
吴、林、焦诸本作"天之道，其犹张弓乎"。第二句，严本"抑"
字作"案"，谓"高者案之，下者举之"。后一句，景福、敦煌庚
二本"补"字作"与"，谓"有馀损之，不足与之"；景龙、易玄、
邢玄、庆阳、磻溪、楼正、敦煌辛、河上、顾、遂州、司马、
彭、林诸本作"有馀者损之，不足者与之"。

　　帛书甲本残损五字，乙本残损二字，可互补缺文。甲本

"天"后衍一"下"字，抄写之误，当据乙本删去。与今本勘校，彼此异在假字和虚词，经义基本一致。

严遵云："夫弓人之为弓也，既惢既生，既翕既张，制以规矩，督以准绳。弦高急者，宽而缓之；弦驰下者，摄而上之；其有馀者，削而损之；其不足者，补而益之。"吕吉甫云："天之道无为而已矣。无为则无私，无私则均。犹之张弓也，高者抑之，下者举之，有馀者损之，不足者补之，适于均而已矣。"

甲本：故天之道，敚(损)有86〔馀而益不足。人之道则〕不然，敚(损)〔不足而〕奉有馀。

乙本：〔故天之道〕，云(损)有余(馀)而益不足。人之道，云(损)不足而奉又(有)余(馀)。

王本：天之道，损有馀而补不足。人之道则不然，损不足以奉有馀。

易玄、邢玄、景福、庆阳、楼古、磻溪、敦煌庚、严、顾、遂州、徽、邵、司马、苏、彭诸本首句无"而"字，作"天之道，损有馀补不足"；敦煌辛本与之同，唯"补"字作"捕"，抄写之误；孟頫本作"天之道，损有馀以补不足"；范本作"天之道，损有馀而补不足也"。后一句，景福、敦煌辛、严、顾诸本无"以"字，作"人之道则不然，损不足，奉有馀"；景龙、遂州与之同，唯"人"下无"之"字，作"人道则不然"；楼古碑作"人之道不然，损不足以奉有馀"；敦煌庚、彭、焦诸本作"人之道则不然，损不足而奉有馀"。

　　帛书甲本残损十二字，乙本残损四字，彼此可互补缺文。甲本"则不然"之"则"字残损，乙本脱此三字，今本皆有，当据补正。与今本勘校，帛书甲本句首有"故"字，乙本残损，世传本多同王本无此字。从文义分析，前文言"天之道，犹张弓也"，此文乃申述"天之道"与"人之道"之差异，故而句首当有申事辞"故"字为是。不然，前文已言"天之道"，此又言"天之道"，前后句重，词义不明。今本当据帛书补此字。再如，帛书乙本"损有馀而益不足"，甲本此句残损，世传本多同王本作"损有馀而补不足"。"益"、"补"二字词异义同。如《汉书·董仲舒传》"务法上古者又将无补与"，颜师古注："补，益也。"综合各本勘校，此文帛书甲、乙本均有残损，乙本并有脱漏，今本亦有伪误，但可互相补正。勘订后此文当作："故天之道，损有馀而补不足。人之道则不然，损不足而奉有馀。"

　　易佩绅云："道在天下均而已，均而后适于用。此有馀则彼不足，此不足而彼有馀，皆不可用矣。抑其高者，损有馀也；举其下者，补不足也。天之道如是，故其用不穷也。"沈一贯云："人之道则不然，裒聚穷贱之财，以媚尊贵之心。下则棰楚流血，取之尽锱铢；上则多藏而不尽用，或用之如泥沙。损不足以奉有馀，与天道异矣。"

甲本：孰能有馀而有以取奉于天者乎？〔唯87有道者乎〕。

乙本：夫孰能又（有）余（馀）而〔有以取〕215上奉于天者？
　　　　唯又（有）道者乎。

王本：孰能有馀以奉天下？唯有道者。

　　景福、易玄、庆阳、楼古、磻溪、司马、苏辙、吴澄、焦竑诸本"以"字前移在"能"字下，作"孰能以有馀奉天下"；楼正、敦煌庚二本作"孰能以有馀以奉天下"；遂州本作"孰能有馀奉天下"；严本作"孰能损有馀而奉天下"；范本作"孰能损有馀以奉天下"；徽、邵、彭诸本作"孰能损有馀而奉不足于天下者？其唯道者"；傅奕本与之同，唯最后有"乎"字。

　　帛书甲本残"唯有道者乎"五字，乙本残"有以取"三字，彼此缺文可互补。甲本"孰能有馀而有以取奉于天者乎"，乙本句首有"夫"字，句尾无"乎"字，作"夫孰能有馀而有以取奉于天者"。二本经文基本一致。但是，帛书研究组误将乙本残文"有以取"三字补作"有以"二字，读为"夫孰能有馀而有以奉于天者"。"奉"前丢"取"字，则经义全失。世传今本作"孰能有馀以奉天下？唯有道者"，"孰能以有馀以奉天下？唯有道者"，或"孰能损有馀以奉天下，唯有道者"及"孰能损有馀而奉不足于天下者？其唯道者"等等，歧异甚多。诸家考证各持一说。马叙伦云："此文当作'孰能损有馀以奉不足？唯有道者'，'于天下'三字涉七十八章误衍。"朱谦之云："傅本作'孰能损有馀而奉不足于天下者？其惟道者乎'。严、彭、范亦作'损'字，彭有'不足于'三字。李道纯曰：'"孰能以有馀奉天下"，其中加"不足"二字者，非。'验义，有道者不以有馀自奉，而以奉天下，于义已足，傅本'不足'二字赘。"从上举诸本文例足以说明今本此文多误，诸家考证皆不可信。帛书甲本作"孰能有馀而有以取奉于天者乎？唯有道者乎"，乙本作"夫孰能有馀而有以取奉于天者？唯有道者乎"，二者经文不仅一致，经义亦明了通畅，远胜今本多矣，当为《老子》原本之旧。

　　按"取奉于天"即"取法于天"。"奉"字古为并纽东部字，"法"字属帮纽叶部，"帮"、"并"双声，"东"、"叶"旁对转，"奉"、"法"古音相同通假，故"取奉于天"当读作"取法于天"。"取法"一词乃古之常语，古籍多见，如《礼记·郊特牲》"取法于天"，《淮南子·泰族》"取法于人"，《庄子·天道篇》"大匠取法"。"取法于天"，犹言以天为模范。前文言"天之道，损有馀而补不足。人之道则不然，损不足而奉有馀"，"天道"与"人道"损补各异。故此文则谓"孰能有馀而以取法于天者乎？唯有道者"。前后经义正合。今本经文已经后人窜改，非《老子》本义。

甲本：〔是以圣人为而弗有，成功而弗居也，若此其不欲〕见贤也。

乙本：是以耵（圣）人为而弗又（有），成功而弗居也，若此其不欲见贤也。

王本：是以圣人为而不恃，功成而不处，其不欲见贤。

　　易玄本无第一个"而"字，作"是以圣人为不恃"；敦煌辛本后二句作"成功不处，其欲退贤"；敦煌庚本作"成功而不处，其不欲见贤也"；景龙碑作"功成不处，斯不见贤"；易玄、邢玄、磻溪、楼正诸本作"功成不处，其不欲见贤"；楼古、司马、苏辙三本作"功成不处，其不欲见贤邪"；孟頫本与之同，唯"邪"字作"耶"；顾欢本作"功成不处，其不欲示贤"；傅奕、吴澄二本作"功成而不居，其不欲见贤邪"；范本与之同，唯

"居"字作"处"；徽、邵二本作"功成不居，其不欲见贤邪"；彭本与之同，唯"邪"字作"耶"；严遵本作"功成不居，不欲见贤"；遂州本作"功成不处，斯不贵贤"。

帛书甲本仅存"见贤也"三字，馀者皆损坏；乙本保存完好，可据补甲本缺文。与今本勘校，帛书乙本"为而弗有"，"有"字今本皆作"恃"；"成功而弗居也"，"弗居"今本作"不居"或"不处"。以上用词虽异，而经义无别。其较大分歧为：乙本"若此其不欲见贤也"，世传本皆无"若此"二字，作"其不欲见贤"或"其不欲见贤邪"。刘师培云："按'其'上疑脱'以'字。"蒋锡昌云："按刘谓'其'上脱'以'字，其说是也。下章'以其无以易之'，《道藏》王本及诸本均脱上'以'字，其例正与此同。"验之帛书，"其"上无"以"字，而有"若此"二字。《经传释词》卷七："若，犹此也。""连言之则曰'若此'，或曰'此若'。""若此其不欲见贤也"，是针对前文"弗有"、"弗居"而作之结语，犹言此乃是圣人不愿显露自己才智之道理。从文义分析，当从帛书为是。

河上公注："圣人为德施不恃其报也，功成事就不处其位。不欲使人知己之贤，匿功不居荣，畏天损有馀也。"苏辙云："有道者瞻足万物而不辞，既以为人己愈有，既以与人己愈多，非有道者无以堪此。为而恃，成而处，则贤见于世；贤见于世，则是以有馀以自奉也。"

德经校注

八十（今本《德经》第七十八章）

甲本：天下莫柔〔弱于水88，而攻〕坚强者莫之能〔胜〕
也，以其无〔以〕易〔之也〕。

乙本：天下莫215下柔弱于水，〔而攻坚强者莫之能胜〕，
以其无以易之也。

王本：天下莫柔弱于水，而攻坚强者莫之能胜，其无以
易之。

易玄、邢玄、景福、庆阳、楼古、磻溪、楼正、顾、司
马、苏诸本作"天下柔弱莫过于水，而攻坚强者莫之能胜"；河
上、林二本作"天下柔弱莫过于水，而攻坚强者莫知能胜"；景
龙、遂州作"天下柔弱莫过于水，而攻坚强莫之能先"；敦煌辛
本与之同，唯"攻"字作"功"；吴澄本亦与之同，唯"坚强"下
有"者"字；范本作"天下莫不柔弱于水，而攻刚强者莫之能
先"；严、傅、徽、邵、彭、焦诸本作"天下莫弱于水，而攻坚
强者莫之能先"；敦煌庚本作"天下莫柔弱于水；言水柔弱，而
攻坚强者莫之能胜"。末句，景福碑作"以其无能易之"，孟頫
作"以其无以易之"；傅、徽、邵、司马、吴、彭、焦诸本作
"以其无以易之也"；范本作"其其无以易之也"；敦煌庚本作"无

易之"。

　　帛书甲、乙本各残损九字，缺文可互补。与今本勘校，帛书首句"天下莫柔弱于水"，王弼本与之同，河上公与诸唐本多作"天下柔弱莫过于水"。李道纯云："'天下柔弱莫过于水'，或云'莫柔弱于水'，非也。"今验之帛书甲、乙本，李说不确，则证王本确为《老子》原本旧文。严遵、傅奕二本作"天下莫弱于水"，乃夺一"柔"字；范本作"天下莫不柔弱于水"，而衍一"不"字。彼虽有衍夺，原文皆同帛书。《淮南子·道应》引作"天下之物莫柔弱于水"，则衍"之物"二字，原文亦同帛书。综上所举，足证此文当从帛书作"天下莫柔弱于水"为是。王弼、河上诸本"而攻坚强者莫之能胜"，严遵、傅奕、范应元等诸本作"而攻坚强者莫之能先"。帛书甲本残存"坚强者莫之能□也"，"能"下一字残；乙本此文皆毁，无可借鉴。按"胜"字古为书纽蒸部字，"先"字在心纽文部，"书"、"心"准双声，"蒸"、"文"通转，故"胜"、"先"二字古音同通假。从下文"水之胜刚"、"弱之胜强"二句证之，此当从王弼本作"莫之能胜"为是，"先"乃"胜"之借字。王弼、河上诸本末句"其无以易之"，帛书甲、乙本均作"以其无以易之也"。傅奕本句前有"以"字，与帛书本同。蒋锡昌云："'以其无以易之'，《道藏》王本及诸本均脱上'以'字。……'以其'二字为《老子》习用之语。七章'以其不自生……非以其无私邪'，五十章'以其无死地'，六十五章'以其智多'，六十六章'以其善下之'，七十一章'以其病病'，七十五章'以其上食税之多……以其上之有为……以其上求生之厚'，文例均同，'其'上当增'以'字。"蒋说甚是，帛书甲、乙本"其"上均有"以"字，当从。根据以上勘校，此文当作："天下莫柔弱于水，而攻坚强者莫之能胜，以其无以易之也。"

河上公注："圆中则圆，方中则方，拥之则止，决之则行。水能怀山襄陵，磨铁消铜，莫能胜水而成功也，夫攻坚强者无以易于水。""以其无以易之也"，劳健云："诸本互异，'易'之解亦各自为义。王弼注：'无物可以易之。'谓更易也。玄宗注：'万变而常一。'谓变易也。河上注：'攻坚强者无以易水。'谓容易也。六朝本作'言水柔弱，而攻坚强者莫之能胜，无易之'三句，则为毋轻视其柔弱之意，谓慢易也。景福作'以其无能易之'，亦可解为因其无能而人轻视之。明李宏甫云：'其无以轻易柔弱为也。'正解如六朝本，暗合于古矣。今取诸本互勘，解如慢易，与上文相贯，义长，不宜作两'以'字。"张松如云："劳取范本，解如慢易，口译当作'真是不能小瞧它的呀'，义自通达。而今验之帛书，甲、乙两本俱有两'以'字，将何得其解？奚侗曰：'击之无创，刺之不伤，斩之不断，焚之不然，天下固无有可以变此水之物也。'朱芾煌曰：'水虽由人曲折转变，而人终无以变易其趋下之本性，此其所以至柔至弱，而能胜彼至刚至强也。'凡此又皆为王弼注及玄宗御注作补充。今用帛书及傅本，则自当取此变易之义也。"

甲本：〔柔之胜刚，弱之〕胜强，天〔下莫弗知也，而莫能〕89 行也。

乙本：水（柔）之朕（胜）刚也，弱之朕（胜）强也，天下莫

　　弗知也，而〔莫能216上行〕也。

王本：弱之胜强，柔之胜刚，天下莫不知，莫能行。

　　易玄、邢玄、庆阳、楼古、磻溪、楼正、敦煌辛、遂州、顾、司马、苏诸本前二句作"故柔胜刚，弱胜强"；景龙碑作"故弱胜强，柔胜刚"；敦煌庚本作"弱胜强，柔胜刚"；傅、范、徽、邵、吴、彭诸本作"柔之胜刚，弱之胜强"；景福本作"弱之胜强，柔之能刚"；林、焦二本作"故柔之胜刚，弱之胜强"；严遵本作"夫水之胜强，柔之胜刚"。景龙、敦煌辛、遂州、顾、林诸本后二句作"天下莫能知，莫能行"；傅、徽、范、邵、彭诸本作"天下莫不知，而莫之能行"；吴澄、孟頫二本作"天下莫不知，而莫能行"；严遵本作"天下莫不知，莫之能行"。

　　帛书甲本此文残甚，仅存五字；乙本保存较好，仅残三字，可以互补缺文。与今本勘校，世传本之间所用虚词和语序各有不同，而与帛书亦多差异。但是，彼此经义无别。乙本"水之胜刚也"，严遵本作"夫水之胜强"，均与今本异。验之古籍，《淮南子·道应》引作"柔之胜刚也，弱之胜强也"。除"水"字作"柔"外，句型语序皆同乙本，足证《老子》原本当为"柔之胜刚也"，乙本"水"字因涉前文而误。严本不仅"夫水"二字讹误，语序亦颠倒。此文当作："柔之胜刚也，弱之胜强也，天下莫弗知也，而莫能行也。"

　　蒋锡昌云："按此言水之道，柔弱可胜刚强，天下莫不知，然竟莫能行也。七十章'天下莫能知，莫能行'，则指圣人道而言，故文字与此稍异。盖圣人之道，知难行难；而水之道，则知易行难也。"

甲本：故圣人之言云，曰：受邦之詢（垢），是胃（谓）社
　　　稷之主；受邦之不祥，是胃（谓）天下之王。〔正
　　　言〕90 若反。

乙本：是故耶（圣）人之言云，曰：受国之詢（垢），是胃
　　　（谓）社稷之主；受国之不祥，是胃（谓）天下之
　　　王。正言216 下若反。

王本：是以圣人云：受国之垢，是谓社稷主；受国不祥，
　　　是为天下王。正言若反。

　　　景龙、河上、林诸本首句"是以"二字作"故"，谓"故圣人
云"；邢玄、庆阳、楼古、磻溪、楼正、范、彭、徽、邵、苏
诸本作"是以圣人言"；顾本作"故圣人言"；敦煌庚本与景福碑
作"故圣人言云"；傅本作"故圣人之言云"；司马本作"是以圣
人之言"；严本作"圣人言云"；敦煌辛本作"是以圣人"；遂州
本无此句。"受国"二句，范本作"受国之垢，是谓社稷之主；
受国不祥，是谓天下之王也"；严本与之同，唯句末无"也"字；
傅本作"受国之垢，是谓社稷之主；受国之不祥，是谓天下之
主"；易玄、邢玄、景福、磻溪、孟頫、楼正、敦煌辛、顾、
遂州、司马、苏诸本作"受国不祥，是谓天下王"；河上、楼
古、邵、吴诸本作"受国之不祥，是谓天下王"；徽、彭、林诸
本作"受国之不祥，是为天下王"。末句，傅本作"正言若反
也"；司马本作"故正言若反"。

　　　帛书甲本残损二字，乙本完好无损。甲、乙本经文基本相
同，唯甲本"故"字，乙本作"是故"；甲本"邦"字，乙本因避
汉高祖讳改作"国"。与今本勘校，彼此之差异，多在虚词之有

无，于经义无别。唯帛书甲、乙本"是谓天下之王"，王弼诸本作"是为天下王"。从经文分析，前文既言"是谓社稷之主"，此亦当从帛书作"是谓"为是。验之古籍，《淮南子·道应》引前后两句皆作"是谓"，与帛书相同。

帛书甲、乙本"受国之詢"，"詢"字别体"诟"，《说文》云："謑诟，耻也。"世传本皆作"受国之垢"，《说文》："垢，浊也。""诟"、"垢"二字在此皆通。朱谦之云："'垢'有垢污之义。按《庄子·天下篇》引老聃曰：'知其雄守其雌，为天下谿。知其白守其辱，为天下谷。人皆取先，己独取后，曰受天下之垢。'郭象注：'雌、辱、后、下之类，皆物之所谓垢。'宣十五年《左传》：'伯宗曰："川泽纳污，山薮藏疾，瑾瑜匿瑕，国君含垢，天之道也。"'《穀梁》庄三《传》曰：'其曰王者，民之所归往也。'训'王'为'往'，人所归落，此'王'之本义。"蒋锡昌云："凡《老子》书中所言'曲'、'枉'、'洼'、'敝'、'少'、'雌'、'柔'、'弱'、'贱'、'损'、'啬'、'慈'、'俭'、'后'、'下'、'孤'、'寡'、'不穀'之类，皆此所谓'垢'与'不祥'也。此言人君唯处谦下，守俭啬，甘损少，能受天下人之所恶者，而后方能清静无为，以道化民。如此，乃可真谓之'社稷主'，或谓之'天下王'也。""正言若反"，高延第云："此语并发明上下篇玄言之旨。凡篇中所谓'曲则全'，'枉则直'，'洼则盈'，'敝则新'，'柔弱胜坚强'，'不益生则久生'，'无为则有为'，'不争莫与争'，'知不言，言不知'，'损而益，益而损'，言相反而理相成，皆'正言'也。"

德经校注

八十一（今本《德经》第七十九章）

甲本：和大怨，必有馀怨，焉可以为善？

乙本：禾（和）大〔怨，必有馀怨，焉可以〕为善？

王本：和大怨，必有馀怨，安可以为善？

　　世传今本多同王本，唯徽、邵、司马、彭等诸宋本第一个"怨"后有"者"字，作"和大怨者"。《文子·微明篇》引作"和大怨，必有馀怨，奈何其为不善也"。

　　帛书甲本保存完好；乙本残损较甚，仅存四字，并假"禾"字为"和"，但可据甲本补其缺文。与今本勘校，帛书甲本"焉可以为善"，今本"焉"字作"安"，用词虽异，但经义无别。《经传释词》卷二："《易·同人·正义》：'安，犹何也。'颜师古注《汉书·吴王濞传》曰：'安，焉也。'宣公十二年《左传》曰：'暴而不戢，安能保大？犹有晋在，焉得定功？所违民欲犹多，民何安焉？''安'、'焉'亦'何'也，互文耳。"王弼注："不明理其契，以致大怨已至。而德以和之，其伤不复，故必有馀怨也。"蒋其昌云："按人君不能清静无为，而耀光行威，则民大怨生。待大怨已生而欲修善以和之，则怨终不灭，此安可以为善乎？"

甲本：是以圣右介(契)，而不以责于人。

乙本：是以圣人执左芥(契)，而不以责于人。

王本：是以圣人执左契，而不责于人。

　　景龙、遂州、敦煌辛三本无"而"字，作"是以圣人执左契，不责于人"；易玄、邢玄二碑作"是以圣人执左契，而不责于民"；严遵本作"是以圣人执左契，不以责于人"。

　　帛书甲、乙本保存皆完好。但是，甲本"圣"字下脱"人执"二字，抄写之误也；又假"介"字为"契"，当作"是以圣人执右契"。帛书乙本假"芥"字为"契"，作"是以圣人执左契"。甲本作"执右契"，乙本作"执左契"，彼此各异。与今本勘校，经文意义完全相同，唯世传本皆作"执左契"，同乙本而异于甲本。"契"亦谓"券契"，乃共事双方所订字据。朱骏声云："契，大约也。从大㓞，会意，㓞亦声。凡质剂之书券，今言合同。……《易·系辞》'后世圣人易之以书契'，郑注：'以书书木，边言其事，刻于木谓之书契。'《周礼·质人》'掌稽市之书契'，注：'取予市物之券也，其券之象，书两札刻其侧。'"古"契"刻木为之，从中剖开，分为左右，双方各执其一。古人尊右卑左，以右为上。崔东壁云："三代以上固以上右为常。故礼宾由西阶，主人由阼阶，西在右，东在左也。王叔陈生与伯舆争政，王右伯舆，王叔陈生怒而出奔。是上之则曰'右之'，下之则曰'左之'也。""契"制亦分右左，别以尊卑，古以右契为尊。《礼记·曲礼》"献粟者执右契"，郑玄注："契，券要也，右为尊。"《商君书·定分篇》："以左券予吏之问法令者，主法令者之吏谨藏其右券木柙，以室藏之。"《战国策·韩策》：

"安成君东重于魏，西贵于秦，操右契而为责德于秦魏之主。"《史记·平原君传》："且虞卿操其两权，事成，操右券以责。"《索隐》曰："平原君取封事成，则操其右券以责其报德也。"综上所举，皆言右契为上，归债权人所执；左契为下，由负债人收执。但是，今本《老子》皆云："是以圣人执左契，而不责于人。"以契制，执左契乃受责者，当为人所责。此言"而不责于人"，义甚费解。因此，自古以来注此经文皆含混其辞。如王弼注："左契，防怨之所由生也。""左契"何以防怨之所生，则无下文。后人训释，则多臆测，如吴澄云："契者，刻木为券，中分之各执其一，而合之以表信。取财物于人曰'责'。契有左右，左契在主财物者之所，右契以付来取财物之人。王元泽曰：《史记》'操右契以责事'，《礼记》云'献田宅者操右契'，则知左契为受责者之所执。澄谓执左契者己不责于人，待人来责于己。有持右契来合者，即与之，无心计较其人之善否和怨者。"魏源云："则圣人之执左契者是也。券契有二，我执其左，但有执右以来责取者，吾即以财物与之，而未尝有所责取于人。圣人之于物，顺应无心，来无不受，亦若是而已。来者不见其为怨，与者不自以为德。德怨两泯，物我浑化，是则真能体无我不争之德者矣。"如以吴、魏二氏之说，受责者必须以契还报，倘若无力如愿以偿，岂不生怨，焉能防怨？蒋锡昌云："左契为负债人所立，交债权人收执；右契为债权人所立，交负债人收执。责者乃债权人以所执左契向负债人索取所欠之谓。《孟尝君列传》所谓'不足者虽守而责之十年，息愈多，急即以逃亡'，是也。故王注云：'左契，防怨之所由生也。'此盖古之契法如此。《史记·平原君虞卿列传》：'且虞卿操其两权，事成，操右券以责。'言虞卿操右券交平原君，自执左券，以备索报也。'是以圣人执左契而不责于人'，言圣人执人所交左契而不索其报也。如此，则怨且无由生，复何和之有乎。"高亨云："圣人所执之契，必是尊者，何以此文云执左契？今验三十一章曰：'吉事尚左，凶事尚右。'用契券者，自属吉事，可证老子必以左契为尊。盖左契右契，孰尊孰卑，因时因地而异，不尽同也。《说文》：'责，求也。'凡贷人者执左契，贷于人者执右契。贷人者可执左契以责贷于人者令其偿还。'圣人执左契而不责于人'，即施而不求报也。"从蒋、高二氏之注释中，足见今本《老子》所谓"圣人执左契，而不责于人"，则同契制不合。但是，他们为解通此文，而煞费苦心。蒋氏用债权与负债双方换契方法予以释之，高氏以吉凶变位之说予以解之，其说虽辨，则矛盾百出，至今仍不得其解。

从上述注释，足见历代注此文者均甚牵强，愚以为"执左契"之"左"字，恐有讹误。按古文字中"左"、"右"二字形近易混，甚难分辨。如商代甲骨文左字写作"𠂇"，右字写作"𠃌"，但也写作"𠂇"。西周金文左字写作"𠂇"，右字写作"𠬞"，但也写作"𠂇"（元年《师兑簋》）。战国古文写作"𠬞"，亦写作"𠂇"（《古玺汇编》0162）。尤其是汉代初期，在由篆体字过渡到隶体字阶段，极易搞错。譬如帛书甲本作"执右契"，乙本作"执左契"，显然是从两种不同的传本抄录的，其中必有一误。判断帛书甲、乙本此文之正误是非，可从三个方面分析。一、甲本时代比乙本早，用篆书抄写，不避讳，乃秦代抄写之文本。乙本用隶书抄写，避刘邦讳，乃汉初抄写之文本。甲本来源更为古老，可能保存了更为原始的古句。二、甲本"执右契"虽为孤例，但执右责左而同古契制以右为尊相合。乙本"执左契"虽与世传本相同，但执左责右而与古契制抵牾。三、从经义考察，甲本"是以圣人执右契，而不以责于人"，乃谓圣人执右契应责而不责，施而不求报。正与《老子》所讲"生而弗有，长而弗宰"之玄德思想一致。乙本"执左契"义不可识，虽经历代学者旁征博引，多方诠释，仍不合《老子》之旨。据此足证帛书甲本当为《老子》原本旧文，乙本与世传今本皆有讹误。今据上述古今各本勘校，《老子》此文当订正为："是以圣人执右契，而不以责于人。"

右契位尊，乃贷人者所执。左契位卑，为贷于人者所执。圣人执右契而不以其责于人，施而不求报也。《老子》第十章云："生之，畜之，生而弗有，长而弗宰，是谓玄德。"正与此合。

甲本： 故有德司介（契），〔无〕91 德司奱（彻）。夫天道无亲，恒与善人92。

乙本： 故又（有）德司芥（契），无德司奱（彻）。〔夫天道无217上亲，恒与善人。《德》三千卌一217下。

王本： 有德司契，无德司彻。天道无亲，常与善人。

景龙、易玄、邢玄、庆阳、楼古、磻溪、孟頫、楼正、敦煌辛、顾、傅、范、徽、彭、邵、司马、苏、林、焦诸本，句首有"故"字，作"故有德司契"；严尊、遂州二本"彻"字作

"辙"，谓"无德司辙"。李道纯《道德会元》后二句作"天道无私，常与圣人"。

帛书甲本保存较好，仅残一字，假"介"字为"契"；乙本残损九字，假"芥"字为"契"，可据甲本补其缺文。乙本书末记有"德"字与"三千零四十一"字数。与今本勘校，王弼、河上诸本句首无"故"字，傅、范、敦煌辛及诸碑本皆有。验之帛书甲、乙本，皆作"故有德司契"。从经义分析，有"故"字为是，无者脱漏，当从帛书补正。

"有德司契，无德司彻"，亦是字简义深诸家注释分歧不一之文。如王弼释"彻"字为"过"，谓："有德之人，念思其契，不令怨生而后责于人。彻，司人之过也。"河上公亦云："有德之君，司察契信而已；无德之君，背其契言，司人所失。"俞樾释"彻"字如"辙"，他说："'彻'与'辙'通。二十七章'善行无辙迹'，《释文》作'彻'，引梁注曰：'"彻"应车边，今作彳者，古字少也。'然则此文'彻'字，亦与彼同矣。'有德司契，无德司辙'，言有德之君，但执左契合符信而已，无德之君，则皇皇然司察其辙迹也。河上公解'善行无辙迹'曰：'善行道者，求之于身，不下堂，不出门，故无辙迹。'此即可说'无德司彻'之义。"奚侗释"彻"字为"治"，他说："《广雅·释诂》云：'司，主也。'《诗·崧高》'彻申伯土田'，毛传：'彻，治也。'有德者怕然无为，不藏是非善恶，无责于人，而上下和合，故云'司契'。无德者，愁五藏以为仁义，矜血气以规法度，欲求治而乱终不止，若和大怨之类，故曰'司彻'。"日人大田晴轩释"彻"字为"剥"："'彻'字，诸家或为'通'，或为'明'，或为彻法之'彻'，要皆不悟此一章之言为何所指，故纷纭谬说，如'一哄之市'耳。按'彻'，剥取也。《豳风·鸱鸮》曰：'彻彼桑土，绸缪牖户。'毛传：'彻，剥也。'《小雅·十月之交》曰：'彻我墙屋，田卒污莱。'是也。'有德'但以合人心为主，故不取于民；'无德'不以民情之向背为意，故唯浚而剥之为务。"高亨释"彻"字为"杀"："古文'彻'作'𢾭'，'杀'作'𢾭'，形近而误。七十四章曰：'常有司杀者杀，夫代司杀者杀，是谓代大将斫。'此云'司杀'，其义同也。'有德司契'者，谓有德之君秉要执本，而不责于民也。'无德司杀'者，谓无德之君繁刑严诛，而肆威于民也。"宋人释"彻"为"通"，如吴澄云："彻，通也。古者助法，周改助为彻法，恐八家私田所收之不均，故八家私田亦令通力合作而均收之。八家所得均平而无多寡之异，司左契者任人来取，无心计较其人，故曰'有德'。司彻法者患其不均，有心计较，故曰'无德'。"蒋锡昌释"彻"字为周之税法。他说："《广雅·释诂三》：'司，主也。'《释诂二》：'彻，税也。'《论语·颜渊篇》'盍彻乎'，郑注：'周法：什一而税谓之"彻"。'《孟子·滕文公篇》：'夏后氏五十而贡，殷人七十而助，周人百亩而彻，其实皆什一也。'是'彻'乃周之税法。此言有德之君主执左契而不责于人，无德之君主以收税为事。不责于人，则怨无由生，取于人无厌，则大怨至也。"

以上所举，仅择其主要并选其阐述较胜者。此外，释者多矣。就以上述之诸种诠释，如释"彻"为"过"、为"失"、为"辙"、为"治"、为"剥"、为"杀"、为"通"、为"税"等等，皆各有辞。但是，从其经义以及与"契"字能成为对文者分析，当以周代税法之说义胜。"有德司契"之"契"，当指责于人之"右契"而言，谓有德之君虽借助于人，但不以所执右契责于负债人，贷而不取，施而不求其报也。"无德司彻"之"彻"，乃指官府责取于民之税金，则不贷而取，不施而强求其报，恰与"有德司契"相对，故谓"无德司彻"。

最后，《老子》用一句古谚"夫天道无亲，恒与善人"结束全篇。类似之语亦见于《周书·蔡仲之命》，作"皇天无亲，唯德是辅"。善者德之师也，彼此用语虽同，则意义有别。《老子》用古谚中的"天道"说明自然界之规律，非若《周书》中的"天命"。

道经校注

一（今本《道经》第一章）

甲本： 道，可道也，非恒道也。名，可名也，非恒名也。

乙本： 道，可道也，〔非恒道也。名，可名也，非〕恒名也。

王本： 道，可道，非常道。名，可名，非常名。

　　世传今本皆同王本，唯顾欢本无"道，可道"一句，而注云："经术政教之道也。"显系首句之释，想必抄写脱误，非异文也。

　　帛书甲、乙本同作"恒道"、"恒名"，今本皆作"常道"、"常名"。"恒"、"常"义同，汉时因避孝文帝刘恒讳，改"恒"字为"常"，足见帛书甲、乙本均抄写于汉文帝之前。再如帛书甲、乙本每句末均有"也"字，今本无。乙本有残损，参照甲本补。

　　王弼注："可道之道，可名之名，指事造形，非其常也。故不可道，不可名也。""指事造形"指可识可见有形之事或物，非永存恒在也；"不可道"之"道"，"不可名"之"名"，则永存恒在。河上公注："谓经术政教之道也，非自然长生之道也。'常道'，当以无为养神，无事安民，含光藏晖，灭迹匿端，不可称道。"又云："谓富贵尊荣高世之名也，非自然常在之名也。

'常名'，爱如孾儿之未言，鸡子之未分，明珠在蚌中，美玉处石间，内虽昭昭，外如愚头。"依王弼、河上公两注，"道"、"可道"与"恒道"三"道"字，字同而义异。第一个"道"字，通名也，指一般之道理。《礼记·中庸》："道也者，不可须臾离也。"朱熹注："道者，日用事物当行之理。""可道"犹云"可言"，在此作谓语。《荀子·荣辱》："君子道其常，小人道其怪。"杨倞注："道，语也。""恒道"谓永存恒在之道。此"道"字乃老子所用之专词，亦谓为"天之道"（七十三章），"法自然"之道(二十五章)。"道"可以言述明者，非永存法自然之道也。"法自然"之道，变易无穷，因势而行，与时俱往，非可以智知而言明。"名"为物之称号。《礼记·祭法》"黄帝正名百物"，疏云："上古虽有百物而未有名，黄帝为物作名。""可名"之"名"，在此作谓语，称名也。"恒名"指永存恒在之名，老子用以异于世人习用百物之名也。老子把"道"与"名"作为同一事物之两个方面提出讨论，第一次指出名与实、个别与一般的区分；同时他以"恒道"、"恒名"与"可道"、"可名"，即"无名"与"有名"，阐明事物实体与现象的辩证关系。

甲本： 无名，万物之始也；有名，万物之母也。

乙本： 无名，万物之始也；有名，万物之母也。

王本： 无名，天地之始；有名，万物之母。

　　景龙、易玄、遂州、敦煌甲本均无两个"之"字，作"无名，天地始；有名，万物母"。

　　帛书甲、乙本"万物之始"、"万物之母"，两句均作"万物"。世传今本多同王本，前句作"天地之始"，后句作"万物之母"，前后不同。此一分歧已来源很久，过去虽有争论，但未能得到解决。如朱谦之云："似两句皆作'万物'，非。案'始'与'母'不同字义，《说文》：'始，女之初也。''母'则'象怀子形，一曰象乳子也'。以此分别'有名'与'无名'之二境界，意味深长。盖天地未生，浑浑沌沌，正如少女之初，纯朴天真。经文二十五章'有物混成，先天地生'，四十章'有生于无'，此'无名'天地始也。'天下万物生于有'，有则生生不息，四十二章'道生一，一生二，二生三，三生万物'，此'有名'万物母也。又《庄子·齐物论》'天地与我并生，万物与我为一'，亦皆'天地'与'万物'二语相对而言。"朱氏之说虽辨，但事实并非如此。马叙伦云："《史记·日者传》引作'无名者，万物之始也'。王弼注曰：'凡有皆始于无，故未形无名之时，则为万物之始；及其有形有名之时，则长之育之，亭之毒之，为其母也。'是王本两句皆作'万物'，与《史记》所引合，当是古本如此。"蒋锡昌补充云："《道藏》顾欢《道德真经注疏》第五十二章于经文'天下有始，以为天下母'下引成玄英疏云：'故经云"万物始"也。'是成玄英本作'无名，万物始'。"今据帛书甲、乙本验证，原本两句均作"万物"，马、蒋之说至确。今本前句作"天地"者，乃后人所改，当订正。

蒋锡昌云："按天地未辟以前，一无所有，不可思议，亦不可名，故强名之曰'无名'。二十一章王注所谓：'至真之极，不可得名；无名，则是其名也。'迨天地既辟，万物滋生，人类遂创种种名号以为分别，故曰'有名'。质言之，人类未生，名号未起,谓之'无名';人类已生,名号已起,谓之'有名'。故'无名'、'有名',纯以宇宙演进之时期言。《庄子·天地》:'泰初有无,无有无名。'此《庄子》以'无名'为泰初之时期也。'无名'为泰初之时期,则'有名'为泰初以后之时期也明矣。十四章:'视之不见名曰夷,听之不闻名曰希,搏之不得名曰微,此三者不可致诘,故混而为一。其上不皦,其下不昧;绳绳不可名,复归于无物。是谓无状之状,无物之象,是谓惚恍。迎之不见其首,随之不见其后。'此老子自冥想其所谓'无名'时期一种空无所有、窈冥恍惚、不可思议之状态也。老子有感于现实之不满,特赞美此种'无名'时期之可乐。因此世界清静空寂,无事无为,既无生物,亦无罪恶,故即以'无名'或'无'为'道'之代名词。三十二章'道常无名',二十五章'有物混成,先天地生……吾不知其名,字之曰道',四十二章'道生一,一生二,二生三,三生万物',四十章'天下万物生于有,有生于无','道'、'无'二字与'无名'同为万物之始,可见'无'即'无名','无名'即'道'也。"

甲本:〔故〕93恒无欲也,以观其眇(妙);恒有欲也,以观其所噭(徼)。

乙本:故恒无欲也,〔以观其218上妙〕;恒又(有)欲也,以观其所噭(徼)。

王本:故常无欲,以观其妙;常有欲,以观其徼。

邢玄、景福、庆阳、楼古、磻溪、楼正、孟頫、顾、彭、徽、邵、司马、苏、吴等诸本无"故"字,作"常无欲,以观其妙；常有欲，以观其徼"；景龙、易玄、遂州、敦煌甲诸本均无两"以"字，作"常无欲，观其妙；常有欲，观其徼"；敦煌甲本"徼"又作"曒"。

帛书乙本残损"以观其妙"四字，甲本保存较好，"妙"字作"眇"。甲、乙本"徼"字均作"噭"；"欲"后均有"也"字，同作"恒无欲也"、"恒有欲也"。马叙伦云："详此二句，王弼、孙盛之徒，并以'无欲'、'有欲'为句；司马光、王安石、范应元诸家，则并以'无'字、'有'字为句。近有陶方琦依本书后文曰'常无欲可名于小'，谓'无欲'、'有欲'仍应连读。易顺鼎则依《庄子·天下篇》曰'建之以常无有'，谓《庄子》已以'无'字'有'字为句。伦校二说，窃从易也。"今从帛书甲、乙本勘校，"欲"后皆有"也"字，作"故恒无欲也，以观其眇；恒有欲也，以观其所噭"。足证王弼、孙盛在"欲"字下断句不误，宋人倡以"无"字"有"字为句不确，易、马二氏之说，皆不可信。

过去因标句不同，释义亦异。苏辙云："圣人体道以为天下用，入于众有而'常无'，将'以观其妙'也。体其至无而'常有'，将'以观其徼'也。"高亨云："'常无'连读，'常有'连读。'常无欲以观其妙'，犹云欲以常无观其妙也；'常有欲以观其徼'，犹云欲以常有观其徼也。因特重'常无'与'常有'，故提在句首。此类句法，古书中恒有之。"帛书甲、乙本"欲"下既有"也"字，句逗已明，旧读本不待辨。然而严灵峰云："常常有欲之人，自难虚静，何能'观徼'？是如帛书虽属古本，'也'字应不当有，而此句亦当从'有'字断句，而'欲'字作'将'字解，为下'观'字之副词。又'噭'字，《说文》：'吼也，从口，敫

声。'尤不可通，吼声可用耳'听'，安可以目'观'之乎？足证
此为误字无疑。"严氏为卫护己见，不惜否定古本，一手焉能遮
天。尤指"噭"为误字，谓"吼声可用耳听，安可以目观之乎"，
岂不知古人用字宽，书多假借，不能以今量古，以误字责之。
王弼以"欲"字下为逗，读作"故常无欲，以观其妙"，断句与帛
书甲、乙本同。注云："妙者，微之极也。万物始于微而后成，
始于无而后生。故常无欲（原衍"空虚"二字，据波多野太郎说
删去），可以观其始物之妙。""常有欲，以观其徼"，帛书甲、
乙本作"恒有欲也，以观其所徼"。王注云："徼，归终也。凡
有之为利，必以无为用；欲之所本，适道而后济。故常有欲，
可以观其终物之徼也。"意思是说，"有"必须以"无"为用，思
虑必须以"无"为本，然后才能适合于道，有所归止。焦竑云：
"'徼'读如边徼之'徼'，言物之尽处也。《晏子》曰：'徼也者，
德之归也。'《列子》曰：'死者德之徼。'皆指尽处而言。盖无之
为无，不待言已，方其有欲之时，人皆执以为有，然有欲必有
尽，及其尽也，极而无所更往，必复归于无，斯与妙何以异
哉！"此二释过去多宗之，然亦难免牵强之嫌。老子主张虚柔静
观，无为无欲，"常有欲"则背其旨，焉能观物之边际或归止？
蒋锡昌释"徼"字为"求"，似较义长。他说："《说文》：'徼，
循也。'段注：'引伸为徼求。'《左氏》文二年《传》：'寡君愿徼
于周公、鲁公。'注：'徼，要也。'《汉书·严安传》'民离本而
徼末矣'，师古注：'徼，要求也。'此指有名时期人类极端发展
其占有欲之要求而言。下'其'字为'有名'之代名词。'常无
欲，以观其妙'，谓常以无欲观无名时期大道之微妙也。'常有

欲，以观其徼’，谓常以有欲观有名时期人类之要求也。"蒋氏
所谓"无名时期"，系指远古时代宇宙间一切空虚清静，既无人
类，亦无所谓思欲。他说："此种境界不易体会认识，故为道
之极微妙深远处。二十一章所谓'道之为物，惟恍惟惚'，即指
此境界而言也。"所谓"有名时期"，系指近古时代，既有人类和
人类之欲望，因欲望无限发展，必至互相争夺，而不能长保。
他说："故《老子》之'常无欲，以观其妙'，欲使人知无欲之为
妙道，而迫于虚无也；'常有欲，以观其徼'，欲使人知有欲要
求之危险，而行无欲以免之也。"

**甲本：两者同出，异名同胃（谓），玄之有（又）玄，众眇
（妙）之〔门〕94。**

**乙本：两者同出，异名同胃（谓），玄之又玄，众眇（妙）
之门。**

**王本：此两者同出而异名，同谓之玄，玄之又玄，众妙
之门。**

世传今本多同王本，蒋锡昌据江安傅氏双鉴楼藏宋刊范应
元《老子道德经古本集注》勘校，缺"此两者同出而异名，同谓
之玄"十二字，上海涵芬楼《古逸丛书》影印宋范氏《古本集注》
有此十二字。又清本因避圣祖讳，改"玄"字为"元"，今当
更正。

帛书甲、乙本均保存较好，经文也相同。甲本仅残损一
"门"字，并假"胃"字为"谓"，假"有"字为"又"，假"眇"字为
"妙"；乙本亦假"胃"字为"谓"，假"眇"字为"妙"。与今本勘

校，世传本均较帛书多出四字，即句首"此"字，"出"后"而"字与"谓"后"之玄"二字，读作"此两者同出而异名，同谓之玄，玄之又玄，众妙之门"。彼此经义虽无原则差异，但句型则有显著不同。帛书甲本在"异名同谓"之下标有句号，故帛书组断四字一句，可从。

"两者"究属何指，旧注甚为分歧。河上公注："两者，谓有欲、无欲也。"王弼注："两者，'始'与'母'也。"范应元注："两者，'常无'与'常有'也。"王安石注："两者，'有'、'无'之道，而同出于道也。"高亨云："两者，谓'有'与'无'也。"张松如云："细审文义，当是承上两句'其妙'、'其徼'而言，也就是说的无名自在之道的微妙与有名为我之道的运行这两个方面。或曰：'两者'遥指'道'与'名'，即'恒道'与'可道'或'无名'与'有名'，此义自可与'其妙'、'其徼'相通。"旧释已将经文中相对词语如"道"与"名"、"恒道"与"可道"、"无名"与"有名"、"无欲"与"有欲"、"无"与"有"、"始"与"母"、"妙"与"徼"等等皆已讲遍，诸家理解不同，各抒己见，而使读者无可适从。以经文分析，窃以为王弼注似较切于本义。但是，王注字有衍夺谬误，几不可读，楼宇烈《王弼集校释》据陶鸿庆说予以整理。王注云："两者，'始'与'母'也。'同出'者，同出于玄也。在首则谓之'始'，在终则谓之'母'。玄者，冥默无有也；始，母之所出也。不可得而名，故不可言同名曰'玄'。而言同谓之'玄'者，取于不可得而谓之然也。不可得而谓之然，则不可以定乎一玄已。若定乎一玄，则是名则失之远矣。故曰'玄之又玄'也。'众妙'皆从玄而出，故曰'众妙之门’也。”所谓“玄”，是一非常抽象的描述，形容其深远黝然而不可知。苏辙云：“凡远而无所至极者，其色必玄，故老子常以‘玄’寄极也。”王弼认为，老子以“玄”形容一种“冥默无有”的状态。不是确定的名称，是对“道”的形容，而是不可称谓之称谓。他在《老子指略》中说：“然则道、玄、深、大、微、远之言，各有其义，未尽其极者也。然弥纶无极，不可曰‘细’；微妙无形，不可名‘大’。是以篇云‘字之曰道’、‘谓之曰玄’而不名也。”

道经校注

二（今本《道经》第二章）

甲本：天下皆知美为美，恶已；皆知善，訾（斯）不善矣。

乙本：天下皆知美之为美218下，亚（恶）已；皆知善，斯不善矣。

王本：天下皆知美之为美，斯恶已；皆知善之为善，斯不善已。

　　范应元本后句"皆"前也有"天下"二字，作"天下皆知善之为善，斯不善已"；苏辙本两句句尾"已"字均作"矣"，谓"斯恶矣"，"斯不善矣"。

　　帛书甲本第一个"美"下挩一"之"字，当同乙本作"天下皆知美之为美，恶已"。帛书本与世传今本前后句对偶不同，但经义无别。今本中类似这种骈文形式，可能受六朝文体的影响而改动；帛书甲、乙本文简而义显，乃存先秦文体。

　　人世间扬美而恶自显，举善而不善明。王弼注："美者，人心之所进乐也；恶者，人心之所恶疾也。美、恶犹喜怒也，善、不善犹是非也。喜怒同根，是非同门，故不可得而偏举也。"蒋锡昌云："无名时期以前，本无一切名，故无所谓美与善，亦无所谓恶与不善。迨有人类而后有名，有名则有对待。

既有美与善之名，即有恶与不善之名。人类历史愈久，则相涉之事愈杂，则对待之名亦愈多。自此以往，天下遂纷纷扰扰，而迄无清静平安之日矣。下文乃举'有无'等六对以明之。"

甲本：有无之相生也，难易之相成也，长短之95 相刑（形）也，高下之相盈也，意（音）声之相和也，先后之相隋（随），恒也。

乙本：〔有无之相〕生也，难易之相成也，长短之相刑（形）也，高下之相盈也，音声之相和219上也，先后之相隋（随），恒也。

王本：故有无相生，难易相成，长短相较，高下相倾，音声相和，前后相随。

敦煌甲本同王本，但句首无"故"字；河上、吴澄二本"较"字作"形"，谓"长短相形"；遂州、顾欢二本"较"字亦作"形"，又"前"字作"先"，谓"长短相形"，"先后相随"；邢玄、景福、庆阳、楼古、磻溪、孟頫、楼正、傅、范、司马等诸本"较"字亦作"形"，"相"前皆有"之"字，作"有无之相生，难易之相成，长短之相形，高下之相倾，音声之相和，前后之相随"；苏、邵、彭三本与之同，唯"音声"二字作"声音"，谓"声音之相和"，稍异；焦竑本"较"字作"形"，"音声"二字作"声音"，谓"长短相形"，"声音相和"。

帛书甲、乙本经文相同，"相"前皆有"之"字，句末皆有"也"字。与今本勘校，王本"较"字，帛书作"形"，谓"长短之相形也"；又今本"前"字，帛书作"先"，谓"先后之相随"；又今本"高下相倾"，帛书作"高下之相盈也"。尤异于今本者，甲、乙本最后有"恒也"二字。毕沅云："古无'较'字。本文以'形'与'倾'为韵，不应作'较'。"刘师培云："《文子》云'长短不相形'，《淮南子·齐俗》曰'短修相形'，疑《老子》本文亦作'形'，与'生'、'成'、'倾'协韵。'较'乃后人旁注之字，以'较'释'形'，校者遂以'较'易'形'矣。"蒋锡昌云："按顾本成玄英疏：'长短相形……何先何后?'是成'较'亦作'形'，'前'作'先'。强本严君平注：'先以后见，后以先明。'是严亦作'先'。《老子》本书'先'、'后'连言，不应于此独异。如七章'是以圣人后其身而身先'，六十六章'欲先民必以身后之'，六十七章'舍后且先'，皆其证也。'较'当从毕、刘二说作'形'，'前'应从本书之例作'先'。"毕、刘、蒋三氏之说至确，帛书甲、乙本即作"长短之相形也"，以"刑"字假"形"而不作"较"，作"先后之相随"而不作"前后之相随"，为此得一确证。帛书甲、乙本"高下之相盈也"，世传今本皆作"相倾"，帛书整理组云："盈，通行本作'倾'，盖避汉惠帝刘盈讳改。'盈'假为'呈'或'逞'，呈现。帛书《经法·四度》：'高下不蔽其形。'"其说甚是。综合上述讨论，足证帛书甲、乙本此节经文远优于今本，尤其是最后有"恒也"二字，今本挩漏。它是对前文诸现象的总概述，指明事物矛盾对立统一是永恒存在的。有"恒也"二字则前后语意完整；无此二字则语意未了，似有话待言之感。再如经文本韵读，"生"、"成"、"形"、"盈"、"恒"协韵，语尾无"恒"字，则失韵。

苏辙云："天下以形名言美恶，其所谓美且善者，岂信美且善哉！彼不知有无、长短、难易、高下、声音、前后之相生相夺，皆非其正也。方且自以为长，而有长于我者临之，斯则短矣；方且自以为前，而有前于我者先之，斯则后矣。苟从其所美而信之，则失之远矣。"老子教育人们从正反两面观察事物，不得偏举，第一次指出宇宙间一切事物皆有正与反两个方面，彼此相反而又互相依存。举"有无"、"难易"、"长短"、"高下"、"音声"、"先后"六事为例，具体阐述它们的矛盾现象，无"有"即无所谓"无"，无"难"即无所谓"易"。诸如"长短"、"高下"、"音声"、"先后"以至于美丑、善恶，皆为相反相成，相互影响和作用。他利用事物相对的比较关系，概括说明自然界和人类社会的各种现象和本质。并进而指出，宇宙间的矛盾是永远存在的。

甲本：是以声（圣）人居无为之事，行〔不[96] 言之教〕。

乙本：是以耶（圣）人居无为之事，行不言之教。

王本：是以圣人处无为之事，行不言之教。

　　敦煌甲、遂州、顾欢三本"圣人"下有"治"字，作"是以圣人治处无为之事"。

　　马叙伦云："寻十七章王弼注曰：'太上，大人在上。"居无为之事，行不言之教，万物作焉而不为始。"''居无为之事'三句，即引此文，则王'处'作'居'。"帛书甲、乙本均作"居无为之事"，六十三章王弼注："以无为为居，以不言为教。"亦引此文，《老子》原文当如此。蒋锡昌云："圣人治国，无形无名，无事无政，此圣人'处无为之事'也。圣人一面养成自完；一面

以自完模范感化人民，让人民自生自营，自作自息，能达‘甘
其食，美其服，安其居，乐其俗’之自完生活，即为已足。过
此而求进取，谋发明，增享乐，便是多事。五十七章云：‘我
无为而民自化，我好静而民自正，我无事而民自富，我无欲而
民自朴。’所谓‘好静’、‘无事’、‘无欲’，皆为人君自完之模
范；而‘自正’、‘自富’、‘自朴’，则人民受感化后之自完生
活。此圣人‘行不言之教’（即以身为教）也。”

甲本：〔万物作而弗始〕也，为而弗志（恃）也，成功而弗
　　　居也。

乙本：万物昔（作）而弗始，为而弗侍（恃）也219下，成
　　　功而弗居也。

王本：万物作焉而不辞，生而不有，为而不恃，功成而
　　　弗居。

　　景龙、易玄、邢玄、景福、楼古、磻溪、孟頫、楼正、
彭、徽、邵、司马、苏、吴等诸本无‘焉’字，作“万物作而不
辞”。敦煌甲本无“生而不有”一句，“辞”字作“为始”，谓“万
物作而不为始，为而不恃”；遂州本与之全同，唯“恃”前挩一
“不”字，作“万物作而不为始，为而恃”；傅本亦作“万物作而不
为始”；范本作“万物作焉而不为始”。末句景龙碑“功成”二字作
“成功”，无“而”字，并“弗”字作“不”，谓“成功不居”；敦煌甲
与遂州二本与之相同，唯“居”字作“处”，谓“成功不处”；傅本
作“功成不处”；范本作“功成而不处”；易玄、景福、庆阳、楼
古、磻溪、孟頫、楼正、彭、徽、邵、司马、苏等诸本作“功成

不居”；吴、焦二本作“功成而不居”，顾本作“功成弗居”。

帛书甲本首句稍残，乙本作“万物作而弗始”，“作”字假“昔”为之。与今本勘校，甲、乙本均无“生而不有”一句；王本“功成而弗居”，甲、乙本作“成功而弗居也”，范本作“功成而不处”。易顺鼎云：“考十七章王注云‘大人在上，居无为之事，行不言之教，万物作焉而不为始’数语，全引此章经文，是王本作‘不为始’之证，但比傅本多一‘焉’字耳。作‘不辞’者，盖河上本，后人因妄改王本以合之。幸尚存此注，可借以见王本之真。”蒋锡昌云：“易说甚塙。三十章王注：‘为始者务欲立功生事。’三十七章王注：‘辅万物之自然而不为始。’二注皆自此经文而来，亦其证也。顾本成疏：‘始，先也。’是成亦作‘不为始’。”帛书乙本作“万物作而弗始”，则为易、蒋二氏之说得一确证。“始”、“辞”古皆之部字，读音相同，在此则“辞”字假为“始”，“始”为本字。“万物作而弗始”，谓宇宙间万物皆顺其自然发展，圣人不造不始。如第三十章王弼注：“为始者务欲立功生事，而有道者务欲还反无为。”“弗始”者，即不造作事端，“立功生事”，而无事、无为也。

帛书甲、乙本均无“生而不有”一句，敦煌甲本与遂州本亦无此句。按《老子》中同此文相近者今本有四处，除本章外，如第十章：“生而不有，为而不恃，长而不宰，是谓玄德。”第五十一章亦云：“生而不有，为而不恃，长而不宰，是谓玄德。”此二处“为而不恃”句前，皆有“生而不有”一句，故后人仿此而妄增。今本第七十七章云：“是以圣人为而不恃，功成而不处。”行文语法均与本文相同，皆无“生而不有”一句，足证《老子》原本即当如此，今本衍此四字。高亨云："'恃'犹'德'也，心以为恩之意。'为而不恃'犹言施而不德，谓施泽万物而不以为恩也。《庄子·应帝王篇》曰：'化贷万物而民弗恃。''而民弗恃'犹言民弗德，谓民不以为恩也。《在宥篇》曰：'会于仁而不恃。''不恃'犹言不德，谓不以为恩也。老庄书之'恃'字，同于他书之'德'字，《易·系辞》曰：'劳而不伐，有功而不德。'谓有功而不以为恩也。《管子·正篇》曰：'爱之生之，养之成之，利民不德。''利民不德'，谓利民而不以为恩也。此他书用'德'字之例。'恃'、'德'古声同，故其义同。'恃'从寺得声，'德'从直得声，古音并在之部。《诗·柏舟篇》曰'实维我特'，《释文》曰：'特，《韩诗》作直。'……即'寺'、'直'声同之证，然则'恃'、'德'亦可通用矣。"

甲本：夫唯居，是以弗去。

乙本：夫唯弗居，是以弗去。

王本：夫唯弗居，是以不去。

河上公本"唯"字作"惟"，谓"夫惟弗居"；景龙、易玄、邢玄、楼古、孟頵、楼正、顾、徽、邵、司马、苏、遂州、吴、焦等诸本"弗"字均作"不"，谓"夫唯不居"；磻溪、彭耜作"夫惟不居"，傅奕、范应元作"夫惟不处"。

帛书甲本"居"前挩一"弗"字，抄写之误，当同乙本共作"夫唯弗居，是以弗去"。此之谓圣人无事、无欲，不造作生事，亦不居天下之功。因不居天下之功，故其功永存而不灭。王弼以反意注云："使功在己，则功不可久也。"

道经校注

三（今本《道经》第三章）

甲本：不上贤，〔使97民不争。不贵难得之货，使〕民不
为〔盗。不见可欲，使〕民不乱。

乙本：不上贤，使民不争。不贵难得之货，使民不为盗。
不见可欲，使220上民不乱。

王本：不尚贤，使民不争。不贵难得之货，使民不为盗。
不见可欲，使民心不乱。

邢玄、景福、磻溪、孟頫、楼正、河上、顾、徽、邵、司
马、苏、彭、焦等诸本与王本同，唯最后一句无"民"字，作
"使心不乱"。景龙碑"尚"字作"上"，无"为"字，最后一句亦
无"民"字，作"不上贤，使民不争。不贵难得之货，使民不盗。
不见可欲，使心不乱"；遂州本与之全同，唯"民"字均作
"人"；易玄本亦与之同，唯"不上贤"作"不尚贤"；敦煌甲本
亦同景龙碑，唯"贤"作"宝"，谓"不上宝，使民不争"。

帛书甲本残损较甚，乙本保存完好，可据补甲本缺文。与
今本勘校，帛书乙本首句"不上贤"，世传诸本多同王本作"不
尚贤"，唯景龙碑作"不上贤"，与乙本同；甲、乙本末句"使民
不乱"，王本作"使民心不乱"，世传诸本多作"使心不乱"。刘

师培云："《文选·东京赋》注引作'使心不乱'，《易·艮卦》孔疏引此文亦无'民'字。盖唐初避讳，删此字也。古本实有'民'字，与上两'使民'一律。《淮南子·道应》引此文亦无'民'字，疑亦后人据唐本所删。"易顺鼎亦云："《晋书·吴隐之传》曰：'不见可欲，使心不乱。'《文选·东京赋》注、沈休文《钟山诗》注两引亦皆无'民'字。《素问》卷一王冰注引《老子》亦无'民'字。"马叙伦、蒋锡昌对此均有议论，皆谓《老子》经文当作"使心不乱"，而无"民"字。帛书甲、乙本同作"使民不乱"，无"心"字，则同前文"使民不争"、"使民不为盗"章法一律，可见世传今本作"使民心不乱"或"使心不乱"，皆非原文。刘师培云"民"乃"唐初避讳删此字也"，蒋锡昌非之，他说："《老子》一书用'民'字甚多，如唐初欲删，不应留全书所有'民'字，而独删此一字也。且依避讳通例，'民'字尽可改易'人'字，亦不应并'民'字而删之也。"蒋说诚是，虽说因避讳而删"民"字不确，但谓"使心不乱"也有讹误。今从帛书甲、乙本考察，《老子》原文当作"不见可欲，使民不乱"，今本作"使民心不乱"或"使心不乱"者，皆后人所改。

王弼注："'贤'犹'能'也。'尚'者，嘉之名也。'贵'者，隆之称也。唯能是任，尚也曷为？唯用是施，贵之何为？尚贤显名，荣过其任，为而常校能相射。贵货过用，贪者竞趣，穿窬探箧，没命而盗，故可欲不见，则心无所乱也。""相射"犹言"相胜"，即相互争胜。"为而常校能相射"，乃谓"尚贤显名，荣过其任"，势必使民相互竞技比能，争强好胜，遂即诈虑之谋起矣。

甲本：是以声（圣）人之〔治也，虚98 其心，实其腹，弱
　　　其志〕，强其骨。

乙本：是以耵（圣）人之治也，虚其心，实其腹，弱其志，
　　　强其骨。

王本：是以圣人之治，虚其心，实其腹，弱其志，强其
　　　骨。

　　　景龙、敦煌甲、遂州三本首句均无"是以"和"之"三字，作
"圣人治"；易玄、河上、顾欢三本亦无"之"字，作"是以圣人
治"；傅、范、苏三本"治"下有"也"字，作"是以圣人之治
也"；唐李约《道德真经新注》（《道藏》能一—能四）、元李道纯
《道德会元》（《道藏》谈三—谈四）均无"之治"二字，作"是以圣
人"。

　　　帛书甲本残损十一字，乙本保存完好，可据补甲本缺文。
与今本勘校，帛书首句句尾有"也"字，其馀经文全同王本。

　　　所谓"圣人之治"，主要是使民无知无欲，甘食肚饱，健强
体魄，而无愤无争，安居乐俗，永远过着"小国寡民"、互不往
来之朴实生活。

甲本：〔恒〕使民无知无欲也，使〔夫智不敢，弗为而已，
　　　则无不治矣〕99。

乙本：恒使民无知无欲也，使夫220 下知（智）不敢，弗为
　　　而已，则无不治矣。

王本：常使民无知无欲，使夫智者不敢为也，为无为，

则无不治。

易玄本首句"民"字作"人"，谓"常使人无知无欲"；顾欢本"民"字作"心"，谓"常使心无知无欲"；遂州本无"民"字，作"常使无知无欲"。后一句，顾欢本无"夫"、"也"二字，"智"字作"知"，谓"使知者不敢为，为无为，则无不治"；景龙与之同，唯无"为无为"三字，作"使知者不敢为，则无不治"；易玄、景福二本无"也"字，作"使夫知者不敢为，为无为，则无不治"；徽、司马、邵、苏、吴、彭诸本与之同，唯最后有"矣"字；敦煌甲本作"使知者不敢，不为，则无不治"；遂州本作"使夫智者不敢，不为也，为无为，则无不治"；傅奕本作"使夫知者不敢为，为无为，则无不为矣"；范应元本与之全同，唯第一个"为"后有"也"字，作"使夫知者不敢为也"。

帛书甲、乙本首句均保存完好，甲本仅残一"恒"字；后一句，甲本残甚，仅存一"使"字，乙本保存完好，可据补甲本缺文。与今本勘校，乙本后一句作"使夫知不敢，弗为而已，则无不治矣"，与敦煌甲、遂州二本经义相近，而异于其他今本。朱谦之云："据罗氏影印《贞松堂藏西陲秘籍丛残》校敦煌本，'敢'下有'不'字，罗《考异》中失校。又遂州碑本亦作'不敢不为也'。强思齐引成玄英疏：'前既舍有欲无欲，复恐无欲之人滞于空见，以无欲为道，而言不敢不为者，即遣无欲也。恐执此不为，故继以不敢也。'是成疏本亦作'不敢不为'。惟顾本成疏作'而言不敢为者，即遣无欲也'，脱此'不'字。今案'不敢'、'不为'乃二事，与前文'无知'、'无欲'相对而言，'不敢'断句。经文三十章'不以取强'，各本'不'下有'敢'字，

'敢'字衍文。但六十七章'不敢为天下先'，六十九章'吾不敢为主而为客，不敢进寸而退尺'，七十三章'勇于不敢则活'，以'不敢'与'不为'对，知顾本成疏经文有误脱。《老子》原意谓常使一般人民无知、无欲，常使少数知者不敢、不为，如是则清静自化，而无不治。"又云："'不敢'、'不为'，即不治治之。《论衡·自然篇》曰：'蘧伯玉治卫，子贡使人问之："何以治卫?"对曰："以不治治之。"夫不治之治，无为之道也。'谊即本此。盖老子之意，以为太上无治。世之所谓治者，尚贤则民争；贵难得之货，则民为盗；见可欲，则心乱。今一反之，使民不见可尚之人、可贵之货、可欲之事。如是，则混混沌沌，反朴守醇；常使民无知无欲，则自然泊然，不争不盗不乱，此所以'知者不敢，不为'。至德之世，上如标枝，民如野鹿；含哺而熙，鼓腹而游。此则太古无为而民自化，翱翔自然而无物不治者也。"朱说诚是，帛书乙本则为其说得一确证。古籍多不标句，"不敢，不为"如连读，则同前文"恒使民无知无欲"，意不相属。后人不解其义，故删"不"字，改作"使夫知者不敢为也"，文字虽通，但与《老子》经义相背。此当从朱说，今本均当据帛书本勘正。

道经校注

四（今本《道经》第四章）

甲本：〔道盅，而用之又弗〕盈也。潚（渊）呵，始（似）万物之宗。

乙本：道沖（盅），而用之有（又）弗盈也。渊呵，似万物之宗。

王本：道沖，而用之或不盈。渊兮，似万物之宗。

傅奕、楼古二本首句"沖"字作"盅"，傅本作"道盅而用之，又不满"，楼古作"道盅而用之，或似不盈"；景龙、遂州、敦煌甲、范应元诸本"或"字作"又"，谓"道沖而用之，又不盈"；景龙碑、遂州本"沖"字写作"冲"（朱谦之谓景龙碑"又"字作"久"，误校）；景福本"又"下有"则"字，作"道沖而用之，又则不盈"；磻溪、楼正、苏辙三本作"道沖而用之，或似不盈"。后一句，敦煌甲本无"兮"字，作"渊，似万物之宗"；易玄、遂州二本作"渊，似万物宗"；彭耜本作"渊兮，似万物宗"；河上、顾、林、孟頫诸本"兮"字作"乎"，谓"渊乎，似万物之宗"；景龙碑作"深乎，万物宗"。

帛书甲本稍残，乙本保存完好，经文与王本基本相同。王本"道沖，而用之或不盈"，乙本作"道沖，而用之有弗盈也"，稍异。俞樾云："《说文·皿部》：'盅，器虚也。《老子》曰：道盅而用之。''盅'训'虚'，与'盈'正相对。作'沖'者，假字也。……'或不盈'，唐景龙碑作'久不盈'。久而不盈，所以为盅，殊胜今本。"易顺鼎云："'或不盈'，俞氏樾据唐景龙碑作'久不盈'，非也。景龙碑作'久'，乃'又'字之误，或读碑者谛视未真耳。古'或'字通作'有'，'有'字通作'又'，三字义本相同。此文作'或'、作'有'、作'又'皆通，而断无作'久'之理。窃谓王本作'又'，河上本作'或'。王注云：'故沖而用之，又复不盈，其为无穷，亦已极矣。'足证王本作'又'无疑。《淮南·道应训》引《老子》曰：'道沖而用之，又弗盈也。'《文子·微明篇》亦云：'道沖而用之，又不满也。'此皆作'又'之证。又《御览》三百二十二引《墨子》曰：'善持胜者以强为弱，故《老子》曰：道沖而用之，有弗盈也。'是古本一作'有弗盈'矣。"帛书乙本即作"道沖，而用之有弗盈也"，"有"、"又"二字相通，"有弗盈"即"又弗盈"。"又"字与"或"亦通，如《诗经·小雅·宾之初筵》"或佐之史"，笺云："又助以史。"经之本谊当作"又弗盈"，作"或不盈"者，后人所改。"沖"当从傅奕、楼古作"盅"，蒋锡昌云："古言'盈沖'，亦言'盈虚'。《后汉·蔡邕传》'消息盈沖，取诸天纪'，即《易·丰卦》之'天地盈虚，与时消息'也。唯'盅'本义以器虚为比，故下亦以'不盈'为言。四十五章'大盈若沖，其用不穷'，然则'不盈'犹言'不穷'矣。"

王弼注："地虽形魄，不法于天则不能全其宁；天虽精象，不法于道则不能保其精。沖而用之，用乃不能穷。满以造实，实来则溢。故冲而用之，又复不盈，其为无穷亦已极矣。形虽大，不能累其体；事虽殷，不能充其量。万物舍此而求主，主其安在乎？不亦'渊兮似万物之宗'乎？"

甲本：铧（挫）其，解其纷，和其光，同〔其尘〕。

乙本：铧（挫）其兑（锐），解其芬（纷），和其光，同₂₂₁上其尘。

王本：挫其锐，解其纷，和其光，同其尘。

　　今本此文多同王本，唯景龙、易玄、敦煌甲、遂州、顾欢诸本"纷"字作"忿"，谓"解其忿"。

　　帛书甲、乙本经文相同，与世传今本也基本一致。唯甲本首句"其"下挩一"锐"字，当是抄写之误，非异文也；乙本第二句作"解其芬"，景龙碑、顾欢本等作"解其忿"。俞樾云："陆德明曰：河上本作'芬'。然'芬'字无义，此句亦见五十六章。河上于此注曰：'纷，结恨也。'于彼注曰：'结恨不休。'则'芬'当读为'忿'。顾欢本正作'忿'，'芬'、'纷'皆假借耳。"马叙伦云："宋河上作'纷'，臧疏、罗卷、赵并作'忿'。成疏曰：'忿，嗔怒也。'则成亦作'忿'。各本及《文选·魏都赋》注、《三国名臣序赞》注引并作'纷'。弼注曰：'纷解而不劳。'又五十六章注曰：'除争原也。'则王本作'纷'。'纷'字是。《说文》：'纷，马尾韬也。'《庄子·知北游篇》曰'解其天韬'，即此文义。且'韬'与'锐'义类，'忿'则不伦矣。"

　　王弼注："锐挫而无损，纷解而不劳，和光而不污其体，同尘而不渝其真。"经文主要在阐述道的作用。道之旨，主张虚静无为，无知无欲，而"锐"与"纷"皆源于"知"和"欲"，知多而欲锐，欲锐而纷争。使民无欲无争，所谓"挫其锐，解其纷"。则从矛盾的另一方面，乃杜绝其滋欲之源，即前文所述"不尚贤"，"不贵难得之货"，"不见可欲"，如此则锐挫既无损，纷解亦不劳，使民无知、无欲、虚心、实腹、弱志、强骨，皆无殊无异，和光同尘，即可达到无为之治的理想世界。故用此文具体说明"道盅，而用之又弗盈"之深远道理。谭献云："五十六章亦有'挫其锐，解其纷，和其光，同其尘'四句，疑羼误。"马叙伦亦云："易顺鼎据《文选·魏都赋》注及《运命论》注引五十六章'知者不言，言者不知，是谓玄同'，无'塞其兑，闭其门，挫其锐，解纷，和其光，同其尘'六句，谓'挫其锐'四句乃此章之文。伦谓此文'挫其锐'四句，乃五十六章错简，而校者有增无删，遂复出也。"按《老子》一书，同文复出者多矣，情况各不相同，应具体分析。有些则因经文所需，绝不能因其复出即视为错简。今从帛书甲、乙本勘校，本章与第五十六章皆有此四句，而且均与前后经文连通，足见今本《老子》此文不误，谭、马二氏之说不确。

甲本：〔湛呵似〕100 或存，吾不知〔其谁之〕子也，象帝之先。

乙本：湛呵似或存，吾不知其谁之子也，象帝之先。

王本：湛兮似或存，吾不知谁之子，象帝之先。

景龙、易玄二本"兮似或"三字作"常"，"谁"下无"之"字，谓"湛常存，吾不知谁子，象帝之先"；敦煌甲及遂州二本与之全同，唯首句"常"前有"似"字，作"湛似常存"；河上、林、孟頫诸本"或"字作"若"，谓"湛兮似若存"；景福、庆阳、磻溪、孟頫、范本后一句作"吾不知其谁之子，象帝之先"；楼正、司马二本作"吾不知谁子，象帝之先"。

帛书甲本稍残，乙本保存完好，经文与王本同。唯第二句"吾不知其谁之子也"，王本无"其"字与"也"字，作"吾不知谁之子"。蒋锡昌云："王本'知'下有'其'字，二十五章王注'不知其谁之子'系引此文，可证。'吾'者，老子自谓。'其'者，指道而言。"蒋说是，有"其"字义胜。

奚侗云："道不可见，故云'湛'。《说文》：'湛，没也。'《小尔雅·广诂》：'没，无也。'道若可见，故云'似或存'。十四章'无状之状，无物之象'，二十一章'忽兮恍兮，其中有象；恍兮忽兮，其中有物'，即此证。"道是非以人之器官能感觉到的，它是"无状之状，无物之象"。老子不仅将其视为"万物之始"，"先天地生"，而且认为"象帝之先"。这是先秦学者第一次将这位主宰宇宙、至高无上的帝，降到与万物相等的地位，视帝产于道后，为道所生。

道经校注

五（今本《道经》第五章）

甲本：天地不仁，以万物为刍狗；声（圣）人不仁，以百
　　　省（姓）〔为刍〕101 狗。

乙本：天地不仁，以万物为刍狗；耴（圣）人不仁211 下，
　　　〔以〕百姓为刍狗。

王本：天地不仁，以万物为刍狗；圣人不仁，以百姓为
　　　刍狗。

　　世传今本多同王本，唯景龙碑"刍狗"二字作"苣狗"，景
福、遂州二本作"茤狗"，敦煌甲与孟頫二本作"荪狗"。

　　帛书甲、乙本均稍有残损，经文亦与王本同。"刍狗"乃草
制祭物，"苣"、"茤"、"荪"皆"刍"字之别体。刘师培云："案
'刍狗'者，古代祭祀所用之物也。《淮南·齐俗训》曰：'譬若
刍狗土龙之始成，文以青黄，绢以绮绣，缠以朱丝，尸祝袀
袨，大夫端冕，以送迎之；及其已用之后，则壤土草劖而已，
夫有孰贵之？'高诱注：'刍狗，束刍为狗，以谢过求福。'《说山
训》云：'圣人用物，若用朱丝约刍狗。'又曰：'刍狗待之以求
福。'高注：'待刍狗之灵，而得福也。'是古代祭祀，均以刍狗
为求福之用。盖束刍为狗，与刍灵同，乃始用终弃之物也。老

子此旨曰：天地之于万物，圣人之于百姓，均始用而旋弃。故以刍狗为喻，而斥为不仁。"朱谦之云："《吕氏春秋·贵公篇》高诱注引《老子》二句同。又《庄子·庚桑楚篇》'至仁无亲'，《齐物论》'大仁不仁'，《天运篇》'夫刍狗之未陈也，盛以箧衍，巾以文绣，尸祝斋戒以将之；以其已陈也，行者践其首脊，苏者取而爨之而已'，语皆出此。""天地不仁"，言天地无施，则万物自长；"圣人不仁"，言圣人无施，则百姓自养。万物生死势所必然，无生死之迭续，即无万物之亘延。老子以"刍狗"为喻，任其自然。

甲本：天地〔之间，其〕犹橐籥与？虚而不湁（屈），蹱（动）而俞（愈）出。

乙本：天地之间，其犹橐籥与？虚而不湁（屈），勭（动）而俞（愈）出。

王本：天地之间，其犹橐籥乎？虚而不屈，动而愈出。

　　遂州本无"之"与"乎"二字，作"天地间，其犹橐籥"；易玄本无"乎"字，作"天地之间，其犹橐籥"；景龙碑无"乎"，而"愈"字作"俞"，谓"天地之间，其犹橐籥。虚而不屈，动而俞出"；范应元本后一句亦作"虚而不屈，动而俞出"；傅奕本作"虚而不诎，动而俞出"。

　　帛书甲本稍残，乙本保存完好，经文内容皆与王本同。唯"乎"、"屈"、"愈"三字，甲、乙本分别作"与"、"湁"、"俞"；"动"字，甲本又假"蹱"为之。罗振玉云："今本王作'屈'，与景龙、《御注》、景福三本同。《释文》出'掘'字，知王本作'掘'。《释文》又云：'河上本作屈，顾作掘。'"按王弼注"故虚而不得穷屈"，作"屈"是，当从王本。

吴澄云："橐籥，冶铸所以吹风炽火之器也。为函以周罩于外者，橐也；为辖以鼓扇于内者，籥也。'天地间犹橐籥'者，'橐'象大虚，包含周遍之体；'籥'象元气，絪缊流行之用。"吴说近是，但未全备。橐是用兽皮做的制风主体，籥是用竹管做成，上面有吸气和排气的孔眼，皮橐受压力鼓动，空气即可从籥管中吸入或排出。正如程大昌云："橐，冶韝也；籥，其管也。橐吸气满而播诸炉，管受吸而嘘之，所以播也。"老子谓天地如同橐籥，体内本空虚无物，则愈动而风愈出，乃自然使之；谓天地本亦自然而成，无私无爱，虚静无为，故以为喻。诚如苏辙所云："排之有橐与籥也，方其一动，气之所及无不靡也。不知者以为机巧极矣，然橐籥则何为哉！盖亦虚而不屈，是以动而愈出耳。天地之间其所以生杀万物，雕刻众形者，亦若是而已矣。见其动而愈出，不知其为虚中之报也。"老子用以喻天地无为，圣人不作也。

甲本：多闻数穷，不若守于中。
乙本：多闻数穷，不若守于中。
王本：多言数穷，不如守中。

世传今本多同王本作"多言数穷"，傅奕本"多言"二字作"言多"，谓"言多数穷"；遂州本和《想尔注》本"言"字作"闻"，谓"多闻数穷"；又遂州"中"字又作"忠"，谓"不如守忠"。

帛书甲、乙本皆作"多闻数穷"，今本多同王本作"多言数穷"。遂州本与《想尔注》本作"多闻数穷"，同帛书甲、乙本；强本成疏谓"多闻博瞻也"，是知成亦作"多闻"。验之古籍，《文子·道原篇》引作"多闻数穷"，《淮南子·道应训》引作"多言数穷"。"多闻"与"多言"义甚别，旧注各执己见，解说不一。今从帛书甲、乙本观察，作"多闻数穷"者是。先从道旨分析，老子主张虚静无为，无知无欲。他认为知识是一切纷争的源泉。六十五章云："夫民之难治，以其知也。"十九章："绝圣弃智，民利百倍。"依老子看来，最好是"使民无知无欲"，不学寡闻，如六十四章所云："学不学，而复众人之所过。""多闻"即多学，如《论语·季氏》"友多闻"，邢昺疏："多闻谓博学。"可见"多闻"同老子主张的"使民无知无欲"和"学不学"相抵触，故此经云"多闻数穷"，前后思想、脉络完全一致。再如，《淮南子·道应训》用王寿焚书来说明此经，如云："王寿负书而行，见徐冯于周。徐冯曰：'事者应变而动，变生于时，故知时者无常行。书者言之所出也，言出于知者，知者藏书（王念孙《读书杂志》云："本作'知者不藏书'，今本脱'不'字。"）。'于是王寿焚书而舞之。故《老子》曰：'多言数穷，不如守中。'"王寿焚书故事也见于《韩非子·喻老篇》，但引《老子》语则为"故曰：学不学，复归众人之所过也"（第六十四章文）。"多言数穷"与"学不学"意义全不相同，为何两书同举王寿焚书而引文意义相反呢？其中必有一误。但就"多闻数穷"分析，却与"学不学"意义一致，如前文所举"多闻谓博学"，"多闻数穷"与"学不学"，皆为弃学之同义语，故同举王寿焚书以作说

明。从而足证《道应训》引文有误，本当作"多闻数穷"。还如
《本经训》："博学多闻，而不免于惑。"即本《老子》此文。综合
上述，说明帛书甲、乙本保存了《老子》原文，今本多误。

道经校注

六（今本《道经》第六章）

甲本： 浴（谷）神〔不〕102死，是胃（谓）玄牝，玄牝之门，是胃（谓）〔天〕地之根。

乙本： 浴（谷）神不死，是222上胃（谓）玄牝，玄牝之门，是胃（谓）天地之根。

王本： 谷神不死，是谓玄牝，玄牝之门，是谓天地根。

世传诸本多同王本，唯景龙、易玄、遂州三本后二句皆无"是谓"二字与"之"字，作"玄牝门，天地根"；景福、傅奕二本作"玄牝之门，是谓天地之根"。

帛书甲、乙本与王本经文基本相同，唯"谷"字作"浴"。毕沅曰："陆德明曰：'谷，河上本作"浴"。'后汉陈相边韶《建老子碑铭》引亦作'浴'。"俞樾云："《尔雅·释天》：'东风谓之谷风。'《诗正义》引孙炎曰：'谷之言毂，毂生也。'生亦养也。王弼所据本作'谷'者，'毂'之假字；河上本作'浴'者，'谷'之异文。"洪颐煊云："'谷'、'浴'并'欲'之借字。《易·损》'君子以惩忿窒欲'，孟喜本'欲'作'浴'，其例证也。《孟子·尽心章》：'养心莫善于寡欲。'是以欲神不死。"蒋锡昌云："《老子》言'谷'者多矣，如十五章'旷兮其若谷'，二十八章'为天下谷'，三十二章'譬道之在天下，犹川谷之于江海'，三十九章'谷得一以盈'，四十一章'上德若谷"，谊皆取其空虚深藏，而未有为他训者，此字当亦同之。'浴'、'穀'、'欲'虽可与'谷'并通，然以《老》校《老》，仍当以'谷'为当。"蒋说诚是，甲、乙本"浴"乃"谷"之假字。

"谷神不死"一句，旧注纷纭不一。大略言之，如河上公云："谷，养也。人能养神则不死也。'神'谓五藏之神也。肝藏魂，肺藏魄，心藏神，肾藏精，脾藏志，五藏尽伤则五神去矣。"王弼注："谷神，谷中央无者也。无形无影，无逆无违，处卑不动，守静不衰，物以之成而不见其形，此至物也。"王释"谷神"为山谷，以其虚怀无物，无形无影，处卑守静，不可名状，以喻道。蒋锡昌以胎息养生之术，曰：谷"乃用以象征吾人之腹，即道家所谓丹田，以腹亦空虚深藏如谷也。'神'者，腹中元神，或元气也"。谓："有道之人，善引腹中元气，便能长生康健，此可谓之微妙之生长也。"司马光云："中虚故曰'谷'，不测故曰'神'，天地有穷而道无穷，故曰'不死'。"严复云："以其虚，故曰'谷'；以其因应无穷，故曰'神'；以其不屈愈出，故曰'不死'。三者皆道之德也。"是知"谷"、"神"乃指二事，不得连读。朱谦之云："惟《老子》书中，实以'谷'与'神'对。三十九章'神得一以灵，谷得一以盈'，即其证。"综观上述诸释，窃以为司马光、严复、朱谦之三氏之说更切本义。"谷神不死，是谓玄牝"，"谷"喻其虚怀处卑，"神"谓其变化莫测，"不死"指其永存不灭，三者乃道之写状。"牝"为母性之生殖器官，"玄牝"是用以形容道生天地万物而无形无迹，故谓其微妙幽深也。苏辙云："谓之'谷神'，言其德也；谓之'玄牝'，言其功也。牝生万物而谓之'玄'焉，言见其生之，而不见其所以生也。'玄牝之门'，言万物自是出也；'天地根'，言天地自是生也。"其说似也贴切。

甲本：緜緜呵若存，用之不堇(勤)。

乙本：緜緜呵其若存，用之不堇(勤)。

王本：緜緜若存，用之不勤。

景龙、磻溪、河上、顾欢、傅奕、范应元、彭耜诸本"緜"字写作"绵"，谓"绵绵若存"；邢玄本作"緜緜若存"；景福本作"绵绵兮若存"。后一句楼古本"勤"字作"懃"，谓"用之不懃"。

帛书甲、乙本均有"呵"字，甲本作"緜緜呵若存"，乙本作"緜緜呵其若存"，互异。今本"勤"字，甲、乙本均作"堇"。

朱谦之云："绵绵，诸本作'緜緜'。成玄英曰：'绵绵，微细不断貌也。''绵'为俗字。《玉篇》：'緜，新絮也，缠也，緜緜不绝。今作"绵"。'《五经文字》云：'作"绵"者讹。'又'緜緜'下景福本有'兮'字，室町本有'乎'字。'勤'字，武内敦本作'懃'。"

王弼释"勤"为"劳"，如云："无物不成而不劳也，故曰'用而不勤'也。"洪颐煊云："案'勤'通作'廑'字。《文选·长杨赋》李善注引《古今字诂》：'廑，今"勤"字。'《汉书·文帝纪》晋灼曰：'廑，古"勤"字。'《说文》：'廑，少劣之尻。'言其气息绵绵若存，其用之则不弱少也。"于省吾云："按旧多读

'勤'如字，洪颐煊读'用之不勤'之'勤'为'廑'，训为'弱少'。'用之弱少'，不辞甚矣。'勤'应读作'覲'，金文'勤'、'覲'并作'董'。……《诗·韩奕》'韩侯入覲'，《左》僖二十八年《传》'出入三覲'，覲，见也。'用之不覲'，言用之不见也。"于说也未切本义，既言"若存"，即有存而不见之意。如王弼注："欲言存邪，则不见其形。"苏辙亦云："縣縣，微而不绝；若存，存而不可见也。"前句既言"若存"，后句不得再重"不覲"，尤言"用之不覲"，亦不辞也。"勤"当训"尽"，"用之不勤"，犹言"用之不尽"。高亨云："按《淮南子·原道训》曰：'旋县不可究，纤微而不可勤。'高注曰：'勤，尽也。'是'勤'有'尽'义，于古有征。《原道训》又曰'用之而不勤'，谓用之不尽也。又《淮南子·主术训》曰'力勤财匮'，《文子·上仁篇》曰'力勤财尽'，《晏子·谏篇下》曰'百姓之力勤矣'，'力勤'皆谓'力尽'也。然则此云'用之不勤'，正谓'用之不尽'矣。"

道经校注

七（今本《道经》第七章）

甲本：天长地久。天地之所以能〔长〕103且久者，以其不
　　　自生也，故能长生。

乙本：天长地久。天地之所以能长且久者，以222下其不
　　　自生也，故能长生。

王本：天长地久。天地所以能长且久者，以其不自生，
　　　故能长生。

　　遂州本"天长地久"作"天地长久"，无"且"字，末句"生"
字作"久"，谓"天地长久。天地所以能长久者，以其不自生，
故能长久"；景龙碑与之全同，唯首句同王本作"天长地久"；
易玄本第二句亦作"天地所以能长久者"；邢玄本作"天地所能
长且久者"；吴澄本末句"生"字亦作"久"，谓"故能长久"。

　　帛书甲、乙本经文与王本同，仅多"之"与"也"二字。朱谦
之云："长久，各本作'长生'。严可均曰：'王氏《萃编》引邢
州本与此同，易州石柱及河上、王弼作'长生'，非也。'又案敦
煌本与晋纪瞻《易太极论》引均作'长久'。此'久'字盖假借为
'有'，与前二'久'字稍别。《列子·天瑞篇》：'精神者，天之
久；道进乎本不久。'注：'当作"有"。''故能长久'，即言'故

能长有'也。"案帛书甲、乙本并作"以其不自生也，故能长生"。"以其不自生"，则谓天地不自私其生。第五十章云："生之徒十有三，死之徒十有三，而民生生，动皆之死地十有三，夫何故也？以其生生也。""生生"即贵于养生，俗谓贪生怕死，故而死之机遇反倍于生。本章谓天地不自私其生，"故能长生"。二者从正反两面阐述，语异而义同，足见《老子》原作"长生"，朱说不确。张松如云："以本章末二句两'私'字例之，作'长生'是。"此如第七十五章所云："夫唯无以生为者，是贤于贵生。"

甲本：**是以声（圣）人芮（退）其身而身先，外其身而身存。**

乙本：**是以耶（圣）人退其身而身先，外其身而身先，外其身而身存。**

王本：**是以圣人后其身而身先，外其身而身存。**

世传今本多同王本，唯唐杜光庭《道德真经广圣义疏》（《道藏》羔一—行十二）无"是以圣人后其身而身先，外其身而身存"二句。

帛书甲、乙本经文与王本基本相同，唯今本"后其身"，甲、乙本均作"退其身"。甲本又以"声"字借为"圣"，以"芮"字借为"退"；乙本在"外其身而身存"之前，衍"外其身而身先"六字。

河上公注云："先人而后己者也，天下敬之先以为长。薄己而厚人也，百姓爱之如父母，神明祐之若赤子，故身常存。"此即相反相成，辩证统一的道理。老子谓之为"反者道之动，弱者道之用"。

甲本：不以其无〔私〕104 舆(与)？故能成其私。

乙本：不以其无私舆(与)？故能成223上其私。

王本：非以其无私邪？故能成其私。

景龙碑无"非"与"邪"二字，作"以其无私，故能成其私"；遂州本与之同，唯"私"字作"尸"，谓"以其无尸，故能成其尸"；傅奕本"非"字作"不"，谓"不以其无私邪，故能成其私"；景福、易玄二本作"非以其无私，故能成其私"。

帛书甲、乙本经文内容与王本同，唯"非"字作"不"，"邪"字作"与"，并借"舆"字为"与"；首句作"不以其无私与"，稍异。陈碧虚云："河上公、严君平本'以其无私'，王弼、古本作'不以其无私邪'。"是知王本原"非"字亦作"不"，与帛书甲、乙本同。

王弼注："无私者，无为于身也。身先身存，故曰'能成其私'也。"苏辙云："虽然彼其无私，非求以成私也；而私以之成，道则固然耳。"

道经校注

八（今本《道经》第八章）

甲本：上善治（似）水，水善利万物而有静。
乙本：上善如水，水善利万物而有争（静）。
王本：上善若水，水善利万物而不争。

景龙、易玄、邢玄、庆阳、楼古、磻溪、楼正、遂州、司马等诸本"而"字作"又"，谓"水善利万物又不争"。

帛书甲本首句作"上善治水"，古文"台"与"以"同字，"治"与"似"同音，故借"治"字为"似"，谓"上善似水"；末句作"水善利万物而有静"。乙本作"上善如水，水善利万物而有争"；世传今本多同王本作"上善若水，水善利万物而不争"；或作"水善利万物又不争"。首句甲本"似水"，乙本"如水"，今本"若水"，"似"、"如"、"若"三字义同。末句甲本"而有静"，乙本作"而有争"，今本作"而不争"或"又不争"。"有静"、"有争"与"不争"，三者意义差别甚大，其中必有讹误。帛书研究组在甲本"静"后注一"争"字，读作"而有争"。注十五云："乙本亦作'而有争'，通行本作'而不争'，义正相反。按下文云'夫唯不争故无尤'，疑通行本是。"此说可从。但是，从帛书二本共同记载的内容来看，似乎还可作另一种解释。帛书本身确有误句、错字、衍文等等，皆因抄写不慎而造成。但多是在其中一本中发生，一般是甲本误，则乙本不误；反之亦如是。从未发现两本同在一处，而且是共有同一错误者。尤其是甲、乙二本既非同一来源，亦非同时抄写，不可能出现如此巧合。故此仅据末句"夫唯不争故无尤"，即断定甲本"有静"与乙本"有争"，统为"不争"之误，似证据甚弱，难以肯定。帛书用字不严，"争"字与"静"互假，甲本"有静"可读作"有争"，乙本"有争"也同样可读作"有静"。此文完全可以从甲本读作"上善似水，水善利万物而有静"。"有"字有求取之义，《广雅·释诂一》："有，取也。""有静"犹言取于清静也。景龙、遂州诸本作"水善利万物又不争"，今据帛书验之，其中"不"字又像是后人仿王本而增入。王弼于"水善利万物而不争"下无注，仅于"处众人之所恶"下注"人恶卑也"一句。河上公注云："众人恶卑湿垢浊，水独静流居之也。""水独静流居之"，正是对"有静"之诠释。以上两种解释皆通，故均记于此，以备参考。

　　蒋锡昌云："'上善'谓上善之人，即圣人也。'善利'之'善'，犹好也。襄公二十八年《传》'庆氏之马善惊'，《正义》："'善惊'谓数惊，古人有此语。今天谓数惊为好惊，好亦善之意也。'"

甲本：居众之所恶，故几于道矣。

乙本：居众人之所亚（恶），故几于道矣。

王本：处众人之所恶，故几于道。

　　傅奕本“处”字作“居”，最后有“矣”字，作“居众人之所恶，故几于道矣”；范本与之全同，唯最后无“矣”字，稍异；徽、彭二本无“之”与“矣”二字，作“处众人所恶，故几于道”；遂州本无“所”字，作“处众人之恶，故几于道”。

　　帛书甲本首句作“居众之所恶”，乙本作“居众人之所恶”，甲本脱一“人”字。世传今本除傅、范二本与帛书经文相同之外，其他多同王本，作“处众人之所恶，故几于道”。

　　王弼云：“道无水有，故曰‘几’也。”《尔雅·释诂》：“几，近也。”言道乃无形，水则有形，故曰“水之德近于道”。日人大田晴轩云：“几，平声，近也。《系辞上传》曰：‘乾坤或几乎息矣。’《礼·乐记》曰：‘知乐则几于礼矣。’注：‘几，近也。’《庄子·渔父篇》曰：‘几于不免矣。’《吕氏春秋·大乐篇》曰：‘则几于知之矣。’注：‘几，近也。’道者无形，而水犹有形，故水之利万物与诸生，其为可见也，未能若道之无形施与也，故曰‘几于道矣’。”老子所言水近于道者，还包括下述七善。

甲本：居善地105，心善潚（渊），予善，信，正（政）善治，事善能，蹱（动）善时。

乙本：居善地，心善渊，予善天，言223下善信，正（政）善治，事善能，动善时。

王本：居善地，心善渊，与善仁，言善信，正善治，事善能，动善时。

　　景龙、傅奕、孟頫三本“仁”字作“人”，“正”字作“政”，此二句谓“与善人”，“政善治”；庆阳本亦作“与善人”；易玄、邢玄、景福、磻溪、楼正、顾、范、徽、邵、司马、彭、苏、遂州、吴、林、焦等诸本"正"字均作"政"，谓"政善治"。

帛书甲本"予善"下挩一"天"字，"信"上挩"言善"二字，此二句当从乙本作"予善天，言善信"。乙本保存完好。同今本勘校，乙本"予善天"，今本作"与善仁"或"与善人"；甲、乙本"正善治"，王本也作"正善治"，其他今本多作"政善治"。作"政"字是，"正"字假借为"政"。

"居善地"，"善"犹"好"也。《荀子·儒效篇》："至下谓之'地'。"《礼论篇》："地者，下之极也。"此言水好居下。如本章云"居众人之所恶"，乃谓其所处卑下也。第六十六章："江海所以能为百谷王者，以其善下也。"

"心善渊"，《尔雅·释诂》："渊，深也。"《释天》："渊，藏也。"言心好深藏若虚。十五章："古之为道者，微妙玄通，深不可识。"

"予善天"，甲本"天"字挩漏，抄写之误，当据乙本补。今本作"与善仁"或"与善人"。马叙伦云："'人'与'仁'古通。"近年内出版之《老子》注译，此经文多从今本，将帛书甲、乙本改作"与善仁"。窃以为"予"字和"与"词义虽同，而"天"字与"仁"意义迥别。问题未待深研，即随意改动帛书经文，则不可取。按"仁"是儒家崇尚的行为，而道家视"仁"乃有为之表现，故甚藐视。如第三十八章云"上仁为之"，"失德而后仁"，十八章云"大道废有仁义"，十九章云"绝仁弃义，民复孝慈"。足见"仁"同老子道旨是抵牾的，经文不会是"与善仁"。老子视天如道，如第二十五章"天法道"，十六章"天乃道"，第九章"功遂身退天之道",第七十七章"天之道,损有馀而补不足"。再如第二十五章"地法天",河上公注云:"天湛泊不动,施而不求报,生长万物无所收取。"此即说明水所以"予善天"之义。本经河上公注:"万物得水以生,与虚不与盈也。"所云并非释"仁","与虚不与盈"正指天道。如第七十七章云:"天之道犹张弓也,高者抑之,下者举之,有馀者损之,不足者补之。"经文所谓"予善天",犹言水施惠万物而功遂身退好如天。且经文多韵读,"心善渊,予善天,言善信","渊"、"天"、"信"皆真部字,谐韵。今本作"与善仁"者,"仁"乃"天"字之误,或为后人所改。

"言善信",犹谓言必守信。第八十一章云:"信言不美,美言不信。"(今本错简,帛书甲、乙本此章均在第六十七章前)老子主张言不求美而好真诚。

"政善治",老子主张无为而治,即所谓"无为自化,清静自正"(《史记·太史公自序》),也即第四十五章所云"清静可以为天下正"。如何才能使民"自化"、"自正"?具体作法如第五十七章所讲:"我无为而民自化,我好静而民自正,我无事而民自富,我欲无欲而民自朴。"

"事善能",《广雅·释诂》:"能,任也。"老子认为最好的处事态度是"事无事",任其自然发展。如第二章所云:"是以圣人处无为之事,行不言之教,万物作而不为始,生而不为有。"

"动善时",所谓"善时"者,即任其自然自作自息也。蒋锡昌云:"《庄子·天下篇》述老聃之学曰:'其动若水,其静若

镜，其应若响。'《司马迁传》述道家之学曰：'与时迁徙，应物
变化。'皆此所谓'动善时'也。其实老子所谓'动善时'者，非
圣人自己有何积极之动作而能随时应变，乃圣人无为无事，自
己渊默不动，而一任人民之自作自息也。"

自"居善地"以下七言，皆喻水之静虚不争之德，几似于
道。正如王弼注云："言水皆应于此道也。"

甲本：夫唯不静（争），故无尤。

乙本：夫唯不争，故无尤。

王本：夫唯不争，故无尤。

顾、傅、徽、邵、彭、孟頫诸本"尤"下有"矣"字，作"故
无尤矣"。

帛书甲本作"夫唯不静，故无尤"，"静"字假为"争"，当
同乙本作"不争"。马叙伦云："'尤'为'訧'省，《说文》曰：
'訧，罪也。'"其实不必改字，"尤"字本来就有咎怨之义。如
商代卜辞多言"亡尤"，即亡咎。再如《论语·宪问》"不尤人"，
即不怨人也。此言"故无尤"，河上公注："水性如是，故天下
无有怨尤水者也。"

道经校注

九（今本《道经》第九章）

甲本：揸（持）而盈之，不〔若其已。揣106 而〕兑（锐）□
　　　之，〔不〕可长葆（保）之（也）。
乙本：揸（持）而盈之，不若其已。掘（揣）而兑（锐）之，
　　　不可长葆（保）也。
王本：持而盈之，不如其已。揣而棁之，不可长保。

　　景龙碑"如"字作"若"，"已"字作"以"，"棁"字作"锐"，
谓"持而盈之，不若其以。揣而锐之，不可长保"；遂州本与之
同，唯后一句"保"字作"宝"，谓"不可长宝"；司马光本"持"
字作"恃"，"棁"字作"锐"，谓"恃而盈之，不若其已。揣而锐
之，不可长保"；傅奕本"揣"字作"㪬"，此句谓"㪬而棁之"；
易玄、邢玄、景福、庆阳、磻溪、楼正、河上、顾、范、彭、
徽、邵、苏、吴、林等诸本"棁"字皆作"锐"，此句谓"揣而锐
之"。

　　帛书甲、乙本"持"字作"揸"，当为"持"字之别构。甲本
残损较甚，"不"字后缺"若其已，揣而"五字，又在"锐"字后
有衍文。帛书研究组注云："乙本作'掘而允之'，通行本作'揣
而锐之'，河上公注：'揣，治也。'此处'之'上残字缺左旁，

右从 ，疑是‘铅’字。‘铅’作动词用，《荀子》中常见。如《荣辱篇》‘铅之重之’，注：‘铅与沿同，循也，抚循之。’‘允’、‘铅’古音同，可通用。‘锐’则‘铅’字之误。又此多出‘□之’二字，当是笔误。”细审帛书甲本，右侧所从“”恐非“铅”字，乃“兑”字残文。如甲本第五十六章“挫其锐”之“锐”字，假“阅”字为之，其中声符“兑”写作“”；第七十五章“食税”之“税”字作“”。“兑”字上部帛书皆作“”，与“铅”字声符“”形近，但“口”之形体各异。甲本残字“”，即“兑”字的上部，因右边的捺拉的很长，故在“”下还留有捺的残迹。因此帛书组认为“多出‘□之’二字”。其实“兑”“之”间只衍一字，也可能是废字，因残损不清，难以断定。乙本“掜”字即“揣”别构，二字声符一作“短”，一作“耑”，“短”与“耑”皆端纽元部字，读音相同。“”字也非“允”字，乃是“兑”字之误写，或因上部之“八”墨迹捝落，变“”成“”了。总之，帛书甲、乙本此句经文和今本是一致的，皆作“揣而锐之”。“兑”字乃“锐”之假字。

马叙伦云：“《淮南·道应训》及《后汉书·折像传》注、《申屠刚传》注、《蔡邕传》注引并同此。申屠刚《对策》曰：‘持满之戒，老氏所慎。’则刚所见本亦作‘持’，惟‘盈’字作‘满’。”蒋锡昌云：“《越语》‘持盈者与天’；《史记·楚世家》‘此持满之术也’，《诗·凫鹥·序》‘能持盈守成’，皆‘持盈’连言，盖为古人成语。‘盈’之作‘满’，则以惠帝讳而改。老子欲与下句‘揣而棁之’相对，故将‘持盈’二字变作‘持而盈之’也。《说文》：‘持，握也。’《凫鹥·序》疏：‘执而不释谓之持。’是‘持盈’犹执盈而不失也。王弼注：‘持，谓不失德也。既不失其德，又盈之，势必倾危。’以‘持盈’二字分解，非是。河上注：‘已，止也。’‘持而盈之，不如其已’，言持盈不失，不如止而勿行也。下文‘金玉满堂……富贵而骄’，即此所谓‘持而盈之’。”

　　孙诒让云：“‘㪣’即‘揣’之或体，见《集韵·四纸》。然‘揣’当读为‘捶’。《说文》：‘揣，量也；一曰“捶之”。’盖‘揣’与‘捶’声转字通也。”易顺鼎云：“‘梲’字当同河上本作‘锐’。《说文》：‘梲，木杖也。’‘梲’既为木杖，不得云‘揣而梲之’。《释文》虽据王本作‘梲’，然云：‘梲字，音菟夺反，又徒活反。’考《玉篇·手部》：‘挩，徒活、兔夺二切。《说文》云：“解也。”’《木部》‘梲’字两见，一之悦切，一朱悦切，并无菟夺、徒活两音。则《释文》‘梲’字明系‘挩’字之误。……实则王本作‘锐’，与古本作‘挩’不同。注云：‘既揣末令尖，又锐之令利，势必摧衂。’是其证。《文子·微明篇》、《淮南·道应训》作‘锐’，并同。”易氏之说甚是，王注既云“又锐之令利”，足证王本原作“揣而锐之”，当与第四章及第五十六章“挫其锐”之“锐”字谊同。今见王本作“揣而梲之”，显为后人所改。据上述古今各本勘校，此文当订正为：“持而盈之，不若其已。揣而锐之，不可长保也。”

甲本：金玉盈室，莫之守也。贵富而骄（骄），自遗咎也。

乙本：金玉224上〔盈〕室，莫之能守也。贵富而骄，自遗咎也。

王本：金玉满堂，莫之能守。富贵而骄，自遗其咎。

傅奕、范应元二本"堂"字作"室"，谓"金玉满室"；易玄、邢玄、楼正、司马等诸本"骄"字作"憍"，谓"富贵而憍"；楼古本又作"富贵而意"。

帛书甲本作"金玉盈室，莫之守也"；乙本"盈"字残损，下句作"莫之能守也"；今本多同王本作"金玉满堂，莫之能守"。范应元云："'室'字，严遵、杨孚、王弼同古本。"陈碧虚云："严君平、王弼本作'金玉满室'。"马叙伦云："各本及《后汉书·折像传》注引并作'堂'。'室'字是，'室'与'守'韵。"此经当从帛书甲本作"金玉盈室"；作"满室"者，因避汉惠帝讳而改；因"盈"字改作"满"，于是又改"满室"为"满堂"。帛书甲、乙本"贵富而骄，自遗咎也"，今本多作"富贵而骄，自遗其咎"。经文虽稍有差异，而意义无别。河上公注："大富当赈贫，贵当怜贱，而反骄恣，必被祸患也。"满而不溢，高而不危，何能不溢不危？则法天道。四时运行，功成自退。

甲本：功述（遂）身芮（退），天〔之107 道也〕。
乙本：功遂身退，天之道也。
王本：功遂身退，天之道。

景龙、易玄、庆阳、楼古、磻溪、孟頵、河上、顾、范、徽、彭、邵、司马、苏、吴、彭、林、焦等诸本皆作"功成名遂身退"；景福本与之同，唯最后有"也"字，作"天之道也"；傅奕本作"成名功遂身退"；邢玄、遂州二本作"名成功遂身退"。

帛书甲、乙本均作"功遂身退",与王本同。马叙伦云:"《牟子理惑论》引一同此,一同王弼本。《汉书·疏广传》:'广谓受曰:吾闻知足不辱,知止不殆,功遂身退,天之道。'盖本此文,则疏所据本同王本。陆谓'遂'本又作'成'。验王注曰:'四时更运,功成则移。'是王本作'成'也。《老子》古本盖作'功成身退,天之道'。"按《礼记·月令》"百事乃遂",郑注:"遂,成也。""功遂"犹"功成",王弼注"功成则移",乃释所谓"功遂身退"之义,非引述经文也。义如第二章"功成而不居"。帛书甲、乙本同作"功遂身退",足证王本不误。其他如作"功成名遂身退"、"成名功遂身退"或"名成功遂身退"者,皆由后人妄改。

道经校注

十（今本《道经》第十章）

甲本：〔载营魄抱一，能毋离乎？抟气致柔〕，能婴儿
　　　乎？

乙本：载营袙（魄）抱一，能毋离（离）乎？槫（抟）224 下
　　　气至（致）柔，能婴儿乎？

王本：载营魄抱一，能无离乎？专气致柔，能婴儿乎？

　　　楼古、傅奕二本"抱"字作"裒"，末句"能"后有"如"字，
作"载营魄裒一，能无离乎？专气致柔，能如婴儿乎"；景龙、
易玄、敦煌英本、敦煌乙本、敦煌丙本、河上、遂州、林等诸
本均无"乎"字，作"载营魄抱一，能无离？专气致柔，能婴
儿"；河上本、景福碑"婴"字又写作"㼡"；景福、磻溪、楼
正、孟頫、顾、范、彭、徽、邵、司马、苏等诸本，末句"能"
后有"如"字，同傅本作"能如婴儿乎"。

　　　帛书甲本残损较甚，仅存"能婴儿乎"四字；乙本保存完
好，经文内容与王本基本一致。

　　　元刘惟永《道德真经集义》（《道藏》诗一—染八）引褚伯秀
云："首'载'字诸解难通，盖以前三字为句，'抱一'属下文，
与后语不类，所以费解牵合。尝深考其义，得之郭忠恕《佩解

集》(编辑案："解"当作"觿")引开元诏语云：'朕钦承圣训，
覃思玄宗，顷改正《道德经》十章"载"字为"哉"，仍属上句。
及乎议定，众以为然。遂错综真诠，因成注解。'此说明当可去
千载之惑。盖古本不分章，后人误以失之。'道哉'句末字加次
章之首，传录又讹为'载'耳。五十三章末'非道也哉'句法可
证。"孙诒让云："案旧注并以'天之道'断章，而读'载营魄抱
一'为句，《淮南子·道应训》及《群书治要》三十九引'道'下并
有'也'字，而章句亦同。《楚辞·远游》云'载营魄而登霞兮'，
王注云：'抱我灵魂而上升也。'屈子似即用老子语。然则自先
秦西汉至今，释此书者，咸无异读。惟《册府元龟》载唐玄宗天
宝五载诏云：'顷改道德经"载"字为"哉"，仍隶属上句，遂成
注解。'郭忠恕《佩觿》则云：'《老子》上卷改"载"为"哉"。'注
亦引玄宗此诏。检《道经》三十七章王本及玄宗注本，并止第十
章有一'载'字，则玄宗所改为'哉'者，即此'载'字。又改属
上章'天之道'为句。今易州石刻玄宗《道德经注》仍作'载'读，
亦与旧同者。彼石立于开元二十年，盖以后别有改定，故特宣
示，石刻在前，尚沿旧义也。'载'、'哉'古字通，玄宗此读，
虽与古绝异，而审文校义，亦尚可通。天宝后定之注，世无传
帙，开元颁本虽石刻具存，而与天宝诏两不相应。近代毕沅
(《考异》)、钱大昕(《潜研堂》《金石跋尾》)、武亿(《授堂金石
跋》)、王昶(《金石萃编》)考录《御注》，咸莫能证核。今用诏
文推校石本，得其辙迹，聊复记之，以存异读。"今验之帛书，
甲本此文残损，乙本"天之道"下有"也"字，足证旧读不误。玄
宗妄改经文，切不可信从。

刘师培云:"案《素问·调经论》云:'取血于营。'《淮南子·俶真训》云:'夫人之事其神,而娆其精营(句),慧然而有求于外,(高注营慧连读,失之。)此皆失其神明,而离其宅也。'《法言·修身篇》云:'荧魂旷枯,糟莩旷沉。'此之'营魄',即《素问》、《淮南》所言'营',《法言》所谓'荧魂'也。《楚辞·远游》'载营魄而登遐兮',王注:'抱我灵魂而上升也。'以'抱'训'载',以'灵魂'训'营魄',是为汉人故训。'载营魄'者,即安持其神。'载'、'抱'同义。至于此文'乎'字,当从河上本。景龙碑衍,下文诸'乎'字亦然。"朱谦之云:"刘说虽是,但以'灵魂'训'营魄',似有未至。'魄'形体也,与'魂'不同,故《礼运》有'体魄',《郊特牲》有'形魄'。又'魂'为阳为气,'魄'为阴为形。高诱注《淮南·说山训》曰:'魄,人阴神也;魂,人阳神也。'王逸注《楚辞·大招》曰:'魂者,阳之精也;魄者,阴之形也。'此云'营魄'即'阴魄'。《素问·调经论》'取血于营',注:'营主血,阴气也。'又《淮南·精神训》'烛营指天',知'营'者阴也,'营'训为阴,不训为灵。'载营魄抱一',是以阴魄守阳魂也。'抱'如鸡抱卵;一者,气也、魂也。'抱一',则以血肉之躯,守气而不使散泄,如是则形与灵合,魄与魂合,抱神以静,故曰'能无离'。"朱氏谓"一"为"魂",似也未确。河上公注:"营魄,魂魄也。"王弼注:"'载'犹'处'也。"魂载魄,神归舍,形神相依,抱一守道。虚静无为,不以物累身,不以欲害神。"能毋离乎",谓其易知而难行也。"抟气致柔,能婴儿乎",朱谦之云:"即《管子·内业》之'抟气',所谓'抟气如神,万物备存'。(尹注:

"抟，谓结聚也。"）又曰：'此气也，不可止以力。''心静气理，道乃可止。'皆与'专气致柔'说同。"集聚精气以致柔和，能若婴儿含德之厚，精和之至乎？此亦易知难行，故作此疑问。原本当有"乎"字，今本多挩误。

甲本：修（涤）除玄蓝（鉴），能毋疵乎？〔爱民治国108，能毋以智乎〕？

乙本：修（涤）除玄监（鉴），能毋有疵乎？爱民栝（治）国，能毋以知（智）乎？

王本：涤除玄览，能无疵乎？爱民治国，能无知乎？

　　河上本无"乎"字，作"涤除玄览，能无疵；爱民治国，能无知"；遂州本后一句"民"字作"人"，"能"字作"而"，谓"爱人治国，而无知"；敦煌丙本作"爱民治国，而无知"；易玄、敦煌英、林志坚三本作"爱民治国，能无为"；景龙碑与之同，唯"民"字作"人"；邢玄、庆阳、楼古、磻溪、孟頫、楼正、顾、彭、徽、邵、司马、苏、吴、焦等诸本与王本同，唯后一句"知"字作"为"，谓"爱民治国，能无为乎"；傅、范二本亦与王本同，唯"知"上有"以"字，作"爱民治国，能无以知乎"。

　　帛书乙本"修除玄监"，甲本作"修除玄蓝"，今本均作"涤除玄览"。"监"即古"鉴"字，商代甲骨文"监"字写作"𥄂"，作人向皿中水照面，实即"鉴"之本字。后因字义引申，"监"字别有它用，又在其中增一"金"符，而写作"鉴"或"鑑"，从此分道扬镳，别为二字。甲本"蓝"字在此亦读为"鉴"，借字耳。

　　"修除玄鉴，能毋有疵乎"，"修"字与今本"涤"字，古音相同，乃声之转也。"涤"字从"条"得音，"条"字与"修"字之声符皆为"攸"。"修"、"涤"义亦相通，《礼记·中庸》"修其祖庙"，郑注："修，扫粪也。""修除"与"涤除"同义。"疵"字犹"瑕"，《尚书·大诰》"知我国有疵"，马注："疵，瑕也。通称玉病为'瑕'。"此以"疵"言鉴之病，犹谓清洗心鉴，能使其无有瑕疵吗？以喻为道者，应虚静无为，不得存有半点私欲。

帛书甲本后一句残缺，乙本作"爱民栝国，能毋以知乎"；今本多同王本作"爱民治国，能无知乎"，或"爱民治国，能无为乎"。"国"前一字均作"治"，与乙本不同；"能"后二字又分为"无知"与"无为"两说。帛书研究组将"栝"字读作"活"，谓"爱民活国"，并加注云："通行本作'治国'，《经典释文》出'民治'，云：'河上本又作"活"。'帛书中'活'写作'栝'，此'栝国'即'活国'，河上公旧本盖与此同。"按"活国"甚不辞，古籍不见。李翘《老子古注》云："'爱民治国'，河上本'治'作'活'，讹。"乙本中"栝"字，不应读作"活"，应当读作"治"，"栝国"即今本之"治国"，"栝"字与"治"乃声之转也。《广韵》："栝，他玷切。"读音近似于"胎"，与"治"字通。"栝"字古音属透纽谈部，"治"字属定纽之部，"透"、"定"古同为舌头，"之"、"谈"旁对转也，音同通假。如王本第四十一章"善贷且成"，敦煌戊本作"善始且成"；范应元本作"善贷且善成"，帛书乙本作"善始且善成"。于省吾云："敦煌'贷'作'始'，乃声之转。""贷"字假为"始"，与此"栝"字假为"治"同例。

易顺鼎云："'爱民治国，能无知'，当作'能无以智'，与下句'无知'不同。王注云：'治国无以智，犹弃智也。能无以智乎，则民不辟而国治之也。'是王本正作'能无以智'。以，用也；无用智，故曰'犹弃智'。六十五章：'故以智治国，国之贼；不以智治国，国之福。'正与此文互相证明。今王本作'无知'，实非其旧。《释文》出'以知乎'三字，下注云：'音"智"，河上本又直作"智"。'此条幸在，可以破后人妄改之案，而见王注古本之真。"易说至确，帛书乙本即作"能毋以知乎"，"知"字当读作"智"。今本"知"上挩"以"字，而有作"无为"者，显为后人所改。

甲本：此段经文全部残毁。

乙本：天门启阖，能为雌乎？明白四达225上，能毋以知乎？

王本：天门开阖，能无雌乎？明白四达，能无为乎？

邢玄、景福、庆阳、磻溪、楼正、徽、邵、司马、苏、吴、彭诸本"无雌"二字作"为雌"，"为"字作"知"，谓"天门开阖，能为雌乎？明白四达，能无知乎"；景龙、易玄二本与之同，唯无二"乎"字；敦煌乙本第一个"能"字作"而"，谓"天门开阖，而为雌？明白四达，能无为"；河上本作"天门开阖，能无雌？明白四达，能无知"；林、焦二本与之同，唯两句句末皆有"乎"字；傅、范二本作"天门开阖，能为雌乎？明白四达，能无以为乎"；遂州本"能"字均作"而"，无二"乎"字，"天门"与"明白"两句前后互倒，作"明白四达，而无为？天门开阖，而无雌"；敦煌丙本与之同，唯"门"字作"地"，谓"天地开阖，而为雌”；顾欢本作“明白四达，能无知乎？天门开阖，能无雌乎”，亦前后两句互倒。

帛书甲本此段经文全部残毁，乙本保存完好，同王本勘校有三处不同：一、乙本“启阖”，王本作“开阖”；二、乙本“为雌”，王本作“无雌”；三、乙本“能毋以知乎”，王本作“能无为乎”。按“启”、“开”二字之别，系因避汉景帝刘启之讳，而改“启”为“开”；然而后二处之不同，则确有正误之分。

俞樾云：“按唐景龙碑作‘爱民治国能无为？天门开阖能为雌？明白四达能无知’，其义并胜，当从之。‘爱民治国能无为’，即老子‘无为而治’之旨。‘明白四达能无知’，即‘知白守黑’之义也。王弼本误倒之。河上公本两句并作‘无知’，则词复矣。‘天门开阖能无雌’，义不可通，盖涉上下文诸句而误。王弼注云：‘言天门开阖，能为雌乎，则物自宾而处自安矣。’是王弼本正作‘能为雌’也。河上公注云：‘治身当如雌牝，安静柔弱。’是亦不作‘无雌’，故知‘无’字乃传写之误。”俞说虽是，但仍有未尽其义者。“天门开阖，能为雌？明白四达，能无知”两句，景龙碑确较王本义胜。俞氏据以考证经文“无雌”当作“为雌”，“无为”当作“无知”，其说与帛书乙本相同。但谓“爱民治国能无为”则不确，当如前述“爱民治国，能毋以智乎”。

河上公注：“治身，‘天门’谓鼻孔，‘开’谓喘息，‘阖’谓呼吸也。”高亨云：“《庄子·天运篇》‘其心以为不然者，天门弗开矣’，‘天门’亦同此义。言心以为不然，则耳目口鼻不为用。《礼记·大学》‘心不在焉，视而不见，听而不闻，食而不知其味'，即此意也。耳目口鼻之开阖，常人竟于聪明敏达，道家所忌，故欲为雌，不欲为雄。"按生物雄强雌柔，老子主张去强居柔，如第二十八章"知其雄，守其雌"。《文子·道德篇》亦云"退让守柔为天下雌"，即此"为雌"之义。

"明白四达，能毋以知乎"，"以"字在此作"用"解，犹言明白四达能不用知吗？可见王弼本作"明白四达，能无为乎"，确如俞樾所云有误。"明白四达"需依"知"，与"无为"义不相属，当从乙本为是。根据上述古今各本勘校，自前文"涤除玄鉴"至"明白四达"四句经文，当订正为："涤除玄鉴，能毋有疵乎？爱民治国，能毋以智乎？天门启阖，能为雌乎？明白四达，能毋以知乎？"

甲本：生之畜之，生而弗〔有，长而弗宰也，是109 谓玄〕德。

乙本：生之畜之，生而弗有，长而弗宰也，是胃（谓）玄德。

王本：生之畜之，生而不有，为而不恃，长而不宰，是谓玄德。

世传今本多同王本，作"生之畜之，生而不有，为而不恃，长而不宰，是谓玄德"。帛书甲本有残损，乙本保存完好，作"生之畜之，生而弗有，长而弗宰也，是谓玄德"，可据补甲本缺文。与今本勘校，乙本共四句，王本共五句，多出"为而不恃"一句。类似之排列句，在《老子》书中还有三处。其一，第二章甲、乙本同作"万物作而弗始，为而弗恃，成功而弗居也"，王本作"万物作焉而不辞，生而不有，为而不恃，功成而弗居”。王本较帛书多衍“生而不有”一句，说见前文。其二，第五十一章帛书甲本(乙本残)作“生而弗有也，为而弗恃也，长而弗宰也，此之谓玄德”，王本作“生而不有，为而不恃，长而不宰，是谓玄德”。王本与帛书经文基本相同，唯甲本在各句句末均有“也”字，稍异。其三，第七十七章帛书乙本(甲本残)作“是以圣人为而弗有，成功而弗居也。若此，其不欲见贤也”，王本作“是以圣人为而不恃，功成而不处，其不欲见贤”。乙本“为而弗有”，王本误作“为而不恃”，说见前文。通过以上勘校，则知《老子》经文中只有第二章与第五十一章有“为而不恃”一句，今本其他章多为后人增入。

道经校注

十一（今本《道经》第十一章）

甲本： 卅（三十）〔辐同一毂，当〕其无，〔有车〕之用
〔也〕。燃（埏）埴为器，当其无，有埴器〔之用
也〕。

乙本： 卅（三十）楅（辐）同一毂，当其无，有车225下之用
也。燃（埏）埴而为器，当其无，有埴器之用也。

王本： 三十辐共一毂，当其无，有车之用。埏埴以为器，
当其无，有器之用。

  唐广明元年《泰州道德经幢》、敦煌乙本、敦煌丙本"三十"二字均写作"卅"。易玄、邢玄、楼古、敦煌乙、敦煌丙和范应元诸本"埏"字作"挻"，谓"挻埴以为器"。

  帛书甲本有残损，乙本保存完好，首句作"卅楅同一毂"，"楅"字假为"辐"；第四句作"燃埴而为器"，"燃"字乃"埏"之别构。吴云云："卅，诸本作'三十'，是也。《玉篇》：'卅，先阖切，三十也。'"

  钱坫《车制考》（《皇清经解读编》卷二百十六）云："《考工记》曰：'轮辐三十，象日月。'日三十日而与月会，辐数象之，《老子》亦云。又曰：'辐所凑，谓之毂。'《老子》曰：'三十辐

共一毂，当其无有，车之用。'河上公说：'无有，谓空处故。'
《考工记》注亦云：'利转者，以无有为用也。'《说文解字》：
'毂，辐所凑也。'言毂外为辐所凑，而中空虚受轴，以利转为
用。"毕沅云："本皆以'当其无'断句。案《考工记》'利转者，
以无有为用也'，是应以'有'字断句。下并同。"按此段经文现
有两种断句方法；其一，以"无"字断句，读作"当其无，有车
之用"；其二，毕氏据《考工记》"以无有为用"，谓此经当以
"有"字断句，读作"当其无有，车之用"。老子以车毂、陶器、
房屋为喻，说明"无"和"有"两个方面的作用，并特别强调
"无"的作用。车毂除其毂身和汇集之三十根辐，毂之中是空虚
无物的，故可以受轴而利转，毂与辐皆为有的方面，毂之中则
为无的方面。由于"无"可受轴利转，才能有车之用，故窃以为
当以"无"字断句为是。蒋锡昌云："《考工记》'无'、'有'用为
二名，'无'指车毂内外空间而言，'有'指车毂而言。有车毂而
无空间，固不能利转；有空间而无车毂，亦不能利转。《老子》
此'无'与《考工记》谊同；但'有'则为'有无'之'有'，乃常语
耳。毕氏误读《考工记》，以为'无有'即同俗语所谓'没有'，
而复据误读者来误读《老子》，非是。"

马叙伦云："《说文》无'埏'字，当依王本作'挺'，而借为
'抟'，耕、元之部古通也。"朱谦之云："'埏'、'挺'义通，不
必改字。《说文》：'挺，长也；从手从延。'《字林》：'挺，柔
也；今字作"揉"。'朱骏声曰：'凡柔和之物，引之使长，持之
使短，可折可合，可方可圆，谓之"挺"。'王念孙曰：'挺，亦
和也。《老子》"挺埴以为器"，河上公曰："挺，和也；埴，土

也；和土以为饮食之器。"'……又《荀子·性恶篇》：'陶人埏埴以为器。'又云：'陶人埏埴而生瓦。'注：'埏，音羶，击也；埴，黏土也。'又《庄子·马蹄篇》：'陶人曰：我善治埴。'崔云：'土也。'司马云：'埴土可以为陶器。'文谊均与《老子》同，当从之。"制作陶器，器壁与器底皆为有，器腹中空无物，则可为饮食之器也。

甲本：〔凿户牖〕110，当其无，有〔室之〕用也。

乙本：凿户牖，当其无，有室之用也。

王本：凿户牖以为室，当其无，有室之用。

　　世传今本皆与王本相同。帛书甲本有残损；乙本保存完好，首句只作"凿户牖"，无"以为室"三字，与今本稍异。

　　河上公云："谓作屋室，户牖空虚，人得以出入观视；室中空虚，人得以居处，是其用。"此与前述之车毂、埏埴寓义相同。造室则有顶壁与门窗，其中必有一定的空间，人们才能作为居室之用。

甲本：故有之以为利，无之以为用。

乙本：故有之以为利，无之以226上为用。

王本：故有之以为利，无之以为用。

　　世传今本多同王本，唯景龙、遂州、敦煌乙本、敦煌丙本句首无"故"字，作"有之以为利，无之以为用"。帛书甲、乙本均有"故"字，与王本经文全同。

　　王弼云："木、埴、壁所以成三者，而皆以无为用也。言无者，有之所以为利，皆赖无以为用也。"张松如云："本章'有之以为利，无之以为用'，正说明了'弱者道之用'的道理。在这里，老子借器物之'有'和'无'来说明其'利'和'用'。有与无相互发生，利和用相互显著。……因为老子是以利说有，以用说无，或者说是以有见利，以无见用。有与无，利与用，是相对的，不可拆开。《淮南子·说山训》：'鼻之所以息，耳之所以听，终以其无用者为用矣。物莫不因其所有，用其所无，以为不信，视籁与竽。'足为此章确笺。"

道经校注

十二（今本《道经》第十二章）

甲本：五色使人目明（盲），驰骋田腊（猎）使人〔心发
狂〕111，难得之赀（货）使人之行方（妨），五味使
人之口啪（爽），五音使人之耳聋。

乙本：五色使人目盲，驰骋田腊（猎）使人心发狂，难得
之货使人之行仿（妨），五味使人之口爽226下，五
音使人之耳〔聋〕。

王本：五色令人目盲，五音令人耳聋，五味令人口爽，
驰骋畋猎令人心发狂，难得之货令人行妨。

    世传今本多同王本，唯景龙、景福、易玄、邢玄、庆阳、
楼古、磻溪、孟頫、楼正、遂州、河上、顾、傅、范、彭、
徽、邵、司马、苏、吴、林等诸本，第四句"畋"字作"田"，谓
"驰骋田猎令人心发狂"。

    帛书甲、乙本"使人"二字，今本均作"令人"；"田猎"二
字，王本等作"畋猎"。甲、乙本语序亦与今本不同，除第一句
同作"五色使人目盲"之外，甲、乙本第二句"驰骋田猎使人心
发狂"，相当于今本之第四句；甲、乙本第三句"难得之货使人
之行妨"，相当于今本之第五句；甲、乙本第四句"五味使人之

口爽"，相当于今本之第三句；甲、乙本第五句"五音使人之耳聋"，相当于今本之第二句。

王弼云："夫耳、目、口、心，皆顺其性也。不以顺性命，反以伤自然，故曰'盲'、'聋'、'爽'、'狂'也。"目以视色，耳以听音，口以尝味，皆本于性。如肆意纵欲，无所节制，必夺性伤本。故视而不见其色，听而不闻其声，尝而不知其味。如《庄子·天地篇》云："五色乱目，使目不明；……五声乱耳，使耳不聪；……五味浊口，使口厉爽。"易顺鼎云："《楚词·招魂》'厉而不爽'，王逸《章句》：'爽，败也。'《众经音义》卷二、卷十皆云：'爽，败也。楚人羹败曰"爽"。'"奚侗云："古尝以'爽'为口病专名。如《列子·仲尼篇》：'口将爽者，先辨淄渑。'《庄子·天地篇》：'五味浊口，使口厉爽。'《淮南子·精神训》：'五味乱口，使口爽伤。'疑'爽'乃'丧'之借字，由丧亡谊，引申为败为伤。"

王本"畋猎"二字，帛书甲、乙本均作"田腊"，"腊"字假借为"猎"。敦煌乙本作"田獦"，丙本作"田犭昜"，"獦"、"犭昜"皆"猎"字之别体。"田"即古"畋"字，《说文》段注："田，即'畋'字。"不仅古文献多用"田"字为"畋"。早在商代甲骨文中即如此，卜辞中"畋猎"之"畋"字，皆写作"田"。"心发狂"，指心性浮躁，轻率妄为。"难得之货使人行妨"，指奇异珍宝很容易诱引人们伤德败行。如三章所云："不贵难得之货，使民不为盗。"

经文五句"盲"、"狂"、"妨"、"爽"、"聋"谐韵。王念孙云："'爽'字古读若'霜'，正与'明'、'聪'、'扬'为韵。故

《老子》'五味令人口爽'，亦与'盲'、'聋'、'狂'、'妨'为韵。而《庄子·天地篇》'五色乱目，使目不明；五声乱耳，使耳不聪；五味浊口，使口厉爽；趣舍滑心，使性飞扬'，即《淮南》所本也。"

甲本：是以声（圣）人之治也，为腹不〔为目〕112，故去罢（彼）耳（取）此。

乙本：是以耵（圣）人之治也，为腹而不为目，故去彼而取此。

王本：是以圣人为腹不为目，故去彼取此。

世传今本皆同王本，帛书甲、乙本首句"圣人"下均有"之治也"三字。乙本第二、第三句多二"而"字，作"为腹而不为目，故去彼而取此"。甲本以"罢"字假"彼"，"取"字误写作"耳"。

帛书甲、乙本经文"是以圣人之治也，为腹而不为目"，犹第三章所云"是以圣人之治也，虚其心，实其腹"，彼此意义相似。"腹"皆谓民之温饱，如王弼注云："为腹者以物养己。"此之所谓"圣人"，系指善治之国君，故经文亦应与第三章一致，有"之治也"三字，当如帛书甲、乙本作"是以圣人之治也"为是，今本似有捝漏。

蒋锡昌云："按'腹'者，无知无欲，虽外有可欲之境而亦不可见。'目'者，可见外物，易受外境之诱惑而伤自然。故老子以'腹'代表一种简单清静、无知无欲之生活，以'目'代表一种巧伪多欲，其结果竟至'目盲……耳聋……口爽……发狂……行妨'之生活。明乎此，则'为腹'即为无欲之生活，'不为目'即不为多欲之生活。'去彼取此'谓去目（多欲之生活）而取腹（无欲之生活）也。"

道经校注

十三（今本《道经》第十三章）

甲本：龙（宠）辱若惊，贵大梡（患）若身。苛（何）胃
（谓）龙（宠）辱若惊？龙（宠）之为下。

乙本：弄（宠）辱若惊，贵大患若身。何胃（谓）217上弄
（宠）辱若惊？弄（宠）之为下也。

王本：宠辱若惊，贵大患若身。何谓宠辱若惊？宠为下。

易玄、敦煌丙、楼古、磻溪、楼正、遂州、顾、范、彭等
诸本无第二"若惊"二字，作"何谓宠辱？宠为下"；景龙、河
上、吴、林诸本亦无第二"若惊"二字，又第三个"宠"字作
"辱"，作"何谓宠辱？辱为下"；景福碑及宋陈景元《道德真经
藏室纂微篇》（《道藏》欲一—难二，难三—难七）作"何谓宠辱？
宠为下，辱为上"；元李道纯《道德会元》（《道藏》谈三—谈四）
作"何谓宠辱若惊？宠为下，辱为上"。

帛书甲、乙本经文与王本相同，唯甲本"宠"字写作"龙"，
末句作"宠之为下"；乙本"宠"字写作"弄"，末句作"宠之为下
也"。

俞樾云："河上本作'何谓宠辱？辱为下'，注曰：'辱为下
贱。'疑两本均有夺误。当云：'何谓宠辱若惊？宠为上，辱为

下。’河上公作注时，上句未夺，亦必有注，当与‘辱为下贱’对文成义，传写者失上句，遂并注失之。陈景元、李道纯本均作‘何谓宠辱若惊？宠为上，辱为下’，可据以订诸本之误。”劳健亦云：“‘宠为上，辱为下’，景福本如此。傅、范与开元本、诸王本皆作‘宠为下’一句，景龙与河上作‘辱为下’一句。以景福本证之，知二者皆有阙文。《道藏》陈景元、李道纯、寇才质诸本并如景福，亦作二句。陈云：‘河上本作“宠为上，辱为下”，于经义完全，理无迂阔。知古河上本原不阙上句。’按‘宠辱’，谓宠辱之见也；‘为上’、‘为下’，犹第六十一章‘以其静为下’，‘大者宜为下’，诸言为下之见也。盖谓以‘为上’为‘宠’，以‘为下’为‘辱’，则得之失之，皆有以动其心，其惊惟均也。若从阙文作‘宠为下’一句而解，如以受宠者为下，故惊得如惊失，非其旨矣。”今同帛书甲、乙本勘校，同王本作“宠为下”一句者，不阙亦不误，《老子》原本如此。王弼注：‘宠必有辱，荣必有患；宠、辱等，荣、患同也。为下得宠辱荣患若惊，则不足以乱天下也。”“宠辱”相附相成，辱则生宠，受宠者必为下残者也。苏辙云：“古之达人，惊宠如惊辱，知宠之为辱先也；贵身如贵大患，知身之为患本也。是以遗宠而辱不及，忘身而患不至。所谓‘宠辱’非两物也。辱生于宠而世不悟，以宠为上而以辱为下者皆是也。若知辱生于宠，则宠固为下矣。故古之达人得宠若惊，失宠若惊，未尝安宠而惊辱也。”明释德清《老子道德经解》云：“‘宠为下’，谓宠乃下贱之事也。譬如僻幸之人，君爱之以为宠，虽卮酒脔肉必赐之。非此不见其为宠。彼无宠者，则傲然而立。以此较之，虽宠实乃辱之甚也，岂非下耶？故曰'宠为下'。"旧注据王本"宠为下"
释之，切合经义。俞、劳二氏据误本讹句强为之解，从者甚
多，遗患亦大，故不得不辨。今依帛书甲、乙本证之，王、
傅、范、开元诸本作"宠为下"者，乃存《老子》之旧；作"辱为
下"或"宠为上，辱为下"者，皆由后人增改，均当据以刊正。
俞、劳之说皆不可信。

甲本：**得之若惊，失〔之〕113 若惊，是胃（谓）龙（宠）辱
若惊。**

乙本：**得之若惊，失之若惊，是胃（谓）弄（宠）辱若惊。**

王本：**得之若惊，失之若惊，是谓宠辱若惊。**

世传今本多同王本，唯吴澄本无"是谓宠辱若惊"一句，朱
谦之云："林希逸亦无此六字。"

帛书甲、乙本经文与王本同，甲本"宠"字写作"龙"，乙本
"宠"字写作"弄"，皆假字耳。

本章经文首句为"宠辱若惊"，前文言"何谓宠辱"，此又言
"得之若惊，失之若惊，是谓宠辱若惊"。这两段经文皆为老子对
"宠辱若惊"自作的诠释。河上公注云："身宠亦惊，身辱亦惊。
得宠荣惊者，处高位如临深危也。失者，失宠处辱也。惊者，恐
祸重来也。"身居虚静，无欲无私，既无宠辱，也无惊恐矣。

甲本：**何胃（谓）贵大梡（患）若身？吾所以有大梡（患）
者，为吾有身也；及吾无身114，有何梡（患）？**

乙本：**何胃（谓）贵大患227 下若身？吾所以有大患者，为**

　　　　吾有身也；及吾无身，有何患？

王本：何谓贵大患若身？吾所以有大患者，为吾有身；

　　　　及吾无身，吾有何患！

　　遂州本"谓"字作"为"，第二个"吾"字作"我"，谓"何为贵
大患若身？吾所以有大患者，为我有身；及吾无身，吾有何
患"；景龙、敦煌丙本无"者"字，第二、三两个"吾"字作
"我"，谓"何谓贵大患若身？吾所以有大患，为我有身；及我
无身，吾有何患"；敦煌乙本与之同，唯第二句有"者"字，作
"吾所以有大患者"，稍异；景福碑最后一句末尾有"乎"字，作
"及吾无身，吾有何患乎"；范应元本"及"字作"苟"，谓"苟吾
无身，吾有何患"；傅奕本作"苟吾无身，吾有何患乎"。

　　帛书甲、乙本经文与王本基本相同，甲本"患"字写作
"梡"，同音假借。王本"为吾有身"，甲、乙本作"为吾有身
也"；王本"吾有何患"，甲、乙本作"有何患"，稍有差异。又
帛书甲、乙本"及吾无身"，与王本同，傅、范二本作"苟吾无
身"。王引之《经传释词》卷五云："'及'犹'若'也。……《老
子》曰：'吾所以有大患者，为吾有身；及吾无身，吾有何患！'
言若吾无身也。又曰：'取天下常以无事，及其有事，不足以
取天下。'言若其有事也。'及'与'若'同义，故'及'可训'若'，
'若'亦可训为'及'。"朱谦之云："今证之古本，知'及'与
'若'同，与'苟'字亦可互用。"

　　"何谓贵大患若身"，此亦老子自对前文"贵大患若身"所设
之疑问，"贵"字在此为动词，犹今言"重视"。义若何谓重视自
身，犹如重视大患？经文"身"、"患"二字位置相倒。焦竑云：

"'贵大患若身',当云'贵身若大患'。倒而言之,古语类如此。"其说甚是。"吾所以有大患者,为吾有身;及吾无身,有何患",言身与患相邻,身存而患随,无身则无患,故防患当贵身。司马光云:"有身斯有患也。然则既有此身,则当贵之、爱之,循自然之理,以应事物,不纵情欲,俾之无患可也。"范应元云:"轻身而不修身,则自取危亡也。是以君子安而不忘危,存而不忘亡,故终身无患也。"

甲本:故贵为身于为天下,若可以迈(托)天下矣;爱以身为天下,女(如)可以寄天下。

乙本:故贵为身于为天下,若可以橐(托)天下 228 上〔矣〕;爱以身为天下,女(如)可以寄天下矣。

王本:故贵以身为天下,若可寄天下;爱以身为天下,若可托天下。

世传今本此段经文多有差异,兹将本书所据勘本异于王本者,分别录之于下:

景龙碑:故贵身于天下,若可托天下;爱以身为天下者,若可寄天下。

景福碑:故贵以身为天下者,则可以寄于天下;爱身以为天下者,乃可以托于天下。

敦煌丙本:故贵以身于天下,若可托天下;爱以身为天下,若可寄天下。

遂州本:故贵以身于天下者,可托天下;爱以身于天下者,可寄天下。

河上本：故贵以身为天下者，则可寄于天下；爱以身为天下者，乃可以托于天下。

顾欢本：故贵以身为天下者，若可寄于天下矣；爱以身为天下者，乃可托于天下矣。

傅奕、范应元二本：故贵以身为天下者，则可以托天下矣；爱以身为天下者，则可以寄天下矣。

司马光本：故贵以身为天下者，可以托天下矣；爱以身为天下者，则可以寄天下矣。

吴澄本：故贵以身为天下，则可以寄天下；爱以身为天下，则可以托天下。

林志坚本：故贵以身为天下者，则可以寄于天下；爱以身为天下者，乃可以托于天下。

焦竑本：故贵以身为天下者，可以寄天下；爱以身为天下者，可以托天下。

帛书甲、乙本经文相同，而与今本皆有差异。甲、乙本同作“贵为身”，“可以托天下”；“爱以身”，“可以寄天下”。今本中除傅、范等少数版本与之相近外，其他皆作“贵以身”，“寄天下”；“爱以身”，“托天下”。彼此经文相倒。陶邵学云：“王注：‘无以易其身，故曰“贵”也；如此，乃可以托天下也。无物可以损其身，故曰“爱”也；如此，乃可以寄天下也。’是王本亦上句作‘托’，下句作‘寄’。”蒋锡昌云：“按陈碧虚云：‘王弼本作“故贵以身为天下者，则可以托天下矣；爱以身为天下者，则可以寄天下矣”。’陶氏据王注，谓王本上句作‘托’，下句作‘寄’，正与相合。是陈见王本，与傅、范二本同，盖古本如此。"今从帛书甲、乙本勘校，足证《老子》原本当上句作"托"，下句作"寄"，今本与之相反者，皆误。楼宇烈云："《庄子·让王》：'夫天下至重也，而不以害其生，又况他物乎？惟无以天下为者，可以托天下也。'又'托'字，陶鸿庆说当与下节注之'寄'字互易。按陶说非。此非注文窜易，而是今本《老子》窜易。据长沙马王堆三号汉墓出土帛书《老子》甲、乙本，此节经文均作'可以托天下'，而下节经文则作'可以寄天下'，可证此注文不误。"从《庄子·在宥》《让王》、《淮南子·道原》等古籍引述《老子》此语，皆"寄"字在上，"托"字在下，可见此一讹误来源久矣，非帛书甲、乙本共同证之，此案难以订正。

按此节经文今本多变易，旧注亦莫衷一是，议论纷纭。帛书甲、乙本经文完全相同，谊甚畅明，当从之。"故贵为身于为天下，若可以托天下矣"，"贵"字仍如前文作动词，可释作"重视"；"于"字介词，用以表示重视自身与重视天下之不同。"贵为身于为天下"，犹言为身贵于为天下，乃动词前置。即谓重视为自身甚于重视为天下，若此可以托天下矣。"爱以身为天下"，此节经文与王本同。"爱"字为动词，亦置于句首，即谓以自身为天下之最爱者，如王弼注："无物以损其身，故曰'爱'也。"译为今语，则谓爱自身胜于爱任何物，胜于爱天下，如此，可以寄天下矣。《庄子·让王篇》："道之真以治身，其绪馀以为国家，其土苴以治天下。由此观之，帝王之功，圣人之馀事也，非所以完身养生也。"此乃《老子》此章"故贵为身于为天下"与"爱以身为天下"之最确切的释义。

道经校注

十四（今本《道经》第十四章）

甲本： 视之而弗115见，名之曰礬（微）。听之而弗闻，名
之曰希。捪之而弗得，名之曰夷。

乙本： 视之而弗见，〔名〕之曰微。听之而弗闻，命（名）
之曰228下希。捪之而弗得，命（名）之曰夷。

王本： 视之不见名曰夷，听之不闻名曰希，搏之不得名
曰微。

范应元本"夷"字作"几"，谓"视之不见名曰几"。吴澄、
林志坚二本"搏"字作"抟"，谓"抟之不得名曰微"；遂州本
"搏"字作"博"，谓"博之不得名曰微"。

帛书甲、乙本经文相同，唯甲本"名"字，乙本作"命"，稍
异。乙本在"捪"字前衍一"听"字，抄写之误，又似有删去之墨
痕。据帛书甲、乙本与今本勘校，彼此有两处差异，现分别加
以讨论：

一、帛书甲、乙本"视之而弗见，名之曰微"，世传今本多
同王本作"视之不见名曰夷"，唯范应元本作"视之不见名曰
几"。范应元云："'几'字，孙登、王弼同古本。傅奕云：'几
者，幽而无象也。'"马叙伦云："范'夷'作'几'。范谓孙登、

王弼同古本。傅奕云：‘几者，幽而无象也。’是王、傅二本并作‘几’。依义，作‘几’为长。《说文》：‘幾，微也；从丝，丝微也。’‘幽’亦从丝从火（依甲文）。傅谓‘几者，幽而无象’，是其义矣。""几"、"微"义同，《礼记·学记》"微而臧"，孔颖达疏谓"微"为"幽隐"；《檀弓》"礼有微情者"，疏云："微者，不见也。"幽隐无象，故曰"视之而弗见，名之曰微"。足证帛书甲、乙本保存了《老子》之旧；今本作"视之不见名曰夷"者误。再如，第三句帛书甲、乙本"揗之而弗得，名之曰夷"，今本作"搏之不得名曰微"。显然是今本将属第一句之"微"字与属第三句之"夷"字前后颠倒，张冠李戴。

二、帛书甲、乙本第三句"揗之而弗得，名之曰夷"，今本多同王本"搏之而不得名曰微"，唯吴澄、林志坚本作"抟之不得名曰微"。这里不仅误"夷"字为"微"，并且误"揗"字为"搏"。《说文》："揗，抚也，一曰摹也。""揗"字也可写作"揗"，《广雅·释诂》："揗，循也。"《易经乾凿度》、《列子·天瑞篇》皆作"视之不见，听之不闻，循之不得"；《淮南子·原道》也作"视之不见其形，听之不闻其声，循之不得其身"。"循之不得"，即帛书甲、乙本"揗之而弗得"，犹言抚摸不着。《广雅·释诂》："夷，灭也。""揗之而弗得"，正与"名之曰夷"义相合。足证今本不仅误"揗"字为"搏"，而且误"夷"字为"微"，而失原义远矣。今本之讹误，均当据帛书甲、乙本订正。

甲本：三者不可至(致)计(诘)，故圆(混)〔而为一〕116。
乙本：三者不可至(致)计(诘)，故绲(混)而为一。

王本：此三者不可致诘，故混而为一。

　　世传今本多同王本，唯林志坚本"可"下有"以"字，作"此三者不可以致诘"；庆阳、磻溪、苏辙诸本"故"下有"复"字，作"故复混而为一"。

　　帛书甲本稍残，乙本保存完好。二本经文相同，唯"混"字甲本写作"圂"，乙本写作"绲"。

　　马叙伦云："案'混'借为'棞'，古书言'混沌'者，皆谓未分析。《说文》：'棞，完木未析也。'今通用'混'。"帛书研究组据马说增注云："按'圂'从束从囗，疑即《说文》部首之'橐'字，在此读为'棞'，完木未析也。"乙本注："绲，疑为'绳'字……在此读为'捆'。"按"绲"字从君得声，"混"字从昆得声，"君"、"昆"皆见纽文部字，古读音相同，故甲本"圂"字与乙本"绲"字，均当从今本假为"混"。帛书"计"字乃"诘"之借字。经文当从今本作"三者不可致诘，故混而为一"。

　　河上公注："三者，谓'夷'、'希'、'微'也；不可致诘者，夫无色、无声、无形，口不能言，书不能传，当受之以静，永之以神，不可诘问而得之也。混，合也。故合于三，名之而为'一'。"蒋锡昌云："泰初时期，天地未辟，既无声色，亦无形质，此种境界不可致诘，亦不可思议。老子以为此即最高之道，无以名之，姑名之曰'一'也。"

甲本：一者，其上不攸（皦），其下不忽（昧），寻寻呵不可名也，复归于无物。

乙本：一者，其上不谬（皦），其下不忽（昧），寻寻呵不

可命（名）229上也，复归于无物。

王本：其上不皦，其下不昧，绳绳不可名，复归于无物。

傅奕本句首有"一者"二字，作"一者，其上不皦，其下不昧"。景龙碑"皦"字作"皦"，第二个"其"字作"在"，谓"其上不皦，在下不昧"；磻溪、焦竑二本"皦"字亦作"皦"。景福、孟頫、傅奕、徽、邵、司马、吴、彭、焦诸本"绳绳"下有"兮"字，作"绳绳兮不可名，复归于无物"；遂州与《想尔注》本"昧"字作"忽"，"绳绳"二字作"蝇蝇"，谓"其上不皦，其下不忽，蝇蝇不可名，复归于无物"。

帛书甲、乙本皆有"一者"一句，今本除傅奕本保存此句外，其他皆无。按：此乃承上文"混而为一"而言，当有"一者"为是，无则挩漏，应据甲、乙本补。帛书甲本"其上不攸，其下不忽"，乙本作"其上不谬，其下不忽"，今本多同王本作"其上不皦，其下不昧"。三者各不相同，当从孰是？许抗生、张松如皆据《庄子·天下篇》"谬悠之说"一句，许谓"谬义为胜，今从乙本"，张谓"疑当作'攸'，读为'悠'，意为谬悠虚远"。按《天下篇》云："古之道术有于是者，庄周闻其风而悦之。以谬悠之说，荒唐之言，无端崖之辞。""谬悠之说"，乃谓其说之虚妄，《释文》谓："若忘于情实者也。"则同本经文"其上不谬，其下不忽"不类。从字音分析，"攸"、"谬"、"皦"三音虽用字各异，而读音相同。如"攸"字古属喻纽幽部，"谬"字属明纽幽部，"喻"、"明"二纽古相通转。如喻纽"溢"字与明纽"谧"字通假，《诗·周颂·维天之命》"假以溢我"，《说文》卷三引作"誐以谧我"。段玉裁注："谧，铉本作'溢'，此用《毛诗》改窜也，《广韵》引《说文》作'谧'。按《毛诗》'假以溢我'，传曰'假嘉溢慎'，与'諴'、'谧'字异义同。许所偁盖《三家诗》'諴'、'谧'皆本义，'假'、'溢'皆假借也。"又如《说文》"璊"字，先云"从玉㒼声"，莫奔切，属明纽；又云"璊或从允"，"允"余准切，属喻纽。此皆"喻"、"明"二纽通转之证。"攸"、"谬"古音相同，而"攸"、"皦"与"谬"、"皦"古音皆通。"谬"、"攸"皆幽部字，"皦"属宵部，"宵"、"幽"旁转。"谬"声在明纽，"皦"在见纽，"明"、"见"二纽相通。如《左传》庄公十年"曹刿请见"，《史记·鲁世家》、《刺客列传》均作"曹沫"，"刿"属见纽，"沫"在明纽。《周礼·考工记·匠人》"庙门容大扃七个"，《说文·鼎部》引作"庙门容大鼏七个"。"鼏"莫狄切，明纽字；"扃"古荧切，见纽字。皆"明"、"见"二纽通用之证。"攸"声在喻纽，"皦"在见纽，"喻"、"见"二纽发音相近。如"贵"见纽字，加辵符读作喻纽"遗"；"谷"见纽字，加水符读作喻纽"浴"；反之，"異"喻纽字，加北符读作见纽"冀"。以上参见黄焯《古今声类通转表》。下句"忽"、"昧"二字古音亦通，"忽"字从勿得声，与"昧"字同为明纽物部字，乃双声叠韵，音同互假。

通过以上分析，帛书甲本"其上不攸，其下不忽"，乙本"其上不谬，其下不忽"，今本"其上不皦，其下不昧"，三者用字虽异，而古读音相同。"攸"、"谬"、"皦"通假，"忽"与"昧"通假。今本用本字，帛书用借字，当从今本。河上公释"皦"字为"光明"，释"昧"字为"暗冥"。苏辙亦云："物之有形者，皆丽于阴阳，故上皦下昧不可逃也。道虽在上而不皦，虽在下而不昧，不可以形数推也。"此言道者上不曒，下不昧，超然自若，不可以物比，不可以言状。从经义分析，古注不误，当从之。

帛书甲、乙本"寻寻呵不可名也，复归于无物"，乙本假"命"字为"名"。今本"寻寻"二字作"绳绳"，傅奕及诸宋本"绳绳"下多有"兮"字，王弼本挩此字。"寻寻"、"绳绳"同音，皆重言形况字，此当从今本作"绳绳"为是。《诗·周南·螽斯》"宜尔子孙绳绳兮"，《大雅·抑》"子孙绳绳"，毛传、郑笺皆据《尔雅》训"戒"训"慎"。河上公注："绳绳者，动行无穷极也。"成玄英疏云："绳绳，运动之貌也。言道运转天地，陶铸生灵，而视听莫寻，故不可名也。复归者，还源也。无物者，妙本也。夫应机降迹，即可见可闻；复本归根，即无名无相；故言复归于无物也。"

甲本：是胃（谓）无状之状，无物之〔象，是谓忽[117]**恍〕。**

乙本：是胃（谓）无状之状，无物之象，是胃（谓）沕（忽）望（恍）。

王本：是谓无状之状，无物之象，是谓惚恍。

敦煌丙本首句无"谓"字，作"是无状之状，无物之象"；遂州本亦无"谓"字，"象"字作"像"，"惚恍"二字作"忽悦"，谓"是无状之状，无物之像，是谓忽悦"。邢玄本最后二字亦作"忽悦"；景龙、易玄、景福、孟頫、河上诸本作"忽恍"；傅、范二本作"芴芒"；徽、邵、彭、林诸本作"恍惚"。司马本"无物之象"句重，苏辙、吴澄二本作"无象之象"。

　　帛书甲本稍残，乙本保存完好，经文均与王本同；唯乙本
"惚恍"作"沕望"，假借字也；王本作"惚恍"。蒋锡昌云："强
本严注：'无象之象，无所不象。'是严作'无象之象'。诸本或
作'无象之象'，以与上句'无形之形'一律，不知《老子》自作
'无物之象'。二十一章：'惚兮恍兮，其中有象。恍兮惚兮，
其中有物。''物'、'象'对言，即据此文'无物之象'而来，可
证也。'无状之状，无物之象'，谓道若有若无，若可见，若不
可见；其为物也，无色无体，无声无响，然可思索而得，意会
而知。此思索而得之状，意会而知之象，无以名之，名之曰
'无状之状，无物之象'也。王注：'欲言无邪，而物由以成；
欲言有邪，而不见其形。故曰'无状之状，无物之象'也。'"惚
恍"则正言"恍惚"。二十一章"道之为物，惟恍惟惚"，王弼
注："恍惚，无形不系之叹。"此言"惚恍"，为取与"状"、"象"
谐韵，故作"惚恍"，颠倒读之。

甲本：〔随而不见其后，迎〕而不见其首。

乙本：随而不见其后，迎而不见229下其首。

王本：迎之不见其首，随之不见其后。

　　景龙、易玄、邢玄、敦煌丙本均无两个"之"字，作"迎不
见其首，随不见其后"；景福碑"迎之"句在"随之"句下，作
"随之不见其后，迎之不见其首"，与帛书甲、乙本语序相同。

　　帛书甲、乙本与今本经义相同，唯"之"字甲、乙本均作
"而"，且"随而"句在"迎而"句之前，稍异。成玄英疏："迎不

见其首，明道非古无始也；随不见其后，明道非今无终也。"言道既不知其始，亦不知其终，则无始无终；出现在天地之前，又"象帝之先"。

甲本： 执今之道，以御今之有，以知古始，是胃（谓）〔道纪〕。

乙本： 执今之道，以御今之有，以知古始，是胃（谓）道纪。

王本： 执古之道，以御今之有，能知古始，是谓道纪。

景龙碑"御"字作"语"，"能"字作"以"，"纪"字作"己"，谓"执古之道，以语今之有，以知古始，是谓道己"；景福、敦煌丙、河上、林诸本"能"字均作"以"，谓"以知古始，是谓道纪"；顾欢本作"是谓道纪也"，最后有"也"字。

帛书甲、乙本均作"执今之道，以御今之有，以知古始，是谓道纪"，今本多同王本作"执古之道，以御今之有，以知古始，是谓道纪"。甲、乙本"执今之道"，今本皆作"执古之道"，"今"、"古"一字之差，则意义迥然有别。按托古御今是儒家的思想，法家重视现实，反对托古。《史记·商君列传》："卫鞅曰：'治世不一道，便国不法古。'"《荀子·非相篇》："舍后王而道上古，譬之是犹舍己之君而事人之君也。故曰：'欲观千岁，则数今日。'"《太史公自序》言及道家则云："有法无法因时为业，有度无度因物与合。故曰：'圣人不朽，时变是守。'"从而足证经文当从帛书甲、乙本作"执今之道，以御今之有"为是。"御"犹"治"，《诗·大雅·思齐》"以御于家邦"，郑笺："御，治也。"刘师培云："'有'即'域'字之假字也。

‘有’通作‘或’，‘或’即古‘域’字。《诗·商颂·烈祖》‘奄有九有’，毛传：‘九域，九州也。’又‘正域彼四方’，毛传：‘域，有也。’《国语·楚语》‘共工氏之伯九有也’，韦注：‘有，域也。’此文‘有’字与‘九有’之‘有’同。‘有’即‘域’，‘域’即二十五章‘域中有四大’之‘域’也。‘御今之有’，犹言御今之天下国家也。”谓执今之道，治理今之天下国家。

“以知古始，是谓道纪”，奚侗云：“《礼记·乐记》‘中和之纪’，郑玄注：‘纪，总要之名也。’”蒋锡昌云：“古‘能’、‘而’通用，‘以’、‘而’亦通用，故诸本或假‘以’为‘能’也。古始，泰初无名之始也。……顾本成疏：‘古始，即无名之道也。’‘能知古始，是谓道纪’，谓圣人能知泰初无名之道，是谓得道之总要也。”

道经校注

十五（今本《道经》第十五章）

甲本：〔古之118善为道者，微妙玄达〕，深不可志（识）。
　　　　夫唯不可志（识），故强为之容。

乙本：古之善为道者，微眇（妙）玄达，深不可志（识）。
　　　　夫唯230上不可志（识），故强为之容。

王本：古之善为士者，微妙玄通，深不可识。夫唯不可
　　　　识，故强为之容。

　　傅奕、楼古二本"士"字作"道"，谓"古之善为道者"。范
应元本"识"字作"测"，谓"微妙玄通，深不可测。夫惟不可
测，故强为之容"；司马本无第二个"可"字，作"夫唯不识，故
强为之容"；遂州本无"故"字，作"夫唯不可识，强为之容"。

　　帛书甲本残十字，乙本保存完好。与今本勘校，乙本"古
之善为道者"，今本除傅奕、楼古二本与之相同外，其他皆作
"古之善为士者"。乙本"微眇玄达"，今本皆作"微妙玄通"。
甲、乙本并假"志"字为"识"。

　　河上本今作"古之善为士者"，注云："谓得道之君也。"显
见原本"士"字当作"道"。马叙伦云："《后汉书·党锢传》注引
作'道'；依河上注，盖河上亦作'道'字。范、易州、罗卷、臧

疏、张之象并作'士',成疏曰:'故援昔善修道之士以轨则圣人。'则成亦作'士'。验文'道'字为是,今王本作'士'者,盖六十八章之文。"朱谦之云:"依河上公注,'善为士者'当作'善为道者'。傅奕本'士'作'道',即其证。毕沅曰:'道,河上公、王弼作"士"。'案:作'道'是也,高翿本亦作'道'。"今据帛书乙本验之,则为马、朱二氏之说得一确证,《老子》原作"善为道者","士"字乃后人所改。

帛书乙本"微眇玄达",今本作"微妙玄通","眇"、"妙"二字通用,"通"、"达"二字义同,此当从今本。蒋锡昌云:"《史记·老子列传》:'老子曰:……良贾深藏若虚,君子盛德,容貌若愚。'皆此文'微妙玄通,深不可识'之谊也。"

易顺鼎云:"《文选·魏都赋》张载注引《老子》曰:'古之士,微妙玄通,深不可识。夫唯不可识,故强为之颂。'……作'颂'者古字,作'容'者今字。……'强为之容'犹云'强为之状'。"此之谓善为道者,将以成圣而尽神,容状不可识,勉强言之,则如下文。

甲本: 曰:与(豫)呵其若冬〔涉水。犹呵119 其若〕畏四
〔邻。严呵〕其若客。

乙本: 曰:与(豫)呵其若冬涉水。犹呵其若畏四𨾾
(邻)。严呵其若客。

王本: 豫焉若冬涉川。犹兮若畏四邻。俨兮其若容。

傅奕本句首有"曰"字,"焉"字作"兮",谓"曰:豫兮若冬涉川";景福、范、徽、邵、司马、彭、林诸本与之同,唯句

首无"曰"字；河上本"豫"字作"与"，谓"与兮若冬涉川"；景龙、易玄、邢玄、楼古、磻溪、楼正、敦煌丙、遂州、顾、苏诸本无"焉"字，作"豫若冬涉川"。第二句景龙、邢玄、易玄、楼古、磻溪、楼正、遂州、顾、苏、焦诸本无"兮"字，作"犹若畏四邻"。第三句景福、孟頫、河上、司马、吴、林诸本"容"字作"客"，谓"俨兮其若客"；景龙、邢玄、易玄、磻溪、楼正、顾、傅、焦诸本作"俨若客"；楼古、遂州、徽、邵、苏、彭诸本作"俨若容"。

　　帛书甲、乙本句首均有"曰"字，世传今本唯傅本有，其他皆无。按此乃承前文"强为之容"而言，下述七排列句皆谓"善为道者"之行表与仪态，为"曰"之宾语。无"曰"字则无谓语，语意不明。今本误挩，当据帛书甲、乙本补。甲、乙本"曰"下七句每句皆有"其"字，"其"在此为"善为道者"之代词，乃是每一句中之主语。王本仅第三、五、六、七共四句中有"其"字，而第一、二、四共三句中有遗漏，本当一律。验之古籍，《文子·上仁篇》引此文皆有"其"字，句型亦与帛书甲、乙本同，作"豫兮其若冬涉大川。犹兮其若畏四邻"。《文子》"冬涉大川"，《老子》今本作"冬涉川"，甲、乙本同作"冬涉水"。"水"、"川"二字古文形近易混，"水"共名，"川"专名，义同。"俨兮其若容"，帛书"容"字作"客"，河上、傅奕及诸唐本亦多作"客"。作"客"是，"容"字系因形近而误。

　　《说文·象部》："豫，象之大者。"《犬部》："犹，玃属。"段玉裁注："《曲礼》曰：'使民决嫌疑，定犹豫。'《正义》云：'《说文》："犹，玃属。""豫，象属。"此二兽皆进退多疑，人多疑惑者似之，故谓之"犹豫"。'按古有以声不以义者，如'犹豫'双声，亦作'犹与'，亦作'尤豫'，皆迟疑之貌。《老子》：'豫兮如冬涉川。犹兮若畏四邻。'《离骚》：'心犹豫而狐疑。'以'犹豫'二字兒其狐疑耳。"王弼注："冬之涉川，豫然若欲度，若不欲度，其情不可得见之貌也。"以喻"善为道者"遇事迟疑审慎不敢妄为。"犹呵其若畏四邻"，河上公注："其进退犹犹如拘制，若人犯法畏四邻知之也。"王弼注："四邻合攻中央之主，犹然不知所趣向者也。上德之人，其端兆不可睹，意趣不可见，亦犹此也。"王弼以"邻"为邻国，河上公以"邻"为邻人，验之经义，似以王说义长。蒋锡昌云："言圣人常畏四邻侵入，故迟疑戒慎，柔弱自处，而不敢为天下先也。""严呵其若客"，"严"字今本作"俨"，吴澄云："矜庄貌。"此乃端庄严谨之谓也。言其如作宾客，则举止端庄，谦恭卑下，自慎自爱，不敢妄作，唯恐失礼不敬，招来非议。

甲本：涣呵其若淩（凌）泽（释）。玾（敦）呵其若楃（朴）。
乙本：涣呵230下其若淩（凌）泽（释）。沌（敦）呵其若朴。
王本：涣兮若冰之将释。敦兮其若朴。

　　景龙、易玄、邢玄、楼古、磻溪、楼正、顾、傅、徽、彭、邵、苏诸本，首句无"兮"与"之"二字，作"涣若冰将释"；遂州本作"涣若冰将汋"；孟頫本无"之"字，作"涣兮若冰将释"。景龙、易玄、顾欢三本，下句无"兮其"二字，作"敦若朴"；遂州本作"混若朴"。

　　帛书甲、乙本假"泽"字为"释"，作"其若凌释"，今本作

"若冰之将释"或"若冰将释"。按"若"前应有"其"字，"冰"、"凌"二字义同，此当从帛书甲、乙本作"其若凌释"为是。帛书甲本下句"呵"前一字残，其左侧仅存一"玉"字形符；乙本作"沌"；今本作"敦"。甲本此残字亦必"敦"之同音假借字，此当从今本作"敦兮其若朴"。

　　刘师培云："《文子·上仁篇》作'涣兮其若冰之液'。疑《老子》古本作'液'，'将释'二字系后人旁记之词，校者用以代正文。"蒋锡昌云："按《说文》：'释，解也。''液，水尽也。''冰'可言解，而不可言水尽，谊固以'释'为长。然'释'字古亦假'液'为之。《礼记·月令》'冰冻消释'，《释文》：'释，本作"液"。'是其例也。《文子》作'液'者，假字；《老子》作'释'者，乃本字也。刘说非是。此句与上句相对为言，谓圣人外虽俨敬如客，而内则一团和气，随机舒散，无复凝滞，涣然如冰之随消随化，毫无迹象可见也。""敦兮其若朴"，河上公注："'敦'者质厚，'朴'者形未分，内守精神，外无文采也。"乃谓"善为道者"，纯厚的好像尚未加工雕琢的原木。

甲本：湷（混）〔呵其若浊。湉（旷）呵120其〕若浴（谷）。
乙本：湷（混）呵其若浊。湉（旷）呵其若浴（谷）。
王本：旷兮其若谷。混兮其若浊。

　　邢玄、磻溪、孟頫、楼正、河上、徽、范、彭、邵、司马、苏、吴诸本"混"字作"浑"，谓"浑兮其若浊"；林本作"浑兮其如浊"；顾欢本作"旷若谷，浑兮若浊"；易玄作"旷若谷，浑若浊"；遂州作"旷若谷，沌若浊"。景福碑"混兮"句在"旷兮"句之前，语序与帛书甲、乙本同，作"混兮其若浊，旷兮其若谷"；景龙碑语序也如此，但经文作"混若浊，旷若谷"。

帛书甲本残损七字，乙本保存完好，惟王本"混兮"二字，乙本作"漟呵"，"旷兮"二字作"湝呵"，"谷"字作"浴"，皆同音假借字，经义无别，只是语序彼此颠倒。《文子·上仁篇》"旷"字作"广"，该句亦在"混兮"句下，与帛书甲、乙本及景龙、景福二碑语序相同，疑古本如此。河上公注："'旷'者宽大，'谷'者空虚，不有德功名，无所不包也。'浑'者守举真，'浊'者不照然也，与众合同不自尊。"此以宽博融合喻"善为道者"之宽大能容，和光同尘，不可得形名也。

自"曰"字以下七句，皆喻"善为道者"之仪态。王弼云："凡此诸'若'，皆言其容象不可得而形名也。"宋人苏辙对此有一简明解释，如云："戒而后动曰'豫'，其所欲为，犹迫而后应，豫然若冬涉川，逡巡如不得已也。疑而不行曰'犹'，其所不欲，迟而难之，犹然如畏四邻之见之也。若客无所不敬，未尝惰也。若冰将释，知万物之出于妄，未尝有所留也。若朴，人伪已尽，复其性也。若谷，虚而无所不受也。若浊，和其光，同其尘，不与物异也。"

甲本：浊而情（静）之余（徐）清，女（安）以重（动）之余（徐）生。

乙本：浊而静之徐清，女（安）以重（动）之徐生。

王本：孰能浊以静之徐清，孰能安以久动之徐生。

此二句经文今本多不同，兹将异于王本者录之于下：

景龙：孰能浊以静之徐清，安以动之徐生。

景福：孰能浊以静之徐清，孰安以久动之徐生。

楼古、孟頫、徽、邵、吴、彭诸本：孰能浊以静之徐清，孰能安以动之徐生。

司马：孰能浊以静之徐清，孰能安以久之徐生。

傅奕：孰能浊以澄靖之而徐清，孰能安以久动之而徐生。

范本：孰能浊以靖之而徐清，孰能安以久动之而徐生。

林本：孰能浊以久静之徐清，孰能安以久动之徐生。

遂州：浊以静之徐清，安以动之徐生。

顾欢：浊以静之徐清，安以久动之徐生。

帛书甲、乙本无"孰能"二字，作"浊以静之徐清，安以动之徐生"。今本经文有两冠"孰能"者，也有一冠"孰能"者，参差不一。唯遂州、顾欢二本无此二字，尤以遂州本经文与帛书甲、乙本只有"以"、"而"一字之别，顾欢本此外又仅于下句多一"久"字。因今本经文内容参差，诸家注释多不一致。王弼注有"夫晦以理物则得明"一语，本为下文"浊以静"与"安以动"二句作解，而易顺鼎、马叙伦二人据此，均谓经文盖挩"孰能晦以理之徐明"一句。今据帛书甲、乙本验之，原文仅有"浊以静"与"安以动"两句，今本不误，易、马之说非。经文原为陈述句，非疑问句，今本中"孰能"二字，无论出现一次或两次，皆后人所增，非《老子》原有。"徐清"与"徐生"乃对语。"徐"有舒缓之义，《说文》谓之"安行也"。《说文通训定声》引《春秋元命苞》云："徐之言舒也。"《释名·释州国》："徐，舒也。土气舒缓也。"吴澄注云："浊者，动之时也，继之以静，则徐徐

而清矣。安者，静之时也，静继以动，则徐徐而生矣。"苏辙亦
云："世俗之士，以物汩性，则浊而不复清；枯槁之士，以定
灭性，则安而不复生。今知浊之乱性也，则静之；静之而徐自
清矣。知灭性之非道也，则动之；动之而徐自生矣。"

甲本：葆(保)此道不欲盈，夫唯不欲〔盈，是以能敝而
　　　　不〕121成。

乙本：葆(保)此道〔不〕231上欲盈，是以能褩(敝)而不成。

王本：保此道者不欲盈，夫唯不盈，故能蔽不新成。

　　遂州本作"夫唯不欲盈，能弊复成"；景龙碑作"夫唯不盈，
能弊复成"；磻溪、孟頫二本"唯"字作"惟"，谓"夫惟不盈，
故能弊不新成"；范、彭二本与之全同，唯"弊"字作"敝"，稍
异。司马本作"是以能弊复成"；傅奕本作"是以能敝而不成"；
易玄、邢玄、景福、楼古、楼正、顾、苏诸本"蔽"字作"弊"，
谓"故能弊不新成"；徽、邵、吴、林、焦诸本"蔽"字作"敝"，
谓"故能敝不新成"。

　　帛书甲本末句残毁七字，乙本保存较好，仅残损一字，经
文彼此可互补。但是，乙本脱"夫唯不欲盈"一句，作"保此道
不欲盈，是以能褩而不成"。马叙伦云："庄本《淮南·道应训》
引'保'作'复'，汪本引同此。《文子·守弱篇》引作'服'。伦
谓'保'、'复'、'服'之幽二类通假也。"蒋锡昌认为"保"、
"复"、"服"虽可通假，但应从庄本引《淮南》作"复"。他说：
"'复'与返还谊同，四十章'反者道之动'，'反'即'返'。'复
此道者不欲盈'，犹言'返此道者不欲盈'也。"按"保"字有守、

恃之义，"保此道"犹言"守此道"，蒋说亦非。俞樾云："'蔽'乃'敝'之假字；唐景龙碑作'弊'，亦'敝'之假字；《永乐大典》正作'敝'。'不新成'三字，景龙碑作'复成'二字。然《淮南子·道应篇》引《老子》曰：'服此道者不欲盈，故能弊而不新成。'则古本如此。但今本无'而'字，于文义似未足耳。"俞氏云"蔽"乃"敝"之假借字诚是，但是他据《淮南·道应》，而谓此文为"故能弊而不新成"则不确。帛书《老子》此文作"是以能敝而不成"，无"新"字；傅奕本经文与帛书同；景龙、遂州、司马诸本虽误作"能弊复成"，但也不作"新成"。足以说明《老子》原本即当如此，今本"新"字乃由后人妄增。按此节经文，帛书甲本字有残损，乙本句亦有脱漏，世传今本则多有衍误。兹据上举古今各本共同勘校，此文当订正为："保此道不欲盈，夫唯不欲盈，是以能敝而不成。"

刘师培云："'能弊'之'能'，义与'宁'同，言宁损弊而不欲清新廉成。"刘氏谓"能"字读作"宁"，甚为精辟。王引之《经传释词》云："'能'与'宁'一声之转，而同训为'乃'，故《诗》'宁或灭之'，《汉书·谷永传》作'能或灭之'。"经文则谓：守此道不欲盈，正因为不欲盈，故而宁敝坏而不图成。如《文子·上仁篇》所云"自亏缺不敢全也"。

道经校注

十六（今本《道经》第十六章）

甲本：至（致）虚极也，守情（静）表（笃）也，万物旁（并）作，吾以观其复也。

乙本：至（致）虚极也，守静督（笃）也，万物旁（并）作，吾以观其复也。

王本：致虚极，守静笃。万物并作，吾以观复。

　　景福、河上二本"致"字作"至"，谓"至虚极"；傅奕本"静"字作"靖"，谓"守靖笃"；景龙、景福、孟頫三本"笃"字作"芎"，谓"守静芎"。景龙、易玄、邢玄、景福、庆阳、楼古、磻溪、孟頫、楼正、遂州、敦煌英、河上、顾、傅、范、徽、邵、司马、苏、彭、吴、林诸本"观"下有"其"字，作"吾以观其复"。

　　帛书甲本"守情表也"，乙本作"守静督也"，今本皆作"守静笃"。古代"情"、"静"二字同音，"督"、"笃"二字亦同音，皆可互假，当从今本作"守静笃"。但是甲本"表"字与"笃"古音非类，显为误字。帛书整理组认为"'表'或是'裻'字之误"。按"裻"字或从衣毒声，写作"襦"，"襦"、"笃"二字同音，其说可信。帛书甲、乙本"吾以观其复也"，今本多作"吾以观其复”，唯王本夺“其”字。《文子·道原篇》引作“吾以观其复”，句末无“也”字；《淮南·道应篇》作“吾以观其复也”，与甲、乙本同。帛书甲、乙本在“极”、“笃”、“复”三字之后皆有“也”字。

“虚”者无欲，“静”者无为，此乃道家最基本的修养。“极”与“笃”是指心灵修炼之最高状态，即所谓极度和顶点。苏辙云：“致虚不极，则‘有’未亡也；守静不笃，则‘动’未亡也。丘山虽去，而微尘未尽，未为‘极’与‘笃’也。盖致虚存虚，犹未离有；守静存静，犹陷于动，而况其他乎！不极不笃，而责虚静之用，难已。虚极静笃，以观万物之变，然后不为变之所乱，知凡作之未有不复也。”“复”字指反复，即所谓循环。吴澄云：“复，反还也。物生，由静而动，故反还其初之静为复。植物之生气下藏，动物之定心内寂也。”蒋锡昌云：“《尔雅·释言》：‘复，返也。’万物自生至死，犹人行路之往而复来，比喻适当，此正《老子》用字之精。‘万物并作，吾以观其复’，谓万物竞生，吾因观其归终之道也。”

甲本：天（夫）物云云，各复归于其〔根〕。

乙本：天（夫）物231下芸芸，各复归于其根。

王本：夫物芸芸，各复归其根。

傅、范二本“夫”字作“凡”，“芸芸”二字作“贬贬”，无“复”字，谓“凡物贬贬，各归其根”；景龙、遂州二本“芸芸”二字作“云云”，亦无“复”字，谓“夫物云云，各归其根”；孟頫、顾、徽、邵、苏、吴、彭、焦诸本皆无“复”字，作“夫物芸芸，各归其根"。

　　帛书甲、乙本"夫"字皆写作"天"，笔误也。甲本"云云"二字，乙本作"祅祅"，王本作"芸芸"，傅、范二本作"贠贠"。毕沅云："《庄子》作'万物云云，各复其根'。《说文解字》有'物数纷贠'之言，是奕用正字。"马叙伦云："贠，俞先生谓是俗字，是也。《说文》曰：'员，物数也。'当作'员员'。《庄子》作'云云'者，'云'、'员'同声，故得通假。《诗》'聊乐我员'，《释文》作'云'，是其证。"蒋锡昌云："《说文》云：'员，物数也。'又云：'贠，物数纷贠乱也。'段注：'"纷贠"谓多，多则乱也。'古假'芸'为'贠'。《老子》：'夫物芸芸，各归其根。'是'员'、'贠'二字不同，一指物数而言，一指物数之纷乱而言。'云'、'芸'皆'贠'之假。傅、范二本作'贠'，乃用正字。马依俞说，以为'贠贠'当作'员员'，不可从也。"朱谦之云："云云，河上、王弼本作'芸芸'，傅、范本作'凡物贠贠'，《庄子·在宥篇》、《文选》江淹《杂拟诗》注引与遂州碑本均作'云云'。案作'云云'是。'贠'、'芸'二字亦通。顾野王《玉篇·云部》引《老子》：'凡物云云，复归其根。'案'云'，不安静之辞也。《吕氏春秋》'云气西行，云云然冬夏不辍'，《汉书》'谈说者云云'，并是也。又'贠'，《玉篇》云：'音云，又音运，物数乱也。'《说文》：'物数纷贠乱也。'义亦可通。一说'云云'是'贠贠'之省，奕用正字。又'芸'，河上公注：'芸芸者，华叶盛。'彭耜《集注释文》曰：'"芸芸"喻万物也，以茂盛为动，以凋衰为静；"云云"者喻人事也，以逐欲为动，以息念为静，义同。盖经有"根"字，故作"芸芸"。'"按"云云"、"芸

芸"、"赗赗",帛书乙本又作"抎抎",皆重言形况字,所表达
的意义相同,很难确定孰为正字,孰为假借。段玉裁云"古有
以声不以义者",此即其中一例。"夫物云云,各复归其根",
这是在"致虚极,守静笃"的前提下,从"万物并作"中观察到宇
宙间循环往复之自然规律,从而体会到作为一定运动形态之
物,虽纷然杂陈,但最终仍然是无一不复归于其根,即复归于
创造宇宙本体的道。

甲本:〔归根曰静〕122,静,是胃(谓)复命。复命常也,
　　　知常明也;不知常,帍(妄),帍(妄)作,凶。

乙本:曰静,静,是胃(谓)复命。复命常也,知常明也;
　　　不知常,芒(妄),芒(妄)作,凶。

王本:归根曰静,是谓复命。复命曰常,知常曰明;不
　　　知常,妄作,凶。

　　景龙、易玄、邢玄、庆阳、楼古、磻溪、孟頫、楼正、遂
州、徽、范、邵、司马、苏、彭、吴、林、焦诸本,"是谓复
命"皆作"静曰复命";彭本"知常曰明"作"知常,明";景龙本
"妄作"作"忘作";河上本作"萎作"。

　　帛书甲本首句残损,乙本作"曰静",今本皆作"归根曰
静"。按此节经文乃承前文"夫物云云,各复归于其根"而言,
故缀连前文"归根"二字,曰"归根曰静"。甲本四字皆残,乙本
仅作"曰静",无"归根"二字,显为抄写时挩漏,当据今本补
正。又如此节经文每句皆作连缀重语,今本则将"静"、"妄"等
连缀重语删去,虽然用字从简,则经义不若帛书甲、乙本详

实。从经文内容分析，殊觉删之不当。今据古今各本勘校，此文当作："归根曰静，静，是谓复命。复命常也，知常明也；不知常，妄，妄作，凶。"

"复命常也"之"常"字，非常短之"常"也。《韩非子·解老篇》云："夫物之一存一亡，乍死乍生，初盛而后衰者，不可谓常。唯夫与天地之剖判也俱生，至天地之消散也不死不衰者谓'常'。而'常'者，无攸易，无定理。无定理，而在于常（"而"字原误作"非"，见陶鸿庆《读诸子札记》），是以不可道也。圣人观其玄虚，用其周行，强字之曰'道'，然而可论。"王弼注："'常'之为物，不偏不彰，无皦昧之状，温凉之象，故曰'知常曰明'也。"《德经》第五十五章："知和曰常，知常曰明。""和"指阴阳相交，对立面的统一；"常"谓事物运动之永恒规律，与本章所言义同，皆以常为道，如今言之自然法则。知此道者，可谓明也。不知此道者，盲目行事，故谓凶也。

甲本： 知常容，容乃公，公乃王，王乃天，天乃道，〔道乃久〕123。浴（没）身不怠（殆）。

乙本： 知常容，容乃公，公乃王，〔王232上乃〕天，天乃道，道乃〔久〕。没身不殆。

王本： 知常容，容乃公，公乃王，王乃天，天乃道，道乃久。没身不殆。

世传今本此段经文多与王本相同，唯景龙碑"乃"字作"能"，谓"知常容，容能公，公能王，王能天，天能道，道能久"；遂州碑与之同，唯"王"字作"生"，谓"公能生，生能天"。邢玄、傅、范三本最后一句"没"字作"殁",谓"殁身不殆"。

帛书甲本"道乃久"三字残,乙本"久"字与"没身不殆"字迹不清。帛书研究组注云:"通行本作'道乃久',此脱'久'字。又此下'没身不殆'四字损坏,帛书原件上尚可辨。"

"知常容,容乃公",河上公谓"容"字为"无所不包容也",王弼谓"无所不包通"。蒋锡昌释"容"字为"法"。如云:"《广雅》:'容,法也。'训'容'为'法'者,乃以'容'为'镕'。《说文》:'镕,冶器法也。'故'法'者谓法象,即模范也。"又云:"'公乃王,王乃天','公'、'王'、'天'三字皆作实字。二十五章'故道大,天大,地大,王亦大',与此文例相似,可证。此文'公'、'王',即四十二章之'王公'。或先言'公',或先言'王',其为实字则一也。""此谓知常之人便可为人模范,为人模范者便可为公,为公者便可为王;王与天合,天与道合,道则亘古恒在,其用不穷也。"蒋氏之说虽辨,但是他设计的"为人模范者便可为公,为公者便可为王",此种三级递迁制度,于先秦历史无征,故难苟同。劳健云:"'知常容,容乃公',以'容'、'公'二字为韵。'天乃道,道乃久',以'道'、'久'二字为韵。独'公乃王,王乃天'二句韵相远。'王'字义本可疑,王弼注此二句云:'荡然公平,则乃至于无所不周普也;无所不周普,则乃至于同乎天也。''周普'显非释'王'字。《道藏》龙兴碑本作'公能生,生能天','生'字更不可通。按《庄子·天地篇》云:'执道者德全,德全者形全,形全者神全,神全者圣人之道也。'此二句'王'字盖即'全'字之讹。'公乃全，全乃天'，'全'、'天'二字为韵。王弼注云'周普'是也。又《吕览·本生篇》'天子之动也，以全天为故者也'，高注：'全，犹顺也。'可补王注未尽之义。今本'王'字、碑本'生'字，当并是'全'之坏字；'生'字尤形近于'全'，可为蜕变之验也。"劳氏认为"公乃王，王乃天"之"王"字，是"全"的坏字；王注"荡然公平，则乃至于无所不周普也"，也非对"王"字的诠释，而是对"全"字的注解。今从帛书甲、乙本观察，两本同作"公乃王，王乃天"，并无"全"字的痕迹，足见劳氏之说只是一种推测，并无可靠的依据。可是有人根据此说，已将经文"王"字改作"全"。细审帛书经文，同今本完全一致，古注也甚贴切，无须改换经文，经义十分明畅。经云："知常容，容乃公，公乃王，王乃天，天乃道，道乃久。"王弼注："无所不包通也。无所不包通，则乃至于荡然公平也。荡然公平，则乃至于无所不周普。无所不周普，则乃至于同乎天也。与天合德，体道大通，则乃至于穷极虚无也。穷极虚无，得道之常，则乃至于不有极也。"王释"容"字为"无所不包"，释"公"字为"荡然公平"，释"王"字为"无所不周普"。"周普"二字亦作"周溥"，犹今言"普遍"。《说文》："王，天下所归往也。""无所不周普"与"天下所归往"，文异而义同，皆为对"王"字之诠释。《书·周·洪范》："无偏无党，王道荡荡。无党无偏，王道平平。"此可为"公乃王"之最好注脚。苏辙云："无所不容，则彼我之情尽，尚谁私乎。无所不公，则天下将往而归之矣。无所不怀，虽天何以加之。"则对"容"、"公"、"王"之解释甚是。最后一句"没身不殆"，是从前文"容"、"公"、"王"、"天"、"道"、

"久"六句中生发出来的结语。王注云："无之为物，水火不能害，金石不能残。用之于心，则虎兕无所投其爪角，兵戈无所容其锋刃，何危殆之有乎！"此之谓与天合德，得道之常，无殃无咎，何危之有！

道经校注

十七（今本《道经》第十七章）

甲本：太上，下知有之。其次，亲誉之。其次，畏之。其下，母（侮）之。

乙本：太上，下知又（有）〔之。其次〕，亲誉之。其次，畏之。其下，母（侮）之。

王本：太上，下知有之。其次，亲而誉之。其次，畏之。其次，侮之。

吴澄本"下"字作"不"，"而"字作"之"，"侮"前无"其次"二字，谓"太上，不知有之。其次，亲之誉之。其次，畏之侮之"；焦竑本"下"字亦作"不"，"而"字作"之"，谓"太上，不知有之。其次，亲之誉之。其次，畏之。其次，侮之"；景福、敦煌英、河上、顾欢、司马诸本作"其次，亲之誉之"；傅奕本作"其次，亲之。其次，誉之"；易玄、邢玄、庆阳、楼古、磻溪、孟頫、楼正、遂州、徽、范、彭、邵、苏、林诸本，作"其次，亲之誉之。其次，畏之侮之"；景龙碑作"其次，亲之豫之。其次，畏之侮之"。

帛书甲、乙本经文与王弼本基本一致，稍异者有二处：一是王本第二句"其次，亲而誉之"，帛书作"其次，亲誉之"；另一是王本第四句"其次，侮之"，帛书作"其下，侮之"。

吴本首句作"太上，不知有之"；吴澄云："'太上'犹言'最上'。'最上'谓大道之世，相忘于无为。"胡适云："日本本'知'上有'不'字。"马叙伦云："《韩非》引此而说之曰：'此言太上之下，民无说也，则安取怀惠之民。'则韩意谓太上之下，民知有之而无说也。亦作'下知'，作'智'者非故书矣。验义则作'不知'为长。本书'上无为而民自化'，'民之饥以其上食税之多也'，皆以'民'与'上'对文，无作'下'者，可证也。"朱谦之云："《礼记·曲礼》'太上贵德，其次务施报'，郑注：'太上，帝皇之世，其民施而不惟报。'老子所云正指太古至治之极，以道在宥天下，而未尝治之，民相忘于无为，不知有其上也。'下知有之'，纪昀曰：'下，《永乐大典》作"不"，吴澄本亦作"不"。'今按焦竑《老子翼》从吴本。又王注旧刻附孙鑛《考正》云：'今本"下"作"不"。'作'不'义亦长。"如今所见除吴本外，诸如元邓錡《道德真经三解》、明太祖《御注道德真经》、焦竑《老子翼》、周如砥《道德经解集义》、清潘静观《道德经妙门约》等，皆作"太上，不知有之"。故而有些学者信从此说，甚至有人已将经文中之"下"字改作"不"，读作"太上，不知有之"。今从帛书甲、乙本观察，同作"太上，下知有之"。验之古籍，《韩非子·难三篇》引此文作"太上，下智有之"，"智"乃"知"之借字。《文子·自然篇》作"故太上，下知而有之"。足证《老子》原文如此，元明诸本作"太上，不知有之"者，乃由后人窜改。蒋锡昌云："'太上'者，古有此语，乃最上或最好之谊。《魏策》：'故为王计：太上，伐秦；其次，宾秦；其次，坚约而详讲与国，无相离也。'谓最好，伐秦也。襄二十四年《传》：'太上，有立德；其次，有立功；其次，有立言。'谓最上，有立德者也。……皆其证也。此文'太上'，亦谓最好，系就世道升降之程度而言，犹谓最好之世也。王注：'太上，谓大人也，大人在上，故曰"太上"。'河上注：'太上，谓太古无名之君也。'自此二注出，后世解《老》者，即皆以'太上'为君，沿误至今，莫能是正，而《老子》之谊晦矣。'下'者，在下之人民，即《韩非》'此言太上之下民无说也'句中之'下民'也。马氏以'下'为读，将'下民'二字分开，实为误读。'之'为君之代名词，下三'之'字并同。'太上，下知有之'，谓最好之世，下民仅知有一君之名目而已。意谓过此以外，即无所知也。盖老子之意，以为至德之世，无事无为，清静自化。君民之间，除仅相知以外，毫不发生其他关系。古代所谓'帝力何有于我'，八十章所谓'民至老死不相来'，皆指此种境界而言，此即老子'圣人之治'也。"按老子将治世分作四个等级，如帛书甲、乙本所言"太上"、"其次"、"其次"、"其下"。"太上"最好；"其次"第二；第二个"其次"即再其次，属第三；最坏是"其下"。犹今言最上、其次、再次、最下。今本自"太上"以降，连言三个"其次"，似有误文。今从帛书甲、乙本得证，当作"太上"、"其次"、"其次"、"其下"。"太上"以降，人君以仁义治世，下民得以亲誉之，即第十八章云"大道废，有仁义"，故言"其次"也。再降，仁义不足以为治，则继之以刑罚，下民畏之，此之谓再次也。又降，刑罚不足以为治，加之以诈伪，下民侮之，此之谓最下也。

甲本：信不足，案有不信。

乙本：信不足，安232下有不信。

王本：信不足焉，有不信焉。

　　景龙、易玄、邢玄、庆阳、楼古、磻溪、楼正、遂州、敦煌英、顾、司马、苏、焦诸本皆无"焉"字，作"信不足，有不信"；吴澄本作"故信不足，有不信"；傅、徽、邵、彭、孟頫诸本作"故信不足焉，有不信"；景福碑作"信不足焉，有不信"；范、林二本作"故信不足焉，有不信焉"；河上本无"有不信焉"一句。

　　帛书甲本作"信不足，案有不信"；乙本作"信不足，安有不信"；王本作"信不足焉，有不信焉"，或将二"焉"字均属下读，作"信不足，焉有不信焉"。其他今本有二个"焉"字者，有一个"焉"字者，亦有无"焉"字者，多不同。

　　河上公注："君信不足于下，下则应之以不信而欺君也。"可见河上本原有"有不信"一句，后人抄写挩漏。王弼注："夫御体失性，则疾病生；辅物失真，则疵衅作；信不足焉，则有不信，此自然之道也。"经作"信不足，焉有不信焉"读者，依马叙伦之说也。马氏则据王念孙之说。王念孙云："王弼本第十七章'信不足焉，有不信焉'，河上公本无下'焉'字者是也。'信不足'为句，'焉有不信'为句。焉，于是也。言信不足，于是有不信也。《吕氏春秋·季春篇》注曰：'焉，犹于是也。'《聘礼记》曰：'及享，发气焉盈容。'言发气于是盈容也。……河上公注云：'君信不足于下，下则应之以不信而欺其君也。''则'正解'焉'字之义。《祭法》曰：'坛墠有祷焉祭之，无祷乃

止。'言坛墠有祷则祭之也。……后人不晓'焉'字之义，而读
'信不足焉'为一句，故又加'焉'字于下句之末，以与上句相
对，而不知其谬也。"马氏于是谓王注"信不足焉，则有不信"，
是王弼"不明'焉'字之义，故增'则'字解之"。按今本"焉"字，
帛书甲本作"案"，乙本作"安"。"焉"、"案"、"安"三字皆如
今语中之连词"于是"或"则"，意义相同。王引之《经传释词》
卷二："安，犹于是也，乃也，则也。'安'或作'案'，或作
'焉'，其义一也。"

甲本：〔犹呵〕124，其贵言也。成功遂事，而百省（姓）胃
　　　（谓）我自然。

乙本：犹呵，其贵言也。成功遂事，而百姓胃（谓）我自然。

王本：悠兮，其贵言。功成事遂，百姓皆谓我自然。

　　景龙碑首句"悠"字作"由"，无"兮"字，谓"由其贵言"；
易玄、楼正、敦煌英、顾、司马、苏诸本作"犹其贵言"；遂州
本作"其犹贵言"；邢玄、庆阳、磻溪、河上、徽、范、邵、
吴、彭、林、焦诸本作"犹兮，其贵言"；傅、范二本作"犹兮，
其贵言哉"。后一句，景龙碑"功成"二字作"成功"，无"皆"
字，谓"成功事遂，百姓谓我自然"；景福作"成功事遂，百姓
皆谓我自然"；傅、范、徽、邵、司马、彭、林诸本作"百姓皆
曰我自然"；易玄、邢玄、庆阳、楼古、磻溪、楼正、遂州、
顾、司马、苏诸本作"百姓谓我自然"。

　　帛书甲本首句残二字，乙本作"犹呵，其贵言也"。今本
"犹"字或作"由"，或作"悠"。朱谦之云："'由'与'犹'同。

《荀子·富国篇》'由将不足以勉也'，注：'与"犹"同。'《楚辞》'尚由由而进之'，注：'犹豫也。'《老子》十五章'犹兮若畏四邻'，与此'由其贵言'之'由'字谊同，并有思悠悠貌。故作'悠'字义亦通。"后一句，甲、乙本"成功遂事，而百姓谓我自然"，今本"成功"或作"功成"，多作"功成事遂，百姓皆谓我自然"。

王弼注："自然，其端兆不可得而见也，其意趣不可得而睹也。无物可以易其言，言必有应，故曰'悠兮其贵言'也。居无为之事，行不言之教，不以形立物，故功成事遂，而百姓不知其所以然也。"吴澄云："贵，宝重也。宝重其言，不肯轻易出口。盖圣人不言无为，俾民阴受其赐，得以各安其生。"蒋锡昌云："《老子》所谓'自然'，皆指'自成'而言。'自成'亦即三十六章及五十七章'自化'之意。'功成事遂，百姓皆谓我自然'，谓人民功成事遂，百姓皆谓吾侪自成，此即古时所谓'帝力何有于我'也。""本章自首'其次'至'焉有不信'，言世道逐步下降之现象。自'悠兮'以下，言世道未衰以前之现象。二者相对，所以明圣人无为之可贵，首句所谓'太上，下知有之'也。"

道经校注

十八（今本《道经》第十八章）

甲本：故大道废，案有仁义。知（智）快（慧）出，案有
大125伪。

乙本：故大道废，安有仁义。知（智）慧出，安有〔大
伪〕233上。

王本：大道废，有仁义。慧智出，有大伪。

傅奕本两个"有"字上皆有"焉"字，"慧智"二字作"智慧"，
谓"大道废，焉有仁义。智慧出，焉有大伪"；范应元本"义"、
"伪"二字下有"焉"字，"慧智"二字作"知惠"，谓"大道废，有
仁义焉。知惠出，有大伪焉"；景龙碑"废"字作"癈"，"仁"字
作"人"，"慧智"二字作"智惠"，谓"大道癈，有人义。智惠
出，有大伪"；景福、孟頫、河上三本亦作"智惠出"；邢玄、
楼古、磻溪、楼正、遂州、顾、彭、徽、邵、苏、吴、林、焦
诸本作"智慧出"；司马本作"知慧出"。

帛书甲本"故大道废，案有仁义。智慧出，案有大伪"，乙
本"案"字作"安"，傅本作"焉"。"安"、"案"、"焉"三字用法
和意义与前章"信不足，安有不信"完全相同，皆作"于是"解。
范本将"焉"字移至句末，世传本多同王本将"焉"字删去，皆

误，均应据帛书甲、乙本订正。

甲本：六亲不和，案有畜（孝）兹（慈）。邦家闹（昏）乱，
　　　案有贞臣。

乙本：六亲不和，安又（有）孝兹（慈）。国家闹（昏）乱，
　　　安有贞臣。

王本：六亲不和，有孝慈。国家昏乱，有忠臣。

　　　范应元本句末均有"焉"字，"忠"字作"贞"，谓"六亲不
和，有孝慈焉。国家昏乱，有贞臣焉"；吴澄本"慈"字作
"子"，谓"六亲不和，有孝子"；傅奕本"忠"字作"贞"，谓"国
家昏乱，有贞臣"。

　　　帛书甲、乙本经文相同，"昏"字均作"闹"；唯甲本"案"
字，乙本作"安"，用法和意义亦如前述。今本多同王本，皆有
挩漏，当据甲、乙本补正。又甲、乙本均作"贞臣"，今本多同
王本作"忠臣"，"忠"、"贞"二字皆竭诚之意，在此通用。

　　　王弼注："甚美之名，生于大恶，所谓美恶同门。六亲，
父子、兄弟、夫妇也。若六亲自和，国家自治，则孝慈、忠臣
不知其所在矣。鱼相忘于江湖之道，则相濡之德生也。"苏辙
云："六亲方和，孰非孝慈。国家方治，孰非忠臣。尧非不孝
也，而独称舜，无瞽叟也。伊尹、周公非不忠也，而独称龙
逢、比干，无桀、纣也。涸泽之鱼，相呴以沫，相濡以湿，不
如相忘于江湖。此之谓仁义、大伪、忠臣、孝慈之兴，皆由道
废、德衰、国乱、亲亡之所致也。"

道经校注

十九（今本《道经》第十九章）

甲本： 绝声（圣）弃知（智），民利百负（倍）。绝仁弃义，
民126复畜（孝）兹（慈）。绝巧弃利，盗贼无有。

乙本： 绝耴（圣）弃知（智），而民利百倍。绝仁弃义，而
民233下复孝兹（慈）。绝巧弃利，盗贼无有。

王本： 绝圣弃智，民利百倍。绝仁弃义，民复孝慈。绝
巧弃利，盗贼无有。

　　遂州本"智"字作"知"，"民"字作"人"，谓"绝圣弃知，人
利百倍"；易玄、傅、范三本"智"字亦作"知"，谓"绝圣弃
知"；景龙碑"仁"字作"民"，谓"绝民弃义"；吴澄本"绝圣"一
句在"绝仁"一句之下。

　　帛书甲、乙本与今本经文内容基本相同，唯乙本多出两个
虚词"而"字，稍异。但今本"圣"字，甲本写作"声"，乙本写
作"耴"；"智"字，甲、乙本均作"知"；"倍"字，甲本作
"负"；"孝"字，甲本作"畜"；"慈"字，甲、乙本并作"兹"。
皆同音假借字，今本所用为本字。

　　"圣智"、"仁义"、"巧利"，皆人之憧憬竞逐而不可尽得
者也，老子力主于"绝"者何也？吕吉甫云："圣人知天下之乱

始于迷本而失性，惟无名之朴为可以镇之。'绝圣弃智，绝仁弃义，绝巧弃利'，乃所以复吾无名之朴而镇之也。夫'绝圣弃智'，'绝仁弃义'，则不以美与善累其心矣。'绝巧弃利'，则不以恶与不善累其心矣。内不以累其心，而外不以遗其迹，则民利百倍，'民复孝慈，盗贼无有'，固其理也。盖'绝圣弃智'，'绝仁弃义'，不尚贤之尽也；绝而弃之，则非特不尚而已。'绝巧弃利'，不贵难得之货之尽也；绝而弃之，则非特不贵而已。人之生也，万物皆备于我矣，则有至足之富。能绝圣弃智而复其初，则其利百倍矣。'民复孝慈'，则六亲皆和，而不知有孝慈矣。'盗贼无有'，则国家明治，而不知有忠臣矣。不尚贤，使民不争；'民利百倍'，'民复孝慈'，则非特不争而已。不贵难得之货，使民不为盗；'盗贼无有'，则非特不为盗而已。"

甲本：**此三言也，以为文未足，故令之有所属。**

乙本：**此三言也，以为文未足，故令之有所属。**

王本：**此三者，以为文不足，故令有所属。**

　　景龙、景福二本无"以"字，作"此三者，为文不足"；遂州本作"此三者，言为文不足"；司马本作"此三者，以为文而未足"；傅奕本作"此三者，以为文而未足也"；范应元本作"三者，以为文不足也"。

　　帛书甲、乙本经文相同，与今本之主要差别是：首句"此三言也"，今本多作"此三者"，或谓"三者"。所谓"三言"，系指前述之"圣智"、"仁义"、"巧利"而言。虽说"三言"、"三者"谊同，但从文义分析，当从帛书甲、乙本作"三言"更为准确。吕吉甫云："圣智也，仁义也，巧利也，此三者以为文而非质，不足而非全，故绝而弃之，令有所属。见素抱朴，少私寡欲，乃其所属也。"于省吾谓"为"字通"伪"，如云："《书·尧典》'平秩南伪'，《史记·五帝纪》作'南为'。《礼记·月令》'毋或作为淫巧'，注：'今《月令》"作为"为"诈伪"。''文'读《荀子·儒效》'取是而文之也'之'文'，文饰也。'此三者'谓'圣智'、'仁义'、'巧利'。'以伪文不足'，言以伪诈文饰其所不足也。下言'故令有所属，见素抱朴，少私寡欲'，是皆不以伪诈文饰为事，绝之于彼，而属之于此，此《老子》本义也。"

甲本：见素抱〔朴127，少私而寡欲〕。

乙本：见素抱朴，少私而寡欲。

王本：见素抱朴，少私寡欲。

易玄本"朴"字作"扑"，谓"见素抱扑"；孟頫本作"见素抱朴"。磻溪本"私"字作"思"，谓"少思寡欲"。

帛书甲本有残损，乙本保存完好，经文与王本同，只多一虚词"而"字。刘师培云："案'私'字当作'思'。《韩非子·解老篇》曰：'凡德者以无为集，以无欲成，以不思安，以不用固。''思'、'欲'并言。又《文选》谢灵运《邻里相送方山诗》李注引《老子》曰'少思寡欲'，此古本作'思'之证。《韩非子》之'不思'，即释此'少思'也。"验之帛书，甲本残缺，乙本此字也残剩半字。但将其残迹与第七章诸"私"字比较，亦足证乙本原作"少私"无疑。刘氏以《韩非》解《老子·德经》第三十八章文，证此"少私"二字为"少思"，不足为据，其说非是。蒋锡昌云："《庄子·山木篇》：'其民愚而朴，少私而寡欲。'其言本此，可证《老子》自作'私'，不作'思'。若李注作'思'，则为'私'之误。《文选》嵇叔夜《幽愤诗》及谢灵运《田南树园激流植援诗》两注引并作'少私寡欲'，可证。至韩非所言，与此章'少私'之谊无关。"

丝未染色者为"素"，木未雕琢成器者为"朴"，皆指物之本质和本性。老子以此为喻，教人少私寡欲，以复其本。吕吉甫云："'见素'则知其无所与杂而文，'抱朴'则知其不散而非不足。素而不杂，朴而不散，则复乎性。外物不能惑而少私寡欲矣。少私寡欲而后可以语绝学之至道也。"

甲本：四字全部残毁。

乙本：绝学234上无忧。

王本：绝学无忧。

帛书甲本全部残毁，乙本保存完好，经文与今本相同。按此句经文，世传今本皆在第二十章之首。经学者考证，多认为当属第十九章之末。帛书甲、乙本皆不分章，此文上承"少私寡欲"，下接"唯与诃，其相去几何"，中间无明显章界。古籍章次，多为汉人划分，如秦之《苍颉》、《爰历》、《博学》三书，原不分章，汉闾里书师将其并为一书，断六十字为一章，分作五十五章，即其例。今据帛书甲、乙本验之，今本章次非老子之意，亦必汉人所为，并不完全可信。马叙伦云："'绝学无忧'一句，当在上章。"蒋锡昌云："此句自文谊求之，应属上章，乃'绝圣弃智，绝仁弃义，绝巧弃利'一段文字之总结也。晁公武《郡斋读书志》谓唐张君相《三十家老子注》以'绝学无忧'一句附'绝圣弃知'章末，以'唯之与阿'别为一章，与诸本不同，当从之。后归有光、姚鼐亦以此章属上章，是也。"高亨云："亨案马说是也。请列三说以明之：'绝学无忧'与'见素抱朴，少私寡欲'句法相同，若置在下章，为一孤立无依之句，其说一也。'足'、'属'、'朴'、'欲'、'忧'为韵，若置下章，于韵不谐，其说二也。'见素抱朴，少私寡欲，绝学无忧'文意一贯，若置在下章，则与文意远不相关，其说三也。《老子》分章多有乖戾，决非原书之旧。"综观前人之研究，其说甚是。从经文内容分析，依今本将其断为第二十章之首，不若断为第十九章之末贴切。

蒋锡昌云："按四十八章'为学日益，为道日损'，河上注：'学，谓政教礼乐之学也。"日益"者，情欲文饰，日以益多。"道"谓自然之道也。"日损"者，情欲文饰，日以消损。'此'学'与彼'学'谊同，即河上所谓'政教礼乐之学'，如'圣'、'智'、'仁'、'义'、'巧'、'利'是也。《庄子·田子方》：'始吾以圣知之言、仁义之行为至矣；吾闻子方之师，吾形解而不欲动，口钳而不欲言。吾所学者，直土梗耳。'《庄子》所谓'学'，亦指'圣知'、'仁义'而言，与《老子》同，可资参证。盖'为学'与'为道'，立于相反之地位；'为学'即不能'为道'，'为道'即不能'为学'。唯'绝学'而后可以'为道'，唯'为道'而后天下安乐，故曰'绝学无忧'也。"

道经校注

二十（今本《道经》第二十章）

甲本：唯与诃，其相去几何？美与恶，其相去何若？人
之〔所畏〕，亦不128〔可以不畏人〕。

乙本：唯与呵，其相去几何？美与亚（恶），其相去何若？
人之所畏，亦不可以不畏人。

王本：唯之与阿，相去几何？善之与恶，相去若何？人
之所畏，不可不畏。

　　傅奕、遂州二本"善"字作"美"，"若何"二字作"何若"，
谓"美之与恶，相去何若"；景龙、易玄、邢玄、景福、庆阳、
楼古、磻溪、孟頫、楼正、河上、顾、范、徽、邵、司马、
苏、吴、彭、林诸本作"善之与恶，相去何若"。

　　帛书甲本稍有残损，乙本保存完好，同王本勘校，彼此有
三处差异。第一，甲本"唯与诃"，乙本作"唯与呵"，今本多同
王本作"唯之与阿"；唯潘静观《道德经妙门约》作"唯之与诃"，
与甲、乙本基本相同。刘师培云："'阿'当作'诃'，《说文》：
'诃，大言而怒也。'《广雅·释诂》：'诃，怒也。''诃'俗作
'呵'，《汉书·食货志》'结而弗呵乎'，颜注：'责怒也。'盖
'唯'为应声，'诃'为责怒之词。人心之怒，必起于所否，故老

子因叶下文'何'韵，以'诃'代'否'。'唯之与阿'，犹言从之
与违也。"验之帛书，今本"阿"字甲本作"诃"，乙本作"呵"。
古文"言"、"口"二形符通用，故"诃"、"呵"同字。此为刘说
得一确证，"阿"字当为"诃"之借字。第二，帛书"美与恶，其
相去何若"，今本多同王本作"善之与恶，相去若何"；唯傅奕、
遂州二本作"美之与恶，相去何若"，与帛书甲、乙本基本相
同。易顺鼎云："王本作'美之与恶，相去何若'，正与傅奕本
同。王注：'唯阿美恶，相去何若。'是其证也。今本作'若何'，
非王本之旧。"蒋锡昌云："顾本成疏：'顺心为美，逆心为恶。'
是成作'美'、'恶'对言。傅本'善'字作'美'，应从之。此文
'阿'、'何'、'恶'、'若'为韵。诸本'若何'作'何若'，亦应
从之。易氏据王注作'美之与恶，相去何若'，是也。"易、蒋二
氏之说至确，甲、乙本均作"美与恶，相去何若"。今本"美"字
作"善"，因形近而误。第三，帛书乙本"人之所畏，亦不可以
不畏人"，甲本有残损，仅存"人之"与"亦不"共四字；今本皆
作"人之所畏，不可不畏"，经文则与帛书大相径庭。今本所言
乃谓人所惧怕的，不可不惧怕；帛书所言则谓人所惧怕者，被
惧怕者亦惧怕人。今本所言是正顺式，帛书所言乃正反式。刘
殿爵云："今本的意思是：别人所畏惧的，自己也不可不畏惧。
而帛书本的意思是：为人所畏惧的——就是人君——亦应该畏
惧怕他的人。两者意义很不同，前者是一般的道理，后者则是
对君人者所说有关治术的道理。"刘说诚是。帛书与今本经义大
不相同，其中必有一误。验之经义，前文云："唯与呵，其相
去几何？美与恶，其相去何若？""唯"与"呵"、"美"与"恶"皆

正反相成，与帛书此文语例一律，足证误在今本。此之谓为国君者，不以无为为化，专赖威刑，民不堪威，反抗斯起，如七十四章云："若民恒且不畏死，奈何以杀惧之也。"因民之反，为君者或为民杀，或为民亡，史皆有征，故老子云："人之所畏，亦不可以不畏人。"

甲本：〔望呵，其未央哉〕！众人臤（熙）臤（熙），若乡（飨）于大牢，而春登台。

乙本：望呵，其未央234下才（哉）！众人臤（熙）臤（熙），若乡（飨）于大牢，而春登台。

王本：荒兮，其未央哉！众人熙熙，如享大牢，如春登台。

遂州本首句"荒"字作"莽"，无"兮"、"哉"二字，谓"莽其未央"；易玄作"荒其未央"；傅奕本首句无"哉"字，后一句"如"字作"若"，谓"荒兮，其未央！众人熙熙，若享太牢，若春登台"；景龙碑首句"荒"字作"忙"，"忙"下空一字，无"兮"、"哉"二字，后一句"如"字亦作"若"，谓"忙□其未央！众人熙熙，若享太牢，若春登台"；司马、邵、范、吴、林、孟頫诸本最后一句作"如登春台"。

帛书甲本首句六字残损，乙本保存完好，作"望呵，其未央哉"。"望"字王本作"荒"，他本有作"忙"或"莽"者。王弼注："叹与俗相反之远也。"河上公注："或言世俗人荒乱，欲进学为文，未央止也。"后人本王弼、河上公之说，或训"荒"字为广，或训"荒"字为乱。如蒋锡昌释此文为"广大微妙而远无涯际也"；张松如译作"混乱呵，一切全无边无际呀"；高亨独创

新意，训"荒"字为骉，译作"奔走啊，没有终了"。因"荒"非
本字，故各家训释皆未切经义。帛书作"朢呵，其未央哉"，
"朢"字乃"望"之古体，今"望"行而"朢"废。古"望"、"荒"、
"忙"三字音同，可互为假用，在此"望"为本字。《释名·释姿
容》："望，茫也，远视茫茫也。"在此为广、远之义。《广雅·
释诂》："央，尽也。"经文"其未央哉"，叹其无涯际也。此以
"望呵，无涯际"，以起下文"众人熙熙，如飨大牢，而春登
台"。《左传》襄公二十九年"广哉熙熙乎"，杜注："熙熙，和
乐声。""大牢"，今本作"太牢"，义同，乃飨礼之最上者。周
时宴飨之礼分五等级，计九鼎、七鼎、五鼎、三鼎和一鼎，大
牢级别最高，用九鼎。"而春登台"，今本"而"字作"如"，王
引之《经传释词》云："'而'犹'如'也。"俞樾云："按'如春登
台'与十五章'若冬涉川'一律。河上公本作'如登春台'，非
是。然其注曰：'春阴阳交通，万物感动，登台观之意志淫淫
然。'是亦未尝以'春台'连文。其所据本亦必作'春登台'，今
传写误倒耳。"帛书甲、乙本均作"春登台"，俞说至确。此之谓
世俗之人纵情恣欲，其乐而无度。熙熙攘攘，如飨大牢盛宴，
又如春日登台，贪欢觅乐。

甲本：我泊焉未佻（兆），若〔婴儿129未咳〕。累呵，如
　　　〔无所归〕。
乙本：我博（泊）焉未垗（兆），若婴儿未咳。累呵，似无
　　　所归。
王本：我独泊兮，其未兆，如婴儿之未孩。儽儽兮，若

无所归。

景龙碑首句"泊"字作"魄"，"如"字作"若"，无"独"、"兮"、"其"、"之"四字，作"我魄未兆，若婴儿未孩"；遂州本作"我魄未兆，若婴儿之未孩"；傅奕本作"我独魄兮，其未兆，若婴儿之未咳"；邢玄、楼古、磻溪、楼正、河上、司马、林、焦诸本"泊"字作"怕"，谓"我独怕兮，其未兆，如婴儿之未孩"；景福、范本作"我独怕兮，其未兆，如婴儿之未咳"；徽、苏、彭三本作"我独怕兮，其未兆，若婴儿之未孩"；顾欢作"我独怕兮，未兆，若婴儿之未孩"。后一句，景福碑"儽儽"二字作"乘乘"，谓"乘乘兮，其若无所归"；邢玄、磻溪、楼古、楼正、河上、敦煌英、徽、邵、司马、苏、彭、吴、林、焦诸本作"乘乘兮，若无所归"；顾欢、遂州二本"儽儽"二字作"魁"，无"兮"、"若"二字，作"魁无所归"；傅奕作"儡儡兮，其不足以无所归"；范应元作"儽儽兮，其若不足似无所归"。

帛书甲本"泊焉"，乙本作"博焉"，今本作"泊兮"、"魄兮"或"怕兮"。帛书"未咳"，今本"未咳"、"未孩"间作。帛书"累呵"，今本作"儽儽兮"、"乘乘兮"，还有仅作一单字"魁"者。

王弼注："言我廓然无形之可名，无兆之可举，如婴儿之未能孩也。"易顺鼎云："《释文》出'廓'字，云河上本作'泊'。据此，则王本作'廓'可知。注云'言我廓然无形之可名'，是其证也。《文选·子虚赋》、《养生论》注两引作'怕'，皆河上本。今王本作'泊'，盖后人据河上本改之。幸未改注文，犹可考见耳。"验之帛书甲、乙本，足证今见王本首句"我独泊兮，其未

兆"基本不误。易氏据《释文》出"廓"字，因谓王本"泊"字当作
"廓"，不确。帛书甲本作"我泊焉未兆"，与王本近似；乙本作
"博"，乃"泊"之借字。"泊"、"怕"二字义同通用，皆谓恬静
无为。如《汉书·司马相如传》"泊乎无为"，《文选·子虚赋》
作"怕乎无为"，即其证。帛书甲、乙本"累呵"，犹言"累累"，
乃失志疲惫之状。《礼记·玉藻》"丧容累累"，注："累累，羸
惫貌也。"《史记·孔子世家》："累累若丧家之狗。"今本作"儽
儽"，义同。《说文》："咳，小儿笑也，从口亥声。"又云：
"孩，古文'咳'，从子。"经文则谓圣人恬静无为，无迹无举，
若不知咳笑之婴儿；而心身倦怠，若行无所归。苏辙云："人
各溺于所好，其美如享太牢，其乐如春登台，嚣然从之，而不
知其非。唯圣人深究其妄，遇之泊然不动，如婴儿之未能孩
也。乘万物之理而不自私，故若无所归。"

甲本：〔众人〕皆有馀，我独遗（匮）。我禺（愚）人之心
　　　也，蠢蠢（沌沌）呵。

乙本：众人皆又（有）余（馀），我愚人之心235上也，湷
　　　湷（沌沌）呵。

王本：众人皆有馀，而我独若遗。我愚人之心也哉，沌
　　　沌兮。

　　　景龙、易玄、遂州、傅、顾、徽、邵、吴、彭诸本无"而"
字，作"我独若遗"。后一句范应元本"我"下有"独"字，作"我
独愚人之心也哉"；景龙、易玄、遂州三本无"也"、"哉"、
"兮"三字，"沌"字作"纯"，谓"我愚人之心，纯纯"；顾欢本

作"我愚人之心，纯纯兮"；磻溪、楼古、楼正、徽、彭、邵、司马、苏、林诸本亦作"纯纯兮"；邢玄、敦煌英二本无"兮"字，作"纯纯"。

帛书甲本首句"众人"二字残损，乙本捝"我独遗"三字，彼此可互据互补。与今本勘校，经文基本一致，唯各本所用虚词稍异。

王弼释"众人皆有馀，而我独若遗"云："众人无不有怀有志，盈溢胸心，故曰'皆有馀'也。我独廓然无为无欲，若遗失之也。"奚侗云："'遗'借作'匮'，不足之意。《礼记·祭义》'而穷老不遗'，《释文》：'遗，本作"匮"。'是其证。"奚氏之说甚是。于省吾亦谓："'遗'应读作'匮'，二字均谐'贵'声，音近字通……《广雅·释诂》：'匮，加也。'王念孙谓'匮'当作'遗'，以'遗'有'加'义，'匮'无'加'义也。《礼记·乐记》'其财匮'，《释文》：'匮，乏也。''众人皆有馀，而我独若匮'，匮乏与有馀为对文。自来解者，皆读'遗'如字，不得不以遗失为言矣。"帛书甲本"惷惷呵"，乙本作"湷湷呵"，今本作"沌沌兮"或"纯纯兮"。"惷惷"、"湷湷"、"沌沌"、"纯纯"皆形况字。马叙伦云："案'沌'、'纯'、'忳'并借为'惇'，《说文》曰：'惇，厚也。''恽，重厚也。''恽惇'今通作'浑沌'。此三字当在'若婴儿之未咳'上，所以形容婴儿浑沌未分，不知咳笑，与'儡儡兮'对文。"因马氏之说，遂有学者即将此句经文移至"若婴儿之未咳"之前。今验之帛书甲、乙本，"沌沌呵"三字均在"我愚人之心也"之后，与世传今本同，非如马说。蒋锡昌云："'沌沌兮'三字连上文'我愚人之心也哉'为句，与

四十九章'圣人在天下歙歙焉'句法一律。'我愚人之心也哉',
谓圣人居心无识无求,一若愚人也。'沌沌兮',所以形容圣人
浑沌无知也。"

甲本：鬻(俗)〔人昭昭130,我独若〕𨵝(昏)呵。鬻(俗)
　　　人蔡(察)蔡(察),我独𨵏(闷)𨵏(闷)呵。
乙本：鬻(俗)人昭昭,我独若𨵝(昏)呵。鬻(俗)人察
　　　察,我独𨵏𨵏呵。
王本：俗人昭昭,我独昏昏。俗人察察,我独闷闷。

　　傅奕本"人"下有"皆"字,第一个"昏"字作"若","察"字
作"詧","闷"字作"闵","闵"上有"若"字,谓"俗人皆昭昭,
我独若昏。俗人皆詧詧,我独若闵闵";范本与之同,唯"詧"
字作"察",稍异;河上本"俗"字作"众",第一个"昏"字作
"若",谓"众人昭昭,我独若昏";景龙、易玄、庆阳、楼古、
磻溪、楼上、敦煌英、顾、徽、邵、司马、苏、彭、林诸本亦
作"我独若昏"。景福碑末句作"我独如昏"。

　　帛书甲本首句残损六字,"昏"字写作"𨵝","俗"字写作
"鬻","察"字作"蔡","闷"字作"𨵏"。乙本保存完好,"俗"
字也写作"鬻","昏"字作"𨵝","闷"字作"𨵏"。经义与王
本同。

　　"俗人昭昭",王弼注："耀其光也。"释德清云："谓智巧
现于外也。"蒋锡昌云："'昭昭'即自见之义。二十二章'不自
见,故明',七十二章'是以圣人自知不自见',并与此文互明。
'俗人皆昭昭',谓普通之人君皆耀光以自见也。""我独若昏

呵”，奚侗云："‘昏昏’，诸本作‘若昏’，句法不协，兹从王本。《庄子·在宥篇》：‘至道之极，昏昏默默。’"按浙江书局王弼本作"昏昏"，《道藏》王弼本作"若昏"，景龙、易玄、敦煌英等唐本多作"若昏"。顾本成疏"故若昏也"，是成亦作"若昏"。验之帛书甲、乙本，均作"若昏"，足证《老子》原作"若昏"，今本作"昏昏"者，乃后为取句法相协而改。此乃谓圣人无识无为，其状若昏也。"俗人察察"，王弼注："分别别析也。"释德清云："‘察察’，即俗谓分星擘两，丝毫不饶人之意。"此之谓疾厉严苛，寡恩无情。若第五十八章"其政察察"，乃立刑名，明赏罚，以检奸伪。"我独闷闷"，傅、范作"我独若闵闵"。马叙伦云："‘闵闵’是，借为‘紊紊’。《说文》：‘紊，乱也。’古书多以‘察察’、‘紊紊’对言。《楚辞·卜居》‘身之察察，物之汶汶’，‘汶’亦‘紊’之借字。"按"闷闷"、"闵闵"、"闽闽"乃至"紊紊"、"汶汶"，皆重言形况字，音同字异，意义相同，不必强为分别也。王弼注："无所欲为，闷闷昏昏，若无所识。"在此乃形容无智无欲、昏噩惇朴之状。若第五十八章"其政闷闷"，若无形、无名、无事、无政可举。既无所欲，亦无所识。

甲本：忽呵，其若〔海〕。朢（恍）呵，其若无所止。
乙本：沕（忽）呵，其若海。朢（恍）呵，若无所止。
王本：淡兮，其若海。飂兮，若无止。

　　景福碑作"忽兮，其若海。漂兮，若无所止"；河上与林二本作"忽兮，若海。漂兮，若无所止"；顾欢本作"忽若海。飘若无所止"；易玄、庆阳、磻溪、楼正、敦煌英诸本作"忽若海。寂兮，似无所止"；司马本作"忽兮，其若晦。飘兮，似无所止"；焦竑本作"忽兮，若晦。寂兮，似无所止"；苏辙本作"忽若晦。寂若无所止"；遂州本作"忽若晦，寂无所止"；傅奕本作"淡兮，其若海。飘兮，似无所止"；景龙碑作"淡若海，漂无所止"；范应元本作"淡兮，若海。飘兮，若无止"；吴澄本作"漂兮，其若海。飉兮，若无所止"；楼古、孟頫、徽、邵、彭诸本首句与王弼同，后一句作"飉兮，似无所止"。

帛书甲本作"忽呵，其若海。望呵，其若无所止"，乙本与之相同，唯"忽"字作"沕"，后"若"前无"其"字，稍异。世传今本此句经文甚为杂乱，无论用字或句型，彼此都各有差异；诸家注释也各持一说，互相抵牾，读者亦难以判断是非。如王弼释"淡兮，其若海"为"情不可睹"；释"飉兮，若无止"为"无所系縶"。河上公释"忽兮，若海"为"我独忽忽如江海之流，莫知所穷极也"；释"漂兮，若无所止"为"我独漂漂若飞若扬无所止也，志意在神域也"。强本成疏释"忽若晦"为"圣智实明而忽忽如暗"；释"寂无所止"为"虽复同尘而恒自凝寂，又不住此寂，故无所止也"。马叙伦据《楚辞》、《文选》等古籍，考定此文作"寂兮，若海。寥兮，似无所止"。谓："所以形容道之空尽周遍，即《庄子·天下篇》称老子之说所谓无藏也故有馀者也。"诸如种种注释，各为一说，甚难适从。而且，因今本此文多误，有学者疑其非属本章，谓为错简。如马叙伦谓其为二十五章文，严灵峰谓其为十五章文。今验之帛书甲、乙本，此句经文同属本章，绝非错简。依甲本则作"忽呵，其若海。望呵，

其若无所止"。帛书研究组读"朢"字为"恍",甚是。王本第二
十一章"惚兮恍兮",帛书甲、乙本"恍"字均写作"朢"。蒋锡
昌云:"'惚恍'或作'忽恍',或作'芴芒',或作'惚怳',双声
叠字,皆可通用。盖双声叠字,以声为主,苟声相近,即可通
假。'恍惚'亦即'仿佛',《说文》:'仿,仿佛,相似视不諟
也。'""忽兮"、"恍兮",皆形容幽远无形,状不可审諟。此乃
承上文"俗人昭昭,我独若昏。俗人察察,我独闷闷"而言,故
云忽呵,其若海,恍呵,随其荡漾若无所止。此乃形容圣人无
为无欲、恬静无著之怡然自得之神态。

甲本:〔众人皆有以,我独顽〕131以悝(俚)。我欲独异
　　　于人,而贵食母。

乙本:众人皆235下有以,我独阅(顽)以鄙。吾欲独异于
　　　人,而贵食母。

王本:众人皆有以,而我独顽似鄙。我独异于人,而贵
　　　食母。

　　景龙碑首句"以"字作"已",无"而"字,谓"众人皆有已,
我独顽似鄙";司马本无"有"与"而"二字,作"众人皆以,我
独顽似鄙";楼古、磻溪、楼正、孟頫、顾、范、苏、焦诸本
皆无"而"字,作"我独顽似鄙";邵、徽、彭三本作"而我独顽
且鄙";傅奕本作"而我独顽且图";遂州本作"我独顽以鄙"。
后一句,傅奕本"我"字作"吾","独"下有"欲"字,作"吾独欲
异于人";遂州本作"我欲异于人";易玄、邢玄、磻溪、孟頫、
楼正、范、徽、邵、彭诸本作"而贵求食于母";苏辙本作"儿

贵食母”。

帛书甲本首句残，仅存“以悝”二字；乙本保存完好，作“我独顽以鄙”。甲本“悝”字假为“俚”，“以俚”二字与“以鄙”义同。后一句甲、乙本同作“我欲独异于人”，较王本多一“欲”字，则与傅奕、遂州二本相近似。

王本“众人皆有以”，注云：“以，用也。皆欲有所施用也。”“而我独顽似鄙”，注云：“无所欲为，闷闷昏昏，若无所识，故曰‘顽且鄙’也。”可见王本原作“顽且鄙”，不是“顽似鄙”。《广雅·释诂》：“顽，愚也。”《文选》张衡《东京赋》李善注：“鄙，固陋不惠。”愚蠢无知曰“顽”，固陋不惠曰“鄙”，“顽”、“鄙”并列，其间不该是副词或动词，应该是连词。世传今本作“顽似鄙”者，中间“似”字显然有误。傅奕本作“顽且啚”，邵、徽、彭三宋本作“顽且鄙”；唯遂州本作“顽以鄙”，与帛书甲、乙本同。“以”字在此为连词，“顽以鄙”犹言“顽与鄙”或“顽而鄙”。俞樾云：“按‘似’当读为‘以’，古‘以’、‘似’通用。……‘而我独顽以鄙’六字为句。‘顽以鄙’犹言‘顽而鄙’。”俞说至确。傅本作“顽且鄙”，则因“以”字写作“目”，与“且”形近而误。帛书本作“顽以鄙”，当为《老子》故文。

王本“我独异于人，而贵食母”，注云：“‘食母’，生之本也。人皆弃生民之本，贵末饰之华，故曰‘我独欲异于人’。”足证王本此文原亦有“欲”字，今本挩漏。据帛书甲、乙本勘校，“欲”字应在“独”字之前，读作“我欲独异于人”。从文意分析，似较王《注》引“我独欲异于人”贴切，当从。劳健云：“‘食’音嗣，养也。‘母’谓本也。知养其本，乃可以绝役智外求诸末学，而无慢也。河上注：'食，用也；母，道也。'王注：'食母，生之本也。'与玄宗之'求食于母'，皆读如饮食之'食'，并失其义。吴澄以'食母'为乳母，如《礼记·内则》之文，读'食'为饲，是矣；而以'母'为人之称，亦非也。《老子》书凡言'本'者常用'母'字，以取叶韵。第五十二章'既得其母，以知其子；既知其子，以守其母'，明指本末而言。他如第一章'万物之母'，第二十五章'可以为天地母'，第五十九章'有国之母'，义皆如'本'。'贵食母'与'复守其母'，同是崇本之旨，'食母'、'守母'，乃所以为道，不可谓'母'即道也。"

道经校注

二十一（今本《道经》第二十一章）

甲本： 孔德之容，唯道是从。

乙本： 孔德之容，唯道是从。

王本： 孔德之容，惟道是从。

世传今本多同王本，唯景龙碑"德"字作"得"，"惟"字作"唯"，谓"孔得之容，唯道是从"。

帛书甲、乙本此节经文与世传今本多相同，仅其中"惟道是从"，甲、乙本均作"唯道是从"，稍异。

河上公注："孔，大也。有大德之人，无所不容，能受垢浊处谦卑也。唯，独也。大德之人，不随世俗所行，独从于道也。"王弼释"孔"为"空"，谓："惟以空为德，然后乃能动作从道。"按此二释各有所得，又皆未全尽经义。高亨集二家之长，则云："案河上注曰：'孔，大也。'是'孔德'犹云'大德'矣。'容'当借为'搈'，动也。《说文》曰：'搈，动搈也。''动搈'叠韵连语，古或以'动容'为之。《孟子·尽心篇》曰：'动容周旋中礼者，盛德之至也。'《楚辞·九章》曰：'悲秋风之动容兮。'即其证。单言'搈'亦有动义。《广雅·释诂》曰：'搈，动也。'古亦或以'容'字为之。《礼记·月令》曰：'有不戒其容止

者。'郑注曰：'容止，谓动静也。'《庄子·天下篇》曰：'语心
之容，命之曰心之行；心之容，谓心之动也。'即其证。然则
'容'可为'搈'明矣。'孔德之容，惟道是从'，言大德者之动
惟从乎道也。王注曰'动作从道'，正以'动'释'容'。河上注
曰'无所不容'，释为包容之容，失之。"其实不必改作"搈"，
"容"本有"动"义，古"容"、"动"二字音义皆通。

甲本：道之物，唯望（恍）唯忽。〔忽呵恍〕132 呵，中有
象呵。望（恍）呵忽呵，中有物呵。

乙本：道之物，唯望（恍）唯沕（忽）。沕（忽）呵望（恍）
呵，中又（有）象呵236 上。望（恍）呵沕（忽）呵，
中有物呵。

王本：道之为物，惟恍惟惚。惚兮恍兮，其中有象。恍
兮惚兮，其中有物。

邢玄本首句"为"字作"于"，谓"道之于物"；景龙碑、易
玄本作"唯恍唯忽"；庆阳、遂州、顾、焦诸本作"惟怳惟惚"；
傅、范二本作"惟芒惟芴"。后二句，景龙碑作"忽恍中有象，
恍忽中有物"；顾欢本作"惚怳中有象，怳惚中有物"；遂州本
作"怳惚中有物，怳惚中有像"；易玄、孟頵二本作"忽兮恍，
其中有象。恍兮忽，其中有物"；邵、司马、苏三本与之同，
唯"忽"字作"惚"，稍异；楼古、磻溪、楼正三本亦与之同，唯
"忽"字亦作"惚"，且"恍"字作"怳"；河上本作"忽兮怳兮，其
中有像。怳兮忽兮，其中有物"；焦竑本与之同，唯"忽"字作
"惚"，稍异；彭本作"惚兮恍兮，中有象兮。恍兮惚兮，中有

物兮"；徽宗御解本作"惚兮恍兮，中有象焉。恍兮惚兮，中有
物兮"；傅奕本作"芴兮芒兮，其中有象。芒兮芴兮，其中有
物"；范应元本作"芴兮芒兮，中有象兮。芒兮芴兮，中有物
兮"；吴澄本与王弼本同，唯"有物"一句在"有象"一句之前，
独异他本。

帛书甲、乙本经文相同，但同世传今本皆有差异。如首句
甲、乙本作"道之物"，王本作"道之为物"，邢玄本作"道之于
物"，各异。后二句"中有象呵"、"中有物呵"与范、彭二本句
型相似。

"道之物，唯恍唯忽"，世传今本多同王本作"道之为物，
惟恍惟惚"。按"道之为物"与"道之物"，经义有别。句中"之"
字在此有两解。一、训"之"字为"是"。《经传释词》："之，是
也。故《尔雅》曰：'之子者，是子也。'"二、训"之"字为"出"。
《说文》云："之，出也。"朱骏声云："指事，与'生'同意。"假
"之"为"是"，可将"道之物"释作"道是物"，与今本"道之为
物"义近，任继愈将其译作"道这个东西"。释"之"为"生"，则
"道之物"犹言"道生物"。过去哲学界对老子哲学究竟属于唯心
论或唯物论进行过多次讨论，此句经文即是两派争论的焦点之
一。当时帛书《老子》尚未出土，两派俱依今本"道之为物"进行
辩论。主张老子哲学为唯心论者认为，"道之为物"就是"道创
造万物"。主张老子哲学为唯物论者不同意这种解释，如冯友
兰云："甲方有人认为《老子》书二十一章讲的是道生万物的程
序：'道之为物，惟恍惟惚。惚兮恍兮，其中有象。恍兮惚兮，
其中有物。'依《庄子》的解释，道是'非物'，可是它在'恍惚'

之中就生出物来了。如果《老子》书说'道之生物，惟恍惟惚'，这种解释就对了。可是《老子》书明是说'道之为物'，不是说'道之生物'。"我们不想参加辩论，只是通过帛书《老子》甲、乙本之勘校，澄清《老子》书中经文之是非，正确了解《老子》本义。从帛书《老子》甲、乙本考察，此文不作"道之为物"，而作"道之物"，其中"为"字似为后人增入。从《老子》书中所言"万物得一以生"，"道生之，德畜之，物形之，器成之"诸文分析，此文训"之"字为"生"，似较训为"是"更合本义。

俞樾云："按'惚兮恍兮'二句当在'恍兮惚兮'二句之下。盖承上'惟恍惟惚'之文，故先言'恍兮惚兮，其中有物'，与上'道之为物，惟恍惟惚'四句为韵；下文'惚兮恍兮，其中有象'，乃始变韵也。王弼注曰：'万物以始以成，而不知其所以然，故曰：恍兮惚兮，惚兮恍兮，其中有象也。'注文当是全举经文，而夺'其中有物'四字。然据此可知王氏所见本经文犹未倒也。"《道藏》河上与吴澄本皆作"恍兮惚兮，其中有物。惚兮恍兮，其中有像（河上本"恍"字作"悦"）"。与俞说合。但验之帛书甲、乙本，经文语序皆与王弼诸本相同，足证世传今本不误，俞氏变韵之说不确。王弼注："以无形始物，不系成物，万物以始以成，而不知其所以然。故曰'恍兮惚兮，〔其中有物〕（依俞樾说补）。惚兮恍兮，其中有象也'。"楼宇烈云："此处所讲'有物'、'有象'，均为'恍惚'之物象，亦即所谓'无状之状，无物之象'。十四章王弼注：'欲言无邪，而物由以成。欲言有邪，而不见其形。故曰"无状之状，无物之象"也。'"

甲本：湷（幽）呵鸣（冥）呵，中有请（情）吔。其请（情）

　　　　甚真，其中〔有信〕133。

乙本：幼（窈）呵冥呵，其中有请（情）呵。其请（情）甚

　　　　真，其中有信。

王本：窈兮冥兮，其中有精。其精甚真，其中有信。

　　　景龙、顾欢、遂州三本作"窈冥中有精"；遂州碑无"其精
甚真"一句；易玄、庆阳、楼古、敦煌英、司马诸本作"窈兮
冥，其中有精"；磻溪、楼正二本作"杳兮冥，其中有精"；傅
奕本作"幽兮冥兮，其中有精"；范应元本作"幽兮冥兮，中有
精兮"；徽宗御解本与之同，唯"幽"字作"窈"，稍异；彭粗本
作"窈兮冥兮，中有精兮"。

　　　帛书甲本"中有请吔"，乙本作"其中有请呵"，世传今本多
同王本作"其中有精"。从本节经文分析，下文既言"其中有
信"，上文似当作"其中有情"，前后句型一律。可见帛书甲本
前句夺"其"字，乙本不夺。但甲本句后衍"吔"字，乙本衍
"呵"字。朱谦之云："案'窈'、'幽'、'杳'三字音近，可通
用。""窈冥"或"幽冥"皆形况字，乃形容情状之深远而幽隐。

　　　王本"其中有精"，冯逸据《庄子·大宗师》"夫道，有情有
信"，谓《老子》此文"精"字当读作"情"，"有精"即"有情"，
其说甚是。帛书甲、乙本"精"字均作"请"，按"请"、"情"、
"精"三字皆从"青"得声，音同互假。从经义分析，与其依旧读
假"请"、"情"二字为"精"，不若假"请"、"精"为"情"义胜。
再如，"请"字亦可读"情"，古"请"、"情"同源字。古文"言"
与"心"二形符可任作，从"言"之字亦可从"心"，反之亦如是。

如"德"字从"心"，亦可从"言"作"惪"；"警"字从"言"，亦可从"心"作"憼"；"训"字从"言"，亦可从"心"作"惆"等等，字例甚多。再如，《诗经·大雅·大明》"天难忱思"之"忱"字，《韩诗》作"訦"，读作"天难訦思"；《说文·言部》"諆，从言其声"，又谓"或从心"作"悖"；"谢，或从言朔。愬，或从朔心"。就以"请"、"情"二字为例，《荀子·成相篇》"听之经，明其请"，杨倞注："'请'当为'情'。"《史记·礼书》"情文俱画"，徐广曰："古'情'字或假借作'请'，诸子中多有此比。"以上诸例皆可说明，读"请"字为"精"，莫若读"请"字为"情"更为贴切。"情"字在此训"真"或"实"。《周礼·地官·司市》郑注"知物之情伪"，贾公彦疏释曰："情则真也。"《战国策·秦策》"请谒事情"，高诱注："情，实也。"《后汉书·西域传》："莫不备写情形，审求根实。"《韩非子·解老篇》："所谓处其厚不处薄者，行情实而去礼貌也。"所谓"情形"、"情实"，即真情、真实也。再如王弼释"其中有精"，谓为"以定其真"。可见王弼即读"精"为"情"，尚可作此解释。"窈呵冥呵，其中有情"，乃承上文"其中有象"、"其中有物"而言。谓虽窈冥深远似不可见，但其中则存实不虚。"其情甚真，其中有信"，此乃进而阐述其中之实不仅存在，而且甚真，并以其自身之运动规律可供信验。后人不知"精"字当假为"情"，皆读为本字，则释作"精神"、"精力"、"精灵"、"精气"，或谓"最微小的原质"等等。诸说虽辩，但皆与《老子》本义相违，均不可信。

甲本：自今及古，其名不去，以顺众伩（父）。吾何以知众仪(父)之然，以此。

乙本：自今及古，其名不去236下，以顺众父。吾何以知
众父之然也，以此。

王本：自古及今，其名不去，以阅众甫。吾何以知众甫
之状哉，以此。

　　傅、范二本"自古及今"均作"自今及古"，"吾何以知众甫
之状哉"均作"吾奚以知众父之然哉"；遂州本"以阅众甫"作
"以阅终甫"，又同易玄、邢玄、楼古、磻溪、孟頫、楼正、河
上、顾、彭、徽、邵、司马、苏、吴、林、焦诸本"状"字作
"然"，谓"吾何以知众甫之然哉"；景福碑作"吾何以知众父然
哉"；景龙碑作"吾何以知众甫之然"。

　　帛书甲、乙本同作"自今及古"，与傅、范二本同；世传今
本多同王本作"自古及今"，彼此相违。甲、乙本"以顺众父"，
今本多作"以阅众甫"。甲、乙本"吾何以知众父之然也"，王本
作"吾何以知众甫之状哉"，亦各有差异。

　　范应元云："'自今及古'，严遵、王弼同古本。"马叙伦云：
"各本作'自古及今'，非是。'古'、'去''甫'韵。"马说诚是，
帛书甲、乙本正作"自今及古"。再如，宋《道德真经集注》引王
弼注："故曰'自今及古，其名不去'也。"则与范应元所见王本
相合，足证今本作"自古及今"者，乃由后人所改。蒋锡昌云：
"按此'其'字为上文'道'之代名词。'名'非空名，乃指其所以
名之为道之功用而言。'道名不去'犹言道之功用不绝，四十五
章所谓'其用不穷'也。'自今及古，其名不去'，言道虽无形，
然今古一切，莫不由之而成，故道之一名，可谓常在不去也。"

帛书甲、乙本"以顺众父"，世传今本多同王本作"以阅众甫"，遂州本作"以阅终甫"。《释名·释言语》："顺，循也，循其理也。"《易经·说卦》："昔者圣人之作《易》也，将以顺性命之理。""以阅众甫"之"阅"字，《汉书·文帝纪》"阅天之义理多矣"，颜师古注引如淳曰："阅，犹更历也。"可见因"顺"、"阅"义近，故互用之。但是，《老子》为何有此差异，二者孰为本字，实难判断。王弼注："众甫，物之始也，以无名阅万物始也。"劳健据遂州本"以阅终甫"，谓"古'众'字通作'终'，则知'众甫'即'终始'之义"。俞樾云："谨按'甫'与'父'通，'众甫'者，'众父'也。四十二章'我将以为教父'，河上公注曰：'父，始也。'而此注亦曰：'甫，始也。'然者'众甫'即'众父'矣。"俞说诚是，"甫"、"父"二字皆可训"始"，"众"字不必假为"终"，"终甫"仍应读作"众甫"。"众甫"犹言众物之甫，即万物之始也。第一章王弼注："言道以无形无名始成万物，万物以始以成而不知所以然。"亦如本章前文所注："以无形始物，不系成物，万物以始以成，而不知其所以然。""以顺众父"，继前文则谓以常存之道循历万物之始也。

帛书甲、乙本"吾何以知众父之然也，以此"，甲本夺"也"字，今本多作"然哉"，王本作"状哉"。案《老子》原本当作"然"字，不作"状"字，因"状"字与"然"形近而误。王弼注："此，上之所云也。"兹谓吾何以知万物之始于无哉，以"自今及古，其名不去"之道而知之也。

道经校注

二十二（今本《道经》第二十四章）

甲本：炊（企）者不立，自视（是）不章（彰），〔自〕134 见
　　　者不明，自伐者无功，自矜者不长。

乙本：炊（企）者不立，自视（是）者不章（彰），自见者不
　　　明，自伐者无功，自矜者不长237 上。

王本：企者不立，跨者不行。自见者不明，自是者不彰，
　　　自伐者无功，自矜者不长。

　　景龙碑"立"字作"久"，"跨"字作"李"，无后面四个"者"
字，谓"企者不久，李者不行。自见不明，自是不彰，自伐无
功，自矜不长"；邢玄、庆阳、磻溪、孟頫、楼正、河上、顾、
范、彭、徽、邵、司马、苏、林、焦诸本"企"字作"跂"，谓
"跂者不立"；易玄本首句与之同，又后面三句无"者"字，作
"自是不彰，自伐无功，自矜不长"；景福碑作"跨者不行，跂
者不立"，与他本语序互倒；遂州本作"喘者不久，跨者不行。
自见不明，自是不彰，自饶无功，自矜不长"。

　　帛书甲、乙本经文相同，甲本第二句夺一"者"字，抄写之
误。与今本勘校，甲、乙本首句仅有"炊者不立"四字，王本作
"企者不立，跨者不行"，共八字，分两句成对文。世传本多同

王本，唯邢玄、顾、范三本作"跂者不立"，景龙碑作"企者不久"，《想尔注》本与遂州本作"喘者不久"。诸本其下皆有"跨者不行"一句，成对文，均与甲、乙本不同。又甲、乙本"自是"句在"自见"句前，语序与王本互倒。

帛书研究组云："'炊'疑读为'吹'，古导引术之一动作。"又谓："通行本此句下有'跨者不行'一句，按文例当有，甲、乙本似误脱。"按今本两句文杂不一，说明曾经展转传抄，已生伪误。帛书甲、乙二本同作"炊者不立"一句，似非偶然。帛书组读"炊"字为"吹"，谓为"古导引术之一动作"，言无实据，亦不足信。愚以为帛书"炊者不立"，当从今本读作"企者不立"。"炊"字古为昌纽歌部，"企"字属溪纽支部，声纽相通，"支"、"歌"为旁对转，故"炊"、"企"二字古音同通假。商代甲骨文"企"字写作"𝀩"，《慧琳音义》引《说文》谓"举踵而望也"。今《说文》作"举踵也"。段玉裁注："从人止，取人延竦之意。""企"字与"跂"同义，皆指跷起脚跟延身远眺。跷脚而立必不稳，故曰"企者不立"。河上公释"不立"为"不可久立"，随后因袭此注而有"企者不久"、"喘者不久"继踵而出，皆非《老子》之文。再如，今本"企者不立"下有"跨者不行"一句，两句相对成偶，显然出自六朝人之手，取用骈体对偶之文体，帛书组不察，则谓甲、乙本"脱误"，实难苟同。诚然，《老子》确有对文，但多属古谚，一般以排列句居多。例如此文"企者不立，自是者不彰，自见者不明……"，则与第二十三章"希言自然，飘风不终朝，骤雨不终日"句型一律，皆先用四字独句开始，随继之五字排列句，并非句句成对文。今从帛书甲、乙本所见，"跨者不行"四字恐非《老子》旧文，无疑为后人增入。"企者不立"似为古谚，老子引以为喻，从而说明：自以为是者反而不彰，自逞己见者反而不明，自我炫耀者反而无功，自我尊大者反而不得敬重等等之轻躁行为，皆反自然。恰同第二十二章"不自是故彰，不自见故明，不自伐故有功，不自矜故能长"语义相合。

甲本：其在道，曰粽（馀）食赘行，物或恶之，故有欲（裕）者〔弗〕135 居。

乙本：其在道也，曰粽（馀）食赘行，物或亚（恶）之，故有欲（裕）者弗居。

王本：其在道也，曰馀食赘行，物或恶之，故有道者不处。

景龙碑首句无"也"字，第三句"或"下有"有"字，作"其在道，曰馀食赘行，物或有恶之，故有道不处"；顾、焦二本首句亦作"其在道"；楼古、磻溪、孟頫、楼正、敦煌英、范、司马、苏、林诸本作"其于道也"；景福碑作"于其道也，曰馀食赘行"；易玄、庆阳二本作"其于道也，曰馀食馓行"；潘静观《道德经妙门约》作"其在道也，曰馀食赘形"；遂州作"其在道，曰馀食馓行，物有恶之，故有道不处"；河上、吴澄二本作"其于道也，曰馀食赘行，物或恶之，故有道者不处也"；傅、徽、彭三本末句亦作"故有道者不处也"。

帛书甲、乙本经文相同，只是甲本首句"道"下无"也"字，稍异。与今本勘校，唯经文末句帛书甲、乙本作"故有欲者弗居"，今本皆作"故有道者不处"。

"馀食赘行"是一句古成语，老子用它以喻上述"自是"、"自见"、"自伐"、"自矜"等轻躁行为，谓此矜伐之人，以有道者看来，如若"馀食赘行"。由于它是一句贬义成语，故下文云"物或恶之，故有道者不居"。至于"馀食赘行"四字之原义，早已佚亡，难以确切说明。河上公注："赘，贪也。"释"馀食赘行"为"敛馀禄食为贪行"。王弼注："其唯于道而论之，若郤至之行。盛馔之馀也，本虽美，更可秽也。本虽有功而自伐之，故更为肬赘也。"后人多从王说，如唐李约《道德真经新注》云："如食之残，如形之剩肉也。"宋林希逸《道德真经口义》云："食之馀弃，形之赘疣，人必恶之。"明焦竑《老子翼》云："赘，疣赘也。'行'当作'形'，古字通也。'食馀'人必恶之，'形赘'人必丑之。"易顺鼎云："'行'疑通作'形'。'赘形'即王注所云'肬赘'。'肬赘'可言'形'，不可言'行'也。《列子·汤问篇》'太形王屋二山'，张湛注：'形，当作"行"。'是古书'行'、'形'固有通用者。""肬赘"亦称"赘肬"，《楚辞·九章·惜诵》"反离群而赘肬"，洪兴祖注："赘肬，瘤肿也。"依王弼注谓"赘"为"肬赘"，为"瘤肿"，故遭人厌，而盛馔之馀何厌之有？何以恶若瘤肿？因旧注难究，故刘师培更"食"字为"德"，谓"馀食"当为"馀德"。高亨更"行"字为"衣"，谓"赘行"为"赘衣"，更难令人置信，皆徒劳也。愚以为"馀食赘行"目前只可理解为一贬义成语，但是为了帮助理解经义，姑且也可以王弼之说说之，至于其来源和确切含义，暂阙如也。

今本"故有道者不处"，帛书甲、乙本同作"故有欲者不居"。"有道者"与"有欲者"意义相悖，帛书研究组云："居，储蓄。此言恶物为人所弃，虽有贪欲之人亦不贮积。"许抗生云："疑'欲'字为误，'有欲者弗居'与《老子》无为思想不合。"谓"欲"为"贪欲"虽误，然疑"欲"为误字亦非。从经文分析，此当从今本作"有道者"为是。按"欲"字在此当假为"裕"，《方言》卷三："裕，道也。东齐曰'裕'，或曰'猷'。"《广雅》卷四："裕，道也。"王引之《经义述闻》卷四云："《周书·康诰》'远乃猷裕'，即远乃道也。《君奭》曰'告君乃猷裕'，与此同。"准此诸例，足证甲、乙本"欲"字当读作"裕"，"故有裕者不居"，犹今本所言"故有道者不处"也。此乃谓有道者不自处其秽也。

本章经文王弼、河上公、傅奕、范应元等诸刻本，以及景龙、景福等诸碑本，均列为《道经》之第二十四章。帛书甲、乙本虽不分章，但其位置则在第二十一章之后，当为第二十二章。因今本错简，故按帛书甲、乙本编次，将今本第二十四章移此。

道经校注

二十三（今本《道经》第二十二章）

甲本：曲则金（全），枉则定（正），洼则盈，敝则新，少
　　　则得，多则惑。

乙本：曲则全，汪（枉）则正，洼则盈，裻（敝）则新，少
　　　则得237下，多则惑。

王本：曲则全，枉则直，洼则盈，敝则新，少则得，多
　　　则惑。

　　景龙碑"直"字作"正"，"敝"字作"弊"，"惑"字作"或"，
谓"枉则正"，"弊则新"，"多则或"；遂州本作"枉则正"，"弊
则新"；苏辙本作"弊则新"，"多则惑矣"；傅、范二本作"枉
则正"；易玄、邢玄、景福、庆阳、楼古、孟頫、河上、顾、
徽、邵、司马、彭、林诸本"敝"字均作"弊"，谓"弊则新"。

　　帛书甲、乙本经文相同，只是在使用同音假借字方面稍有
差异。如甲本"全"字误作"金"，"正"字写作"定"；乙本"枉"
字写作"汪"，"敝"字写作"裻"。世传今本经文用字亦有差异，
如王本"枉则直"，傅、范、景龙诸本作"枉则正"；"敝则新"，
景龙、易玄、河上诸本作"弊则新"。

　　朱谦之云："'曲则全'，即《庄子·天下篇》所述'老聃之

道，人皆求福，己独曲全’也。《书·洪范》‘木曰曲直’，此亦以木为喻。曲者，《庄子·逍遥游》所谓‘卷曲而不中规矩’，《人间世》所谓‘拳曲而不可以为栋梁’也。盖‘直木先伐，甘井先竭’，‘吾行却曲，无伤我足’，此即‘曲则全’之义。‘枉则正’，‘枉’，《说文》：‘衺曲也，从木㞷声。’《广雅·释诂一》：‘桂，诎也。’即诘诎之义，实为屈。‘正’，诸本作‘直’，‘枉’、‘直’对文，‘枉则直’者，大直若屈也。《论语》：‘举直错诸枉。’《淮南·本经训》：‘矫枉以为直。’碑文作‘正’，‘正’亦‘直’也。《鬼谷子·磨篇》：‘正者，直也。’《广雅·释诂一》：‘直，正也。’《易·文言传》：‘直，其正也。’‘直’、‘正’可互训。”蒋锡昌云：“《庄子·天下篇》述《老子》之道曰：‘人皆求福，己独曲全。曰“苟免于咎”。’是‘曲’者，即‘苟免于咎’之谊。盖唯能‘苟免于咎’，方能全身而远祸也。‘曲则全’一语，为古之遗训，而老子述之，阅下文‘古之所谓曲则全者，岂虚言哉’可知。‘枉则正，洼则盈，敝则新’三语，均文异谊同，皆承‘曲则全’而言。‘全’、‘正’、‘盈’、‘新’为韵。”“按四十四章：‘名与身孰亲？身与货孰多？得与亡孰病？是故甚爱必大费，多藏必厚亡。知足不辱，知止不殆，可以长久。’是‘少’即‘知足’、‘知止’之谊，‘得’即‘长久’之谊，‘多’即‘甚爱’、‘多藏’之谊，‘惑’即‘大费’、‘厚亡’之谊。而‘少则得’又为上文‘曲则全’一谊之重复，‘多则惑’乃‘少则得’一谊之相反。”

甲本：是以声（圣）人执一，以为天下牧。

乙本：是以耵（圣）人执一，以为天下牧。

王本：是以圣人抱一，为天下式。

世传今本多同王本，唯傅奕本无"是以"二字，而在"一"下有"以"字，作"圣人抱一以为天下式"。

帛书甲、乙本经文相同，均作"是以圣人执一，以为天下牧"；世传今本多作"是以圣人抱一，为天下式"，或作"圣人抱一以为天下式"，则与帛书甲、乙本有所不同。

帛书甲、乙本"圣人执一"，今本皆作"圣人抱一"；甲、乙本"为天下牧"，今本皆作"为天下式"。王弼注："一，少之极也。'式'犹'则'也。"河上公注："抱，守法式也。圣人守一乃知万事，故能为天下法式也。""执"与"抱"虽皆有"守"、"持"之义，但彼此也有原则区分，"执一"不同于"抱一"。老子所谓"执一"即"执道"，也即掌握对立统一之辩证法则。《文子·符言篇》云："老子曰：'执一无为，因天地与之变化。'"先秦法家也主张"执一"，如《管子·心术篇》："君子执一而不失，能君万物。"《内业篇》："化不易气，变不易智，惟执一之君子能为此乎！"《荀子·尧问篇》"执一无失"，"执一如天地"。《韩非子·扬权篇》："故圣人执一以静，使名自命，令事自定。"儒家反对执一，主张执中。《论语·尧曰》："天之历数在而躬，允执其中。"《孟子·尽心篇》："执中无权，犹执一也。所恶执一者，为其贼道也。""抱一"犹"合一"。《老子》第十章"载营魄抱一"，指精神与身躯合为一体。贾谊《新书·道术篇》"言行抱一谓之真"，指言与行一致。作为哲学概念，"抱一"与"执一"是不同的。从而可见，《老子》原本作"圣人执一"，不是"圣人抱一"。帛书甲、乙本保存了原文和原义，今本则有讹误，而且此一误传来源很久，早在南北朝期间即已造成，如今有帛书出土，才得见庐山面目。帛书甲、乙本"为天下牧"，今本作"为天下式"。王弼训"式"字为"则"，即法则；河上公释为"法式"。虽经义亦通，但不若帛书本释"牧"字为"治"义长。《荀子·成相篇》"请牧基"，杨倞注："牧，治也。""是以圣人执一，以为天下牧"，犹言圣人执一而为天下治。即《吕览·有度篇》所云："执一而万物治，而使人不能执一者，物感之也。"

甲本： 不〔自〕136 视（是）故明（彰），不自见故章（明），不自伐故有功，弗矜故能长。

乙本： 不自视（是）故章（彰），不自见也故明，不自伐故有功，弗矜故能长。

王本： 不自见故明，不自是故彰，不自伐故有功，不自矜故长。

世传今本多同王本，唯遂州本"不自是故彰"一句在"不自见故明"之前，与帛书甲、乙本语次相同；苏辙本第三句无"有"字，作"不自伐故功"。

帛书甲、乙本经文相同，而甲本第一句"彰"字与第二句"明"字彼此误倒，乙本第二句"见"字下衍一"也"字。与王本勘校，经义相同，唯第一句与第二句彼此互倒。

此乃承前章"自是者不彰，自见者不明，自伐者无功，自矜者不长"四句而言，故此谓"不自是故彰，不自见故明，不自伐故有功，弗矜故能长"。上下各四句，每句皆对语。但是，今本将本文列为第二十二章，将前文列为第二十四章，不仅彼此间隔，而且前后颠倒，显然是因错简而致，今根据帛书甲、乙本经文次序予以更正。

甲本：夫唯不争，故莫能与之争。古〔之137 所谓曲全者，岂〕语才（哉）！诚金（全）归之。

乙本：夫唯不238 上争，故莫能与之争。古之所胃（谓）曲全者，几（岂）语才（哉）！诚全归之。

王本：夫唯不争，故天下莫能与之争。古之所谓曲则全者，岂虚言哉！诚全而归之。

遂州本无"天下"与"之"三字，"言哉"二字作"语"，"诚"字作"成"，其上有"故"字，谓"夫唯不争，故莫能与争。古之所谓曲则全者，岂虚语？故成全而归之"；景龙碑后二句作"古之所谓曲则全，岂虚语？故成全而归之"；傅奕本作"岂虚言也哉！诚全而归之"；顾欢、孟頫二本末句作"故诚全而归之"。

帛书甲本经文残损七字，兹据乙本补；彼此经文基本一致。与今本勘校，除用同音假借字外，经义基本相同。《淮南子·原道训》："以其无争于万物也，故莫敢与之争。"即本《老子》此文。王念孙云："案'莫敢'本作'莫能'，此后人依《文子·道原篇》改之也，唯不与万物争，故莫能与之争，所谓'柔弱胜刚彊'也。若云'莫敢'则非其旨矣。下文曰：'功大礨坚，莫能与之争。'《老子》曰：'夫唯不争，故天下莫能与之争。'又曰：'以其不争，故天下莫能与之争。'皆其证也。"王说诚是，帛书《老子》甲、乙本此句皆作"故莫能与之争"，不作"莫敢"，但无"天下"二字，与王氏所引有所不同。验之北京图书馆藏敦煌写本残卷，唐李荣《老子道德经注》、遂州龙兴碑亦无"天下"二字，皆与帛书甲、乙本相同。可见《老子》原文当如此。今本作"故天下莫能与之争"者，为后人依第六十六章文而赘增"天下"二字。

《庄子·天下篇》："人皆求福，己独曲全，曰'苟免于咎'。"《孙子·九地篇》："善为道者，以曲为全。"皆本"曲全"之说。《老子》云"古之所谓'曲则全'者"，可见"曲全"之说非始于《老子》，乃是当时流传之古谚。帛书甲、乙本"几语哉"，今本作"岂虚语"或"岂虚言哉"。"岂"字与"几"乃双声叠韵，可互为假用。如《荀子·荣辱篇》："几直夫刍豢稻粱之县糟糠尔哉！"杨倞注："几，读为'岂'。"《史记·黥布传》："人相我当刑而王，几是乎？"徐广曰："几，一作'岂'。"皆其证。在此"几"字当假为"岂"，"岂语哉"犹言"岂只一句话"。今本增"虚"字，作"岂虚言哉"，如言"岂只一句空话"。"岂只一句话"与"岂只一句空话"，并无差异，故"虚"字有无不伤本义。愚以为帛书甲、乙本作"岂语哉"为《老子》旧文，今本"虚"字乃为后人增添。

"诚全归之"，则谓苟行曲实得全，复归自然也。《老子》所谓"归"者，皆谓复原或恢复。如第二十八章"复归于婴儿"，"复归于无极"，"复归于朴"。马叙伦疑"此三句似注文"，盖谓此为注文误入于经者。其实"归"与"复归"皆《老子》习用常语，兹校证于帛书，今本不误，马说非是。

本章原为王弼、河上公等今本《道经》之第二十二章，据帛书甲、乙本勘校，今本错简，原二十四章当为第二十二章，本章则为第二十三章，依甲、乙本编次，故移于此。

道经校注

二十四（今本《道经》第二十三章）

甲本：希言自然，飘风不冬（终）朝，暴雨不冬（终）日。

乙本：希言自然，蒯（飘）风不冬（终）朝，暴雨不238下
冬（终）日。

王本：希言自然，故飘风不终朝，骤雨不终日。

傅奕本"希"字作"稀"，"终"字作"崇"，谓"稀言自然，故
飘风不崇朝，骤雨不崇日"；景龙、易玄、邢玄、景福、庆阳、
楼古、磻溪、孟頫、楼正、敦煌英、遂州、河上、顾欢、司
马、吴、林、焦诸本均无"故"字，作"飘风不终朝"；苏辙本作
"飘风不终朝，暴雨不终日"；范应元本作"暴雨不崇日"。

帛书甲、乙本经文相同，与王本勘校，"飘"前亦无"故"
字，"骤雨"二字作"暴雨"。从经义分析，无"故"字者是；"骤
雨"、"暴雨"谊同，当从帛书。奚侗云："'希言'顺乎自然，
与第五章'多言数穷'相反。然以文例求之，必有偶语，上下或
有脱简。"马叙伦亦谓"此句上下有脱文"。奚、马二氏疑为偶
语，谓其上下有脱文者，无非是根据与其相邻的今本第二十四
章"企者不立，跨者不行"之文例，故而产生此疑。岂知今本第
二十四章经文原也只有"企者不立"一句，"跨者不行"四字是由

后人所增,《老子》原文并非偶语, 句型文例均与本章一律。说见前文, 奚、马脱文之说非是。

河上公注:"'希言'者是爱言也, 爱言者自然之道。'飘风', 疾风也;'骤雨', 暴雨也。言疾风不能长, 暴雨不能久也。"蒋锡昌云:"按《老子》'言'字多指声教法令而言。如二章'行不言之教', 五章'多言数穷', 十七章'悠兮其贵言', 均是。'希言'与'不言'、'贵言'同谊, 而与'多言'相反。'多言'者, 多声教法令之治;'希言'者, 少声教法令之治。故一即有为, 一即无为也。'自然'即自成之谊。'希言自然', 谓圣人应行无为之治, 而任百姓自成也。"

甲本:孰为此, 天地138〔而弗能久, 又况于人乎〕!
乙本:孰为此, 天地而弗能久, 有(又)兄(况)于人乎!
王本:孰为此者? 天地。天地尚不能久, 而况于人乎!

景龙碑无"者"字, "尚"字作"上", 最后无"乎"字, 谓"孰为此? 天地。天地上不能久, 而况于人";遂州本与之同, 唯"上"字仍同王本作"尚";易玄幢亦无"者"字, 作"孰为此";傅、顾二本作"孰为此者, 天地也";邵若愚本末句作"而况人乎"。

帛书甲本残损九字, 乙本保存完好, 可据补甲本缺文。与世传今本相互勘校, 彼此经文差异有二。一、"天地"二字今本重复两次, 甲、乙本仅出现一次。二、甲、乙本"孰为此", 今本多作"孰为此者"。如王本:"孰为此者? 天地。天地尚不能久, 而况于人乎?"乃作问答句。如云"孰为此者? 天地", 问谁是使"飘风不终朝，暴雨不终日"者，答曰"天地"。谓天地是其为之者。果真如此，岂不与第一章"无名万物之始"相抵牾。第一章王弼注："凡有皆始于无，故未形无名之时，则为万物之始。及其有形有名之时，则长之、育之、亭之、毒之，为其母也。"万物既始于道，飘风暴雨亦必因道而生。但是，此言"天地"，岂不违反"万物得一以生"之旨？显非老子之意。帛书甲、乙作："孰为此，天地而弗能久，又况于人乎！"是一陈述句，犹言孰使飘风暴雨如此，天地尚不能常久，又何况于人！不仅文畅义显，而且符合"万物作焉而不辞，生而不有，为而不恃"之道义。由此可见，今本中之"者"与"天地"三字，皆为后人妄增，非《老子》旧文，当从帛书甲、乙本为是。

甲本：故从事而道者同于道，德者同于德，者（失）者同于失。同〔于德139者〕，道亦德之。同于〔失〕者，道亦失之。

乙本：故从事而道者同于道，德者同于德，失者同于失。同于德239上者，道亦德之。同于失者，道亦失之。

王本：故从事于道者，道者同于道，德者同于德，失者同于失。同于道者，道亦乐得之；同于德者，德亦乐得之；同于失者，失亦乐得之。信不足焉，有不信焉。

　　景龙碑作"故从事而道者，道德之；同于德者，德德之；

同于失者，道失之"；遂州本作"故从事而道者，道得之；同于
德者，德得之；同于失者，道失之"；顾欢本作"故从事于道
者，道者同于道，道得之。同于德者，德亦得之。失者同于
失。同于道者，道亦乐得之；同于德者，德亦乐得之；同于失
者，失亦乐失之"；司马本作"故从事于道者同于道，德者同于
德，失者同于失。同于道者，道亦得之；同于德者，德亦得
之；同于失者，失亦失之"；傅奕本作"故从事于道者，道者同
于道。从事于得者，得者同于得。从事于失者，失者同于失。
于道者道亦得之，于得者得亦得之，于失者失亦得之"；易玄、
邢玄、庆阳、楼古、磻溪、楼正、孟頫、敦煌英、范、彭、
徽、邵、苏、吴等诸本同作"故从事于道者，道者同于道，德
者同于德，失者同于失。同于道者，道亦得之；同于德者，德
亦得之；同于失者，失亦失之"；景福碑同王本，唯首句作"故
从事于道"，无"者"字；河上本亦同王本，唯末句作"同于失
者，失亦乐失之"，稍异。

　　帛书甲本"失者同于失"一句，第一个"失"字误写作"者"，
抄写之误。经文与乙本相同，均作"故从事而道者同于道，德
者同于德，失者同于失。同于德者，道亦德之。同于失者，道
亦失之"。"德"、"得"二字古通用，在此"德"字皆假为"得"。
易顺鼎云："按'德者同于德'两'德'字皆当作'得'，与下'失
者同于失'相对。"今本此文从上举所见，多纷异失真。俞樾云：
"按下'道者'二字衍文也，本作'从事于道者同于道'，其下
'德者'、'失者'蒙上'从事'之文而省，犹云'从事于道者同于
道，从事于德者同于德，从事于失者同于失'也。《淮南子·道

应篇》引《老子》曰‘从事于道者同于道’，可证古本不叠‘道者’二字。王弼注曰：‘故从事于道者，以无为为居，不言为教，绵绵若存，而物得其真，于道同体，故曰"同于道"。’是王氏所据本正作‘故从事于道者同于道’。"今与帛书甲、乙本勘校，进一步证明俞说诚是，用王弼此注释帛书，经注正相契合。按：此节经文岂只仅衍"道者"二字，下文更甚。帛书甲、乙本"同于德者，道亦德之。同于失者，道亦失之"，王本衍作"同于道者，道亦乐得之；同于德者，德亦乐得之；同于失者，失亦乐得之"。易顺鼎云："王冰《四气调神大论篇》注引此并无‘乐’字。"验之帛书，王本何只并衍"乐"字，"同于道者，道亦乐得之"整句皆衍，而且又将末句"同于失者，道亦失之"误作"同于失者，失亦乐得之"。王弼注："言随其所行，故同而应之。"楼宇烈《王弼集校释》云："此节注文意为，道随物所行而应之。因此节经文已误，故注文难解。今据长沙马王堆三号汉墓出土帛书《老子》甲、乙本，此节经文均作‘同于德者，道亦德之，同于失者，道亦失之’。王注之义正同此。"

世传今本多同王本，衍"信不足焉，有不信焉"。景龙、邢玄、庆阳、楼古、磻溪、楼正、敦煌英、顾、范、徽、邵、司马、遂州、苏、彭、焦诸本无"焉"字，衍作"信不足，有不信"。奚侗云："二句与上文不相应，已见第十七章，此重出。"马叙伦云："此二句疑一本有十七章错简在此，校者不敢删，因复记之，成今文矣。"帛书甲、乙本均无此二句，足证奚、马二氏之说至确，当据以删去。

本章原为王弼、河上公等今本之第二十三章，据帛书甲、

乙本勘校，今本错简，原二十二章当为第二十三章，本章则为
第二十四章，依甲、乙本编次，故移于此。

道经校注

二十五（今本《道经》第二十五章）

甲本：有物昆（混）成，先天地生。绣（寂）呵缪（寥）呵，
独立〔而不改〕140，可以为天地母。

乙本：有物昆（混）成，先天地生。萧（寂）呵潺（寥）呵，
独立而不玹（改），可239下以为天地母。

王本：有物混成，先天地生。寂兮寥兮，独立不改，周
行而不殆，可以为天下母。

　　景龙碑"寥"字作"漠"，无"兮"与"而"二字，作"寂漠，独
立不改，周行不殆，可以为天下母"；遂州本与之同，唯末句
无"以"字，作"可为天下母"；傅奕本作"寂兮寞兮，独立而不
改，周行而不殆，可以为天下母"；范本与之同，唯末句作"可
以为天地母"；司马本作"寂兮寥兮，独立而不改，周行而不
殆，可以为天地母"；易玄、景福、庆阳、孟頫、楼正、敦煌
英、河上、彭、徽、邵、苏、吴、林、焦诸本与之同，唯"天
地母"三字作"天下母"，稍异。

　　帛书甲、乙本经文相同，与王本勘校，有两处重大差异。
一、世传今本皆同王本有"周行而不殆"一句，与"独立不改"互
成对文；帛书甲、乙本仅有"独立而不改"一句。二、帛书甲、

乙本同作"可以为天地母"，世传今本除范应元、司马光二本与帛书相同外，其他皆同王本作"可以为天下母"。

第一，帛书甲、乙本"独立而不改"一句，今本作"独立而不改，周行而不殆"，对文成偶。类似的问题，如前文帛书甲、乙本"企者不立"一句，今本作"企者不立，跨者不行"，对文成偶。今本二十三章"希言自然"一句，奚侗、马叙伦据此故疑原亦为对语，今有脱漏。帛书甲、乙本"企者不立"、"希言自然"、"独立而不改"皆为独句，而今本多为骈体偶文。如果问，帛书甲、乙本为何同将此诸文下句脱掉，如此巧合一致，甚难思议。其实不难理解。骈体偶文，乃六朝盛行文体。验之帛书足以说明，类似这种偶体对文，非《老子》原有，皆六朝人增入。

第二，范应元云："'天地'字古本如此，一作'天下母'，宜从古本。"马叙伦云："范说是也。上谓'先天地生'，则此自当作'为天地母'。成疏曰：'间化阴阳，安立天地。'则成亦作'天地'。"蒋锡昌云："《道德真经集注》引王弼注'故可以为天地母也'，是古王本'下'作'地'，当据改正。今本经注并作'下'，盖皆经后人所改也。"今验之帛书甲、乙本，进而证明《老子》原作"可以为天地母"，非为"天下母"，今本多误。

"有物混成，先天地生。寂呵寥呵，独立而不改，可以为天地母"，谓之"有物"，则视之不见，听之不闻，循之不得，故不可知亦不可名；谓之"混成"，既不知其所生，更不知其所由生。"先天地生"者，则不见其始，也不可能见其终也。所言道也。蒋锡昌云："质言之，'道'即'物'，'物'即'道'也。道之成也，混然不可得而知，故曰'混成'。'有物混成，先天地生'，言有道混成，先天地而生也。""寂兮寥兮，独立不改"，王弼注："'寂寥'，无形体也。无物匹之，故曰'独立'也。返化终始，不失其常，故曰'不改'也。"按道之属性，无声无形，永恒不易。严复云："不生灭，无增减，万物皆对待，而此独立；万物皆迁流，而此不改。"第一章"无名，万物之始"，说明无名之道不仅"先天地生"，而且是天地由其所生，故道为天地之根源。

甲本：吾未知其名，字之曰道。吾强为之名曰大，大曰筮（逝），筮（逝）曰〔远，远曰返〕。

乙本：吾未知其名也，字之曰道。吾强为之名曰大，大曰筮（逝），筮（逝）曰远，远曰反（返）。

王本：吾不知其名，字之曰道，强为之名曰大，大曰逝，逝曰远，远曰反。

楼古本"字"上有"强"字，作"强字之曰道"；范本作"故强字之曰道"；傅本与之同，唯末句"反"字作"返"；景龙碑第三句作"吾强为之名曰大"，末句"反"字亦作"返"；司马本作"强名之曰大"；易玄、磻溪、孟頫、楼正、顾、邵、遂州等诸本"反"字均作"返"，谓"远曰返"。

帛书甲本残损四字，乙本保存完好，可据补甲本缺文。乙本较甲本多一虚词"也"字，其馀全同。与今本勘校，经文基本一致，经义无别。

奚侗云："'曰'训'于'，此见《诗·园有桃》'子曰何其'郑笺。'逝'，王注：'行也。'既'大'矣，于是周流不息；既'逝'矣，于是无远弗届；既'远'矣，于是复反其根。"蒋锡昌云："'逝'者，指道之进行而言，即宇宙历史自然之演进也。'远'者，谓宇宙历史演进愈久，则民智愈进，奸伪愈多，故去真亦愈远也。'反'为'返'之假，谓圣人处此去真愈远之时，应自有为返至无为，自复杂返至简单，自巧智返至愚朴，自多欲返至寡欲，自文明返至鄙野也。'大曰逝，逝曰远，远曰反'，谓道既大而无所不包矣，于是成为世界而刻刻演进；世界既刻刻演进矣，于是民智愈进，去真愈远；人民既去真愈远矣，圣人当以无为为化，而有以返之也。四十章'反者道之动'，与此互相发明，可合观之。"

甲本：〔道大〕141，天大，地大，王亦大。国中有四大，而王居一焉。

乙本：道大，天大，地大，王亦大240上。国中有四大，而王居一焉。

王本：故道大，天大，地大，王亦大。域中有四大，而王居其一焉。

景龙碑无"故"、"亦"、"其"、"焉"四字，"居"字作"处"，谓"道大，天大，地大，王大。域中有四大，而王处一"；傅本作"道大，天大，地大，人亦大。域中有四大，王处其一尊"；范本作"道大，天大，地大，人亦大。域中有四大，而人居其一焉"；遂州本作"故道大，天大，地大，王大。域中四大，而王居一"；徽、邵、彭三本末句作"而王处一焉"；苏本作"而王居一焉"。

　　帛书甲本残损二字，经文与乙本相同。与今本勘校，甲、乙本"国"字，今本多同王本作"域"；或个别虚词稍别，彼此经义基本一致。唯傅、范二本"王"字作"人"。范应元云："'人'字，傅奕同古本，河上公本作'王'。观河上公之意，以为王者人中之尊，固有尊君之义。然按后文'人法地'，则古本文义相贯。况人为万物之最灵，与天地并立而为三才，身任斯道，则人实亦大矣。"陈柱云："《说文·大部》'大'下云：'天大，地大，人亦大焉，象人形。'是许君所见作'人亦大'也。段玉裁注云：'《老子》："道大，天大，地大，人亦大。……人法地，地法天，天法道。"'则段氏疑亦作'人亦大'也，不然应申言今本作'王亦大'矣。今据正。人为万物之灵，为天演中最进化之物，故曰'人亦大'。"今验之帛书甲、乙本，均作"王亦大"，与王弼、河上公及其他今本多同。范应元、陈柱所谓"人亦大"者，非《老子》原文。

　　《说文·戈部》："域，邦也。"《囗部》："国，邦也。""国"字与"域"同音同义，乃异体同源，故"国中"、"域中"无别也。王弼注："天地之性人为贵，而'王'是人之主也，虽不职大，亦复为大。与三匹，故曰'王亦大'也。'四大'，'道'、'天'、'地'、'王'也。凡物有称有名，则非其极也。言道则有所由，有所由然后谓之为道，然则道是称中之大也，不若无称之大也。无称不可得而名，故曰'域'也。'道'、'天'、'地'、'王'皆在乎无称之内，故曰'域中有四大'者也。"蒋锡昌云："按'道'先天地生，其为物也，不可致诘。老子谓'道'与

'天'、'地'、'王'同在'域中'，然则此'域中'之范围，尤非后人所可致诘。故王弼注：'无称，不可得而名，曰"域"也。"道"、"天"、"地"、"王"皆在乎无称之内，故曰"域中有四大"者也。'今人陈柱以为'域'当作宇宙解，其谊太狭，恐非老子本谊也。'域中有四大，而王处其一焉'，谓'域中'有可名为大者四，而王处其一也。此言所以明圣王得道体之一，故当贵而行之也。"

甲本：人法地，地法〔天，天法道，道法自然〕。
乙本：人法地，地法天，天法道，道法自然。
王本：人法地，地法天，天法道，道法自然。

　　世传今本多同王本，唯金寇才质《道德真经四子古道集解》（《道藏》过一—过十）首句"人"字作"王"，谓"王法地"。

　　帛书甲本残损较甚，仅存五字；乙本保存完好，经文与今本相同，可据补甲本缺文。

　　王弼注："法，谓法则也。人不违地，乃得全安，法地也。地不违天，乃得全载，法天也。天不违道，乃得全覆，法道也。道不违自然，乃得其性，法自然也。法自然者，在方而法方，在圆而法圆，于自然无所违也。自然者，无称之言，穷极之辞也。用智不及无知，而形魄不及精象，精象不及无形，有仪不及无仪，故转相法也。道法自然，天故资焉。天法于道，地故则焉。地法于天，人故象焉。王所以为主，其主之者一也。"唐李约《道德真经新注》（《道藏》能一—能四）标点此经与传统读法不同，将其读作"王法地地，法天天，法道道，法自然"。李注云："'道大，天大，地大，王亦大'，是谓'域中四大'。盖王者'法地'、'法天'、'法道'之三自然而理天下也。天下得之而安，故谓之'德'。凡言人属者耳，其义云'法地地'，如地之无私载。'法天天'，如天之无私覆。'法道道'，如道之无私生成而已。如君君、臣臣、父父、子子之例也。后之学者谬妄相传，皆云'人法地，地法天，天法道，道法自然'。则域中有五大非四大矣。岂王者只得'法地'，而不得'法天'、'法道'乎？天地无心，而亦可转相法乎？又况'地法天，天法道，道法自然'，是道为天地之父，自然之子，支离决裂，义理疏远矣。"李说虽辨，而历代学者多弃之不用，或谓"乃小儿牙牙学语"，单词重叠，非《老子》之文。虽说不词，但确为古之一说，况且如今尚有信从者。按"人法地，地法天，天法道"，所言非谓"王者只得'法地'而不得'法天'、'法道'"，而谓人、地、天皆法于道也。若此句法如四十二章"道生一，一生二，二生三，三生万物"。此虽谓"三生万物"，不言而喻，生万物者当为"道"，绝不会理解为生万物者"三"耳。

道经校注

二十六（今本《道经》第二十六章）

甲本：〔重〕142 为巠（轻）根，清（静）为趮（躁）君，是以君子众（终）日行，不蓠（离）其甾（辎）重。

乙本：重为轻根，静为趮（躁）君，是以君240下子冬（终）日行，不远其甾（辎）重。

王本：重为轻根，静为躁君，是以圣人终日行，不离辎重。

　　傅奕本"静"字作"靖"，"圣人"二字作"君子"，"离"下有"其"字，谓"重为轻根，靖为躁君，是以君子终日行，不离其辎重"；景龙、易玄、楼古、磻溪、孟頫、楼正、敦煌英、范、彭、徽、邵、司马、苏、吴、林等诸本"圣人"二字均作"君子"，谓"是以君子终日行，不离辎重"；遂州本作"是以君子行，终日不离辎重"。

　　帛书甲本仅残损一字，乙本完好无损。甲本假借字较乙本多，而且使用字词也有差异。如甲本"不离其辎重"，乙本作"不远其辎重"，"远"、"离"二字义同，故彼此经义无别。帛书甲、乙本与王本勘校，其中主要差异是帛书"君子"二字王本作"圣人"。但是，景龙、易玄诸碑本，敦煌写本，傅、范古本，司马、苏辙等宋本皆作"君子"，《韩非子·喻老篇》引此文亦作"君子"。今由帛书甲、乙本证之，作"君子"者是，"圣人"乃是由后人妄改。

《喻老篇》云："制在己曰'重'，不离位曰'静'。重则能使轻，静则能使躁。故曰'重为轻根，静为躁君'。故曰'君子终日行，不离辎重'也。"王弼注："凡物，轻不能载重，小不能镇大。不行者使行，不动者制动。是以重必为轻根，静必为躁君也。以重为本，故不离。"朱谦之云："方日升《韵会小补》引：《说文》：'辎，軿车前、衣车后，从车𩵋声。'徐曰：'所谓库车。'《字林》：'载衣物车，前后皆蔽。'《左传》宣十二年《正义》引《说文》云：'辎，一名軿，前后蔽也。'《后·舆服志》注：'軿车有衣蔽无后辕者，谓之辎。'《释名》：'辎，屏也；有邸曰辎，无邸曰軿。'又《光武纪》注：'《释名》："辎，厕也。"谓军粮什物杂厕载之，以其累重，故称辎重。'又《前·韩安国传》'击辎重'，师古曰：'辎，谓衣车；重，谓载重物车。故行者之资，总曰辎重。'（卷二）方氏所考甚明，盖辎重为载物之车，前后有蔽；载物有重，故谓'辎重'。古者吉行乘乘车，师行乘兵车，皆有辎重车在后，此喻君子终日行，皆当以重为本，而不可轻举妄动也。"

甲本：唯（虽）有环（营）官（观），燕处〔则超〕143若。

乙本：虽有环（营）官（观），燕处则昭（超）若。

王本：虽有荣观，燕处超然。

世传今本多同王本，唯傅、范二古本"燕"字作"宴"，谓"虽有荣观，宴处超然"。

帛书甲本"虽"字写作"唯"，"燕处"下残损二字；乙本保存完好，彼此经文基本相同。与今本勘校有两处差异：今本"荣观"二字，甲、乙本皆作"环官"；今本"超然"二字，甲、乙本皆作"昭若"。

今本"虽有荣观，燕处超然"，范应元注："观，一作'馆'。"傅、范二本"燕"字又作"宴"。关于此句经文，过去有多种解释，盖见仁见智，众说纷纭。兹择其主要者略举如下：

一、河上公注："'荣观'谓宫阙，燕处后妃所居也。'超然'，远避而不处也。"

二、吴澄云："虽有荣华之境，可以游观。"蒋锡昌承之曰："此言道中虽有荣华之境，可供游观，然彼仍安随辎重之旁，超然物外，而不为所动也。"

三、劳健引宋女道士曹冲之解云："游观、荣观，无所系著。"苏辙云："'荣观'虽乐，而必燕处，重静之不可失。"焦竑云："荣观，纷华之观也。《公羊传》曰：'常事曰"视"，非常曰"观"。'处，上声；'燕处'犹燕居，超然高出而无系者也。"

四、马叙伦云："'荣观'是'营卫'之借，此承上行言。《史记·五帝本纪》曰：'迁徙往来无常处，以师兵为营卫。'《说文》：'营，币居也。''衞，宿卫也，从韦币行。'寻'行'，甲文作'𩀱'；'卫'，甲文作'𧘂'。盖会四方守卫之义，'营'、'卫'其义一也。'荣'、'营'并从荧省声，得通假。'观'借为'卫'者，'脂'、'歌'声近，'歌'、'元'对转也。"高亨云："'营'、'荣'通用，'营'者周垣也；'观'当读'垣'；谓'营观'即'营垣'。《说文》曰：'垣，墙也。'所居之处绕以营垣，与行乘辎重有衣之车以自卫。'虽'当为'唯'。……'超然'者，高脱无累之义。言唯有营垣乃能安居无所危惧也。"

五、谓"荣观"为荣华瞻观。《颜氏家训·名实篇》："立名者，修身慎行，惧荣观之不显，非所以让名也。"《想尔注》："天子王公也，虽有荣观，为人所尊，务当重清静，奉行道诚也。"

六、帛书研究组云："'环官'通行本作'荣观'，范应元注：'观，一作馆。'《说文》：'馆，客舍。'《周礼·遗人》：'五十里有市，市有候馆。'注：'楼可以观望者也。'《苍颉篇》：'阛，市门也。'疑'环官'读为'阛馆'，'阛'与'馆'乃旅行必经之处，极躁之地。"

由上所举，可见过去注说之繁，尤其是帛书《老子》出土之后，今本"荣观"甲、乙本均作"环官"，帛书研究组谓为"阛馆"，使问题更加复杂。"荣观"、"环官"究竟有何关系，哪个为是，均未得到确切解决。

按："荣观"又作"荣馆"，帛书作"环官"。此三者用字虽不同，词义完全一致，同指一种事物。正如马叙伦云："'荣'、'营'通假。""荣"、"营"二字均从荧省，古音属喻纽耕部字，"环"在匣纽元部，"营"、"环"二字音同通用。如《韩非子·五蠹篇》"自环者谓之私"，《说文》引作"自营为私"，即其证。"营"在此为动词，有营筑、营建之义。"观"、"馆"、"官"三字古皆为双声叠韵，在此通作"观"。"虽有营观，燕处超然"，"营观"与"燕处"互成对语，系指两种不同规格的居处。《释名·释宫室》："观，观也，于上观望也。"《左传》哀公元年"宫室不观"，杜注："观，台榭也。""观"为楼台亭榭之总称，"营观"则谓营建之楼台亭榭。《汉书·蔡义传》"愿赐清闲之燕"，颜师古注："燕，安息也。""燕处"亦作"宴处"，犹"燕居"。《礼记·仲尼燕居》注云："退朝而处曰'燕居'。"甲、乙本"昭若"当从今本作"超然"，"昭"、"超"二字同音，"若"、"然"二字义同。王引之《经传释词》卷七："'若'犹'然'也。《易·乾》九三曰：'夕惕若厉。'《离》六五曰：'出涕沱若，戚嗟若。'……《诗·氓》曰'其叶沃若'，《皇皇者华》曰'六辔沃若'，并与'然'同义。"经文犹谓：虽有营建之楼台亭榭以供享用，彼乃超然物外，乐于燕居，安闲静处，仍承前文"君子终日行，不离其辎重"之旨。

甲本：若何万乘之王，而以身巠（轻）于天下？巠（轻）则失本，趮（躁）则失君。

乙本：若何万乘之王，而以身轻于天下？轻则失本，趮（躁）则失241上君。

王本：奈何万乘之主，而以身轻天下？轻则失本，躁则失君。

景龙碑"奈"字作"如"，无"而"字，"本"字作"臣"，谓"如何万乘之主以身轻天下？轻则失臣，躁则失君"；景福碑作"奈何万乘之主，而以身轻于天下？轻则失臣，躁则失君"；徽、邵、彭三本作"如何万乘之主，而以身轻天下？轻则失臣，躁则失君"；傅、范二本首句作"如之何万乘之主，而以身轻天下"；易玄、邢玄、庆阳、楼古、磻溪、孟頫、楼正、敦煌英、河上、顾、司马、苏、林诸本后二句作"轻则失臣，躁则失君"；吴、焦二本作"轻则失根，躁则失君"。

帛书甲、乙本经文相同，与今本勘校，有两处差异。一、甲、乙本"万乘之王"，今本皆作"万乘之主"。二、甲、乙本"轻则失本"，今本除同王本作"轻则失本"外，还有作"轻则失臣"或"轻则失根"之异。

一、帛书甲、乙本"万乘之王"，今本皆作"万乘之主"，"王"与"主"二字涵义不同。但是，此当从甲、乙本作"王"字为是，今本作"主"字者，乃由后人误改。兹举三证如下：其一、战国时代文字，"王"字多写作"全"，字形颇像"主"，此可参见《古玺文编》与拙著《古陶文字征》。因"王"与"主"二字古体相似，故后人抄写有误。其二、"万乘"指万辆军车，是战国时代对诸侯大国军事实力的称谓，如《孟子·梁惠王章句》："万乘之国弑其君者，必千乘之家。"《墨子·非攻》："今万乘之国。"银雀山汉简《孙膑兵法·八阵》："夫安万乘国，广万乘王。"当时拥有万乘兵车之大国皆相继称王。此言"万乘之王"，即孙膑所言"万乘王"也。其三、《老子》称诸侯为"侯王"或"王"。如第三十二章"侯王若能守之，万物将自宾"；三十七章"侯王若能守，万物将自化"；三十九章"侯王得一以为天下正"；二十五章"道大，天大，地大，王亦大。域中有四大，王居其一焉"；七十八章"受国之不祥，是谓天下之王"。"侯王"与"王"谊同，皆指万乘之国的国君，从而足证今本所谓"万乘之主"者，实因"主"、"王"二字形近而误，此当从帛书甲、乙本作"万乘之王"。

二、俞樾云："按河上公本作'轻则失臣'。注云：'王者轻淫，则失其臣。'窃谓两本均误。《永乐大典》作'轻则失根'，当从之。盖此章首云'重为轻根，静为躁君'，故终之曰：'轻则失根，重则失君。'言不重则无根，不静则无君也。……至河上公作'失臣'，殆因下句'失君'之文而臆改耳。"马叙伦亦谓："'轻'、'躁'义非绝异，'君'、'臣'不得对举。今作'臣'者，后人据误本《老子》改之耳。《老子》本作'根'，传写脱讹成'木'，后人改为'本'以就义。亦有作'艮'者，后人以形近改为'臣'，以就下句之'君'字。其实以'根'韵'君'，下二句申上二句之义耳。"刘师培云："案《韩非子·喻老篇》曰：'邦者，人君之辎重也。主父生传其邦，此离其辎重者也。故虽有代、云中之乐超然，已无赵矣。主父万乘之主，而以身轻于天下，无势之谓轻，离位之谓躁，是以生幽而死。故曰"轻则失臣，躁则失君"。主父之谓也。'据《韩非子》此文，则《老子》古本当作'臣'。河上本所据盖不误也。后人据上文'重为轻根，静为躁君'二语，疑此'根'、'君'对文，遂改'臣'为'根'。'本'为旁注之字，刊王本者据以入正文。俞转以作'根'为是，非也。"按俞樾、马叙伦皆主"轻则失根，躁则失君"，刘师培谓为"轻则失臣，躁则失君"。三氏之说虽辨，但皆有不周之处。如刘氏据《韩非子·喻老篇》所云赵武灵王生传王位于太子何之事作"失臣"之证，误甚。韩非以"主父生传其邦"为喻，则称"轻则失臣，躁则失君，主父之谓也"。岂不知此乃以法释道，甚违道家之旨。老子主张"功遂身退天之道"，主父所为正合此旨，韩非将其喻为"轻则失臣，躁则失君"，不仅违背老子清静

无为思想，并与本章"虽有营观，燕处超然"相抵牾。尤其是改
"本"字为"臣"，谓"轻则失臣，躁则失君"。上言"臣"，下言
"君"，君臣倒置，违反常理，故《韩非》之说不足据也。俞、马
二氏"失根"之说，前言"根"，后又言"根"，义顺而言重。帛
书甲、乙本与王本俱言"轻则失本，躁则失君"。"本"乃承前文
"根"字而言，不仅词顺音谐，而且谊胜。

　　"若何万乘之王，而以身轻于天下？轻则失本，躁则失
君"，老子以怀疑之词疾时王"以身轻于天下"。"以身轻于天
下"，"于"犹"为"也，说见《经传释词》卷一，即轻以身为天
下。则同第十三章"贵以身为天下"、"爱以身为天下"之反谊。
王弼注："无物可以易其身，故曰'贵'也。无物可以损其身，
故曰'爱'也。"此可以谓无物可以贱其身，故曰"轻"也。即以
身为天下最轻最贱。万乘之王以身为天下最轻最贱，则纵欲自
残，身不能治。身者人之本也，伤身失本，身且不保，焉能寄
重托民？万乘之王纵欲自轻，急功好事，必亲离势危，丧国
亡身。

道经校注

二十七（今本《道经》第二十七章）

甲本： 善行者无彗（辙）迹，〔善〕144 言者无瑕適（谪）。

乙本： 善行者无达（辙）迹，善言者无瑕適（谪）。

王本： 善行无辙迹，善言无瑕讁。

　　景龙碑与王本同，唯"瑕"字作"瘕"，稍异；景福、司马、范三本"行"、"言"下均有"者"字，"讁"字作"谪"，谓"善行者无辙迹，善言者无瑕谪"；傅奕本作"善行者无彻迹，善言者无瑕谪"；磻溪、孟頫、楼正、顾、徽、苏、彭、焦诸本末句均作"善言无瑕谪"。

　　帛书甲本"善言"之"善"字残损，乙本保存完好，唯"辙迹"二字作"达迹"，彼此稍异。同今本勘校，主要差异为：帛书甲、乙本"善行"、"善言"之下皆有"者"字，下文"善数"、"善闭"、"善结"之下亦如是，每句皆有"者"字。世传今本中，唯傅奕、范应元二本与景福碑等每句有"者"字，与帛书甲、乙本同，其他诸本多同王本，五句皆无"者"字。从经文内容分析，有则是，无则脱。验之古籍，《淮南子·道应训》引下文"善闭"、"善结"之下皆有"者"字，足证《老子》原本如此，今本多脱误，均当据帛书甲、乙本补正。

　　帛书甲本"彻迹"二字，乙本作"达迹"，世传今本多同王本作"辙迹"。按甲本"彻"字、乙本"达"字，皆"辙"字之假。"辙"、"达"二字古同为定纽月部，"彻"字在透纽月部，古读音皆相同通假。《尔雅·释训》"不彻不道也"，注："彻，亦道也。"郝懿行《义疏》云："'彻'者，通也，达也。'通'、'达'皆道路之名，故曰'彻亦道也'。'彻'之言'辙'，有轨辙可循。《释文》：'彻，直列反。'则读如'辙'。"蒋锡昌云："'彻'为'辙'之借字，《说文》：'辙，迹也。'盖'彻'为车迹，'迹'为马迹。车迹者，车轮辗地所留之迹；马迹者，马足奔驰所留之迹。二迹虽同，而其所以为迹则异。《御览·车部·五辙》引《左传》：'昔穆王欲肆其心，周行天下，时莫不有车辙马迹焉。''车辙马迹'即此文'彻迹'。《庄子·胠箧篇》：'足迹接乎诸侯之境，车轨结乎千里之外。''足迹'亦指马迹而言，'车轨'亦指车迹而言，并其证也。'善行无彻迹'，言善行之人无车彻马迹。以譬人君治国，不贵有形之作为，而贵无形之因仍也。"

　　毕沅云："开元石刻'谪'作'讁'，俗。"奚侗云："行不言之教，故无瑕谪。瑕，过也。见《诗·狼跋》'德音不瑕'毛《传》。谪，责也。见《小尔雅·广言》。"善言之所谓言，则言出于不言。如第二章圣人"行不言之教"，则民"自化"、"自正"、"自富"、"自朴"，故无过可责矣。

甲本：善数者不以檮（筹）筹（策）。善闭者无闻（关）籥（钥）而不可启也。善结者〔无纆〕145约而不可解也。

乙本：善数者不用檮（筹）笄（策）。善闭者无关籥（钥）而
 不可241下启也。善结者无纆约而不可解也。

王本：善数不用筹策，善闭无关楗而不可开，善结无绳
 约而不可解。

景龙、孟頫、河上、吴澄、焦竑诸本"数"字作"计"，谓
"善计不用筹策"；易玄、邢玄、楼古、磻溪、顾、敦煌英、
彭、徽、邵、苏诸本作"善计不用筹筭"；楼正、遂州二本作
"善计不用筹算"；司马本作"善计不筹筭"；傅、范二本作"善
数者无筹策"；景福碑与之同，唯"筹策"二字残损。景福、司
马二本"闭"下有"者"字，作"善闭者无关楗而不可开"；傅奕
本与之同，唯"楗"字作"键"；河上本作"善闭无关捷而不可
开"；邵、吴二本与之同，唯"捷"字作"键"；景龙碑作"善闭
无关键不可开"；遂州、顾欢二本作"善闭无关楗不可开"；范
应元本作"善闭者无关楗"，无"而不可开"四字。景福、傅奕、
司马三本"结"下有"者"字，作"善结者无绳约而不可解"；景
龙碑、遂州本作"善结无绳约不可解"；顾本作"善结无绳约不
可以解"；范应元本只作"善结者无绳约"，无"而不可解"
四字。

帛书甲、乙本"关籥"二字，王本作"关楗"，世传今本也有
作"关键"者。范应元云："楗，拒门木也，或从金傍，非也。
横曰'关'，竖曰'楗'。"范说不确。《广雅·释宫》："投谓之
籥，键、笠、戾，户牡也。"王念孙《疏证》云："'籥'字或作
'钥'，又作'籥'。'键'字或作'楗'。郑注《金縢》云：'籥，
开藏之管也。'《越语》'请委管籥'，韦昭注云：'管籥，取键器

也。'《周官·司门》'掌授管键，以启闭国门'，郑众注云：'管，谓籥也；键，谓牡。'《月令》'修键闭，慎管籥'，郑注云：'键牡，闭牡也。管籥，搏键器也。'《正义》云：'管籥，以铁为之，似乐器之管籥，揭于锁内以搏取其键也。'"《小尔雅·广服》："'键'谓之'钥'。"《方言》："户钥，自关之东、陈楚之间谓之'键'，自关之西谓之'钥'。"《史记·鲁仲连传》："鲁人投其籥，不果纳。"《正义》曰："籥，即钥匙也。"帛书甲、乙本"关籥"即《越语》、《月令》之"管籥"；今本"关键"或"关楗"，即《周礼·地官·司门》之"管键"。同为一物，即《史记正义》所云"钥匙"。帛书甲、乙本"不可启"三字，今本作"不可开"，"启"、"开"义同。《书·尧典》"胤子朱启明"，伪孔传："启，开也。"《论语·述而》"不愤不启"，皇疏："启，开也。"再如帛书乙本"无缥约"，甲本"无缥"二字残损，世传今本皆同王本作"无绳约"。《说文·系部》："绳，索也。""缥，索也。""绳"字与"缥"为同义词，故"缥约"犹"绳约"。则帛书本之"关籥"、"启"、"缥约"，同今本之"关楗"、"开"、"绳约"。彼此用词虽异，而意义相同，经谊无别。

王弼注："因物之数，不假形也，因物自然，不设不施，故不用'关楗'、'绳约'，而不可开解也。此五者，皆言不造不施，因物之性，不以形制物也。""此五者"即指"善行"、"善言"、"善数"、"善闭"、"善结"而言。吕吉甫云："一与言为二，二与一为三，自此以往，巧历不能算。唯得一而忘言者，为能致数。致数则其计不可穷矣，故曰'善计不用筹算'。天门无有辟阖，辟阖在我。我则不辟，谁能开之，故曰'善闭无关

楗而不可开’。天下有常然者，约束不以纆索，因其常然而结
之，故曰‘善结无绳约而不可解’。”此仅举“行”、“言”、“数”、
“闭”、“结”五事为喻，遍谓人世间诸事诸物皆应以物之性，因
物之数，顺乎自然，己则不造不施，不言止行，修本偃智，守
静无为。

甲本：是以声（圣）人恒善怵（救）人，而无弃人，物无弃
财（材），是胃（谓）愧（袭）明。

乙本：是以耴（圣）人恒善怵（救）人，而无弃人，物无弃
财（材），是胃（谓）曳（袭）明。

王本：是以圣人常善救人，故无弃人，常善救物，故无
弃物，是谓袭明。

景龙、遂州、敦煌丁三本“故”字均作“而”，谓“是以圣人
常善救人，而无弃人；常善救物，而无弃物”；顾欢本与之同，
仅第一个“故”字作“而”。傅、范二本作“是以圣人常善救人，
故人无弃人；常善救物，故物无弃物”。

帛书甲、乙本除个别借字彼此稍有差异外，经文相同。与
今本勘校，甲本“声人”与乙本“耴人”二字，当从今本作“圣
人”。甲本“愧明”二字，乙本作“曳明”，今本作“袭明”。
“愧”、“曳”、“袭”古音相同，此亦当从今本读作“袭明”。河
上公注：“谓袭明大道也。”奚侗云：“袭，因也，见《礼记·中
庸》‘下袭水土’郑注。‘明’即十六章及五十五章‘知常曰明’之
‘明’。‘袭明’谓因顺常道也。”帛书甲、乙本与今本之主要区
别则是：甲、乙本“是以圣人恒善救人，而无弃人，物无弃材，

是谓袭明”，今本作“是以圣人常善救人，故无弃人，常善救物，故无弃物，是谓袭明”。今本不仅较甲、乙本多出“常善救物”一句，而且又将“物无弃材”变作“故无弃物”、“而无弃物”或“故物无弃物”等。从而可见，帛书甲、乙本与今本之间，其中必有一误。晁说之云：“‘常善救人，故无弃人；常善救物，故无弃物’，独得诸河上公，而古本无有也，赖傅奕辨之尔。”奚侗云：“《淮南子·道应训》引《老子》曰：‘人无弃人，物无弃物，是谓袭明。’以文义求之，今本挩二句。”蒋锡昌云：“按是句上似有‘人无弃人，物无弃物’二句。《淮南》所引，或系古本如此。陆德明出‘所好，呼报反；裕，羊注反；长，丁丈反’三音，均不见今经注，疑即系此二句之注。《老子》经文脱，王注又脱，独《释文》未脱，故陆氏所出三音，后人竟莫知其所由来。然《老子》原文究竟如何，书缺有间，旁证又少，故亦断非后人所能知也。”综上所述，晁氏据傅奕说自“常善救人”至“故无弃物”四句古本无，独河上本有之。奚氏据《淮南·道应训》引《老子》“人无弃人，物无弃物”，谓今本脱此二句。蒋氏则谓《老子》原文究竟如何，断非后人所能知。但自帛书甲、乙本出土之后，此一公案已得到彻底解决。帛书甲、乙本皆作“是以圣人恒善救人，而无弃人，物无弃材，是谓袭明”。中间“而无弃人”与“物无弃材”两句衔接，无“常善救物”一句，此正与《淮南·道应训》所引“人无弃人，物无弃物”句型相近，可见《老子》古本当如此。但因《淮南》引文有误，故奚侗疑为脱句。《文子·自然篇》引《老子》此文正作“人无弃人，物无弃材”，与帛书甲、乙本相同，只第一个“人”字甲、乙本作“而”，从经义分析，前一个"人"字当作虚词"而"字为是。足证帛书甲、乙本"是以圣人恒善救人，而无弃人，物无弃材，是谓袭明"当为《老子》原本之旧，今本经文与各家校释，皆有讹误。

王弼注："圣人不立形名以检于物，不造进向以殊弃不肖，辅万物之自然而不为始，故曰'无弃人'也。不尚贤能，则民不争；不贵难得之货，则民不为盗；不见可欲，则民心不乱。常使民心无欲无惑，则无弃人矣。"王注于此则止，而于"常善救物，故无弃物"无注。王弼为何于此文无注，则难以知晓。此应以帛书承前文而作"物无弃材，是谓袭明"。犹言圣人不贱石贵玉，视之如一，使各尽其用，而无弃废，行此而可顺常道矣。

甲本：故善〔人，善人〕146之师；不善人，善人之齎（资）也。不贵其师，不爱其齎（资），唯（虽）知（智）乎大眯（迷），是胃（谓）眇（妙）要。

乙本：故善人，善人之师；不242上善人，善人之资也。不贵其师，不爱其资，虽知（智）乎大迷，是胃（谓）眇（妙）要。

王本：故善人者，不善人之师；不善人者，善人之资。不贵其师，不爱其资，虽智大迷，是谓要妙。

景龙碑与敦煌丁、顾欢二本无"故"及二"者"字，作"善人，不善人之师；不善人，善人之资"；易玄、庆阳、磻溪、楼古、孟頫、楼正、傅、范、彭、徽、邵、苏、吴、遂州、焦诸本均无二"者"字，作"故善人，不善人之师；不善人，善人之资"。景龙碑与敦煌丁、傅奕二本"智"字作"知","是"字作"此",谓"虽知大迷,此谓要妙";易玄、庆阳、磻溪、楼正、顾、范、司马、吴等诸本第三句"智"字作"知",谓"虽知大迷";遂州本第四句"是"字作"此",谓"此谓要妙"。

帛书甲本残损三字,乙本保存完好,彼此除所用假借字稍有差异外,经文完全一致。与今本勘校,其中主要区别是:帛书甲、乙本"故善人,善人之师",世传今本多同王本作"故善人,不善人之师"或"故善人者,不善人之师"。一作"善人之师",另一作"不善人之师",虽仅一字之差,彼此意义却大相径庭。河上公注:"人之行善者,圣人即以为人师。"并未依经文注明为"善人师"或"不善人师"。王弼注:"举善以师不善,故谓之师矣。"王注则依经文说明善人为不善人师。因而有学者据此将甲、乙本改从今本,变作"故善人,不善人之师"。此一举动却画蛇添足,而帮了倒忙。其实稍一认真,即可发现今本讹误,帛书经文为是。我们可依据《韩非子·喻老篇》对"不贵其师,不爱其资"之比喻,来判断"善人,善人之师"与"善人,不善人之师"二者究竟孰是孰非。《喻老篇》云:"周有玉版,纣令胶鬲索之,文王不予;费仲来求,因予之。是胶鬲贤而费仲无道也,周恶贤者之得志也,故予费仲。文王举太公于渭滨者,贵之也;而资费仲玉版者,是爱之也。故曰:'不贵其师,不爱其资,虽知大迷,是谓要妙。'"韩非用文王予费仲玉版之事,以喻"爱资"。《内储说下》云:"文王资费仲而游于纣之旁,令之谏纣而乱其心。"韩非在这里清楚地说明了"不善人,善人之资"的具体内容,"不善人"指费仲,"善人"指文王。韩非又以文王举太公之事，以喻"贵师"，从而又说明了"善人，善人之师"的具体内容，前一"善人"指太公，后一"善人"显然还是指文王。由此可见，《韩非·喻老篇》所解《老子》此文，必与帛书甲、乙本相同。从而又可证明帛书甲、乙本"故善人，善人之师；不善人，善人之资"是正确的，保存了《老子》原文。今本所谓"故善人，不善人之师"者，无疑是由后人妄改，旧注亦多讹误。

"善人，善人之师"，韩非以文王举太公喻之；"不善人，善人之资"，韩非以文王予费仲玉版喻之，其说甚是。但是，贵师爱资皆因道微德衰所至。治世以道，善恶泯灭，师资俱无，贵爱无有，圣人所重则在道行，不在师资。蒋锡昌云："还淳反朴，不贵师资，此乃圣人救人物之法也。顾此法虽智，而世人则大惑不解，此其所以终成为精要玄妙之道也。"

道经校注

二十八（今本《道经》第二十八章）

甲本：知其雄，守147其雌，为天下溪。为天下溪，恒德不鸡（离）。恒德不鸡（离），复归婴儿。

乙本：知其雄，守其雌，为天242下下鸡（溪）。为天下鸡（溪），恒德不离（离）。恒德不离（离），复〔归于婴儿〕。

王本：知其雄，守其雌，为天下谿。为天下谿，常德不离，复归于婴儿。

景福碑与王本同，唯"谿"字作"溪"；景龙碑"谿"字作"蹊"，"德"字作"得"，谓"知其雄，守其雌，为天下蹊。为天下蹊，常得不离，复归于婴儿"（朱谦之《老子校释》作"常德不离"，误校）；遂州本"谿"字作"蹊"；敦煌丁本作"奚"；顾欢本作"谿"；唯"为天下谿"一句，三本皆不重，如顾本作"知其雄，守其雌，为天下谿，常德不离，复归于婴儿"。

帛书甲本保存完好，乙本残损四字，经文除个别用字稍有差异外，经义完全相同。与今本勘校，其中主要区别是：帛书甲、乙本"为天下溪"与"恒德不离"二句，各重复两次，作"知其雄，守其雌，为天下溪。为天下蹊，恒德不离。恒德不离，复归于婴儿"（帛书甲本"离"字写作"鸡"，"归"下脱"于"字）。世传今本多同王本，仅重"为天下豀"一句；而遂州、敦煌丁、顾欢三本无重句。三种句型共存，过去未曾辨别孰是孰非。从帛书甲、乙本本节经文考察，不仅本文有此两重句，下文"为天下谷"与"恒德乃足"、"为天下式"与"恒德不忒"皆重两次，三段句型整齐一致。而今本有的仅重一句，有的无重句，此有彼无，尔多它少，参差不一，显为后人妄改所遗痕迹。再如，此节经文句型，多为因果连缀。前句为后句之因，后句是前句之果。前后相应，互不可缺，缺则语义不明。此种句型《老子》书中多见，如第二十五章："人法地，地法天，天法道，道法自然。"第五十九章："夫唯啬是谓早服，早服谓之重积德，重积德则无不克，无不克则莫知其极，莫知其极可以有国。"句法一律。从而可见帛书甲、乙本确保存了《老子》原本之旧，今本皆有挩误。

王弼注："雄，先之属。雌，后之属也。知为天下之先者必后也。是以圣人后其身而身先也。豀不求物，而物自归之。婴儿不用智，而合自然之智。"第六十一章云："牝常以静胜牡，以静为下。"牝为雌，牡为雄，雌喜静好下，雄喜动好上。圣人则去尊显而守卑微，知雄守雌。《尔雅·释水》："水注川曰'豀'。""豀"、"溪"二字义同，疏引李巡曰："水出于山，入于川曰'豀'。""豀"地势低洼，水所归趋，诚如王注"豀不求物，而物自归之"。因成水所归趋之豀，故真常之德永存不逝。因常德永存不逝，故复若无欲无智之婴儿，即复真常自然之德也。

甲本：知其日（荣），守其辱，为天下浴（谷）。为天下浴
　　　（谷），恒德乃148〔足〕。恒德乃〔足，复归于朴〕。
　　　知其，守其黑，为天下式。为天下式，恒德不貣
　　　（忒）。恒德不貣（忒），复归于无极。

乙本：〔知〕其白（日），守其辱，为天下浴（谷）。为天下
　　　浴（谷），恒德乃足。恒德乃足，复归于朴。知其
　　　白，守其243上黑，为天下式。为天下式，恒德不
　　　贷（忒）。恒德不贷（忒），复归于无极。

王本：知其白，守其黑，为天下式。为天下式，常德不
　　　忒，复归于无极。知其荣，守其辱，为天下谷。
　　　为天下谷，常德乃足，复归于朴。

　　景龙碑“为天下式”一句不重，“德”字作“得”，谓“知其
白，守其黑，为天下式。常得不忒，复归于无极。知其荣，守
其辱，为天下谷。为天下谷，常得乃足，复归于朴”；敦煌丁
本“为天下式”一句也不重，“忒”字作“贷”，谓“常德不贷”；
遂州本“为天下式”与“为天下谷”两句皆不重，“忒”字作“贷”，
谓“常德不贷”。吴澄本“知其白，守其黑”一句在“知其雄，守
其雌”之前。

　　帛书甲、乙本“为天下谷”、“为天下式”、“恒德乃足”、
“恒德不忒”四句，每句皆重；世传本多同王本，仅“为天下谷”
与“为天下式”两句重；他本如前文所校，或一重或不重，文繁
不一。帛书甲、乙本“知其荣，守其辱”一句在“知其白，守其
黑”之前，同今本语次颠倒。帛书甲本假“日”字为“荣”，作

"知其日，守其辱"；乙本"日"字误写成"白"，作"知其白，守其辱"。甲本又将"知其白，守其黑"之"白"字脱漏。世传本"知其荣，守其辱，为天下谷"，帛书甲本本作"知其日，守其辱，为天下谷"。但是，帛书组误释，则同乙本一起释作"知其白，守其辱，为天下谷"。本来过去学者对此文真伪就有怀疑，有人据《庄子·天下篇》引《老子》作"知其白，守其辱，为天下谷"，谓今本"知其荣"当为"知其白"，自"守其黑"以下至"知其荣"二十三字，非《老子》之文，而为魏晋人窜入。诸如：

易顺鼎云："按此章有后人窜入之语，非尽《老子》原文。《庄子·天下篇》引老聃曰：'知其雄，守其雌，为天下谿。知其白，守其辱，为天下谷。'此《老子》原文也。盖本以'雌'对'雄'，以'辱'对'白'。'辱'有'黑'义，《仪礼注》：'以白造缁曰"辱"。'此古义之可证者。后人不知'辱'与'白'对，以为必'黑'始可对'白'，必'荣'始可对'辱'。如是，加'守其黑'一句于'知其白'之下，加'知其荣'一句于'守其辱'之上，又加'为天下式，为天下式，常德不忒，复归于无极'四句以叶'黑'韵，而窜改之迹显然矣。以'辱'对'白'，此自周至汉古义，而彼竟不知，其显然者一也。'为天下谿'，'为天下谷'，'谿'、'谷'同义，皆水所归。'为天下式'，则与'谿'、'谷'不伦，凑合成韵，其显然者二也。王弼已为'式'字等句作注，则窜改即在魏晋之初，幸赖《庄子》所引，可以考见原文，函当订正，以存真面。"马叙伦云："易说是也。《说文》：'谿，山渎无所通者。''谷，泉出通川者。'《老子》以'谿'喻无有能入，'谷'喻无所不出，间以'式'字则不伦矣。又'离'与'足'对，

'婴儿'与'朴'对，间以'忒'与'无极'，亦义不相贯也。又古书'荣辱'字皆'宠辱'之借，本书上文'宠辱若惊'不作'荣辱'，亦妄增之证。然《淮南·道应训》已引'知其荣，守其辱，为天下谷'，则自汉初已然矣。"高亨综合易、马二氏之说，列为六证。如云："按此文本作'知其雄，守其雌，为天下谿。为天下谿，常德不离，复归于婴儿。知其白，守其辱，为天下谷。为天下谷，常德乃足，复归于朴'。其'守其黑，为天下式。为天下式，常德不忒，复归于无极。知其荣'二十三字，后人所加也，请列六证以明之。"关于高氏六证，无非是易、马二氏之说的翻版与综合，别无新意，兹不详录。

帛书甲、乙本经文并非如帛书组所释，同为"知其白，守其辱"。甲本则作"知其日，守其辱"，"日"字写作"ㅂ"，与"君子终日行"之"日"形体相同。乙本作"知其白，守其辱"，"白"字写作"白"，与"君子终日行"之"日"亦形体相近。诚然，"白"字可能误写成"日"，但也不排除"日"字也可误写成"白"。如果帛书经文不从乙本而从甲本，作"知其日，守其辱，为天下谷"，那就与前举易顺鼎、马叙伦、高亨等人所讲的情况完全两样了。帛书甲本"知其日，守其辱，为天下谷"，则同今本"知其荣，守其辱，为天下谷"经义相同。"日"字乃"荣"之假借字，"日"、"荣"二字同在日纽，双声。"日"质部字，"荣"耕部字，"质"、"耕"通转、叠韵。古籍中将"日"字误写成"白"者不乏其例，如《说文·鸟部》："鸩，毒鸟也，一名'运日'。"《国语·晋语》"乃置鸩于酒"，韦注："鸩，运日也。"《抱朴子·良规篇》作"云日"，《文选》左思《吴都赋》"黑鸩零"，注云："鴵鸟,一名'云白'。"显然是"云日"二字误为"云白","日"字误写成"白",与帛书乙本同例。《庄子·天下篇》引《老子》此文作"知其白,守其辱,为天下谷",可能与乙本同属一个原因,误将"日"字写成"白"。帛书乙本此文虽作"知其白,守其辱,为天下谷",下文则作"知其白,守其黑,为天下式"。前后两句皆作"知其白",其中必有一误。足以说明前句"知其白"当同甲本作"知其日","白"字乃为"日"之误,无可疑也。众所周知,《天下篇》属《庄子·杂篇》,乃汉代作品,与《淮南子》为同一时期著作。《淮南·道应训》引《老子》此文作"知其荣,守其辱,为天下谷",与帛书甲本和世传今本完全相同,《天下篇》引文也绝不会有甚大出入。据现有资料足以证明今本"知其雄,守其雌,为天下谿","知其荣,守其辱,为天下谷","知其白,守其黑,为天下式",经文分作三段,基本不误。易顺鼎据《庄子·天下篇》"知其白,守其辱"一句,谓:"后人不知'辱'与'白'对,以为必'黑'始可对'白',必'荣'始可对'辱'。如是,加'守其黑'一句于'知其白'之下,加'知其荣'一句于'守其辱'之上,又加'为天下式,为天下式,常德不忒,复归于无极'四句。"易氏之言全凭主观构想,纯属臆测。按今本此章共八十六字,依易说后人窜入二十三字,占全部字数的四分之一还多。据勘校帛书《老子》甲、乙本所知,今本《老子》之讹误,仅限于个别字或个别句的改动,像易氏所说如此大动手术,尚无二例。在帛书《老子》出土之前,易氏有此怀疑不足为奇。但是,帛书《老子》出土之后,帛书甲、乙本三段经文俱在,除用假借字外经义与今本同,应当说过去的疑虑已得到解决。可是，有些学者不从帛书而信伪说，尤其是帛书组误将甲本"知其日"也读成"知其白"，更加造成混乱。《老子》甲本作"知其日，守其辱"，定可无疑。帛书《老子》原件已影印出版，尽可详查。甲本《老子》"知其日，守其辱"即"知其荣，守其辱"，与"知其白，守其黑"指两种不同的事物。从而可见，乙本"知其白，守其辱"之"白"字，显为"日"字之笔误，当与甲本相同。今本"知其荣，守其辱"不仅不误，而且皆用本字。甲本则借"日"字为"荣"，乙本误"日"字为"白"，均当据以订正。兹将假字订正，帛书此三段文作："知其雄，守其雌，为天下谿。为天下谿，恒德不离。恒德不离，复归于婴儿。知其荣，守其辱，为天下谷。为天下谷，恒德乃足。恒德乃足，复归于朴。知其白，守其黑，为天下式。为天下式，恒德不忒。恒德不忒，复归于无极。"

王弼注："此三者，言常反终，后乃德全其所处也。下章云'反者道之动也'，功不可取，常处其母也。"按"三者"系指"知其雄，守其雌，为天下谿"、"知其荣，守其辱，为天下谷"与"知其白，守其黑，为天下式"而言。"反终"则谓"复归于婴儿"、"复归于朴"与"复归于无极"，即反其本也。婴儿纯真无欲，乃为人之本原；无雕无凿之朴，乃为木之本原。宋儒周敦颐《太极图说》云："上天之载无声无臭，而实造化之枢纽，品汇之根柢也，故曰'无极而太极'。"是谓宇宙本体，"无极"乃为宇宙之本原。"反者道之动也"，乃第四十章经文，在此则是对"反终"之诠释。指出宇宙间一切事物之运动，皆向其相反方向发展，"祸，福之所倚；福，祸之所伏"，"正复为奇，善复为袄”，皆如此。"功不可为，常处其母"者，不可有为，不可身先，不可求仁、义、礼之功，常守无为之道，如此尚可全足。正如第三十八章王弼注云："故仁德之厚，非用仁之所能也；行义之正，非用义之所成也；礼敬之清，非用礼之所济也。载之以道，统之以母，故显之而无所尚，彰之而无所竞。用夫无名，故名以笃焉；用夫无形，故形以成焉。守母以存其子，崇本以举其末，则形名俱而邪不生，大美配天而华不作。故母不可远，本不可失。"

甲本：樸（朴）散〔则149 为器，圣〕人用则为官长，夫大制无割。

乙本：朴散则为器，耵（圣）人用则为官长，夫大制无243 下割。

王本：朴散则为器，圣人用之则为官长，故大制不割。

　　景龙碑与敦煌丁本均无"之"与二"则"字，"故"字作"是以"，"不"字作"无"，谓"朴散为器，圣人用为官长，是以大制无割"；遂州本作"朴散为器，圣人用为官长，大制不割"；顾本首句作"朴散为器"；傅本末句作"大制无割"；范本作"故大制无割"。

　　帛书甲本残损四字；乙本保存完好，而在"用"下均无"之"字；甲、乙二本经文基本相同。与今本勘校，甲、乙本"夫大制无割"，世传今本除景龙、敦煌丁、傅、范诸本作"大制无割"或"是以大制无割"外，其他多同王本作"故大制不割"。易顺鼎云："'不割'当作'无割'。王注：'以天下之心为心，故无割也。'足证王本作'无'。《道应训》正作'大制无割'。此作'不'者，后人因下篇有'方而不割'之语改之。"易说甚是，帛书甲、乙本均作"无割"，可证。

王弼注："朴，'真'也。真散则百行出，殊类生，若器也。圣人因其分散，故为之立官长。以善为师，不善为资，移风易俗，复归于一也。'大制'者，以天下之心为心，故无割也。"蒋锡昌云："王注：'朴，真也。''真'即先天地而生之'道'也。二十九章河上注：'器，物也。''物'即万物也。'朴散则为器'，言道散而为万物也。'因'、'用'一声之转，谊可相通。'官长'即百官之长，谓人君也。'圣人用之则为官长'，言圣人因之则为人君，以道治天下，使复归于朴也。《说文》：'制，裁也。''裁'之本谊训为制衣，此指圣人统治天下以制百物而言。故'大制'犹云'大治'，'无割'犹言'无治'。盖无治，则可以使朴散以后之天下复归于朴，复归于朴，正乃圣人之大治也。'大制无割'，与四十一章'大方无隅……大象无形'、与《庄子·齐物论》'大仁不仁'词例一律。"

道经校注

二十九（今本《道经》第二十九章）

甲本：将欲取天下而为之，吾见其弗〔得已。夫天下₁₅₀神〕器也，非可为者也。为者败之，执者失之。

乙本：将欲取〔天下而为之，吾见其弗〕得已。夫天下神器也，非可为者也。为之者败之，执之者失之。

王本：将欲取天下而为之，吾见其不得已。天下神器，不可为也。为者败之，执者失之。

　　徽、邵、彭、司马、孟頫诸本"为之"下有"者"字，作"将欲取天下而为之者"；傅、范二本"为之"下有"者"字，下"天"上有"夫"字，作"将欲取天下而为之者"，"夫天下神器"；景龙、景福、敦煌丁三本均无"也"字，作"天下神器，不可为"；遂州本作"天下神器，不可为。为故败之，执者失之"。

　　帛书甲本自"得"至"神"共残损六字，乙本自"天下"至"弗"共残损九字，彼此正可互补，经文基本相同。与今本勘校，除所用虚词稍有差异外，经义无别。

　　河上公注："欲为天下主也，欲以有为治民，我见其不得天道人心已明矣。天道恶烦浊，人心恶多欲。器，物也。人乃天下之神物也，神物好安静，不可以有为治。以有为治之，则败其质性；强执教之，人则失其倩实，生于诈伪也。""不得已"，河上公谓为"不得天道人心"，甚得其旨，犹今言无所得或无所获。有人释作"迫不得已"，失之远矣。《周易·系辞上》"形乃谓之器"，韩康伯注："成形曰'器'。"《老子》所谓"器"指万物言，如第二十八章"朴散则为器"。人为万物之灵，故谓"神器"；河上公谓"人乃天下之神物"。天下万民、万物，皆应依其质、顺其性、循以自然，圣人则不造不作，静观其变，无为无执，载之以道，统之以母。舍母求子，弃本逐末，成绩虽大，必有不周，名位虽美，必有患忧。故为者必败，执者必失。

甲本：〔故〕物或行或随，或炅（嘘）或〔吹，或强或羸〕151，或杯（培）或撅（堕）。

乙本：故物244上或行或隋（随），或热（嘘）或硸（吹），或陪（培）或堕。

王本：故物或行或随，或歔或吹，或强或羸，或挫或隳。

景龙、遂州与敦煌丁三本首句"故"字作"夫"，谓"夫物或行或随"；傅奕、苏辙、吴澄诸本"故"字作"凡"，谓"凡物或行或随"。次句，景龙、遂州、敦煌丁、顾、徽、邵、彭诸本作"或嘘或吹"；易玄、邢玄、楼正、河上、司马、苏、吴、林、焦诸本作"或呴或吹"；景福、磻溪二本作"或煦或吹"；楼古作"或敏或吹"；傅、范二本作"或噤或吹"。第三、四两句，景龙碑作"或强或羸，或接或隳"；遂州作"或强或羸，或接或隳”；敦煌丁本作“或强或羸，或接或堕”；司马本作“或强或羸，或载或堕”；景福、易玄、庆阳、楼古、磻溪、孟頫、楼正、河上、顾、徽、彭、邵、苏、吴、林、焦诸本作“或强或羸，或载或隳”；傅、范二本作“或强或锉，或培或堕”。

　　帛书甲本残损六字；乙本虽不残，但脱漏“或强或羸”一句。甲本句首无虚词；而今本句首分别作“故”、“夫”或“凡”等字；乙本句首有两字相叠，似初写一字后又改写，故字迹不清，帛书组以“〇”表示，此当释为“故”字，甲本遗漏。今本“或歔或吹”之“歔”字，也有作“呴”、“欨”、“煦”、“嘘”者；乙本作“热”，甲本作“炅”。在此皆应假为“嘘”字。“嘘”为晓纽鱼部字，“热”为日纽月部字，“晓”、“日”通转。《说文·生部》：“甡，从生豨省声。”“甡”儒佳切，属日纽；“豨”虚岂切，属晓纽。即其证，参见黄焯《古今声类通转表》。“月”、“鱼”二部通转，故“热”、“嘘”二字音同互假。易顺鼎云：“按‘歔’本字当作‘嘘’。下文‘或强或羸’，‘强’与‘羸’反，则‘嘘’与‘吹’反。《玉篇·口部》‘嘘’、‘吹’二字相通，即本老子。又引《声类》云：‘出气急曰吹，缓曰嘘。’此‘吹’、‘嘘’之别，即《老子》古义也。”甲本“炅”字，乙本“热”，皆假为“嘘”。乙本“或础”二字犹今本“或吹”。“础”、“吹”二字古为双声叠韵，音同互假。在此当从易氏作“或嘘或吹”。甲本有六字残损，参验王本，其中包括“或强或羸”一句；乙本虽保存完好，但将此句脱漏，抄写之误也。世传今本多同王本，最后二句作“或强或羸，或挫或隳”；唯傅、范二本作“或强或锉，或培或堕”。范应元云：“‘或彊或锉，或培或堕’，严遵、王弼、傅奕、阮籍同古本。'锉'寸卧切，折伤也。'培'蒲板切，傅奕引《字林》云：'益也。''堕'徒果切，傅奕引《字林》云：'落也。'河上公改'嗓'为'呴'，改'锉'为'羸'，改'培'为'载'，改'堕'为'隳'。今仍从古本。"范谓王弼同古本作"或彊或锉，或培或堕"，而《经典释文》出"羸"、"挫"、"堕"三字，说明陆氏所见王本则与今本相同，乃作"或强或羸，或挫或堕"。足证傅、范二本误"羸"字为"锉"，王本则误"培"字为"挫"。"锉"、"挫"二字同文异体，实乃一字之乱也。甲、乙本末句作"或培或堕"，与傅、范本同，《老子》原本当如是。兹据前举古今各本勘校，此文当作："故物或行或随，或嘘或吹，或强或羸，或培或堕。"

王弼注："凡此诸'或'，言物事逆顺反覆，不施为执割也。圣人达自然之性，畅万物之情，故因而不为，顺而不施。"此之谓人事繁多，情性各异：有的行前，有的随后；有的性缓，有的性急；有的刚强，有的柔弱；有的自爱，有的自毁。凡此皆明人事参差，圣人顺而不施，因而不为，任其自然。

甲本：是以声（圣）人去甚，去大（泰），去楮（奢）。

乙本：是以耵（圣）人去甚，去大（泰），去诸（奢）。

王本：是以圣人去甚，去奢，去泰。

世传今本多同王本，唯司马本"以"字作"故"，谓"是故圣人去甚，去奢，去泰"。

帛书甲、乙本与今本经文经义皆相同，唯甲本"奢"字写作"楮"，乙本写作"诸"。"奢"、"楮"、"诸"三字皆从"者"音，古读音相同，在此当从今本作"奢"。再如甲、乙本"去泰，去奢"两句，同今本句序互倒。

河上公注："'甚'谓贪淫声色，'奢'谓服饰饮食，'泰'谓宫室台榭。去此三者，处中和，行无为，则天下自化。""甚"、"泰"、"奢"皆过限之词，谓其贪图无厌，私欲无止，富贵荣利迷惑其心，圣人戒而去之，行虚静无为之治，天下归安。

道经校注

三十（今本《道经》第三十章）

甲本： 以道佐人主，不以兵〔强于〕天下，〔其事好还。
师之〕152 所居，楚朸（棘）生之。

乙本： 以道佐人主，不以兵强244 下于天下，其〔事好还。
师之所处，荆〕棘生之。

王本： 以道佐人主者，不以兵强天下，其事好还。师之
所处，荆棘生焉。大军之后，必有凶年。

景龙碑"佐"字作"作"，无"焉"字与"大军之后，必有凶
年"二句，作"以道作人主者，不以兵强天下，其事好还。师之
所处，荆棘生"；敦煌丁本与之同，唯第二句"强"下有"于"
字，作"不以兵强于天下"；景福碑"强"下亦有"于"字，此句
与敦煌丁本同；遂州本"生"后无"焉"字，作"师之所处，荆棘
生"，其下亦无"大军之后，必有凶年"二句；焦竑本"军"字作
"兵"，谓"大兵之后，必有凶年"；楼正本作"大军之后，必有
凶季"。

帛书甲、乙本均有残损，但从保存内容观察，两本经义相
同。与今本勘校，今本"荆棘"二字，甲本作"楚朸"，乙本仅残
存一"棘"字。帛书组注："'荆'、'楚'义同，'棘'、'朸'音

近。"其说甚是，当从今本。但是，帛书与今本之最大分歧是：今本"大军之后，必有凶年"二句，甲、乙本皆无，景龙、遂州、敦煌丁三本亦无。劳健曰："'大军之后，必有凶年'，景龙、敦煌与《道藏》龙兴碑本无此二句，他本皆有之。《汉书·严助传》淮南王安上书云：'臣闻军旅之后，必有凶年。'又云：'此《老子》所谓"师之所处荆棘生之"者也。'按其词意，'军旅'、'凶年'当别属古语，非同出《老子》。又王弼注止云：'贼害人民，残荒田亩，故曰"荆棘生焉"。'亦似本无其语。或古义疏常引之，适与'还'字、'焉'字偶合谐韵，遂并衍入经文也。今据景龙诸本，别以为存疑。"马叙伦云："罗卷、易州无此二句，验弼注曰：'言师凶害之物也，无有所济，必有所伤，贼害人民，残荒田亩，故荆棘生焉。'是王亦无此两句；成于此两句无疏，则成亦无。盖古注文所以释上两句者也。"按帛书甲、乙本均无此二句，足证其为后人增入无疑，劳、马二氏之说诚是。

《想尔注》："治国之君务修道德，忠臣辅佐务在行道，道普德溢，太平至矣。吏民怀慕，则易治矣。悉如信道，皆仙寿矣。……以兵定事，伤煞不应度，其殃祸反还人身及子孙。天子之军称师，兵不合道，所在淳见煞气，不见人民，但见荆棘生。"苏辙云："圣人用兵皆出于不得已，非不得已而欲以强胜天下，虽或能胜，其祸必还报之。楚灵、齐湣、秦始皇、汉孝武，或以杀其身，或以祸其子孙，人之所毒，鬼之所疾，未有得免者也。"此甚得《老子》所谓"其事好还"之旨。

甲本：善者果而已矣，毋以取强焉。

乙本：善者果而已矣，毋以取强焉。

王本：善有果而已，不敢以取强。

景龙碑、敦煌丁本句首有"故"字，"有"字作"者"，无"敢"字，谓"故善者果而已，不以取强"；傅、徽、邵、彭诸本作"故善者果而已矣，不敢以取强焉"；景福碑作"故善者果而已，不敢以取强焉"；遂州本作"善者果而已，不以取强"；易玄、庆阳、楼古、磻溪、楼正、孟頫、范、司马、苏、林诸本首句作"故善者果而已"；河上、顾欢、吴澄三本作"善者果而已"。

帛书甲、乙本经文相同。与今本勘校，甲、乙本"善者果而已矣"，王弼本作"善有果而已"；傅奕本作"故善者果而已矣"，"善者"一词与帛书同。俞樾云："按河上本作'善者果而已'，当从之。王注曰：'果，犹济也。言善用师者，趣以济难而已矣。'是其所据本亦作'善者'，故以'善用师者'释之。今作'善有'，以形近而误。"再如，甲、乙本"毋以取强焉"，王本作"不敢以取强"；景龙碑作"不以取强"，"不以"二字与帛书"毋以"义同，皆无"敢"字。俞樾云："按'敢'字衍文，河上公注曰：'不以果敢取强大之名也。'注中'不以'二字即本经文；其'果敢'字乃释上文'果'字之义，非此文有'果'字也。今作'不敢以取强'，即涉河上注而衍。王注曰：'不以兵力取强于天下也。'亦'不以'二字连文，可证经文'敢'字之衍。唐景龙碑正作'不以取强'，当据以订正。"俞氏于此二说皆是，甲、乙本为其则提供一更有力证据，当从无疑。

关于"果"字，自古以来有多种解释。如王弼云："'果'犹'济'也，言善用师者，趣以济难而已矣，不以兵力取强于天下也。"与其说相近者，如司马光云："'果'犹'成'也，大抵禁暴除乱，不过事济功成则止。"王安石谓："'果'者，胜之辞。"高亨云："《尔雅·释诂》：'果，胜也。''果而已'犹胜而止。"河上公谓"果"字为"果敢"，注云："善兵者，当果敢。而已，不休。"苏辙云："果，决也。德所不能绥，政所不能服，不得已而后以兵决之耳。"按此当以王弼、司马光之说符合经义，谓善用兵者，则为禁暴济乱，功成而已，不逞强于天下也。

甲本：**果而毋骄（骄），果而勿矜，果而〔勿伐〕**153**，果而毋得已居，是胃（谓）〔果〕而不强。**

乙本：**果而毋骄，果而勿矜，果〔而勿〕**245**上伐，果而毋得已居，是胃（谓）果而强。**

王本：**果而勿矜，果而勿伐，果而勿骄，果而不得已，果而勿强。**

敦煌丁、遂州二本"勿骄"一句在"勿矜"之前，末句"果"前有"是"字，作"果而勿骄，果而勿矜，果而勿伐，果而不得已，是果而勿强"；景龙碑与之同，唯"已"字作"以"，稍异；司马本"勿骄"一句在"勿伐"之前，作"果而勿矜，果而勿骄，果而勿伐，果而不得已，是果而勿强"；范应元本第三句"骄"字作"憍"，末句"果"前有"是谓"二字，作"果而勿憍，果而不得已，是谓果而勿强"；易玄、庆阳、楼古、楼正均与之同，唯末句无"谓"字，作"是果而勿强"；傅奕、顾欢、苏辙三本末句亦作"是果而勿强"，馀同王本。

　　帛书甲本残损三字；乙本残损二字，又在末句"强"前脱"不"字，抄写之误，当同甲本均作"是谓果而不强"。与今本勘校，彼此有三处不同。第一，语序，甲、乙本"毋骄"一句均在"勿矜"之前，世传本中敦煌丁与遂州本同帛书，馀者皆有倒误。第二，帛书甲、乙本"果而毋得已居"，今本皆作"果而不得已"，无"居"字。按"居"字在此作语助词，与"者"、"诸"义同。《经传释词》卷五："居，词也。《易·系》释传曰：'噫！亦要存亡吉凶，则居可知矣。'郑、王注并曰：'居，辞也。'《诗·柏舟》曰：'日居月诸。'《正义》曰：'居诸者，语助也。'"验之王弼注，王本原亦有"居"字，与帛书本同。王注此文云"然时故不得已后用者"，显然是对"果而毋得已居"之解释，"后用者"即"居"字之诠释。如经文无"居"字，王注焉能有"者"字？足见后人因对"居"字不了解，故误作衍文删去。今幸有帛书甲、乙本出土，得以恢复《老子》原本之旧。第三，帛书甲、乙本末句"是谓果而不强"，范应元本与之相同；世传今本多同王本作"果而勿强"，或同傅本作"是果而勿强"。俞樾云："按傅奕本作'是果而勿强'，当从之。上文云'善者果而已，不以取强'，又云'果而勿矜，果而勿伐，果而勿骄，果而不得已'，皆言其果，不言其强，故总之曰：'是果而勿强。'正与上文'果而已，不以取强'相应。读者误谓此句与'果而勿矜'诸句一律，遂妄删'是'字耳。唐景龙碑亦有'是'字，当据增。"蒋锡昌云："按强本成疏引经文云'是果而勿强'，是成下'果'上有'是'字。下'果'上当从范本增'是谓'二字。'是谓果而勿强'，与下文'是谓不道'并列。十四章：'是谓无状之状……是谓惚恍……是谓道纪。'连用三'是谓'，与此文连用二'是谓'文例正同。"俞、蒋二氏之说均是，尤以蒋说更为贴切，帛书甲、乙本此文正作"是谓果而不强"，当为《老子》原文。

王弼注："吾不以师道为尚，不得已而用，何矜骄之有也。言用兵虽趣功济难，然时故不得已后用者，但当以除暴乱，不遂用果以为强也。"朱谦之云："'果而勿骄'、'勿矜'、'勿伐'，皆言诚信之功效如此。《老子》书中最重'信'字，四十九章：'信者，吾信之，不信者，吾亦信之，德信。'十七章、二十三章：'信不足，有不信。''果'即'信'也。'信不足'而至于用兵，是'果而不得已'，然亦以告成事而已。……用兵而寓于不得已，是胜犹不胜，不以兵强天下者也。"

甲本：**物壮而老，是胃（谓）之不道，不道蚤（早）已。**
乙本：**物壮而老，胃（谓）之不道，不道蚤（早）已。**
王本：**物壮则老，是谓不道，不道早已。**

敦煌丁本"是谓"二字作"谓之"，"不"字作"非"，谓"物壮则老，谓之非道，非道早已"；景龙碑与之同，唯"壮"字误写作"牡"；傅、徽、邵、彭、林诸本作"物壮则老，是谓非道，非道早已"；遂州本作"物壮则老，谓之非道，早已"。

帛书甲本"是谓之不道"，乙本作"谓之不道"，王弼本作"是谓不道"，景龙碑作"谓之非道"。甲、乙本"不道"二字，今本多作"非道"。"谓之"二字与"是谓"，"不道"二字与"非道"，彼此用词虽异，则经义无别。易顺鼎云："《内经》卷一王

冰注引作'不道早亡'，疑唐时本有作'亡'者。"马叙伦云："臧
疏'已'作'亡'。……臧疏河上注曰：'不行道者早亡。亡，死
也。'较今本河上注多两'亡'字及'也'字，是河上作'亡'，
'亡'与'强'明韵。"蒋锡昌云："按强本成疏引经文云：'谓之
非道，非道早已。'是成作'谓之非道，非道早已'。王冰注引
'已'作'亡'，盖以形近而误。"蒋说诚是，帛书甲、乙本均作
"早已"二字，"亡"字乃后人所改。姚鼐云："'物壮则老'十二
字衍，以在下篇《含德章》'心使气曰强'下，诵者误入此'勿
强'句下。"今从帛书甲、乙本验之，《德经·含德》与本文皆有
此十二字，乃同文复出者，非衍文也。姚说非是。

　　王弼注："壮，武力暴兴，喻以兵强于天下者也。飘风不
终朝，骤雨不终日，故暴兴必不道，早已也。"《左传》僖公二十
八年："师直则壮，曲则老。"除暴济难，师则直也，故壮。壮
而不知止，逞强于天下，则曲。曲则老，是谓不道，故必
早亡。

道经校注

三十一（今本《道经》第三十一章）

甲本：夫兵者，不祥之器〔也〕154。物或恶之，故有欲
（裕）者弗居。

乙本：夫兵者，不祥之器也245下。物或亚（恶）〔之，故
有裕者弗居〕。

王本：夫佳兵者，不祥之器。物或恶之，故有道者不处。

　　傅奕本首句"佳"字作"美"，谓"夫美兵者，不祥之器"；
楼古碑作"夫嘉兵者，不祥之器"；磻溪幢作"夫佳兵者，不祥
之器"；河上本作"夫佳兵，不祥之器"；景龙碑与敦煌丁本末
句作"故有道不处"；顾欢本作"故有道者不居"；吴澄本首句作
"夫佳兵者不祥"，末句作"故有道者不处也"。

　　帛书甲本仅残一"也"字，乙本残损七字。除乙本末句全部
毁坏外，甲、乙本经文可彼此互补。与今本勘校，主要有两处
差异。第一，帛书甲、乙本"夫兵者"，今本作"夫佳兵者"或
"夫嘉兵者"、"夫美兵者"、"夫佳兵者"，"夫"下皆有一动词
或语词。王念孙云："《释文》：'佳，善也。'河上云：'饰也。'
念孙按：'善'、'饰'二训，皆于义未安。古所谓'兵'者，皆
指五兵而言，故曰：'兵者，不祥之器。'若自用兵者言之，则

但可谓之'不祥'，而不可谓之'不祥之器'矣。今案'佳'，当为'隹'字之误也。隹，古'唯'字也。'唯兵'为'不祥之器'，'故有道者不处'。上言'夫唯'，下言'故'，文义正相承也。八章云：'夫唯不争，故无尤。'十五章云：'夫唯不可识，故强为之容。'又云：'夫唯不盈，故能蔽不新成。'二十二章云：'夫唯不争，故天下莫能与之争。'皆其证也。"卢文弨云："'佳'者，以为嘉美憙悦之也。刑可谓'祥'，兵不可以为'佳'。'佳兵'之人，是天下之至不祥人也。下云：'兵者，不祥之器。'古之所谓'兵'者，弓矢戟剑之属，是'器'也。后人因亦名执此器者为'兵'，《春秋传》所称'徒兵'是也。此溯其源而言之，故曰：'兵者，不祥之器。'若'佳兵者不祥'句下，古本元无'之器'二字，俗本有之，盖因下文而误衍也。……或曰：'佳'乃'唯'字之文脱耳。'唯'古文作'隹'，故讹为'佳'也。曰：是不然。《老子》之文，凡云'夫唯'者众矣，其语势皆不若是也。今一一而数之，曰'夫唯不居，是以不去'；曰'夫唯不争，故无尤'；曰'夫唯不盈，故能蔽不新成'；曰'夫唯不争，故天下莫能与之争'；曰'夫唯道，善贷且成'；曰'夫唯啬，是谓早服'；曰'夫唯病病，是以不病'；曰'夫唯不厌，是以不厌'；曰'夫唯无以生为者，是贤于贵生'，凡九见矣。今曰'夫唯兵者，不祥之器'，类乎？不类乎？上章虽言兵，而此章义本不相属，文又不相类，不得谓之承上文也。承上文则语势当紧，而此下乃云'物或恶之'，其节舒缓，与上所引亦不类也。若云'佳'为古文'唯'字，岂九处皆从今文，而此一字独为古文乎！……试熟复本章反正两义，则'佳'字有确诂，断然不可易矣。"王氏认为"佳兵"二字应是"隹兵"，经文当作"夫隹兵者，不祥之器"；卢氏认为"之器"二字应是衍文，经文当作"夫佳兵者不祥"。各执一辞，而释说甚辨，但均未达《老子》经义。帛书甲、乙本同作"夫兵者，不祥之器"，"夫"下无"佳"字，"之器"二字亦非衍文。从经义分析，《老子》先言"兵"，后称"不祥之器"，显然是以"兵"字泛指用以征伐之戈矛等武器，非谓用兵之君也。正如王氏所讲："若自用兵者言之，则但可谓之'不祥'，而不可谓之'不祥之器'矣。"其说至确。在此段文字中，"兵者"二字前后凡三见，如下文云："故兵者非君子之器，兵者不祥之器也。"所云皆指战争所用之军械，今本在"兵"前增"佳"、"嘉"或"美"诸字，犹似指用兵者言之，远失《老子》经义，当从帛书甲、乙本作"夫兵者"为是，今本皆非。

第二，帛书甲本"物或恶之，故有欲者弗居"，乙本"故有欲者弗居"一句残损，世传本多作"物或恶之，故有道者不居"或"物或恶之，故有道者不处"。此文与今本第二十四章经文相同。如今本第二十四章云"曰馀食赘行，物或恶之，故有道者不处"，帛书甲、乙本同作"曰馀食赘行，物或恶之，故有欲者弗居"。今本"有道者"，帛书两处皆作"有欲者"。"有欲"二字与"有道"互为抵牾，帛书组释"欲"字为"贪欲"，谓"有欲者"为"有贪欲之人"，显与今本"有道者"互成水火。许抗生于前文谓"欲"为误字，又于此文谓"此句与老子思想不合"，皆不合经义。帛书甲、乙本将前文与此文同写作"有欲者"，恐非偶然。"欲"字如系讹误，则甲、乙本前后数处均将此字写误，如此巧合，实属不能，其中必有缘故。前文已讲明，"欲"字在此而假借为"裕",《广雅·释诂四》:"裕,道也。""裕"、"道"二字义同。根据帛书甲、乙本前后数处同出此文,足可证明"欲"字而应假为"裕","有欲者"当作"有裕者",无可怀疑。"裕"字与"道"不仅义同,古音亦通。"裕"字为喻纽四等字,"道"字为定纽,"喻四归定",古为双声;"裕"字属屋部,"道"字在幽部,"屋"、"幽"音之转也。从而可证,帛书甲、乙本"有欲者弗居",均当读作"有裕者弗居",犹今本"有道者不居"。用词虽异,而经义全同。综上所述,此段经文则谓:刀兵所至,必有损伤,贼害人民,残荒田亩,人物无不被其害,不祥莫大焉;万物无不恶之,故有道者禁而不用,避而远之。

甲本:君子居则贵左,用兵则贵右。故兵者非君子之器也,〔兵者〕155 不祥之器也,不得已而用之,銛袭(恬淡)为上。

乙本:〔君子〕居则贵左,用兵则贵右。故兵者非君子之器,兵者不祥〔之〕246 上器也,不得已而用之,銛憺(恬淡)为上。

王本:君子居则贵左,用兵则贵右。兵者不祥之器,非君子之器,不得已而用之,恬淡为上。

傅、范、徽、邵、彭、林、楼古诸本首句皆有"是以"二字,作"是以君子居则贵左"。傅奕本末句"恬"上有"以"字,"淡"字作"憺",谓"以恬憺为上";景龙、庆阳、楼正、敦煌丁、河上、顾欢诸本"淡"字均作"惔",谓"恬惔为上";林、焦二本作"恬澹为上"。

　　帛书甲本残损二字，乙本残损三字，经文可互补，经义相同。与今本勘校，甲、乙本"故兵者非君子之器"一句在"兵者不祥之器也"之前，与今本语句次序颠倒。今本"恬淡"二字或作"恬惔"，或作"恬憺"；帛书甲本作"銛袭"，乙本作"銛憺"。帛书甲本注："'銛'、'恬'古音同，'袭'、'淡'古音相近。"乙本注："憺，甲本作'袭'；此从心，盖即'聾'之异体，与'憺'音义略同。'銛憺'读为'恬淡'。"《广雅·释诂四》："恬俻，静也。"王念孙《疏证》云："《方言》：'恬，静也。'《说文》：'恬，安也。''俻'与下'憺'字通，字或作'澹'，或作'淡'。"《史记·秦始皇纪》："今上治天下，未能恬淡。"《庄子·天道篇》："夫虚静恬淡，寂寞无为者，天地之平，而道德之至也。"诚如帛书组所注，甲本"銛袭"与乙本"銛憺"，均当从今本作"恬淡"。

　　纪昀云："自'兵者不祥之器'至'言以丧礼处之'，似有注语杂入，但河上公注本及各本俱作经文。"刘师培云："案此节王本无注，而古注及王注恒混入正文。如'不祥之器，非君子之器'二语必系注文，盖以'非君子之器'释上'不祥之器'也。本文当作'兵者不得已而用之'，'兵者'以下九字均系衍文。"马叙伦云："纪、刘之说是也。《文子·上仁篇》引曰：'兵者不祥之器，不得已而用之。'盖《老子》本文作'夫唯兵者不祥之器，不得已而用之'。'物或'两句系二十四章错简，'君子'两句乃下文而错在上者，'非君子之器'则正释'不祥之器'也。"因本章王本失注，故引起学者对经文之怀疑和猜测，马氏竟以个人臆断剪裁经文，实不可信。今同帛书甲、乙校之，世传今本除个别语序稍有颠倒之外，别无差误。

　　"君子居则贵左，用兵则贵右"，"左"为阳位属吉，"右"为阴位属丧。《礼记·檀弓上》"二三子皆尚左"，郑玄注："丧尚右，右，阴也。吉尚左，左，阳也。""兵者"所贵，异乎平居，故曰"不祥之器，非君子之器"也。"不得已而用之"者，务以禁暴济难而止，安静无为为上。

甲本：勿美也，若美之，是乐杀人也。夫乐杀人，不₁₅₆可以得志于天下矣。

乙本：勿美也，若美之，是乐杀人也。夫乐杀人，不可以得志于₂₄₆下天下矣。

王本：胜而不美，而美之者，是乐杀人。夫乐杀人者，则不可以得志于天下矣。

　　前三句，景龙碑作"故不美，若美之，是乐煞人"；敦煌丁与遂州二本作"故不美，若美必乐之，是乐煞人"；傅、徽、邵、彭诸本作"故不美也，若美必乐之，乐之者，是乐杀人也"；范本与之同，唯"若美"下有"之"字，作"若美之，必乐之"；景福碑作"胜而不美，而美之者，是乐煞人也"；顾欢与司马二本作"胜而不美，若美之者，是乐杀人"；吴澄本作"胜而不美，美之者，是乐杀人也"。后二句，傅奕本作"夫乐人杀人者，不可以得志于天下矣"；范本与之同，唯"乐"下无"人"字，作"夫乐杀人者"；徽、彭二本作"乐杀人者，不可得志于天下矣"；吴澄本与之同，唯下句作"不可以得志于天下矣"；遂州本作"夫乐之者，则不可得意于天下"；景龙碑与敦煌丁本作"夫乐煞者，不可得意于天下"；景福碑作"夫乐煞人者，则不可以得志于天下矣"；易玄、磻溪、楼古、楼正、顾欢、苏辙诸本作"夫乐杀人者，不可得志于天下"；邵、焦二本与之同，唯句尾有"矣"字。

　　帛书甲、乙二本均完好无损，经文经义完全相同。与今本勘校，彼此经义虽基本相似，但是世传今本经文多不相同，所传皆有讹误。过去学者曾不乏考辨，终未断定孰是孰非，这也是引起学者怀疑本章经文有注文窜入的原因。今从帛书甲、乙本分析，本章经文明晰流畅，经义浅显易懂，所论皆偃武息兵之事，颇达老子守静无为之旨。世传今本虽各有讹误，但经文本义未失，绝非经注杂糅之混合伪作。经文则谓：

　　兵者，不祥之器，不得已而用之，恬淡为上。不可赞其胜，亦不可耀其强，当以慈卫之。慈者天下乐推而不厌也。用兵则凶，杀人必多，岂可赞乎？耀乎？若赞若耀，犹乐杀人也。乐杀人者，焉能得志于天下。

甲本：是以吉事上左，丧事上右。是以便（偏）将军居左，上将军居157右。言以丧礼居之也。

乙本：是以吉事〔上左，丧事上右〕。是以偏将军居左，而上将军居右。言以丧礼居之也。

王本：吉事尚左，凶事尚右。偏将军居左，上将军居右。言以丧礼处之。

　　景龙、顾、傅、范、司马诸本句首有"故"字，作"故吉事尚左，凶事尚右"；敦煌丁本作"故吉事上左，丧事尚右"；遂州本作"吉事尚左，丧礼尚右"；景福碑作"吉事上左，凶事上右"。第三、四句，易玄、邢玄、磻溪、楼正、顾、司马、苏、吴、林、焦诸本与王本同，唯"居"字作"处"，稍异；景龙碑与敦煌丁本"偏"前有"是以"二字，作"是以偏将军居左，上将军居右"；楼古、傅、范、徽、邵、彭诸本作"是以偏将军处左，上将军处右"；景福碑作"将军处左，上将军处右"。楼古本末句"言"字作"则"，谓"则以丧礼处之"；傅、范、徽、邵、彭、焦、孟頫诸本作"言居上势，则以丧礼处之"；景龙碑无此句。

帛书甲本保存完好，"偏"字假"便"为之。乙本残损六字，可据甲本补。甲、乙二本经文经义皆相同。与今本勘校，除经文所用虚词稍有差异外，经义基本一致。刘师培云："'吉事尚左'以下至'言以丧礼处之'，此五句者亦系'贵左'、'贵右'及末语注文，惟注中复有脱文耳。河上本于'不祥之器'二语，于'言以丧礼处之'诸语，均加注释，所据之本盖在注文搀入正文后，益证河上注之后于王注矣。"马叙伦云："案'故吉事尚左'至'言以丧礼处之'五句，皆'是以君子居则贵左，用兵则贵右'注文误入者也。"今从帛书甲、乙本验之，今本不误，刘、马二氏之说不确。

今本"尚"字均当从帛书甲、乙本作"上"，甲、乙本用本字，今本则用借字。崔东壁《丰镐考信别录》卷三云："隋唐以来，世皆以左为上。或谓古人亦上左者，或又因《檀弓》文，孔子有姊之丧，拱而尚右，二三子皆尚左，遂谓古人吉事以左为上，凶事以右为上。余考之《春秋传》，皆上右者，惟楚人上左耳。桓王之伐郑也，虢公林父将右军，黑肩将左军，郑曼伯为右拒，祭仲足为左拒，皆先书右而后书左。其叙宋之六官，亦皆先右师后左师，则是皆以右为上也。即晋之三军，亦上军在右，而下军在左。何以知之？城濮之战，胥臣以下军之佐犯陈、蔡，而楚右师溃；狐毛、狐偃以上军夹攻子西，而楚左师溃。邲之战，工尹齐将右拒卒，以逐下军，潘党率游阙四十乘，从唐侯以为左拒，以从上军。夫晋、楚之师相向而战，则楚之右，晋之左；楚之左，晋之右。而晋常以上军当楚左，下军当楚右，是上军在右而下军在左也。惟叙楚之军师，皆先左而后右，故季梁曰：'楚人上左，君必左。'必言楚人上左者，明诸侯之国皆上右也。"《老子》所言"吉事上左，丧事上右"，则与崔氏考证相符。与诸侯之国举兵征伐，其军制以右为上，即所谓"是以偏将军居左，而上将军居右"。两军相争，杀人必众，故"言以丧礼居之也"。

甲本：杀人众，以悲依（哀）立（莅）之。战胜，以丧礼处之。

乙本：杀〔人众，以悲247上哀〕立（莅）之。〔战〕朕（胜），而以丧礼处之。

王本：杀人之众，以哀悲泣之。战胜，以丧礼处之。

　　河上与林二本"哀悲"二字作"悲哀"，谓"杀人之众，以悲哀泣之"；范本作"杀人众多，则以哀悲泣之"；傅奕、孟頫二本作"杀人众多，则以悲哀泣之"；易玄、庆阳、楼古、磻溪、楼正、遂州、敦煌丁、顾、彭、徽、邵、司马、苏、吴、焦诸本作"杀人众多，以悲哀泣之"；景龙、景福二碑与之同，唯

"杀"字作"煞"或"煞"。傅、范二本下句"胜"下有"者"字,作"战胜者,则以丧礼处之";景福、庆阳、楼古、磻溪、楼正、孟頫、顾、邵、司马、苏、林诸本作"战胜,则以丧礼处之";景龙碑作"战胜,以哀礼处之";吴本作"战胜,以丧礼主之"。

帛书甲本保存完好,唯"依"字假为"哀","立"字假为"莅"。乙本残损六字,可据甲本补。与今本勘校,除所用虚词各有不同外,经文经义基本一致。王本"哀悲"二字,《道藏》王本则作"悲哀",与帛书甲、乙本同。可见《老子》原本如此。奚侗云:"'杀人之众'四语,必非《老子》本文,即系古注羼入,亦极鄙浅,当删去。古以丧礼处兵事,不必战胜也。"

如前文所言,因本章王本失注,遂有学者疑其经文非《老子》之言,或谓有注文羼入经内,曾颇多考辨。甚至有人认为,全章文字每段都有冗复。像易顺鼎、朱谦之等人,虽反对全文否定,但亦疑有古注误入正文。易氏云:"王弼本独此章无注,晁景迂遂疑以此章为非《老子》之言。今按此章乃《老子》精言,与下篇'抗兵相加,哀者胜矣'同意,不解晁氏何以为此谬论也。惟此章语颇冗复,疑有古注误入正文。'言以丧礼处之',观一'言'字,即似注家之语。"朱氏云:"《道藏》《张太守汇刻四家注》,此章末引王弼注'疑此非《老子》之作也'一句,今诸王本皆佚,知弼有所疑,故独无注。河上本于'兵者不祥之器'至'言以丧礼处之'诸句,均加注释,所见之本同,而见解不同,不可以此遂谓河上注之后于王注也。此章虽多古注窜入之处,惟其中如'夫佳兵者,不祥之器','杀人众多,以悲哀涖之','战胜,以哀礼处之'等语,皆千古精言,非老子不敢道,不能道。今试删其冗复，订定经文如次。"经朱氏删去的所谓冗复，有"兵者不祥之器，非君子之器"，"不得已而用之，恬淡为上"，"吉事尚左，凶事尚右，是以偏将军居左，上将军居右"，"胜而不美，若美之，是乐杀人。夫乐杀者，不可得意于天下"，"言居上世，则以丧礼处之"，共计七十三字，占全章总字数百分之六十三以上。保留下的所谓《老子》"精言"，有"夫佳兵者，不祥之器，物或恶之，故有道者不处。君子居则贵左，用兵则贵右。杀人众多，以悲哀泣之。战胜以哀礼处之"，共计四十五字，不足全章总字数百分之三十七。如此之剪裁纯属主观臆断。今据帛书甲、乙本验之，今本经文虽有个别之处曾经后人改动，但全章经文无大差错，则同帛书甲、乙本经文内容基本一致。

罗运贤云："'泣'者，'莅'之讹。（六十章："以道莅天下。"）字当作'隶'，《说文》：'临也。''隶之'与下句'处之'正同。"按杀人众则庶民殃，老则失其子女，幼则丧其父母，悲哀降临无辜。故此，战胜不可赞，亦不可颂，当以丧礼处之。以丧礼处之者，以示其残害百姓，荒废田亩，不祥甚矣，不可美也，不可以杀人为美。

道经校注

三十二（今本《道经》第三十二章）

甲本： 道恒无名，椷（朴）唯（虽）〔小158，而天下弗敢
臣。侯〕王若能守之，万物将自宾。

乙本： 道恒无名，朴唯（虽）小，而天下弗敢臣。侯王若
能守之，万物将247下自宾。

王本： 道常无名，朴虽小，天下莫能臣也。侯王若能守
之，万物将自宾。

　　傅、范、徽、邵、彭诸本首句经文与王本同，唯句末无
"也"字；景龙、易玄、楼古、磻溪、楼正、敦煌丁、敦煌英、
遂州、河上、顾、司马、苏、吴、林、焦诸本作"道常无名，
朴虽小，天下不敢臣"；景福碑、孟頫本与之同，唯句末作"天
下莫敢臣"。后一句，景龙、敦煌丁、傅、遂州诸本"侯王"二
字作"王侯"，无"之"字，作"王侯若能守，万物将自宾"；范
本与之同，唯前者句尾有"之"字，作"王侯若能守之"；易玄、
邢玄、楼古、磻溪、孟頫、楼正、敦煌英、顾、徽、彭、邵、
司马、苏、吴、林、焦诸本作"侯王若能守，万物将自宾"。

　　帛书甲本残损八字，乙本保存完好，可据补甲本缺文。与
今本勘校，分歧有二：

一、帛书乙本"而天下弗敢臣"一句，诸王本作"天下莫能臣也"。马叙伦云："罗卷'莫'字作'不'，宋河上及各本并作'不敢臣'。伦谓'敢'字讹。《淮南·道应训》'故莫敢与之争'，《治要》引作'莫能与之争'，此'敢'、'能'交讹之证。"马氏仅依"敢"与"能"二字易误，则谓"敢"字讹，不确。验之帛书、河上、景龙、敦煌卷等多作"莫敢臣"，故此当从帛书作"而天下弗敢臣"为是，朱谦之云："'天下不敢臣'，谓道尊可名于大也。"

二、帛书甲、乙本"侯王若能守之"，王弼、易玄诸本与之同，而傅奕、景龙等"侯王"二字作"王侯"。劳健云："'王侯若能守'，傅与景龙、敦煌皆如此。范作'王侯若能守之'，诸王本……'王侯'皆作'侯王'。《释文》云：'梁武作王侯。'按'侯'、'守'二字自谐句中韵，与第四十二章'王公以为称'，'公'、'称'韵同，当作'王侯'。"蒋锡昌云："按三十七章言'侯王'者一，三十九章言'侯王'者三，弼注十章曰'侯王若能守'，即引此文，亦作'侯王'。可证作'侯王'者，乃古本。"帛书甲、乙本均作"侯王"，为蒋说得一确证，当从。

河上公注："道能阴能阳，能施能张，能存能亡，故无常名也。道朴虽小，微妙无形，天下不敢有臣使道者也。侯王若能守道无为，万物将自宾服从于德也。"大道初成，天地未形，无物而生，故曰"道恒无名"。"朴"谓真之未散，"小"谓体之微眇，虽微眇难见，天下莫不以道为主。侯王若能守道无为，则万物将自宾、自化，听其自然。

甲本：天地相谷(合)，以俞(雨)甘洛(露)，民莫之159
　　　　〔令而自均〕焉。

乙本：天地相合，以俞(雨)甘洛(露)，〔民莫之〕令而自
　　　　均焉。

王本：天地相合，以降甘露，民莫之令而自均。

　　景福碑、傅奕本末句作"民莫之令而自均焉"；景龙、易
玄、邢玄、楼古、磻溪、楼正、孟頫、遂州、范、徽、邵、
苏、彭诸本作"人莫之令而自均"；林本作"人莫之命而自均"。

　　帛书甲本残损四字，乙本残损三字，两本可互补。甲本
"合"字误写作"谷"，抄写之误，彼此经文相同。与今本勘校，
除用字稍异外，经义无别。如今本"以降甘露"，甲、乙本均作
"以俞甘洛"。帛书组于甲本注云："俞，乙本同，通用本作
'降'。'俞'疑读为'揄'或'输'。"愚以为"俞"字当借为"雨"。
"俞"古为喻纽侯部字，"雨"在匣纽鱼部，"喻"、"匣"双声，
"鱼"、"侯"旁转，音同通假。"雨"字作动词则有"降"义。《说
文》："雨，水从云下也。"段注："引申之凡自上而下者偁
'雨'。"《春秋经》文公三年"雨螽于宋"，《诗经·邶风·北风》
"雨雪其雱"，"雨"皆释"降"。帛书"以雨甘露"与今本"以降甘
露"义同。又如，帛书甲、乙本"民莫之令而自均焉"，林本
"令"字作"命"；易顺鼎云："按唐韩鄂《岁华纪丽》引作'民莫
之合而自均'，'令'疑'合'字之误。'莫之合'即听其自然之意
也。言天地相合，则甘露自降，若民则莫为之合，而亦且自
均，极言无为之效耳。"朱谦之云："此言'人莫之令而自均'，
盖古原始共产社会之反映，语意与五十一章'夫莫之命而常自

然'相同。作'令'、作'合'、作'命'，谊均可通，惟此作'令'是故书。"按今本"人"字乃唐避太宗讳所改。"民莫之令而自均焉"，正合无为而治之旨，朱说至确。

王弼注："言天地相合，则甘露不求而自降。我守其真性无为，则民不令而自均也。"

甲本：始制有〔名，名亦既〕有，夫〔亦将知止，知止〕所以不〔殆〕。

乙本：始制有名，名亦既有，夫亦将知止，知止所以不殆。

王本：始制有名，名亦既有，夫亦将知止，知止可以不殆。

景龙碑"夫"字作"天"，无下"亦"与"可以"三字，作"天将知止，知止不殆"；河上、景福、林三本作"天亦将知之，知之所以不殆"；顾本与之同，唯"之"字作"止"；易玄、庆阳、楼古、磻溪、孟頫、楼正、敦煌英、傅、范、徽、邵、司马、苏、彭、吴、焦诸本作"夫亦将知止，知止所以不殆"；敦煌丁、遂州二本作"夫亦将知止，知止不殆"。

帛书甲本残损十一字，乙本保存完好，可据补甲本之缺文。与今本勘校，帛书甲、乙本"知止所以不殆"，傅、范、易玄、敦煌英等与之同，王本作"知止可以不殆"；河上本作"知之所以不殆"。胡适云："王弼今本'之'字作'止'，下句同。今依河上公本改正。'之'、'止'古文相似，易误。"又云："细看此注，可见王弼原本作'夫亦将知之，知之所以不治'。若作'知止'，则注中所引叔向谏子产的话，全无意思。注中又说'任名则失治之母'，可证'殆'本作'治'，注末'殆'字同。"俞

樾云："按唐景龙碑无'可以'二字，是也。王注曰：'知止所以
不殆也。'盖加'所以'二字以足句，而写者误入正文，故今河上
公作'知之所以不殆'。此作'可以'者，又'所以'之误矣。"蒋
锡昌云："范谓王同古本，则范见王本同此。又三十七章'夫亦
将不欲'，与此文'夫亦将知止'文例一律，'不欲'即'知止'之
谊。以《老》校《老》，亦可证此文不误，胡说非是。"又云：
"《道藏》王弼本'可'作'所'，正与注合，当据改正。胡谓'殆'
当作'治'，然十六章'没身不殆'，二十五章'周行而不殆'，
五十二章'没身不殆'，四十四章'知止不殆'，连此言'不殆'
者共五。以本书前后相校，不应其他四处作'不殆'，而此文独
作'不治'也。且弼注'任名则失治之母'，与经文'知止所以不
殆'，亦并无何等关系，而胡乃据此弼注，竟谓可证'殆'本作
'治'，岂不谬乎!"今验之帛书，此文正作"夫亦将知止，知止
所以不殆"。足证俞樾、胡适二氏"知之"、"可以"、"不治"三
说纯属虚构，皆不可信。蒋锡昌曾从世传本中勘比分析，去伪
存真，并对谬误不堪之词予以驳斥，可谓颇有见地。今帛书
《老子》出土，更为其说举一确证。

王弼注："'始制'，谓朴散始为官长之时也。始制官长，
不可不立名分以定尊卑，故'始制有名'也。过此以往将争锥刀
之末，故曰'名亦既有，夫亦将知止'也。遂任名以号物，则失
治之母也，故'知止所以不殆'也。"按：朴散则百行出，殊类
生，诸器成，圣人因之而立名分职，以定尊卑，即老子所言
"始制有名"也。朴散真离，因器立名，锥针之利必争，则徇名
忘朴，逐末丧本，圣人呕应知止而勿进，行无为之治，复无名

之朴，故知止度限所以不殆也。

甲本：俾（譬）道之在〔天下也，犹160小〕浴（谷）之与江
　　　海也。

乙本：卑（譬）〔道之〕248上在天下也，犹小浴（谷）之与
　　　江海也。

王本：譬道之在天下，犹川谷之于江海。

　　景龙、敦煌丁、遂州三本无二"之"字，"于"字作"与"，
谓"譬道在天下，犹川谷与江海"；易玄本作"譬道在天下，犹
川谷之与江海"；邵、彭二本作"譬道之在天下，由川谷之与江
海也"；磻溪与之同，唯句末无"也"字；景福、庆阳、楼正、
敦煌英、河上、顾、司马、苏、吴、林诸本后一句作"犹川谷
之与江海"；楼古本作"如川谷之与江海"；傅、范、徽三本作
"犹川谷之与江海也"；孟頫本作"犹川谷之于江海也"。

　　帛书甲本残损五字，乙本残损二字，彼此可互补。甲本假
"俾"字为"譬"，乙本假"卑"字为"譬"；甲、乙本又同用"浴"
字假借为"谷"。与今本勘校，帛书甲、乙本"犹小谷之与江海
也"，王本作"犹川谷之于江海"，邵、彭二本作"由川谷之与江
海"，楼古本作"如川谷之与江海"。易顺鼎云："王注云：'犹
川谷之与江海也。'是本文'于江海'当作'与江海'。《牟子》引
此云：'譬道于天下，犹川谷与江海。'字正作'与'。"蒋锡昌
云："《道藏》王弼本'于'作'与'，当据改正。二字古本通用，
见《经义述闻》及《经传释词》。"马叙伦云："彭'犹'作'由'，
古通。庄十四年《左传·正义》曰：'古者"犹"、"由"二字义得

通用。'"按帛书"小谷"，世传本皆作"川谷"，彼此不同。帛书
组于乙本注云："小，通行本作'川'。《墨子·亲士》：'是故
江河不恶小谷之满己也，故能大。'亦言'小谷'，与乙本合。"足
见《老子》原作"小谷"，"川"乃"小"字之误。

　　王弼注："川谷之与江海，非江海召之，不召不求而自归
者也。行道于天下者，不令而自均，不求而自得，故曰'犹川
谷之与江海也'。"蒋锡昌云："此句倒文，正文当作'道之在天
下，譬犹江海之与川谷'。盖此文以'江海'譬道，以'川谷'譬
天下万物。六十六章：'江海所以能为百谷王者，以其善下之，
故能为百谷王。'江海善下与道相似，故老子取以为譬也。'道
之在天下，譬犹江海之与川谷'，言道泽被于万物，则万物莫
不德化；譬犹江海善下川谷，则川谷无不归宗也。此句与上文
'侯王若能守之，万物将自宾'句相应。"

道经校注

三十三（今本《道经》第三十三章）

甲本：知人者知（智）也，自知〔者明也。胜人〕者有力
　　　也，自胜者〔强也〕。

乙本：知人者知（智）也，自知明也。朕（胜）人者有力
　　　也，自朕（胜）者强也。

王本：知人者智，自知者明。胜人者有力，自胜者强。

　　　傅奕本每句末尾皆有"也"字，作"知人者智也，自知者明
也。胜人者有力也，自胜者彊也"；范本与之同，唯"智"字写
作"知"；景龙碑与敦煌丁本后二句作"胜人有力，自胜者强"。

　　　帛书甲本残损七字，乙本保存完好，可据补甲本缺文。但
是，乙本"自知"下夺一"者"字，抄写之误也。与今本勘校，帛
书甲、乙本每句皆以"也"字收尾，傅奕、范应元二本与之相
同，其他诸本无"也"字，但经义无别。

　　　王弼注："知人者，智而已矣，未若自知者，超智之上也。
胜人者，有力而已矣，未若自胜者，无物以损其力。用其智于
人，未若用其智于己也。用其力于人，未若用其力于己也。明
用于己，则物无避焉；力用于己，则物无改焉。"楼宇烈《校释》
云："'则物无改焉'之'改'字，于此不可解，疑误。波多野太

郎引一说：'改，疑当作"攻"。'又一说：'改，疑当作"败"。'
按'攻'于义较长。"

甲本：〔知足者富〕161也，强行者有志也。不失其所者久
　　　也，死不忘(亡)者寿也。

乙本：知248下足者富也，强行者有志也。不失其所者久
　　　也，死而不忘(亡)者寿也。

王本：知足者富，强行者有志。不失其所者久，死而不
　　　亡者寿。

　　傅、范二本每句末尾皆有"也"字，作"知足者富也，强行
者有志也。不失其所者久也，死而不亡者寿也"；景龙、遂州、
敦煌丁三本前二句作"知足者富，强行有志"；邢玄本后二句作
"不失其所其久，死而不亡者寿"；邵本作"不失其所止者久，
死而不亡者寿"；孟頫本作"不失其所久，死而不亡者寿"；景
福碑作"不失其所者久，死而不妄者寿"。

　　帛书甲本残损四字，并在末句"死"下夺一"而"字；乙本保
存完好，可据补甲本缺文。与今本勘校，帛书甲、乙本每句皆
以"也"字收尾，傅、范二本与之相同，他本均无"也"字。再
如，甲、乙本末句"死而不忘者寿也"，世传今本多同王本，
"不忘"二字作"不亡"，景福碑作"不妄"。易顺鼎云："《意林》
'亡'作'妄'，'死而不妄'，谓得正而毙者也。河上本虽亦作
'亡'，而注云：'目不妄视，耳不妄听，口不妄言，则无怨恶
于天下，故长寿。'是亦读'亡'为'妄'矣。"朱谦之云："室町旧
钞本、《中都四子》本'亡'均作'妄'，《意林》卷一、《群书治

要》卷三十引《道德经》'死而不妄者寿'，并引河上公注，知河上所见古本亦作'妄'。'亡'、'妄'古通用。"帛书甲、乙本均作"不忘"，按"亡"、"妄"、"忘"三字古皆可通用，但各自的本义迥然不同，《老子》此文所用究竟孰为本字，则是需要解决的问题。河上公注云："目不妄视，耳不妄听，口不妄言，则无怨恶于天下，故长寿。"此乃谓人未死，所行养身卫生之术，则与经文所言"死而不妄者寿也"谊不相属，足证经文本义绝非"妄"字。高亨据帛书甲、乙本"不忘"，则释此文云："其人虽死，而他的道德功业、学说等并未消亡，而被人念念不忘，就可以称他为长寿。"如高氏所云能"被人念念不忘"者，必生有所为，建功立业，并成功而居之，则与《老子》所言"生而弗有，为而弗恃"、"我无为而民自化，我好静而民自正"、"不尚贤，使民不争"等守静无为之旨岂不大相径庭。可见经文本义亦非"忘"字。"妄"、"忘"二字既已排除，本义非"亡"字莫属。王弼注此文云："知足者，自不失，故富也。勤能行之，其志必获，故曰'强行者有志'矣。以明自察，量力而行，不失其所，必获久长矣。虽死而以为生之，道不亡乃得全其寿，身没而道犹存，况身存而道不卒乎！""身没而道犹存"，体魄虽朽而精神在，是谓"死而不亡者寿也"。

道经校注

三十四（今本《道经》第三十四章）

甲本：道〔氾呵，其可左右也。成功〕162 遂事而弗名有也。

乙本：道溯（氾）呵，其可左右也。成功遂〔事而〕249 上
弗名有也。

王本：大道氾兮，其可左右。万物恃之而生而不辞，功
成不名有。

　　景龙、遂州、敦煌丁三本首句无"兮"字，作"大道氾，其
可左右"；易玄碑作"大道汎，其可左右"；庆阳、磻溪、孟頫、
楼正、顾、彭、焦诸本作"大道汎兮，其可左右"；傅本作"大
道汎汎，其可左右"；范本作"大道氾氾兮，其可左右"。后一
句，遂州本无"之"字，作"万物恃而生而不辞"；敦煌丁本作
"万物恃以生而不辞"；景龙、易玄、庆阳、楼古、磻溪、孟
頫、楼正、敦煌英、顾、傅、范、徽、邵、司、苏、彭、吴、
林、焦等诸本作"万物恃之以生而不辞"。

　　帛书甲本残损九字，乙本残损二字，彼此可互补。乙本
"道溯呵"，甲本"道"下二字残，王弼本、景龙碑等"溯"字作
"氾"，傅奕、易玄诸本作"汎"。马叙伦云："'氾'、'汎'二字
古通假。《礼记·王制》'氾与众共之'，《释文》：'氾，本亦作

"汜"。'其例证也。《说文》：'汜，滥也。''汜，浮貌。'二义不同，作'汜'是。"马说可从。帛书"渢"字亦当假为"汜"。与今本勘校，主要差异有二：

其一、甲、乙本"道汜呵"，世传今本皆作"大道汜兮"。河上公注："言道汜汜，若浮若沉，若有若无，视之不见，说之难殊。"河上公注此文只言"道汜汜"，不言"大道汜汜"。"道"与"大道"义虽无别，但是，河上公注本凡经言"大道"者，注必以"大道"释之。如第十八章"大道废，有仁义"，注云："大道之时，家有孝子，户有忠信，仁义不见也。大道废不用，恶逆生，乃有仁义可传。"第五十三章"使我介然有知，行于大道"，注云："老子疾时王不行大道，故设此言。使我介然有知于政事，我则行于大道，躬无为之化。"又云："大道甚夷，而民好径。"注云："大道世平易，而民好从邪径。"然而独此经文作"大道汜兮"，注作"言道汜汜"，"道"上无"大"字。可见河上本原亦作"道汜兮"，与帛书甲、乙本同，足证《老子》原本即当如此。今本所谓"大道汜兮"之"大"字，乃后人妄增。

其二、甲、乙本"成功遂事而弗名有也"，今本多作"万物恃之而生而不辞，功成不名有"，较甲、乙本多"万物"一句，实为下文之赘也。从本章经文分析，帛书甲、乙本下文作"万物归焉而弗为主，则恒无欲也，可名于小；万物归焉而弗为主，可名于大"。今本多作"万物恃之而生而不辞，功成不名有。衣养万物而不为主，常无欲，可名于小；万物归焉而不为主，可名于大"。今本在"可名于小"之前，有两个"万物"句，而在"可名于大"之前，仅有一个"万物"句，前后文体不合，其中必有讹误。则"万物恃之而生而不辞，功成不名有"，显然是"功成不名有"之伪变。此句甲、乙本作"成功遂事而弗名有也"，无"万物恃之而生而不辞"九字，当是《老子》旧文。今本多此九字，经文前后重复。后人虽对"万物"三句反复修订，但均未达本义。按此文均当据帛书甲、乙本订正。

兹因世传今本多有衍误，故各家注释议论纷纭，亦多有不实。此据帛书经文释之，言道泛滥无所不适，可左，可右，可上，可下，周而复始，则无所而不至；功成事就而不名己有。

甲本：万物归焉而弗为主，则恒无欲也，可名于小。
乙本：万物归焉而弗为主，则恒无欲也，可名于小。
王本：衣养万物而不为主，常无欲，可名于小。

易玄、庆阳、楼古、磻溪、楼正、敦煌英、河上、苏、焦诸本"衣养"二字作"爱养"，谓"爱养万物而不为主，常无欲，可名于小"；林志坚本与之同，唯"常"前有"故"字，作"故常无欲"；景福碑亦与之同，唯"小"后有"矣"字，作"可名于小矣"。傅、徽、邵、司马、彭、孟頫诸本作"衣被万物而不为主，故常无欲，可名于小矣"；吴澄本与之同，唯无"故"字，作"常无欲"；范应元本亦与之同，唯末句"于"字作"为"，谓"可名为小矣"。敦煌丁与顾欢二本无"常无欲"一句，作"衣被万物不为主，可名于小"；遂州本与之同，唯"衣被"二字作"依养"，谓"依养万物不为主"；景龙碑无此三句。

帛书甲、乙本经文相同。与今本勘校，甲、乙本"万物归焉"一句，王弼作"衣养万物"，遂州作"依养万物"，河上、易玄诸本作"爱养万物"，傅、范诸本作"衣被万物"。"则恒无欲也，可名于小"，今本或作"常无欲，可名于小"，或作"故常无欲，可名于小矣"，或作"故常无欲，可名为小矣"。俞樾云："谨按河上公本作'爱养'，此作'衣养'者，古字通也。盖'衣'字古音与'隐'同，故《白虎通·衣裳篇》曰：'衣者，隐也。'以声为训也。而'爱'古音亦与'隐'同，故《诗·烝民篇》毛传训'爱'为'隐'。《孝经》疏引刘炫曰：'爱者隐惜而结于内。'不直训'惜'，而必训'隐惜'者，亦以声为训也。两字之音本同，故'爱养'可为'衣养'。傅奕本作'衣被'，则由后人不通古音，不达古义，率臆妄改耳。"易顺鼎云："考韩康伯《易注》'衣被万物，故显诸仁'，即本《老子》。康伯学出于弼，必从弼本，疑弼本作'衣被'。傅奕本亦作'衣被'，正古本之尚存者。俞氏讥奕率臆妄改，殆未深考与。"今验之帛书甲、乙本，既不作"衣养万物"，亦不作"衣被万物"，而作"万物归焉"。则与下句经文内容相同、并列，皆作"万物归焉而弗为主"。所异者，此句下文为"则恒无欲也，可名于小"，下句下文作"可名于大"。"可名于小"与"可名于大"经义有别，但所处情况相等。此即在同等情况下，因得道与失道会有两种不同之结果，故而前文应当一致。从而可见帛书前文同作"万物归焉而弗为主"，绝非偶然，《老子》原文本当如此。再就王弼注文分析，王注前者云："万物皆由道而生，既生而不知其所由。"不见有释"衣养万物"或"衣被万物"之义。反而与后者注文"万物归之以生，而力使不知其所由"义同。可见王本经文亦必前后两文相同，原同帛书，今日所传王本，已经后人窜改。

帛书甲、乙本"则恒无欲也，可名于小"，今本经义与之相同。如"恒"字今本作"常"，因避汉文帝讳而改。但是，何谓"常无欲"？何以"常无欲，可名于小"？因经文甚简，自汉魏以来的注释从未作过确切的解释。如河上公注："道匿德藏名，恒然无为，似若微小也。"王弼注："故天下常无欲之时，万物各得其所，若道无施于物，故名于小矣。"成疏云："'衣被万物'，陶铸生灵，而神功潜被，不为主宰，既俯于物，宜其称小。"宋吕吉甫注："常无欲，则妙之至者也，故可名于小。"综上所举，足见古注此文之一斑，所言多不及义，或曲为之解。今人释译亦多谬误。如高亨将其译作"它永远没有私欲，其实也没有形体，可以称为小"。任继愈译作"经常没有自己的欲望，可以算是渺小"。皆未达经文宏旨。另有学者疑经有衍文。如奚侗云："'衣养'犹云'覆育'。有覆育万物之功，而不为之主，是自处卑下也，故云'可名于小'。此二句与下二句相偶。各本'可名于小'句上，误赘'常无欲'三字，谊不可通，兹从顾欢本删。"蒋锡昌亦云："'常无欲'三字盖涉王注'故天下常无欲之时'而衍。敦煌丁本无此三字，是也。"朱谦之云："'常无欲，可名于小'，当为首章'常无欲，观其妙'之古注。《法言·孝至篇》李轨注曰：'道至微妙，故曰"小"也。'在此则为赘语。敦、遂本无'常无欲'三字，亦其证也。'可名于小'一句，与'可名于大'相偶。但审校文义，爱养万物，可名为大、为小义不可通。'万物归焉而不为主'，与上文'爱养万物不为主'，实为重句，可删。以此疑有古注语杂入。证以景龙碑无此三句，其可信胜他本多矣。"今验帛书甲、乙本，均有"则恒无欲也，可名于小"等句，朱说"有古注语杂入"，非是。景龙碑无此数句，实为脱误。从经文内容分析，"可名于小"与"可名于大"的区分，主要在于句前有无"则恒无欲也"一语，有之则"名于小"，无之则"名于大"。如此看来，"常无欲"三字非如奚侗所言"误赘"当删，乃为本文之关键内容。因此弄清此文的意义，必须正确理解"常无欲"的含义。其实《韩非子·解老篇》对它早有说明，只是大家没有留意和理解而已。"无欲"与"无为"都是道家最高标准，老子称之为"上德"。如何才能达到此一境界？《解老篇》做了非常清晰的说明。如云："所以贵无为无思为虚者，谓其意无所制也。夫无术者故以无为无思为虚也。夫故以无为无思为虚者，其意常不忘虚，是制于为虚也。虚者，谓其意无所制也，今制于为虚，是不虚也。虚者之无为也，不以无为为有常。不以无为为有常则虚，虚则德盛，德盛之为上德。"韩非子所谓"虚"，是指自然无为无思，不是有意地去为它专门下功夫，常常为它思虑。但是，无术的人故意以无为无思为手段，常专门为它下功夫，常常为它思虑，那是"其意常不忘虚，是制于为虚也"。"制于为虚"实际是不虚，虚者无为是"不以无为为有常"。如此才能"德盛"，"德盛"才是"上德"。根据韩非对"虚者无为"之解释，用以分析"则恒无欲也，可名于小"，其义即可迎刃而解。所谓"则恒无欲也"，今本简称"常无欲"，即韩非所讲"不以无为为有常"之反义语，则以无欲为有常，指思想里常为无欲下功夫，常为无欲而思虑。"不以无为为有常则虚，虚则德盛，德盛之谓上德。"反之，以无欲为有常即不虚，故非"上德"。"以无欲为有常"，即"则恒无欲也"之同语异构，今本简作"常无欲"。即常为无欲而思虑，乃无术者之所为也，故经云"可名于小"。下文则云："是以圣人之能成大也，以其不为大也，故能成大。"前后语义甚明。但因经文原本甚简，又经后人改动，旧注多误。

甲本：万物归焉〔而弗〕163 为主，可名于大。

乙本：万物归焉而弗为主，可249 下命（名）于大。

王本：万物归焉而不为主，可名于大。

易玄、楼正、磻溪、遂州、顾、苏诸本"焉"字作"之"，无"而"字，"为"字作"于"，谓"万物归之不为主，可名于大"；敦煌英本作"万物归之而不为主，可名为大"；傅本作"万物归之而不知主，可名于大矣"；范本与之同，唯"于"字作"为"，谓"可名为大矣"；徽、邵、司马、彭、孟頫诸本作"万物归焉而不知主，可名于大矣"；林志坚本作"万物归焉而不为主，可名于大"；焦竑本与之同，唯"为"字作"知"，谓"万物归焉而不知主"；景龙碑作"爱养万物不为主，可名于大"。

帛书甲本残损二字，乙本保存完好，惟假"命"字为"名"，两本可互相补正。与今本勘校，王弼、河上诸本均与帛书相同；傅、范古本与徽、彭等宋本，首句有作"万物归之而不知主"者，后一句有作"可名为大"者。马叙伦云："验弼注曰：'万物皆归之以生，而力使不知其所由。'则王作'万物归之而不知主'。"蒋锡昌云："范谓王同古本，则范见王本作'万物归之而不知主'，当据改正。十章弼注：'凡言玄德，皆有德而不知其主。'四十二章弼注：'故万物之生，吾知其主。'一则曰'不知其主’，一则曰‘知其主’，皆可为此文‘为主’作‘知主’之证。”
按“不为主”与“不知主”虽一字之差，意义迥然不同。从经义分
析，“不为主”谓至道寥廓，万物归之，赖之以生长，则不为主
宰，似指“道”言，以“道”为第一称。则与前文“道氾呵，其可
左右也。成功遂事而弗名有也”经义一律，所言皆道。“不知
主”似指“万物”言，以“万物”为第一称，非经义也。王弼注：
“万物皆归之以生，而力使不知其所由。”既言“力使”万物不知
其所由，显然亦以“道”为第一称。故马、蒋二氏之说不可从，
此当以甲、乙本作“不为主”。前文云：“万物归焉而弗为主，
则恒无欲也，可名于小。”此文无“恒无欲”一句，即无常为无欲
而思虑，如韩非所讲“不以无为为有常”。此不以无欲为有常，
即可谓虚，虚则德盛，故谓“可名于大”也。

甲本：是〔以〕声（圣）人之能成大也，以其不为大也，故
　　　能成大。
乙本：是以耵（圣）人之能成大也，以其不为大也，故能
　　　成大。
王本：以其终不为大，故能成其大。
　　　景龙、易玄、邢玄、景福、庆阳、楼古、磻溪、楼正、河
上、顾欢、敦煌丁、敦煌英、彭、苏、司马、林、焦诸本作
“是以圣人终不为大，故能成其大”；遂州本作“圣人终不为大，
故能成其大”；范本作“是以圣人以其终不自为大，故能成其
大”；傅本作“是以圣人能成其大也，以其终不自大，故能成其
大”；邵、吴二本作“是以圣人能成其大，以其不自大，故能成

其大"。

　　帛书甲本残损一字，乙本保存完好，两本经文相同。与今本勘校，王弼、河上及唐宋碑本、敦煌卷本均挩"是以圣人之能成大也"一句；傅奕、邵若愚、吴澄三本有此句，经文与帛书甲、乙本同。再如宋林希逸《道德真经口义》(《道藏》彼一——彼四)、《永乐大典》《老子》亦有此句。今据帛书甲、乙本得证，有此句者，当为《老子》原本之旧；无此句者，乃为挩误，均当据帛书甲、乙本补正。

　　王弼注云："为大于其细，图难于其易。"此采《老子》第六十三章文。按：至道无为，但无术者常为无为下功夫、动脑筋，故所求而弗得。此因其意不忘于所求，尽虑而谋，反被其制，故老子谓为"可名于小"。有道者无为无思，不以无为为有常，不为无为下功夫、动脑筋，志无所求，意无所制，即韩非所讲："不以无为为有常则虚，虚则德盛，德盛之谓上德。"故老子谓为"可名于大"。此文乃"可名于小"与"可名于大"之结语。故言是以有道之圣人所以能成大也，因他不为大，则完全顺其自然，即所谓"为大于其细，图难于其易"，水到渠成，故能成大。

道经校注

三十五（今本《道经》第三十五章）

甲本：执大象，〔天下〕164 往；往而不害，安平太。
乙本：执大象，天下往；往而不害，安平太。
王本：执大象，天下往；往而不害，安平太。

傅、范二本"大象"后有"者"字，"太"字作"泰"，谓"执大象者，天下往；往而不害，安平泰"；易玄、邢玄、庆阳、磻溪、楼正、孟頫、遂州、顾、徽、邵、司马、苏、吴、彭、林、焦诸本末句"太"字均作"泰"，谓"安平泰"。

帛书甲本残损二字，乙本保存完好，可据补甲本缺文。与今本勘校，王弼、河上二本均与帛书经文相同，亦有将"太"字写作"泰"者。马叙伦云："易州二张'泰'作'太'；宋河上经文作'平太'，注作'太平'。成疏曰：'太，大也。'是成亦作'太'。'太'、'泰'一字。"

河上公注："执，守也。象，道也。圣人守大道，则天下万民移心归往之也。"成玄英疏："大象犹大道之法象也。"第四十一章"大象无形"，即言道无形也。"执大象，天下往"，谓圣人守道无为，则天下万民归往也。旧注训"安"为"宁"，如奚侗云："安宁、平和、通泰，皆申言不害谊。"非是。王引之《经传

《释词》卷二："'安'，犹'于是'也，'乃'也，'则'也。"言万民归往，圣人覆育而勿伤害，则上下谐和，而天地交，万物通也。

甲本：乐与饵，过格（客）止。故道之出言也，曰谈（淡）呵其无味也。

乙本：乐与〔饵〕250上，过格（客）止。故道之出言也，曰淡呵其无味也。

王本：乐与饵，过客止。道之出口，淡乎其无味。

　　景龙、遂州二本后一句无"之"与"乎其"三字，"口"字作"言"，谓"道出言，淡无味"；敦煌丁本与之同，唯"淡"字作"恢"，谓"恢无味"；顾欢本作"道出言，淡乎无味"；傅、范二本作"道之出言，淡兮其无味"；徽、彭二本作"道之出言，淡乎其无味"；景福碑作"道之出口，淡兮其无味"；楼古碑作"道之出口，虚乎其无味"。

　　帛书甲本保存完好，乙本残损一字，可据甲本补。甲、乙本俱假"格"字为"客"；甲本又假"谈"字为"淡"。与今本勘校，异在用字，经义无别。如王弼本"出言"二字作"出口"。陶邵学云："王注曰：'而道之出言，淡然无味。'则王本亦作'出言'。"马叙伦云："二十三章'希言自然'，弼注曰：'下章言"道之出言，淡兮其无味也……"。'则王同此，'味'下有'也'字。今王本盖为后人依别本改之矣。"陶、马二氏之说甚是。今验之帛书甲、乙本，《老子》原本作"出言"，"口"字乃后人妄改。

王弼注："言道之深大，人闻道之言，乃更不如'乐与饵'应时感悦人心也。'乐与饵'则能令过客止，而道之出言淡然无味。"老子以"乐饵"与道言比，故曰道言无味，不若美乐与佳肴感悦俗人之心，能使过客止步不前。第七十章："吾言甚易知也，甚易行也；而人莫之能知也，莫之能行也。"兹因俗人惑于躁欲，迷于荣利，故知行者鲜。

甲本：〔视之〕165 不足见也，听之不足闻也，用之不可既也。

乙本：视之不足见也，听之不足闻也，用之不250 下可既也。

王本：视之不足见，听之不足闻，用之不足既。

景龙碑、敦煌丁本无三个"之"字，作"视不足见，听不见闻，用不足既"；遂州本作"视不足见，听不足闻，用不可既"；景福、楼古、磻溪、孟頫、楼正、河上、傅、顾、范、彭、徽、邵、司马、苏、吴、林、焦诸本作"视之不足见，听之不足闻，用之不可既"。

帛书甲本残损二字，乙本保存完好，可据补甲本缺文。与今本勘校，除异在虚词外，王弼、景龙诸本末句作"不足既"；河上、傅奕诸本作"不可既"。马叙伦云："验弼注曰：'视之不足见，则不足以悦其目；听之不足闻，则不足以娱其耳；若无所中，然乃用之不可穷极也。'是王亦作'不可既'。伦谓王盖三句皆作'不可'，'不足'乃王注之辞。'足'、'可'音近，传写讹改耳。三句皆当作'可'。"奚侗云："'足'当依河上注训

'得'。《礼记·礼器》'百官皆足',郑注亦训'足'为'得'。……下'足'各本作'可',与上二句不一律,盖浅人不知'足'可训'得'而妄改也。"马、奚二氏之说各执一词,虽各有可取,但皆不完善。今验之帛书甲、乙本,前二句作"不足见"、"不足闻",后一句作"不可既",经文与弼注相合。足见王本原亦作"不可既"。今见王本作"不足既",乃由后人窜改。马氏谓"三句皆作'不可'",奚氏云三句皆作"不足",各偏一面,皆不实也。《老子想尔注》、强本成疏亦作"不足见"、"不足闻"、"不可既",皆与帛书甲、乙本同。足证今本作"不足既"者,非《老子》原本旧文,当据帛书甲、乙本订正。

河上公注:"足,德也。道无形,非若五色,有青黄赤白黑可得见也。道非若五音,有宫商角徵羽可得听闻也。用道治国则国安民昌,治身则寿命延长,无有既尽时也。"训"足"为"得",释"不可既"为"无有既尽",甚切《老子》之本义。

道经校注

三十六（今本《道经》第三十六章）

甲本：将欲拾（翕）之，必古（固）张之；将欲弱之，〔必固〕166强之；将欲去之，必古（固）与（举）之；将欲夺之，必古（固）予之：是胃（谓）微明。

乙本：将欲擒（翕）之，必古（固）张之；将欲弱之，必古（固）强之；将欲去之，必古（固）与（举）之；将欲夺之，必古（固）予〔之〕251上：是胃（谓）微明。

王本：将欲歙之，必固张之；将欲弱之，必固强之；将欲废之，必固兴之；将欲夺之，必固与之：是谓微明。

　　景龙碑"歙"字作"翕"，"固"字作"故"，谓"将欲翕之，必故张之；将欲弱之，必故强之"；河上本作"将欲噏之，必固张之；将使弱之，必固强之"；顾、傅、范三本"歙"字作"翕"，谓"将欲翕之"，遂州与敦煌丁二本作"将欲噏之"。彭、范二本"夺"字作"取"，谓"将欲取之，必固与之"。

　　帛书甲本残损二字，乙本残损一字。甲本"拾"字与乙本"擒"字，均当假为"翕"；"古"字均当假为"固"。两本经文相

同，缺文可互补。与今本勘校，帛书甲、乙本"将欲去之，必
固与之；将欲夺之，必固予之"，世传今本多同王本，作"将欲
废之，必将兴之；将欲夺之，必固与之"；唯彭、范二本上句
作"将欲取之，必固与之"。劳健云："'兴'当作'举'，叶下句
'必固与之'。'将欲夺之'，范与《韩非》作'将欲取之'。范注：
'取，一作"夺"，非古也。'按'翕弱'、'张强'、'废夺'、'举
与'皆两句相间成韵，当作'夺'无疑。"马叙伦云："《韩非·喻
老篇》引无'废之'两句。'夺'，范及《韩非·喻老篇》引并作
'取'，《说林》上篇引《周书》亦作'取'。各本及《后汉书·桓谭
传》引'将欲夺之'四句，同此。"蒋锡昌云："《史记·管晏列
传》云：'故曰："知与之为取，政之宝也。"'《索隐》：'老子
曰："将欲取之，必固与之。"'看《史记》用'故曰'云云，疑'与
之为取'即本之《老子》'将欲取之，必固与之'而来。是《史记》
与《索隐》并作'取'也。验义，亦以作'取'为是。当据《韩非》
改正。"从帛书经文分析，《韩非子·喻老》所引只前三句，即
"翕之张之"、"弱之强之"、"取之与之"，未引第四句"夺之予
之"，马叙伦谓引无"废之兴之"，不确。"取之与之"，即《史
记·管晏列传》所云"知与之为取"，亦即帛书甲、乙本第三句
"去之与之"。"取"、"去"二字古音同通假，在此假"取"字为
"去"，当从帛书。"与"字假为"举"，"与"、"举"二字通用。
如《汉书·淮南厉王长传》"赐与财物爵禄"，《韩诗外传》卷七
作"爵禄赏赐举，人之所好"；《大戴礼·王言篇》"选贤举能"，
《礼记·礼运》作"选贤与能"，皆其证。经文当读作"将欲去
之，必固举之"，世传今本作"将欲废之，必固兴之"。"兴"字

显同"与"字，形近而误，又因"去"、"兴"二字义不相合，于是改"去"字为"废"，皆非《老子》原文。第四句帛书甲、乙本"将欲夺之，必固予之"，今本"予"字作"与"。虽"与"、"予"二字义同，兹因前文假"与"字为"举"，此当从帛书作"予"字为是。类似"予之为夺"之句式，乃当时常用之语言结构，可表达多种内容。诸如《战国策·魏策》"将欲败之，必姑辅之。将欲取之，必姑与之"，《吕览·行论篇》"将欲毁之，必重累之。将欲踣之，必高举之"，句式皆同，未必同出《老子》。验之帛书甲、乙本，经文相同，四句则为"翕张"、"弱强"、"去举"、"夺予"。"张"与"强"、"举"与"予"皆成韵读，则经文音谐义合，足证《老子》原本即当如此。今本经文因间有讹误，后人又据他书妄加改动，虽经学者考证，皆不可信，当从帛书。

范应元云："'张之'、'强之'、'兴之'、'与之'之时（"兴"、"与"二字当从帛书作"举"、"予"），已有'翕之'、'弱之'、'废之'、'取之'之几（"废"、"取"二字当从帛书作"去"、"夺"）伏在其中矣。几虽幽微，而事已显明也，故曰'是谓微明'。或者以此数句为权谋之术，非也。圣人见造化消息盈虚之运如此，乃知常胜之道是柔弱也。盖物至于壮则老矣。"明王纯甫云："'将欲'云者，'将然'之辞也；'必固'云者，'已然'之辞也。造化有消息盈虚之运，人事有吉凶倚伏之理，故物之将欲如彼者，必其已尝如此者也。将然者虽未形，已然者则可见。能据其已然，而逆觇其将然，则虽若幽隐，而实至明白矣，故曰'是谓微明'。"

甲本：（柔）弱胜强。鱼不〔可〕167 脱于潇（渊），邦利
器不可以视（示）人。

乙本：柔弱朕（胜）强。鱼不可说（脱）于渊，国利器不可
以示人。

王本：柔弱胜刚强。鱼不可脱于渊，国之利器不可以示人。

景龙、苏、吴、焦诸本首句作"柔胜刚，弱胜强"；傅、
范、徽、邵、彭诸本作"柔之胜刚，弱之胜强"。第二句，傅、
范二本作"鱼不可倪于渊"；苏本作"鱼不可以脱于渊"。第三
句，景龙、遂州二本作"国有利器不可示人"；顾本作"国之利
器不可示人"；傅、范、焦三本作"邦之利器不可以示人"。

帛书甲本残损一字，"柔"字写作""，帛书研究组读为
"友"字，假借为"柔"。又假"潇"字为"渊"，假"视"字为
"示"；乙本假"朕"字为"胜"，假"说"字为"脱"，可互相补
正。与今本勘校，世传今本多同王本作"柔弱胜刚强"；也有作
"柔胜刚，弱胜强"或"柔之胜刚，弱之胜强"。《老子想尔注》：
"水法道柔弱，故能消穿崖石。"顾本成疏："柔弱实智也，刚强
权智也。"李道纯《道德会元》云："'柔弱胜刚强'分二句，
非。""柔弱"皆为一句，与王弼本同。今验之帛书甲、乙本，"柔弱"
亦均为一句；不仅一句，且无"刚"字，作"柔弱胜强"。《韩非
子·喻老篇》云："处小弱而重自卑，谓损弱胜强也。"亦谓"胜
强"，与帛书甲、乙本同，足证《老子》原本当如此。帛书"鱼不
可脱于渊"，世传今本多与之同，《韩非·喻老》引作"鱼不可脱
于深渊"，《后汉书·隗嚣传》、《翟酺传》李贤注引《老子》皆作
"鱼不可脱于泉"。朱谦之云："作'泉'非也。此章'渊'、'人'

为韵，宜作'渊'。'泉'字，乃唐人避高祖讳改'渊'为'泉'。《韩非·喻老篇》：'故曰："鱼不可脱于深渊。"'王先慎曰：'"深"字衍，唐避"渊"改"深"，后人回改，兼改"深"字耳。'今案：唐人避讳多改'渊'为'深'，则亦可改'渊'为'泉'也，唯'渊'字是故书。"朱说诚是。

《韩非子·喻老篇》云："势重者人君之渊也，君人者势重于人臣之间，失则不可复得也。简公失之于田成，晋公失之于六卿，而邦亡身死，故曰：'鱼不可脱于深渊。'赏罚者邦之利器也，在君则制臣，在臣则胜君。君见赏，臣则损之以为德；君见罚，臣则益之以为威。人君见赏而人臣用其势，人君见罚而人臣乘其威。故曰：'邦之利器不可以示人。'"《内储说下》："势重者人主之渊也，臣者势重之鱼也。鱼失于渊而不可复得也，人主失其势重于臣，而不可复收也，古之人难正言，故托之于鱼。赏罚者利器也，君操之以制臣，臣得之以拥主。故君先见所赏则臣鬻之以为德，君先见所罚则臣鬻之以为威，故曰：'国之利器不可以示人。'"按圣君之势犹鱼之渊，失势则困，鱼脱渊则死，故圣君守道无为必须重势。重势之道在于利器，赏罚者乃君之利器也。赏罚明则利器坚，臣民服；臣民服则君权固；君权固则令行而禁止，圣君可虚静无为垂拱而治。

道经校注

三十七（今本《道经》第三十七章）

甲本： 道恒无名，侯王若守之，万物将自愿（化）。

乙本： 道恒无名，侯王若251下能守之，万物将自化。

王本： 道常无为而无不为，侯王若能守之，万物将自化。

　　傅奕、遂州二本"侯王"二字作"王侯"，无"之"字，作"道常无为而无不为，王侯若能守，万物将自化"；范本与之同，唯"守"下有"之"字；景龙、易玄、邢玄、庆阳、楼古、磻溪、孟頫、楼正、敦煌英、河上、顾、彭、徽、邵、司马、苏、吴、林、焦诸本作"道常无为而无不为，侯王若能守，万物将自化"；景福碑第二句"若"字作"而"，谓"侯王而能守之"。

　　帛书甲本脱"能"字，当从乙本补作"侯王若能守之"；甲本又假"愿"字为"化"。"愿"字从心为声，"为"字属匣纽歌部，"化"字在晓纽歌部，"为"、"化"二字古音同通用。《说文·贝部》："货，从贝化声。"又谓"或从贝为声"，写作"賄"，即其证。乙本无脱字与假字，经义与甲本相同。与今本勘校，甲、乙本"道恒无名"，世传今本皆同王本作"道常无为而无不为"，彼此经文出入甚大，而且此一差异不限于本章，凡今本所见"无为而无不为"者，在帛书甲、乙本中均无踪迹。此是勘校本书发现之一大问题，它对研究老子哲学思想甚关重要，有必要对它进行彻底考察。

按"无为"是老子哲学中最重要的观念，誉为人之最高德性。此一观念在他那五千馀言的著作中，反复讲了十一次。如帛书甲、乙本：

(1)上德无为而无以为也。(甲本1，乙本175上)

(2)吾是以知无为之有益也。不言之教，无为之益，天下希能及之矣。(甲本15，乙本181下)

(3)是以圣人不行而知，不见而名，弗为而成。(甲本21，乙本184上)

(4)为学者日益，闻道者日损，损之又损，以至于无为。(甲本21残损，乙本184上)

(5)我无为而民自化，我好静而民自正，我无事而民自富，我欲不欲而民自朴。(甲本42，乙本193下—194上)

(6)为无为，事无事，味无味。(甲本53，乙本199上)

(7)为之者败之，执之者失之。是以圣人无为也，故无败也；无执也，故无失也。(甲本57—58，乙本201上)

(8)是以圣人欲不欲，而不贵难得之货；学不学，而复众人之所过。能辅万物之自然，而弗敢为。(甲本59—60，乙本201下—202上)

(9)是以圣人居无为之事，行不言之教。(甲本96，乙本219下)

(10)使夫知不敢，弗为而已，则无不治矣。(甲本99残损，乙本202上—221下)

（11）夫天下神器也，非可为者也。为者败之，执者失之。（甲本151，乙本244上）

今本除上述十一处外，尚较帛书甲、乙本多出一处，即本章此文。甲、乙本作"道恒无名"，世传今本皆作"道常无为而无不为"。

从帛书甲、乙本考察，上述十一处皆言"无为"，而无一处言"无不为"。今本则不然，在上述经文中有的本子则将"无为"改作"无为而无不为"。但是，各本改动情况又不完全相同，像傅、范、楼古三本改动四处，其他各本只改动两处。兹将各本改动情况对照如下：

（1）甲、乙本"上德无为而无以为也"，今本第三十八章此文多同甲、乙本，唯傅、范、楼古三本作"上德无为而无不为"。

（4）甲本全部残毁，乙本也有残损，仅存"损之又损，以至于无"八字，今本第四十八章皆作"损之又损，以至于无为，无为而无不为"。

（10）甲本有残损，乙本作"使夫知不敢，弗为而已，则无不治矣"，今本第三章多作"使夫智者不敢为也，为无为，则无不治"，唯傅、范、楼古三本作"使夫知者不敢为，为无为，则无不为矣"。

本章此文，甲、乙本"道恒无名"，今本第三十七章皆作"道常无为而无不为"。

关于（1）（4）（10）三处之分歧，我在前文勘校中已作详细考证和说明，这里不再赘述。仅将第四处，即本章此文的问题，予以辨证和说明如下：

帛书甲、乙本"道恒无名，侯王若能守之，万物将自化"，世传今本多同王本作"道常无为而无不为，侯王若能守之，万物将自化"。全部文字多同，只是首句各异，其中必有一误。按本章此文与第三十二章经文内容基本相似，如王本三十二章"道常无名，朴虽小，天下莫能臣也。侯王若能守之，万物将自宾"，帛书甲、乙本作"道恒无名，朴虽小，而天下弗敢臣。侯王若能守之，万物将自宾"。如果说帛书与今本共同保存了此章经文之原貌，那么本章分歧即可迎刃而解。两章文词内容基本相同，首句应同作"道恒无名"才是，而今本作"道常无为而无不为"，显非《老子》原文，必因后人窜改所致。其证一也。再就王弼注文分析，王注"道常无为而无不为"云："顺自然也，万物无不由为以治以成之也。"王弼注文有错乱，早被学者所察觉。陶鸿庆云："句中'之'字非衍，但误倒耳。《古逸》本删'之'字，文虽较顺而实非其旨。一章及二十一章注皆云：'万物以始以成，而不知其所以然。'明'治'为'始'之误。"波多野太郎云："'为'字涉经文而衍，'之'字应在'由'下。"依陶鸿庆、波多野太郎二氏之勘订，弼注当作"顺自然也。万物无不由之以始以成也"。如以此注，王弼似为"道常无名"所作，而与"道常无为而无不为"不类。"顺自然"者，则谓"道"也。弼注第二十五章"道法自然"云："道不违自然，乃得其性。'法自然'者，在方而法方，在圆而法圆，于自然无所违也。""万物无不由之以始以成也"，犹似一章"无名万物之始"之注脚，弼注一章云："凡有生于无，故未形无名之时，则为万物之始。"两注内容相似，经文亦必相近，从而足证王本经文原同帛书甲、乙本作"道恒无名"无疑。今本所见"道常无为而无不为"者，必在王注而后所改。河上公注此文云："道以无为为常也。言侯王若能守道，万物将自化，效于己也。"经文皆有注，唯"而无不为"句无注，这在河上公注文中是极少有的现象。"道常无为"，经文已经有误，又增"而无不为"四字，则错上加错。由此可见，经文"道常无名"，最初仅误"名"字为"为"，故河上公注云："道以无为为常也。"后又误增"而无不为"四字，河上公于此文无注，足证误"名"字为"为"应在注前，误增四字在注后。今从王弼、河上公两注文分析，此二系统之传本原亦与帛书甲、乙本经文相同，当作"道常无名"。其证二也。

通过帛书甲、乙本之全面勘校，得知《老子》原本只讲"无为"，或曰"无为而无以为"，从未讲过"无为而无不为"。"无为而无不为"的思想本不出于《老子》，它是战国末年出现的一种新的观念，可以说是对老子"无为"思想的改造。曾散见于《庄子·外篇》、《韩非子》、《吕览》及《淮南子》等书。如《庄子·外篇·至乐篇》："曰：天地无为也，而无不为也，人也孰能得无为哉?"《天道篇》："故古之人贵夫无为也。上无为也，下亦无为也，是下与上同德，下与上同德则不臣；下有为也，上亦有为也，是上与下同道，上与下同道则不主。上必无为而用天下，下必有为为天下用，此不易之道也。"这种上下共无为则"不臣"、"不主"的思想，与老子所讲"无为"有根本的不同。但是，过去由于世传《老子》多被后人改动，对道家思想的前后变化辨别不清。幸而帛书甲、乙本保存了《老子》的原来面目，为我们研究道家思想的前后变化提供了极为宝贵的资料。

甲本：憩（化）而欲168〔作，吾将镇之以无〕名之楎（朴）。
　　　〔镇之以〕无名之楎（朴），夫将不辱（欲）。
乙本：化而欲作，吾将闐（镇）之以无名之朴。闐（镇）之
　　　以无名之朴，夫将不辱（欲）。
王本：化而欲作，吾将镇之以无名之朴。无名之朴，夫
　　　亦将无欲。

　　邵、彭二本"镇"后无"之"字，"亦"前无"夫"字，"无欲"
二字作"不欲"，谓"化而欲作，吾将镇以无名之朴。无名之朴，
亦将不欲"；景龙、易玄、景福、庆阳、楼古、磻溪、孟頫、
楼正、敦煌英、河上、顾、徽、司马、苏、吴、林诸本后一句
亦作"无名之朴，亦将不欲"；傅、范、焦三本作"无名之朴，
夫亦将不欲"；遂州本作"无名朴，亦将无欲"。

　　帛书甲本有残损，乙本保存完好，可据补甲本缺文。与今
本勘校，乙本假"闐"字为"镇"，"镇之以"三字作重语。又王
本及世传本中"夫亦将无欲"一句，甲、乙本假"辱"字为"欲"，
当作"夫将不欲"。易顺鼎云："按《释文》大书'吾将镇之以无
名之朴，夫亦将无欲'十四字，则今本重'无名之朴'四字，乃
涉上文而衍。"高亨早年同易说，谓："'无名之朴'四字，则文
意隔阂，今据删。"《正诂》再版后，高氏更变旧意，则谓："易
说固有征矣，但余疑此文当作'吾将镇之以无名之朴。镇之以
无名之朴，夫亦将无欲'。转写挩去'镇之'二字耳。"高亨更改
后的意见甚是，所言与帛书经文正相符合。但是，"无欲"二字

帛书作"不欲"。于省吾云："《释文》：'无，简文作"不"。'罗氏《考异》谓景龙、《御注》、景福、英伦诸本均无'夫'字，'无'亦作'不'，按《老子》'夫'字多为后人所增，'无'作'不'者是也。河上公本正作'亦将不欲，不欲以静'。今以古书重文之例验之，'亦将不欲，不欲以静'，本应作'亦将不＝欲＝以静'，是'无'应作'不'之证。"于氏谓"无"字当作"不"，诚是。但说"《老子》'夫'字多为后人所增"，不确。帛书甲、乙本此句均作"夫将不辱"，"辱"字当假借为"欲"。"辱"、"欲"二字古为双声叠韵，音同互假，故此当作"夫将不欲"。兹据古今各本勘校，此文当作："化而欲作，吾将镇之以无名之朴。镇之以无名之朴，夫将不欲。"

《老子想尔注》云："失正变得邪，邪改得正。今王者法道，民悉从正，斋正而止，不可复变，变为邪矣。观其将变，道便镇制之，检以无名之朴，教诫见也。王者亦当法道镇制之，而不能制者，世俗悉变为邪矣，下古世是也。""欲作"，则谓贪欲之复起也，即所谓"失正变得邪"也。《说文·金部》："镇，博压也。"河上公训作"镇抚"。《德经》第三十八章王弼注："夫载之以大道，镇之以无名，则物无所尚，志无所营。各任其贞事，用其诚，则仁德厚焉，行义正焉，礼敬清焉。"此之言镇抚以道，夫将不欲也。

甲本： 不辱（欲）以情（静），天地将自正169。

乙本： 不辱（欲）以静，天地将自正252上。道二千四百廿六252下。

王本：不欲以静，天下将自定。

遂州、司马二本"不"字作"无"，"定"字作"正"，谓"无欲以静，天下将自正"；景龙、易玄、景福、楼古、磻溪、孟頫、楼正、顾、傅、范、彭、徽、邵、苏、吴、林、焦诸本"定"字作"正"，谓"不欲以静，天下将自正"。

帛书甲、乙本以"辱"字假"欲"，甲本又以"情"字假"静"。与今本勘校，甲、乙本"天地将自正"，今本作"天下将自正"或"天下将自定"。朱谦之云："'正'，诸王本与宋刊河上本作'定'，王羲之本、傅、范本、高翿本及诸石本皆作'正'。'正'、'定'义通，'定'从'正'声，形亦近同。劳健引《说文》古文'正'作'㝎'，夏竦《古文韵》'定'字引《汗简》作'㝎'。"帛书甲、乙本"天地将自正"，今本"天地"二字误作"天下"；《老子想尔注》本作"天地自正"，与甲、乙本同。前文既为"天地"，当以"自正"为是，"定"乃"正"之借字。"不欲以静，天地将自正"，谓根绝贪欲，清静无为，天象乃运转正常，地气与四时相应，则风调雨顺，百姓安居乐业。如第三十二章："天地相合，以降甘露，民莫之令而自均。"否之，天象行乱，日月嬴绌，四时失常，万民遭殃。

帛书老子甲本残卷实录

德经

38 □□□□□□□□□□□□□□□□□□德上德无□□无以为也上
　　仁为之□□以为也上义为之而有以为也上礼□□□□□□□
　　攘臂而乃之故失道而后德失德而后仁失仁而后义□□□□□
　　□□□□□□□而乱之首也□□□道之华也而愚之首也是以大
　　丈夫居其厚而不居其泊居其实不居其华故去皮取此

39 昔之得一者天得一以清地得□以宁神得一以霝浴得一以盈侯□□
　　□而以为□□正其致之也胃天毋已清将恐□胃地毋□□将恐□
　　胃神毋已霝□恐歇胃浴毋已盈将恐渴胃侯王毋已贵□□□□□
　　故必贵而以贱为本必高矣而以下为基夫是以侯王自胃□寡不橐
　　此其□□□□□故致数与无与是故不欲□□若玉硌□□□

40 □□□□□□□□□□□□□□□□□□□□□□□□□□□□
　　□□□□□□□□□□□□□□□□□□□□□□□□□□□□
　　□□□□□□□□□□□□□□□□□□□□□□□□□□□□
　　□□□□□□□□□□□□□道善□□□□

41 □□□道之动也弱也者道之用也天□□□□□□□□□□□

42 □□□□□□□□□□□□□□□□□□□□□□中气以为和天下
　　之所恶唯孤寡不橐而王公以自名也勿或败之□□□之而败故人

□□教夕议而教人故强良者不得死我□以为学父

43 天下之至柔□骋于天下之致坚无有入于无间五是以知无为□□益也不□□教无为之益□下希能及之矣

44 名与身孰亲身与货孰多得与亡孰病甚□□□□□□□亡故知足不辱知止不殆可以长久

45 大成若缺其用不币大盈若浧其用不窢大直如诎大巧如拙大赢如炳趮胜寒靓胜炅请靓可以为天下正

46 天下有□□走马以粪天下无道戎马生于郊罪莫大于可欲䄅莫大于不知足咎莫憯于欲得□□□□□恒足矣

47 不出于户以知天下不规于牖以知天道其出也彌远其□□□□□□□□□□□□□□□为而□

48 □□□□□□□□□□□□□□□□□□□□□□□□□取天下也恒□□□□□□□□□□□□□

49 □□□□□以百□之心为□善者善之不善者亦善□□□□□□□□□□□□□信也□之在天下愉愉焉为天下浑心百姓皆属耳目焉圣人□□□

50 □生□□□□□有□□□徒十有三而民生生动皆之死地之十有三夫何故也以其生生也盖□□执生者陵行不□矢虎入军不被甲兵矢无所楣其角虎无所昔其蚤兵无所容□□□何故也以其无死地焉

51 道生之而德畜之物刑之而器成之是以万物尊道而贵□□之尊德之贵也夫莫之时而恒自然也道生之畜之长之遂之亭□□□□□□□□□弗有也为而弗寺也长而弗宰也此之谓玄德

52 天下有始以为天下母愍得其母以知其□复守其母没身不殆塞其

闭其门终身不堇启其闷济其事终身□□小曰□守柔曰强用
其光复归其明毋遗身央是胃袭常

53 使我挈有知□□大道唯□□□□□甚夷民甚好解朝甚除田甚芜
仓甚虚服文采带利□□□食□□□□□□□□□□□□

54 善建□□拔□□□□□子孙以祭祀□□□□□□□□□□□□
□□□□□徐修之□□□□□□□□□□□□□□□□□□
以身□身以家观家以乡观乡以邦观邦以天□□□□□□□□□
□□□□□□□

55 □□之厚□比于赤子逢楋蝎地弗螫攫鸟猛兽弗搏骨弱筋柔而握
固未知牝牡□□□□□精□至也终日号而不发和之至也和曰常
知和曰明益生曰祥心使气曰强□□即老胃之不道不道□□

56 □□弗言言者弗知塞其闷闭其□□其光同其㸏坐其阅解其纷是
胃玄同故不可得而亲亦不可得而疏不可得利亦不可得而害不
可□而贵亦不可得而浅故为天下贵

57 以正之邦以畸用兵以无事取天下吾何□□□□也哉夫天下
□□□而民弥贫民多利器而邦家兹昏人多知而何物兹□□□
□□□盗贼□□□□□□□□□我无为也而民自化我好静而民
自正我无事民□□□□□□□□□

58 □□□□□□□其正察察其邦夬夬福之所倚福鄙之所伏
□□□□□□□□□□□□□□□□□□□□□□□□□□
□□□□□□□□□□□□□□□

59 □□□□□□□□□□□□□□□□□□□□□□□□□□□
□□□□□□□□□□□□可以有国有国之母可以长久是胃深
椤固氏□□□□□道也

60 □□□□□□□□□□天下其鬼不神非其鬼不神也其神不伤人
也非其申不伤人也圣人亦弗伤□□□不相□□德交归焉

61 大邦者下流也天下之牝天下之郊也牝恒以靓胜牡为其靓□□宜
为下大邦□下小□则取小邦小邦以下大邦则取于大邦故或下以
取或下而取□大邦者不过欲兼畜人小邦者不过欲入事人夫皆得
其欲□□□为下

62 □者万物之注也善人之葆也不善人之所葆也美言可以市尊行可
以贺人人之不善也何□□有故立天子置三卿虽有共之璧以先四
马不善坐而进此古之所以贵此者何也不胃□□得有罪以免舆故
为天下贵

63 为无为事无事味无未大小多少报怨以德图难乎□□□□□□
□□□天下之难作于易天下之大作于细是以圣人冬不为大故能
□□□□□□□□□□□□必多难是□□人犹难之故终于无难

64 其安也易持也□□□□□□□□□□□□□□□□□□
□□□□□□□□□□□□□毫末九成之台作于赢
土百仁之高台于足□□□□□□□□□□□□□□也□
无败□无执也故无失也民之从事也恒于其成事而败之故慎终若
始则□□□□□□□欲不欲而不贵难得之肫学不学而复众人
之所过能辅万物之自□□弗敢为

65 故曰为道者非以明民也将以愚之也民之难□□□□知也故以知
知邦邦之贼也以不知知邦□□德也恒知此两者亦稽式也恒知稽
式此胃玄德玄德深矣远矣与物□矣乃至大顺

66 □海之所以能为百浴王者以其善下之是以能为百浴王是以圣人
之欲上民也必以其言下之其欲先□□必以其身后之故居前而民

弗害也居上而民弗重也天下乐隼而弗猒也非以其无静与□
□□□□□静

67 小邦募民使十百人之器毋用使民重死而远徙有车周无所乘之有
甲兵无所陈□□□□□□用之甘其食美其服乐其俗安其居猵
邦相望鸡狗之声相闻民至□□□□□□

68 □□□□□□不□□者不博□者不知善□□□□者不善圣人无
积□以为□□□□□□□□□□□□□□□□□□□□□□□□
□□□□

69 □□□□□□□□□□□夫唯□故不宵若宵细久矣我恒有三葆之
一曰兹二曰检□□□□□□□□□□□□□□故能广不敢为天
下先故能为成事长今舍其兹且勇舍其后且先则必死矣夫兹□□
则胜以守则固天将建之女以兹垣之

70 善为士者不武善战者不怒善胜敌者弗□善用人者为之下□胃不
诤之德是胃用人是胃天古之极也

71 用兵有言曰吾不敢为主而为客吾不进寸而芮尺是胃行无行襄无
臂执无兵乃无敌矣䄂莫于于无適无適斤亡吾吾葆矣故称兵相若
则哀者胜矣

72 吾言甚易知也甚易行也而人莫之能知也而莫之能行也言有君事
有宗夫唯无知也是以不□□□□□□□我贵矣是以圣人被褐而
褱玉

73 知不知尚矣不不知知病矣是以圣人之不病以其□□□□□□

74 □□□畏畏则大□□□矣毋闸其所居毋猒其所生夫唯弗猒是
□□□□□□□□□□□□□□□□而不自贵也故去被取此

75 勇于敢者□□□于不敢者则栝□□□□□□□□□□□□□□

□□□□□□□□□不言而善应不召而自来弹而善谋□□□
□□□□□□

76 □□□□□□□奈何以杀思之也若民恒是死则而为者吾将得而
杀之夫孰敢矣若民□□必畏死则恒有司杀者夫伐司杀者杀是伐
大匠斲也夫伐大匠斲者则□不伤其手矣

77 人之饥也以其取食说之多也是以饥百姓之不治也以其上有以为
□是以不治民之巠死以其求生之厚也是以巠死夫唯无以生为者
是贤贵生

78 人之生也柔弱其死也蓓仞贤强万物草木之生也柔脆其死也楋藁
故曰坚强者死之徒也柔弱微细生之徒也兵强则不胜木强则恒强
大居下柔弱微细居上

79 天下□□□□者也高者印之下者举之有馀者敗之不足者补之
故天之道敗有□□□□□□□□不然敗□□□奉有馀孰能有
馀而有以取奉于天者乎□□□□□□□□□□□□□□□□
□□□□□□见贤也

80 天下莫柔□□□□□坚强者莫之能□也以其无□易□□□
□□□□□胜强天□□□□□□□□行也故圣人之言云曰受邦
之詢是胃社稷之主受邦之不祥是胃天下之王□□若反

81 和大怨必有馀怨焉可以为善是以圣右介而不以责于人故有德司
介□德司絜夫天道无亲恒与善人

道经

1 道可道也非恒道也名可名也非恒名也无名万物之始也有名万物

之母也□恒无欲也以观其眇恒有欲也以观其所噭两者同出异名
同胃玄之有玄众眇之□

2 天下皆知美为美恶已皆知善訾不善矣有无之相生也难易之相成
也长短之相刑也高下之相盈也意声之相和也先后之相隋恒也是
以声人居无为之事行□□□□□□□□□也为而弗志也成功
而弗居也夫唯居是以弗去

3 不上贤□□□□□□□□□□民不为□□□□□民不乱是
以声人之□□□□□□□□□□强其骨□使民无知无欲也
使□□□□□□□□

4 □□□□□□□盈也潚呵始万物之宗铤其解其纷和其光同□
□□□□或存吾不知□□□子也象帝之先

5 天地不仁以万物为刍狗声人不仁以百省□□□狗天地□□□犹橐
籥与虚而不湄蹱而俞出多闻数穷不若守于中

6 浴神□死是胃玄牝玄牝之门是胃□地之根緜緜呵若存用之不堇

7 天长地久天地之所以能□且久者以其不自生也故能长生是以声
人芮其身而身先外其身而身存不以其无□舆故能成其私

8 上善治水水善利万物而有静居众之所恶故几于道矣居善地心善
潚予善信正善治事善能蹱善时夫唯不静故无尤

9 揎而盈之不□□□□□兑□之□可长葆之金玉盈室莫之守也贵
富而骄自遗咎也功述身芮天□□□

10 □□□□□□□□□□能婴儿乎修除玄蓝能毋疵乎□□
□□□□□□□□□□□□□□□□生之畜
之生而弗□□□□□□□德

11 卅□□□□□其无□□之用□燃埴为器当其无有埴器□□□□□

□当其无有□□用也故有之以为利无之以为用

12 五色使人目明驰骋田腊使人□□□难得之赁使人之行方五味使
人之口唰五音使人之耳聋是以声人之治也为腹不□□故去罢
耳此

13 龙辱若惊贵大梡若身苛胃龙辱若惊龙之为下得之若惊失□若惊
是胃龙辱若惊何胃贵大梡若身吾所以有大梡者为吾有身也及吾
无身有何梡故贵为身于为天下若可以迊天下矣爱以身为天下女
可以寄天下

14 视之而弗见名之曰爵听之而弗闻名之曰希搢之而弗得名之曰夷
三者可至计故捆□□□一者其上不攸其下不忽寻寻呵不可名也
复归于无物是胃无状之状无物之□□□□□□□□□□□而
不见其首执今之道以御今之有以知古始是胃□□

15 □□□□□□□□深不可志夫唯不可志故强为之容曰与呵
其若冬□□□□□畏四□□□其若客涣呵其苦淩泽刉呵其若
楃涛□□□□□□若浴浊而情之余清女以重之余生葆此道不
欲盈夫唯不欲□□□□□□成

16 至虚极也守情表也万物旁作吾以观其复也天物云云各复归于其
□□□□□静是胃复命复命常也知常明也不知常市市作凶知常
容容乃公公乃王王乃天天乃道□□□汈身不怠

17 太上下知有之其次亲誉之其次畏之其下母之信不足案有不信
□□其贵言也成功遂事而百省胃我自然

18 故大道废案有仁义知快出案有大伪六亲不和案有畜兹邦家阆乱
案有贞臣

19 绝声弃知民利百负绝仁弃义民复畜兹绝巧弃利盗贼无有此三言

也以为文未足故令之有所属见素抱□□□□□□□□□□□

20 唯与诃其相去几何美与恶其相去何若人之□□亦不□□□
□□□□□□□众人熙熙若乡于大牢而春登台我泊焉未佻若
□□□□累呵如□□□□□皆有馀我独遗我禺人之心也惷惷呵
鬻□□□□□□阇呵鬻人蔡蔡我独闽闽呵忽呵其若□望呵其若
无所止□□□□□□□□以悝我欲独异于人而贵食母

21 孔德之容唯道是从道之物唯望唯忽□□□呵中有象呵望呵忽呵
中有物呵潭呵鸣呵中有请吔其请甚真其中□□自今及古其名不
去以顺众伙吾何以知众伙之然以此

22 炊者不立自视不章□见者不明自伐者无功自矜者不长其在道曰
粿食赘行物或恶之故有欲者□居

23 曲则金枉则定洼则盈敝则新少则得多则惑是以声人执一以为天
下牧不□视故明不自见故章不自伐故有功弗矜故能长夫唯不争
故莫能与之争古□□□□□□语才诚金归之

24 希言自然飘风不冬朝暴雨不冬日孰为此天地□□□□□□□□□
□故从事而道者同于道德者同于德者者同于失同□□□道亦德
之同于□者道亦失之

25 有物昆成先天地生繡呵缪呵独立□□□可以为天地母吾未知其
名字之曰道吾强为之名曰大大曰筮筮曰□□□□□□天大地大
王亦大国中有四大而王居一焉人法地地法□□□□□□□□

26 □为坙根清为趮君是以君子众日行不蓠其甾重唯有环官燕处□
□若若何万乘之王而以身坙于天下坙则失本趮则失君

27 善行者无彻迹□言者无瑕适善数者不以檮筹善闭者无闸籥而不
可启也善结者□□约而不可解也是以声人恒善悆人而无弃人物

无弃财是胃悊明故善□□□之师不善人善人之齎也不贵其师不
爱其齎唯知乎大眯是胃眇要

28　知其雄守其雌为天下溪为天下溪恒德不鸡恒德不鸡复归婴儿知
其曰守其辱为天下浴为天下浴恒德乃□恒德乃□□□□□知其
守其黑为天下式为天下式恒德不貣恒德不貣复归于无极楃散
□□□□人用则为官长夫大制无割

29　将欲取天下而为之吾见其弗□□□□□□器也非可为者也为者
败之执者失之物或行或随或炅或□□□□□或杯或撝是以声人
去甚去大去楮

30　以道佐人主不以兵□□天下□□□□□□□所居楚枊生之善者果
而已矣毋以取强焉果而毋骄果而勿矜果而□□果而毋得已居是
胃□而不强物壮而老是胃之不道不道蚤已

31　夫兵者不祥之器□物或恶之故有欲者弗居君子居则贵左用兵则
贵右故兵者非君子之器也□□不祥之器也不得已而用之銛袭为
上勿美也若美之是乐杀人也夫乐杀人不可以得志于天下矣是以
吉事上左丧事上右是以便将军居左上将军居右言以丧礼居之也
杀人众以悲依立之战胜以丧礼处之

32　道恒无名楃唯□□□□□□□王若能守之万物将自宾天地相
谷以俞甘洛民莫之□□□□焉始制有□□□□有夫□□□□
□□所以不□俾道之在□□□□□浴之与江海也

33　知人者知也自知□□□□□者有力也自胜者□□□□□□□也强
行者有志也不失其所者久也死不忘者寿也

34　道□□□□□□□□□遂事而弗名有也万物归焉而弗为主则恒
无欲也可名于小万物归焉而弗为主可名于大是□声人之能成大

也以其不为大也故能成大

35 执大象□□往往而不害安平太乐与饵过格止故道之出言也曰谈
呵其无味也□□不足见也听之不足闻也用之不可既也

36 将欲拾之必古张之将欲弱之□□强之将欲去之必古与之将欲夺
之必古予之是胃微明𦫵弱胜强鱼不□脱于潚邦利器不可以视人

37 道恒无名侯王若守之万物将自愿愿而欲□□□□□□□名之椁
□□□无名之椁夫将不辱不辱以情天地将自正

帛书老子甲本勘校复原

德经

38 上德不德，是以有德；下德不失德，是以无德。上德无为而无以为也。上仁为之而无以为也。上义为之而有以为也。上礼为之而莫之应也，则攘臂而扔之。故失道而后德，失德而后仁，失仁而后义，失义而后礼。夫礼者，忠信之薄也，而乱之首也。前识者，道之华也，而愚之首也。是以大丈夫居其厚而不居其薄，居其实而不居其华。故去彼取此。

39 昔之得一者，天得一以清，地得一以宁，神得一以灵，谷得一以盈，侯王得一而以为天下正。其诫之也，谓天毋已清将恐裂，谓地毋已宁将恐发，谓神毋已灵将恐歇，谓谷毋已盈将恐竭，谓侯王毋已贵以高将恐蹶。故必贵而以贱为本，必高矣而以下为基。夫是以侯王自谓孤寡不榖。此其贱之本与，非也？故致数誉无誉。是故不欲禄禄若玉，硌硌若石。

40 上士闻道，勤能行之。中士闻道，若存若亡。下士闻道，大笑之。弗笑，不足以为道。是以建言有之曰：明道如昧，进道如退，夷道如类。上德如谷，大白如辱。广德如不足，建德如偷。质真如渝。大方无隅，大器免成，大音希声，大象无形，道褒无名。夫唯道，善始且善成。

41 反也者，道之动也；弱也者，道之用也。天下之物生于有，有
生于无。

42 道生一，一生二，二生三，三生万物。万物负阴而抱阳，冲气
以为和。天下之所恶，唯孤寡不穀，而王公以自名也。物或损
之而益，益之而损。古人之所教，亦我而教人。故强梁者不得
其死，我将以为学父。

43 天下之至柔，驰骋于天下之至坚。无有入于无间。吾是以知无
为之有益也。不言之教，无为之益，天下希能及之矣。

44 名与身孰亲？身与货孰多？得与亡孰病？甚爱必大费，多藏必
厚亡。故知足不辱，知止不殆，可以长久。

45 大成若缺，其用不敝。大盈若盅，其用不穷。大直如诎，大巧
如拙，大赢如肭。趮胜寒，静胜热，清静可以为天下正。

46 天下有道，却走马以粪。天下无道，戎马生于郊。罪莫大于可
欲，祸莫大于不知足，咎莫憯于欲得。故知足之足，恒足矣。

47 不出于户，以知天下。不窥于牖，以知天道。其出也弥远，其
知弥少。是以圣人不行而知，不见而明，弗为而成。

48 为学者日益，闻道者日损。损之又损，以至于无为，无为而无
以为。取天下也，恒无事；及其有事也，不足以取天下。

49 圣人恒无心，以百姓之心为心。善者善之，不善者亦善之，德
善也。信者信之，不信者亦信之，德信也。圣人之在天下，惵
惵焉，为天下浑心。百姓皆属耳目焉，圣人皆孩之。

50 出生入死。生之徒十有三，死之徒十有三，而民生生，动皆之
死地之十有三。夫何故也？以其生生也。盖闻善摄生者，陵行
不避兕虎，入军不被甲兵。兕无所投其角，虎无所措其爪，兵

无所容其刃，夫何故也？以其无死地焉。

51 道生之而德畜之，物形之而器成之。是以万物尊道而贵德。道之尊，德之贵也，夫莫之爵，而恒自然也。道生之、畜之、长之、育之、亭之、毒之、养之、覆之。生而弗有也，为而弗恃也，长而弗宰也，此之谓玄德。

52 天下有始，以为天下母。既得其母，以知其子；既知其子，复守其母，没身不殆。塞其兑，闭其门，终身不勤。启其兑，济其事，终身不救。见小曰明，守柔曰强。用其光，复归其明，毋遗身殃，是谓袭常。

53 使我絜有知，行于大道，唯迤是畏。大道甚夷，民甚好径。朝甚除，田甚芜，仓甚虚。服文采，带利剑，猒饮食，资财有馀。是谓盗竽，非道也哉。

54 善建者不拔，善抱者不脱，子孙以祭祀不绝。修之身，其德乃真。修之家，其德有馀。修之乡，其德乃长。修之国，其德乃丰。修之天下，其德乃博。以身观身，以家观家，以乡观乡，以邦观邦，以天下观天下。吾何以知天下之然哉？以此。

55 含德之厚者，比于赤子。蜂虿虺蛇弗螫，攫鸟猛兽弗搏。骨弱筋柔而握固，未知牝牡之会而朘怒，精之至也。终日号而不嗄，和之至也。知和曰常，知常曰明，益生曰祥，心使气曰强。物壮即老，谓之不道，不道早已。

56 知者弗言，言者弗知。塞其兑，闭其门，和其光，同其尘，挫其锐，解其纷，是谓玄同。故不可得而亲，亦不可得而疏；不可得而利，亦不可得而害；不可得而贵，亦不可得而贱，故为天下贵。

57 以正治邦，以奇用兵，以无事取天下。吾何以知其然也哉？夫天下多忌讳，而民弥贫。民多利器，而邦家滋昏。人多知巧，而奇物滋起。法物滋彰，而盗贼多有。是以圣人之言曰：我无为而民自化，我好静而民自正，我无事而民自富，我欲不欲而民自朴。

58 其政闷闷，其民惇惇。其政察察，其民狭狭。祸，福之所倚；福，祸之所伏。孰知其极？其无正也，正复为奇，善复为妖，人之迷也，其日固久矣。是以方而不割，廉而不刺，直而不肆，光而不耀。

59 治人事天莫若啬，夫唯啬，是以早服，早服是谓重积德。重积德则无不克，无不克则莫知其极。莫知其极，可以有国。有国之母，可以长久。是谓深根固柢，长生久视之道也。

60 治大国若烹小鲜，以道莅天下，其鬼不神。非其鬼不神也，其神不伤人也。非其神不伤人也，圣人亦弗伤也。夫两不相伤，故德交归焉。

61 大邦者，下流也，天下之牝。天下之交也，牝恒以静胜牡。为其静也，故宜为下。大邦以下小邦，则取小邦；小邦以下大邦，则取于大邦。故或下以取，或下而取。故大邦者，不过欲兼畜人；小邦者，不过欲入事人。夫皆得其欲，大者宜为下。

62 道者万物之主也，善人之宝也，不善人之所保也。美言可以市，尊行可以加人。人之不善也，何弃之有。故立天子，置三卿，虽有拱之璧以驷驷马，不若坐而进此。古之所以贵此者何也？不谓求以得，有罪以免与！故为天下贵。

63 为无为，事无事，味无味，大小，多少，报怨以德。图难乎其

易也，为大乎其细也。天下之难作于易，天下之大作于细，是
以圣人终不为大，故能成其大。夫轻诺必寡信，多易必多难，
是以圣人犹难之，故终于无难。

64 其安也，易持也。其未兆也，易谋也。其脆也，易破也。其微
也，易散也。为之于其未有也，治之于其未乱也。合抱之木，
生于毫末。九层之台，作于蔂土。百仞之高，始于足下。为之
者败之，执之者失之。是以圣人无为也，故无败也；无执也，
故无失也。民之从事也，恒于几成而败之，故慎终若始，则无
败事矣。是以圣人欲不欲，而不贵难得之货；学不学，而复众
人之所过；能辅万物之自然，而弗敢为。

65 故曰：为道者非以明民也，将以愚之也。民之难治也，以其智
也。故以智治邦，邦之贼也；以不智治邦，邦之德也。恒知此
两者，亦稽式也；恒知稽式，此谓玄德。玄德深矣，远矣，与
物反矣，乃至大顺。

66 江海之所以能为百谷王者，以其善下之，是以能为百谷王。是
以圣人之欲上民也，必以其言下之；其欲先民也，必以其身后
之。故居前而民弗害也，居上而民弗重也。天下乐推而弗厌
也。非以其无争与，故天下莫能与争。

67 小邦寡民，使有十百人之器而毋用，使民重死而远徙。有舟车
无所乘之，有甲兵无所陈之，使民复结绳而用之。甘其食，美
其服，乐其俗，安其居，邻邦相望，鸡狗之声相闻，民至老死
不相往来。

68 信言不美，美言不信。知者不博，博者不知。善者不多，多者
不善。圣人无积，既以为人，己愈有；既以予人矣，己愈多。

故天之道，利而不害；人之道，为而弗争。

69 天下皆谓我大，大而不肖。夫唯不肖，故能大；若肖，久矣其
细也夫。我恒有三宝，持而宝之。一曰慈，二曰俭，三曰不敢
为天下先。夫慈，故能勇；俭，故能广；不敢为天下先，故能
为成事长。今舍其慈，且勇；舍其俭，且广；舍其后，且先：
则必死矣。夫慈，以战则胜，以守则固。天将建之，如以慈
垣之。

70 善为士者不武，善战者不怒，善胜敌者弗与，善用人者为之
下。是谓不争之德，是谓用人，是谓配天，古之极也。

71 用兵有言曰：吾不敢为主而为客，吾不敢进寸而退尺。是谓行
无行，攘无臂，执无兵，乃无敌矣。祸莫大于无敌，无敌近亡
吾宝矣。故称兵相若，则哀者胜矣。

72 吾言甚易知也，甚易行也；而人莫之能知也，而莫之能行也。
言有宗，事有君。夫唯无知也，是以不我知。知我者希，则我
贵矣。是以圣人被褐而裹玉。

73 知不知，尚矣；不知知，病矣。是以圣人之不病，以其病病，
是以不病。

74 民之不畏威，则大威将至矣。毋狭其所居，毋压其所生。夫唯
弗压，是以不厌。是以圣人自知而不自见也，自爱而不自贵
也。故去彼取此。

75 勇于敢者则杀，勇于不敢者则活。此两者或利或害，天之所
恶，孰知其故？天之道，不战而善胜，不言而善应，不召而自
来，坦而善谋。天网恢恢，疏而不失。

76 若民恒且不畏死，奈何以杀惧之也？若民恒且畏死，而为奇者

吾得而杀之，夫孰敢矣。若民恒且必畏死，则恒有司杀者。夫代司杀者杀，是代大匠斲也。夫代大匠斲者，则希不伤其手矣。

77 人之饥也，以其取食税之多也，是以饥。百姓之不治也，以其上有以为也，是以不治。民之轻死，以其求生之厚也，是以轻死。夫唯无以生为者，是贤贵生。

78 人之生也柔弱，其死也筋仞坚强。万物草木之生也柔脆，其死也枯槁。故曰：坚强者死之徒也，柔弱者生之徒也。兵强则不胜，木强则烘。强大居下，柔弱居上。

79 天之道，犹张弓者也，高者抑之，下者举之；有馀者损之，不足者补之。故天之道，损有馀而补不足。人之道则不然，损不足而奉有馀。孰能有馀而有以取奉于天者乎？唯有道者乎。是以圣人为而弗有，成功而弗居也，若此其不欲见贤也。

80 天下莫柔弱于水，而攻坚强者莫之能胜也，以其无以易之也。柔之胜刚，弱之胜强，天下莫弗知也，而莫能行也。故圣人之言云，曰：受邦之垢，是谓社稷之主；受邦之不祥，是谓天下之王。正言若反。

81 和大怨，必有馀怨，焉可以为善？是以圣人执右契，而不以责于人。故有德司契，无德司彻。夫天道无亲，恒与善人。

道经

1 道，可道也，非恒道也。名，可名也，非恒名也。无名，万物之始也；有名，万物之母也。故恒无欲也，以观其妙；恒有欲也，以观其所徼。两者同出，异名同谓，玄之又玄，众妙之门。

2 天下皆知美之为美，恶已；皆知善，斯不善矣。有无之相生也，难易之相成也，长短之相形也，高下之相盈也，音声之相和也，先后之相随，恒也。是以圣人居无为之事，行不言之教。万物作而弗始也，为而弗恃也，成功而弗居也。夫唯弗居，是以弗去。

3 不上贤，使民不争。不贵难得之货，使民不为盗。不见可欲，使民不乱。是以圣人之治也，虚其心，实其腹，弱其志，强其骨。恒使民无知无欲也，使夫智不敢，弗为而已，则无不治矣。

4 道盅，而用之又弗盈也。渊呵，似万物之宗。挫其锐，解其纷，和其光，同其尘。湛呵似或存，吾不知其谁之子也，象帝之先。

5 天地不仁，以万物为刍狗；圣人不仁，以百姓为刍狗。天地之间，其犹橐籥与？虚而不屈，动而愈出。多闻数穷，不若守于中。

6 谷神不死，是谓玄牝，玄牝之门，是谓天地之根。縣縣呵若存，用之不勤。

7 天长地久。天地之所以能长且久者，以其不自生也，故能长生。是以圣人退其身而身先，外其身而身存。不以其无私与？故能成其私。

8 上善似水，水善利万物而有静。居众人之所恶，故几于道矣。居善地，心善渊，予善天，言善信，政善治，事善能，动善时。夫唯不争，故无尤。

9 持而盈之，不若其已。揣而锐之，不可长保也。金玉盈室，莫之守也。贵富而骄，自遗咎也。功遂身退，天之道也。

10 载营魄抱一，能毋离乎？抟气致柔，能婴儿乎？涤除玄鉴，能
　毋疵乎？爱民治国，能毋以智乎？天门启阖，能为雌乎？明白
　四达，能毋以知乎？生之畜之，生而弗有，长而弗宰也，是谓
　玄德。

11 卅辐同一毂，当其无，有车之用也。埏埴为器，当其无，有埴
　器之用也。凿户牖，当其无，有室之用也。故有之以为利，无
　之以为用。

12 五色使人目盲，驰骋田猎使人心发狂，难得之货使人之行妨，
　五味使人之口爽，五音使人之耳聋。是以圣人之治也，为腹不
　为目，故去彼取此。

13 宠辱若惊，贵大患若身。何谓宠辱若惊？宠之为下。得之若
　惊，失之若惊，是谓宠辱若惊。何谓贵大患若身？吾所以有大
　患者，为吾有身也；及吾无身，有何患？故贵为身于为天下，
　若可以托天下矣；爱以身为天下，如可以寄天下矣。

14 视之而弗见，名之曰微。听之而弗闻，名之曰希。捪之而弗
　得，名之曰夷。三者不可致诘，故混而为一。一者，其上不
　皦，其下不昧，绳绳不可名也，复归于无物。是谓无状之状，
　无物之象，是谓忽恍。随而不见其后，迎而不见其首。执今之
　道，以御今之有，以知古始，是谓道纪。

15 古之善为道者，微妙玄达，深不可识。夫唯不可识，故强为之
　容。曰：豫呵其若冬涉水。犹呵其若畏四邻。严呵其若客。涣
　呵其若凌释。敦呵其若朴。混呵其若浊。旷呵其若谷。浊而静
　之徐清，安以动之徐生。保此道不欲盈，夫唯不欲盈，是以能
　敝而不成。

16 致虚极也，守静笃也，万物并作，吾以观其复也。夫物云云，各复归于其根。归根曰静，静，是谓复命。复命常也，知常明也；不知常，妄，妄作，凶。知常容，容乃公，公乃王，王乃天，天乃道，道乃久。没身不殆。

17 太上，下知有之。其次，亲誉之。其次，畏之。其下，侮之。信不足，案有不信。犹呵，其贵言也。成功遂事，而百姓谓我自然。

18 故大道废，案有仁义。智慧出，案有大伪。六亲不和，案有孝慈。邦家昏乱，案有贞臣。

19 绝圣弃智，民利百倍。绝仁弃义，民复孝慈。绝巧弃利，盗贼无有。此三言也，以为文未足，故令之有所属。见素抱朴，少私而寡欲。绝学无忧。

20 唯与诃，其相去几何？美与恶，其相去何若？人之所畏，亦不可以不畏人。望呵，其未央哉！众人熙熙，若飨于大牢，而春登台。我泊焉未兆，若婴儿未咳。累呵，如无所归。众人皆有馀，我独匮。我愚人之心也，沌沌呵。俗人昭昭，我独若昏呵。俗人察察，我独闷闷呵。忽呵，其若海。恍呵，其若无所止。众人皆有以，我独顽以俚。我欲独异于人，而贵食母。

21 孔德之容，唯道是从。道之物，唯恍唯忽。忽呵恍呵，中有象呵。恍呵忽呵，中有物呵。幽呵冥呵，其中有情。其情甚真，其中有信。自今及古，其名不去，以顺众父。吾何以知众父之然也，以此。

22 企者不立，自是者不彰，自见者不明，自伐者无功，自矜者不长。其在道，曰馀食赘行，物或恶之，故有裕者弗居。

23 曲则全，枉则正，洼则盈，敝则新，少则得，多则惑。是以圣
人执一，以为天下牧。不自是故彰，不自见故明，不自伐故有
功，弗矜故能长。夫唯不争，故莫能与之争。古之所谓曲全
者，岂语哉！诚全归之。

24 希言自然，飘风不终朝，暴雨不终日。孰为此，天地而弗能
久，又况于人乎！故从事而道者同于道，德者同于德，失者同
于失。同于德者，道亦德之。同于失者，道亦失之。

25 有物混成，先天地生。寂呵寥呵，独立而不改，可以为天地
母。吾未知其名，字之曰道。吾强为之名曰大，大曰逝，逝曰
远，远曰返。道大，天大，地大，王亦大。国中有四大，而王
居一焉。人法地，地法天，天法道，道法自然。

26 重为轻根，静为躁君，是以君子终日行，不离其辎重。虽有营
观，燕处则超若。若何万乘之王，而以身轻于天下？轻则失
本，躁则失君。

27 善行者无辙迹，善言者无瑕谪。善数者不以筹策。善闭者无关
钥而不可启也。善结者无纆约而不可解也。是以圣人恒善救
人，而无弃人，物无弃材，是谓袭明。故善人，善人之师；不
善人，善人之资也。不贵其师，不爱其资，虽智乎大迷，是谓
妙要。

28 知其雄，守其雌，为天下溪。为天下溪，恒德不离。恒德不
离，复归于婴儿。知其荣，守其辱，为天下谷。为天下谷，恒
德乃足。恒德乃足，复归于朴。知其白，守其黑，为天下式。
为天下式，恒德不忒。恒德不忒，复归于无极。朴散则为器，
圣人用则为官长，夫大制无割。

29 将欲取天下而为之，吾见其弗得已。夫天下神器也，非可为者
也。为者败之，执者失之。故物或行或随，或嘘或吹，或强或
羸，或培或堕。是以圣人去甚，去泰，去奢。

30 以道佐人主，不以兵强于天下，其事好还。师之所居，楚棘生
之。善者果而已矣，毋以取强焉。果而毋骄，果而勿矜，果而
勿伐，果而毋得已居，是谓果而不强。物壮而老，是谓之不
道，不道早已。

31 夫兵者，不祥之器也。物或恶之，故有裕者弗居。君子居则贵
左，用兵则贵右。故兵者非君子之器也，兵者不祥之器也，不
得已而用之，恬淡为上。勿美也，若美之，是乐杀人也。夫乐
杀人，不可以得志于天下矣。是以吉事上左，丧事上右。是以
偏将军居左，上将军居右。言以丧礼居之也。杀人众，以悲哀
莅之。战胜，以丧礼处之。

32 道恒无名，朴虽小，而天下弗敢臣。侯王若能守之，万物将自
宾。天地相合，以雨甘露，民莫之令而自均焉。始制有名，名
亦既有，夫亦将知止，知止所以不殆。譬道之在天下也，犹小
谷之与江海也。

33 知人者智也，自知者明也。胜人者有力也，自胜者强也。知足
者富也，强行者有志也。不失其所者久也，死而不亡者寿也。

34 道氾呵，其可左右也。成功遂事而弗名有也。万物归焉而弗为
主，则恒无欲也，可名于小。万物归焉而弗为主，可名于大。
是以圣人之能成大也，以其不为大也，故能成大。

35 执大象，天下往；往而不害，安平太。乐与饵，过客止。故道
之出言也，曰淡呵其无味也。视之不足见也，听之不足闻也，

用之不可既也。

36 将欲翕之，必固张之；将欲弱之，必固强之；将欲去之，必固举之；将欲夺之，必固予之：是谓微明。柔弱胜强，鱼不可脱于渊，邦利器不可以示人。

37 道恒无名，侯王若能守之，万物将自化。化而欲作，吾将镇之以无名之朴。镇之以无名之朴，夫将不欲。不欲以静，天地将自正。

帛书老子乙本残卷实录

德经

38 上德不德是以有德下德不失德是以无德上德无为而无以为也上
仁为之而无以为也上德为之而有以为也上礼为之而莫之應也则
攘臂而乃之故失道而后德失德而句仁失仁而句义失义而句礼夫
礼者忠信之泊也而乱之首也前识者道之华也而愚之首也是以大
丈夫居□□□□居其泊居其实而不居其华故去罢而取此

39 昔得一者天得一以清地得一以宁神得一以需浴得一盈侯王得一
以为天下正其至也胃天毋已清将恐莲地毋已宁将恐发神毋
□□□恐歇谷毋已□将渴侯王毋已贵以高将恐欮故必贵以贱为
本必高矣而以下为基夫是以侯王自胃孤寡不橐此其贱之本与非
也故至数舆无舆是故不欲禄禄若玉硌硌若石

40 上□□道堇能行之中士闻道若存若亡下士闻道大笑之弗笑□□
以为道是以建言有之曰明道如费进道如退夷道如类上德如浴大
白如辱广德如不足建德如□质□□□大方无禺大器免成大音希
声天象无刑道褒无名夫唯道善始且善成

41 反也者道之动也□□者道之用也天下之物生于有有□于无

42 道生一一生二二生三三生□□□□□□□□□以为和人之
所亚唯□寡不橐而王公以自□□□□□□云云之而益

□□□□□□□□□□□□□□□□□□将以□□父

43 天下之至□驰骋乎天下□□□□□□无间吾是以□□□□
□也不□□□□□□□□□□矣

44 名与□□□□□□□□□□□□□□□□□□□□□□□
□□□□□□□□□□□

45 □□□□□□□盈如冲其□□□□□□□□如拙□□□
绌趮朕寒□□□□□□□□□

46 □□□道卻走马□粪无道戎马生于郊罪莫大可欲祸□□□□
□□□□□□□□□□足矣

47 不出于户以知天下不覩于□□知天道其出籩远者其知籩
□□□□□□□□□而名弗为而成

48 为学者日益闻道者日云云之有云以至于无□□□□□□□取天
下恒无事及其有事也□足以取天□

49 □人恒无心以百省之心为心善□□□□□□□□□善也信者
信之不信者亦信之德信也耵人之在天下也欿欿焉□□□□
□□皆注其□□□□□□□

50 □生入死生之□□□□□之徒十又三而民生生僮皆之死地之十
有三□何故也以其生生盖闻善执生者陵行不辟累虎入军不被兵
革累无□□□□□□其畚兵□□□□□□□□也以其无
□□□

51 道生之德畜之物刑之而器成之是以万物尊道而贵德道之尊也德
之贵也夫莫之爵也而恒自然也道生之畜之□□□之亭之毒之养
之复之□□□□□□□□□弗宰是胃玄德

52 天下有始以为天下母既得其母以知其子既知其子复守其母没身

不怡塞其垸闭其门冬身不堇启其垸齐其□□□不棘见小曰明守
□□强用□□□□□□遗身央是胃□常

53 使我介有知行于大道唯他是畏大道甚夷民甚好僻朝甚除田甚芜
仓甚虚服文采带利剑猒食而齎财□□□□□柙非□□□

54 善建者□□□□□□□子孙以祭祀不绝修之身其德乃真修之家
其德有馀修之乡其德乃长修之国其德乃夆修之天下其德乃博以
身观身以家观□□□□国以天下观天下□□□□天下之然兹
以□

55 含德之厚者比于赤子蠡疠虺蛇弗赫据鸟孟兽弗捕骨筋弱柔而握
固未知牝牡之会而朘怒精之至也冬日号而不嚘和□□□□□
常知常曰明益生□祥心使气曰强物□则老胃之不道不道蚤已

56 知者弗言言者弗知塞其垸闭其门和其光同其尘锉其兑而解其纷
是胃玄同故不可得而亲也亦□□□而□□□□而利□□□得而
害不可得而贵亦不可得而贱故为天下贵

57 以正之国以畸用兵以无事取天下吾何以知其然也才夫天下多忌
讳而民弥贫民多利器□□□□昏□□□□□□□□物兹章
而盗贼□□是以□人之言曰我无为而民自化我好静而民自正我
无事而民自富我欲不欲而民自朴

58 其正阋阋其民屯屯其正察察其□□□□□□□□□□□所伏孰
知其极□无正也正□□□善复为□□之恙也其日固久矣是以方
而不割兼而不刺直而不绁光而不眺

59 治人事天莫若啬夫唯啬是以蚤服蚤服是胃重积□重积□
□□□□□□莫知其□莫知其□□□有国有国之母可
□□□是胃□根固氐长生久视之道也

60 治大国若亨小鲜以道立天下其鬼不神非其鬼不神也其神不伤人
也非其神不伤人也□□□弗伤也夫两□相伤故德交归焉

61 大国□□□□□□牝也天下之交也牝恒以静朕牡为其静也故
宜为下也故大国以下□国则取小国小国以下大国则取于大国故
或下□□□下而取故大国者不□欲并畜人小国不过欲入事人夫
□□其欲则大者宜为下

62 道者万物之注也善人之葆也不善人之所保也美言可以市尊行可
以贺人人之不善何□□□□立天子置三乡虽有□□璧以先四马
不若坐而进此古□□□□□□□□不胃求以得有罪以免与故为
天下贵

63 为无为□□□□□□□□□□□□□□□□□□□乎其
细也天下之□□□易天下之大□□□□□□□□□□□□□
□□夫轻若□□信多易必多难是以耶人□□之故□□□□

64 □□□□□□□□□□□□□□□□□□□□□□□□
□□□□□□□□□□□□□□□□木生于毫末九成之台作于藁
土百千之高始于足下为之者败之执者失之是以耶人无为□□□
□□□□□□□□□民之从事也恒于其成而败之故曰慎冬若始
则无败事矣是以耶人欲不欲而不贵难得之货学不学复众人之所
过能辅万物之自然而弗敢为

65 古之为道者非以明□□□□□之也夫民之难治也以其知也故以
知知国国之贼也以不知知国国之德也恒知此两者亦稽式也恒知
稽式是胃玄德玄德深矣远矣□物反也乃至大顺

66 江海所以能为百浴□□□其□下之也是以能为百浴王是以耶人
之欲上民也必以其言下之其欲先民也必以其身后之故居上而民

弗重也居前而民弗害天下皆乐谁而弗猒也不以其无争与故□下
莫能与争

67 小国寡民使有十百人器而勿用使民重死而远徙又周车无所乘之
有甲兵无所陈之使民复结绳而用之甘其食美其服乐其俗安其居
㐭国相望鸡犬之□□闻民至老死不相往来

68 信言不美美言不信知者不博博者不知善者不多多者不善耴人无
积既以为人已俞有既以予人矣己俞多故天之道利而不害人之道
为而弗争

69 天下□胃我大大而不宵夫唯不宵故能大若宵久矣其细也夫我恒
有三琛市而琛之一曰兹二曰检三曰不敢为天下先夫兹故能勇检
敢能广不敢为天下先故能为成器长今舍其兹且勇舍其检且广舍
其后且先则死矣夫兹以单则朕以守则固天将建之如以兹垣之

70 故善为士者不武善单者不怒善朕敌者弗与善用人者为之下是胃
不争□德是胃用人是胃肥天古之极也

71 用兵又言曰吾不敢为主而为客不敢进寸而退尺是胃行无行攘无
臂执无兵乃无敌祸莫大于无敌无敌近亡吾琛矣故抗兵相若而依
者朕□

72 吾言易知也易行也而天下莫之能知也莫之能行也夫言又宗事又
君夫唯无知也是以不我知知者希则我贵矣是以耴人被褐而褢玉

73 知不知尚矣不知知病矣是以耴人之不□也以其病病也是以不病

74 民之不畏畏则大畏将至矣毋伸其所居毋猒其所生夫唯弗猒是以
不猒是以耴人自知而不自见也自爱而不自贵也故去罢而取此

75 勇于敢则杀勇于不敢则栝□两者或利或害天之所亚孰知其故天
之道不单而善朕不言而善应弗召而自来单而善谋天罔裚裚疏而

不失

76 若民恒且畏不畏死若何以杀曜之也使民恒且畏死而为畸者□得
而杀之夫孰敢矣若民恒且必畏死则恒又司杀者夫代司杀者杀是
代大匠斲夫代大匠斲则希不伤其手

77 人之饥也以其取食跷之多是以饥百生之不治也以其上之有以为
也□以不治民之轻死也以其求生之厚也是以轻死夫唯无以生为
者是贤贵生

78 人之生也柔弱其死也䐴信坚强万□□木之生也柔椊其死也棝槀
故曰坚强死之徒也柔弱生之徒也□以兵强则不朕木强则竞故强
大居下柔弱居上

79 天之道酉张弓也高者印之下者举之有余者云之不足者□□□
□□□云有余而益不足人之道云不足而奉又余夫孰能又余而
□□□奉于天者唯又道者乎是以聢人为而弗又成功而弗居也若
此其不欲见贤也

80 天下莫柔弱于水□□□□□□□□以其无以易之也水之朕刚
也弱之朕强也天下莫弗知也而□□□也是故聢人之言云曰受国
之詢是胃社稷之主受国之不祥是胃天下之王正言若反

81 禾大□□□□□□□为善是以圣人执左芥而不以责于人故又
德司芥无德司篝□□□□□□□□

道经

1 道可道也□□□□□□□□□□恒名也无名万物之始也有名万物
之母也故恒无欲也□□□□恒又欲也以观其所噭两者同出异名

同胃玄之又玄众眇之门

2　天下皆知美之为美亚已皆知善斯不善矣□□□生也难易之相
　　成也长短之相刑也高下之相盈也音声之相和也先后之相隋恒也
　　是以即人居无为之事行不言之教万物昔而弗始为而弗侍也成功
　　而弗居也夫唯弗居是以弗去

3　不上贤使民不争不贵难得之货使民不为盗不见可欲使民不乱是
　　以即人之治也虚其心实其腹弱其志强其骨恒使民无知无欲也使
　　夫知不敢弗为而已则无不治矣

4　道冲而用之有弗盈也渊呵似万物之宗锉其兑解其芬和其光同其
　　尘湛呵似或存吾不知其谁之子也象帝之先

5　天地不仁以万物为刍狗即人不仁□百姓为刍狗天地之间其犹橐
　　籥与虚而不淈勤而俞出多闻数穷不若守于中

6　浴神不死是胃玄牝玄牝之门是胃天地之根緜緜呵其若存用之
　　不堇

7　天长地久天地之所以能长且久者以其不自生也故能长生是以即
　　人退其身而身先外其身而身先外其身而身存不以其无私舆故能
　　成其私

8　上善如水水善利万物而有争居众人之所亚故几于道矣居善地心
　　善渊予善天言善信正善治事善能动善时夫唯不争故无尤

9　揎而盈之不若其已掘而兑之不可长葆也金玉□室莫之能守也贵
　　富而骄自遗咎也功遂身退天之道也

10　载营袙抱一能毋离乎槫气至柔能婴儿乎修除玄监能毋有疵乎爱
　　民栝国能毋以知乎天门启阖能为雌乎明白四达能毋以知乎生之
　　畜之生而弗有长而弗宰也是胃玄德

11 卅楅同一毂当其无有车之用也燃埴而为器当其无有埴器之用也
凿户牖当其无有室之用也故有之以为利无之以为用

12 五色使人目盲驰骋田腊使人心发狂难得之货使人之行仿五味使
人之口爽五音使人之耳□是以耺人之治也为腹而不为目故去彼
而取此

13 弄辱若惊贵大患若身何胃弄辱若惊弄之为下也得之若惊失之若
惊是胃弄辱若惊何胃贵大患若身吾所以有大患者为吾有身也及
吾无身有何患故贵为身于为天下若可以橐天下□爱以身为天下
女可以寄天下矣

14 视之而弗见□之曰微听之而弗闻命之曰希捪之而弗得命之曰夷
三者不可至计故绲而为一一者其上不谬其下不忽寻寻呵不可命
也复归于无物是胃无状之状无物之象是胃汤望随而不见其后迎
而不见其首执今之道以御今之有以知古始是胃道纪

15 古之善为道者微眇玄达深不可志夫唯不可志故强为之容曰与呵
其若冬涉水犹呵其若畏四哭严呵其若客涣呵其若凌泽沌呵其若
朴涛呵其若浊湆呵其若浴浊而静之徐清女以重之徐生葆此道□
欲盈是以能斃而不成

16 至虚极也守静督也万物旁作吾以观其复也天物茾茾各复归于其
根曰静静是胃复命复命常也知常明也不知常芒芒作凶知常容容
乃公公乃王□□天天乃道道乃□没身不殆

17 太上下知又□□□亲誉之其次畏之其下母之信不足安有不信犹
呵其贵言也成功遂事而百姓胃我自然

18 故大道废安有仁义知慧出安有□□六亲不和安又孝兹国家闉乱
安有贞臣

19　绝耶弃知而民利百倍绝仁弃义而民复孝兹绝巧弃利盗贼无有此
　　三言也以为文未足故令之有所属见素抱朴少私而寡欲绝学无忧

20　唯与呵其相去几何美与亚其相去何若人之所畏亦不可以不畏人
　　望呵其未央才众人巸巸若乡于大牢而春登台我博焉未姚若婴儿
　　未咳累呵似无所归众人皆又余我愚人之心也湷湷呵鬻人昭昭我
　　独若闷呵鬻人察察我独闽闽呵沕呵其若海望呵若无所止众人皆
　　有以我独园以鄙吾欲独异于人而贵食母

21　孔德之容唯道是从道之物唯望唯沕沕呵望呵中又象呵望呵沕呵
　　中有物呵幼呵冥呵其中有请呵其请甚真其中有信自今及古其名
　　不去以顺众父吾何以知众父之然也以此

22　炊者不立自视者不章自见者不明自伐者无功自矜者不长其在道
　　也曰粽食赘行物或亚之故有欲者弗居

23　曲则全汪则正洼则盈敝则新少则得多则惑是以耵人执一以为天
　　下牧不自视故章不自见也故明不自伐故有功弗矜故能长夫唯不
　　争故莫能与之争古之所胃曲全者几语才诚全归之

24　希言自然飘风不冬朝暴雨不冬日孰为此天地而弗能久有兄于人
　　乎故从事而道者同于道德者同于德失者同于失同于德者道亦德
　　之同于失者道亦失之

25　有物昆成先天地生萧呵漻呵独立而不玹可以为天地母吾未知其
　　名也字之曰道吾强为之名曰大大曰筮筮曰远远曰反道大天大地
　　大王亦大国中有四大而王居一焉人法地地法天天法道道法自然

26　重为轻根静为趮君是以君子冬日行不远其甾重虽有环官燕处则
　　昭若若何万乘之王而以身轻于天下轻则失本趮则失君

27　善行者无达迹善言者无瑕適善数者不用檮筹善闭者无关籥而不

可启也善结者无缳约而不可解也是以即人恒善㑹人而无弃人物无弃财是胃曳明故善人善人之师不善人善人之资也不贵其师不爱其资虽知乎大迷是胃眇要

28 知其雄守其雌为天下鸡为天下鸡恒德不离恒德不离复□□□□□其白守其辱为天下浴为天下浴恒德乃足恒德乃足复归于朴知其白守其黑为天下式为天下式恒德不贷恒德不贷复归于无极朴散则为器即人用则为官长夫大制无割

29 将欲取□□□□□□□□得已夫天下神器也非可为者也为之者败之执之者失之故物或行或隋或热或硑或陪或堕是以即人去甚去大去诸

30 以道佐人主不以兵强于天下其□□□□□□□□棘生之善者果而已矣毋以取强焉果而毋骄果而勿矜果□□伐果而毋得已居是胃果而强物壮而老胃之不道不道蚤已

31 夫兵者不祥之器也物或亚□□□□□□□□□□居则贵左用兵则贵右故兵者非君子之器兵者不祥□器也不得已而用之銛㦤为上勿美也若美之是乐杀人也夫乐杀人不可以得志于天下矣是以吉事□□□□□□是以偏将军居左而上将军居右言以丧礼居之也杀□□□□立之□朕而以丧礼处之

32 道恒无名朴唯小而天下弗敢臣侯王若能守之万物将自宾天地相合以俞甘洛□□□令而自均焉始制有名名亦既有夫亦将知止知止所以不殆卑□□在天下也犹小浴之与江海也

33 知人者知也自知明也朕人者有力也自朕者强也知足者富也强行者有志也不失其所者久也死而不忘者寿也

34 道溳呵其可左右也成功遂□□弗名有也万物归焉而弗为主则恒

无欲也可名于小万物归焉而弗为主可命于大是以耴人之能成大
也以其不为大也故能成大

35 执大象天下往往而不害安平太乐与□过格止故道之出言也曰淡
呵其无味也视之不足见也听之不足闻也用之不可既也

36 将欲擒之必古张之将欲弱之必古强之将欲去之必古与之将欲夺
之必古予□是胃微明柔弱朕强鱼不可说于渊国利器不可以示人

37 道恒无名侯王若能守之万物将自化化而欲作吾将阗之以无名之
朴阗之以无名之朴夫将不辱不辱以静天地将自正

帛书老子乙本勘校复原

德经

38 上德不德，是以有德；下德不失德，是以无德。上德无为而无以为也。上仁为之而无以为也。上义为之而有以为也。上礼为之而莫之应也，则攘臂而扔之。故失道而后德，失德而后仁，失仁而后义，失义而后礼。夫礼者，忠信之薄也，而乱之首也。前识者，道之华也，而愚之首也。是以大丈夫居其厚而不居其薄，居其实而不居其华。故去彼而取此。

39 昔之得一者，天得一以清，地得一以宁，神得一以灵，谷得一以盈，侯王得一以为天下正。其诚也，谓天毋已清将恐裂，地毋已宁将恐发，神毋已灵将恐歇，谷毋已盈将恐竭，侯王毋已贵以高将恐蹶。故必贵以贱为本，必高矣而以下为基。夫是以侯王自谓孤寡不榖。此其贱之本与，非也？故致数誉无誉。是故不欲禄禄若玉，硌硌若石。

40 上士闻道，勤能行之。中士闻道，若存若亡。下士闻道，大笑之。弗笑，不足以为道。是以建言有之曰：明道如昧，进道如退，夷道如类。上德如谷，大白如辱。广德如不足，建德如偷。质真如渝。大方无隅，大器免成，大音希声，大象无形，道褒无名。夫唯道，善始且善成。

41 反也者，道之动也；弱也者，道之用也。天下之物生于有，有
生于无。

42 道生一，一生二，二生三，三生万物。万物负阴而抱阳，冲气
以为和。人之所恶，唯孤寡不穀，而王公以自名也。物或益之
而损，损之而益。古人之所教，亦我而教人。故强梁者不得其
死，我将以为学父。

43 天下之至柔，驰骋于天下之至坚。无有入于无间。吾是以知无
为之有益也。不言之教，无为之益，天下希能及之矣。

44 名与身孰亲？身与货孰多？得与亡孰病？甚爱必大费，多藏必
厚亡。故知足不辱，知止不殆，可以长久。

45 大成若缺，其用不敝。大盈如盅，其用不穷。大直如诎，大巧
如拙，大赢如肭。趮胜寒，静胜热，清静可以为天下正。

46 天下有道，却走马以粪。无道，戎马生于郊。罪莫大于可欲，
祸莫大于不知足，咎莫憯于欲得。故知足之足，恒足矣。

47 不出于户，以知天下。不窥于牖，以知天道。其出弥远者，其
知弥少。是以圣人不行而知，不见而明，弗为而成。

48 为学者日益，闻道者日损。损之又损，以至于无为，无为而无
以为。取天下，恒无事；及其有事也，不足以取天下。

49 圣人恒无心，以百姓之心为心。善者善之，不善者亦善之，德
善也。信者信之，不信者亦信之，德信也。圣人之在天下也，
欱欱焉，为天下浑心。百姓皆注其耳目焉，圣人皆孩之。

50 出生入死。生之徒十有三，死之徒十有三，而民生生，动皆之
死地之十有三。夫何故也？以其生生。盖闻善摄生者，陵行不
避兕虎，入军不被兵甲。兕无所投其角，虎无所措其爪，兵无

所容其刃，夫何故也？以其无死地焉。

51 道生之，德畜之，物形之而器成之。是以万物尊道而贵德。道之尊也，德之贵也，夫莫之爵也，而恒自然也。道生之、畜之、长之、育之、亭之、毒之、养之、覆之。生而弗有，为而弗恃，长而弗宰，是谓玄德。

52 天下有始，以为天下母。既得其母，以知其子；既知其子，复守其母，没身不殆。塞其堄，闭其门，终身不勤。启其堄，济其事，终身不救。见小曰明，守柔曰强。用其光，复归其明，毋遗身殃，是谓袭常。

53 使我絜有知，行于大道，唯迤是畏。大道甚夷，民甚好径。朝甚除，田甚芜，仓甚虚。服文采，带利剑，猒饮食而资财有馀。是谓盗竽，非道也哉！

54 善建者不拔，善抱者不脱，子孙以祭祀不绝。修之身，其德乃真。修之家，其德有馀。修之乡，其德乃长。修之国，其德乃丰。修之天下，其德乃博。以身观身，以家观家，以乡观乡，以国观国，以天下观天下。吾何以知天下之然哉？以此。

55 含德之厚者，比于赤子。蜂虿虺蛇弗螫，攫鸟猛兽弗搏。骨筋弱柔而握固，未知牝牡之会而朘怒，精之至也。终日号而不嚘，和之至也。知和曰常，知常曰明，益生曰祥，心使气曰强。物壮则老，谓之不道，不道早已。

56 知者弗言，言者弗知。塞其堄，闭其门，和其光，同其尘，挫其锐而解其纷，是谓玄同。故不可得而亲，亦不可得而疏；不可得而利，亦不可得而害；不可得而贵，亦不可得而贱，故为天下贵。

57 以正治国，以奇用兵，以无事取天下。吾何以知其然也哉？夫
天下多忌讳，而民弥贫。民多利器，而国家滋昏。人多知巧，
而奇物滋起，法物滋彰，而盗贼多有。是以圣人之言曰：我无
为而民自化，我好静而民自正，我无事而民自富，我欲不欲而
民自朴。

58 其政闷闷，其民惇惇。其政察察，其民狭狭。祸，福之所倚；
福，祸之所伏。孰知其极？其无正也，正复为奇，善复为妖，
人之迷也，其日固久矣。是以方而不割，廉而不刺，直而不
肆，光而不燿。

59 治人事天莫若啬，夫唯啬，是以早服，早服是谓重积德。重积
德则无不克，无不克则莫知其极。莫知其极，可以有国。有国
之母，可以长久。是谓深根固柢，长生久视之道也。

60 治大国若烹小鲜，以道莅天下，其鬼不神。非其鬼不神也，其
神不伤人也。非其神不伤人也，圣人亦弗伤也。夫两不相伤，
故德交归焉。

61 大国者，下流也，天下之牝也。天下之交也，牝恒以静胜牡。
为其静也，故宜为下也。故大国以下小国，则取小国；小国以
下大国，则取于大国。故或下以取，或下而取。故大国者，不
过欲并畜人；小国，不过欲入事人。夫皆得其欲，则大者宜
为下。

62 道者万物之主也，善人之宝也，不善人之所保也。美言可以
市，尊行可以加人。人之不善，何弃之有。故立天子，置三
卿，虽有拱之璧以駟驷马，不若坐而进此。古之所以贵此者何
也？不谓求以得，有罪以免与！故为天下贵。

63 为无为，事无事，味无味，大小，多少，报怨以德。图难乎其
易也，为大乎其细也。天下之难作于易，天下之大作于细，是
以圣人终不为大，故能成其大。夫轻诺必寡信，多易必多难，
是以圣人犹难之，故终于无难。

64 其安也，易持也。其未兆也，易谋也。其脆也，易破也。其微
也，易散也。为之于其未有也，治之于其未乱也。合抱之木，
生于毫末。九层之台，作于蔂土。百仞之高，始于足下。为之
者败之，执之者失之。是以圣人无为也，故无败也；无执也，
故无失也。民之从事也，恒于几成而败之，故曰：慎终若始，
则无败事矣。是以圣人欲不欲，而不贵难得之货；学不学，复
众人之所过；能辅万物之自然，而弗敢为。

65 古之为道者，非以明民也，将以愚之也。夫民之难治也，以其
智也。故以智治国，国之贼也；以不智治国，国之德也。恒知
此两者，亦稽式也；恒知稽式，是谓玄德。玄德深矣，远矣，
与物反也，乃至大顺。

66 江海所以能为百谷王者，以其善下之也，是以能为百谷王。是
以圣人之欲上民也，必以其言下之；其欲先民也，必以其身后
之。故居上而民弗重也，居前而民弗害。天下皆乐推而弗厌
也。不以其无争与，故天下莫能与争。

67 小国寡民，使有十百人之器而勿用，使民重死而远徙。有舟车
无所乘之，有甲兵无所陈之，使民复结绳而用之。甘其食，美
其服，乐其俗，安其居，邻国相望，鸡犬之声相闻，民至老死
不相往来。

68 信言不美，美言不信。知者不博，博者不知。善者不多，多者

不善。圣人无积，既以为人，己愈有；既以予人矣，己愈多。故天之道，利而不害；人之道，为而弗争。

69 天下皆谓我大，大而不肖。夫唯不肖，故能大。若肖，久矣其细也夫。我恒有三宝，持而宝之。一曰慈，二曰俭，三曰不敢为天下先。夫慈，故能勇；俭，故能广；不敢为天下先，故能为成器长。今舍其慈，且勇；舍其俭，且广；舍其后，且先：则死矣。夫慈，以战则胜，以守则固。天将建之，如以慈垣之。

70 故善为士者不武，善战者不怒，善胜敌者弗与，善用人者为之下。是谓不争之德，是谓用人，是谓配天，古之极也。

71 用兵有言曰：吾不敢为主而为客，不敢进寸而退尺。是谓行无行，攘无臂，执无兵，乃无敌。祸莫大于无敌，无敌近亡吾宝矣。故抗兵相若，而哀者胜矣。

72 吾言易知也，易行也；而天下莫之能知也，莫之能行也。夫言有宗，事有君。夫唯无知也，是以不我知。知我者希，则我贵矣。是以圣人被褐而裹玉。

73 知不知，尚矣；不知知，病矣。是以圣人之不病也，以其病病也，是以不病。

74 民之不畏威，则大威将至矣。毋狭其所居，毋压其所生。夫唯弗压，是以不厌。是以圣人自知而不自见也，自爱而不自贵也。故去彼而取此。

75 勇于敢则杀，勇于不敢则活。此两者或利或害，天之所恶，孰知其故？天之道，不战而善胜，不言而善应，弗召而自来，坦而善谋。天网恢恢，疏而不失。

76 若民恒且不畏死，奈何以杀惧之也？若民恒且畏死，而为奇者吾得而杀之，夫孰敢矣。若民恒且必畏死，则恒有司杀者。夫代司杀者杀，是代大匠斲。夫代大匠斲，则希不伤其手。

77 人之饥也，以其取食税之多，是以饥。百姓之不治也，以其上之有以为也，是以不治。民之轻死也，以其求生之厚也，是以轻死。夫唯无以生为者，是贤贵生。

78 人之生也柔弱，其死也筋肕坚强。万物草木之生也柔脆，其死也枯槁。故曰：坚强死之徒也，柔弱生之徒也。是以兵强则不胜，木强则烘。故强大居下，柔弱居上。

79 天之道，犹张弓也。高者抑之，下者举之；有馀者损之，不足者补之。故天之道，损有馀而益不足。人之道则不然，损不足而奉有馀。夫孰能有馀而有以取奉于天者？唯有道者乎。是以圣人为而弗有，成功而弗居也，若此其不欲见贤也。

80 天下莫柔弱于水，而攻坚强者莫之能胜，以其无以易之也。柔之胜刚也，弱之胜强也，天下莫弗知也，而莫能行也。是故圣人之言云，曰：受国之垢，是谓社稷之主；受国之不祥，是谓天下之王。正言若反。

81 和大怨，必有馀怨，焉可以为善？是以圣人执右契，而不以责于人。故有德司契，无德司彻。夫天道无亲，恒与善人。

道经

1 道，可道也，非恒道也。名，可名也，非恒名也。无名，万物之始也；有名，万物之母也。故恒无欲也，以观其妙；恒有欲也，以观其所徼。两者同出，异名同谓，玄之又玄，众妙之门。

2 天下皆知美之为美，恶已；皆知善，斯不善矣。有无之相生也，难易之相成也，长短之相形也，高下之相盈也，音声之相和也，先后之相随，恒也。是以圣人居无为之事，行不言之教。万物作而弗始，为而弗恃也，成功而弗居也。夫唯弗居，是以弗去。

3 不上贤，使民不争。不贵难得之货，使民不为盗。不见可欲，使民不乱。是以圣人之治也，虚其心，实其腹，弱其志，强其骨。恒使民无知无欲也，使夫智不敢，弗为而已，则无不治矣。

4 道盅，而用之又弗盈也。渊呵，似万物之宗。挫其锐，解其纷，和其光，同其尘。湛呵似或存，吾不知其谁之子也，象帝之先。

5 天地不仁，以万物为刍狗；圣人不仁，以百姓为刍狗。天地之间，其犹橐籥与？虚而不屈，动而愈出。多闻数穷，不若守于中。

6 谷神不死，是谓玄牝，玄牝之门，是谓天地之根。緜緜呵其若存，用之不勤。

7 天长地久。天地之所以能长且久者，以其不自生也，故能长生。是以圣人退其身而身先，外其身而身存。不以其无私与？故能成其私。

8 上善如水，水善利万物而有静。居众人之所恶，故几于道矣。居善地，心善渊，予善天，言善信，政善治，事善能，动善时。夫唯不争，故无尤。

9 持而盈之，不若其已。揣而锐之，不可长保也。金玉盈室，莫之能守也。贵富而骄，自遗咎也。功遂身退，天之道也。

10 载营魄抱一，能毋离乎？抟气致柔，能婴儿乎？涤除玄鉴，能毋有疵乎？爱民治国，能毋以智乎？天门启阖，能为雌乎？明白四运，能毋以知乎？生之畜之，生而弗有，长而弗宰也，是谓玄德。

11 卅辐同一毂，当其无，有车之用也。埏埴而为器，当其无，有埴器之用也。凿户牖，当其无，有室之用也。故有之以为利，无之以为用。

12 五色使人目盲，驰骋田猎使人心发狂，难得之货使人之行妨，五味使人之口爽，五音使人之耳聋。是以圣人之治也，为腹而不为目，故去彼而取此。

13 宠辱若惊，贵大患若身。何谓宠辱若惊？宠之为下也。得之若惊，失之若惊，是谓宠辱若惊。何谓贵大患若身？吾所以有大患者，为吾有身也；及吾无身，有何患？故贵为身于为天下，若可以托天下矣；爱以身为天下，如可以寄天下矣。

14 视之而弗见，名之曰微。听之而弗闻，名之曰希。捪之而弗得，名之曰夷。三者不可致诘，故混而为一。一者，其上不皦，其下不昧，绳绳不可名也，复归于无物。是谓无状之状，无物之象，是谓忽恍。随而不见其后，迎而不见其首。执今之道，以御今之有，以知古始，是谓道纪。

15 古之善为道者，微妙玄达，深不可识。夫唯不可识，故强为之容。曰：豫呵其若冬涉水。犹呵其若畏四邻。严呵其若客。涣呵其若凌释。敦呵其若朴。混呵其若浊。旷呵其若谷。浊而静之徐清，安以动之徐生。保此道不欲盈，夫唯不欲盈，是以能敝而不成。

16 致虚极也，守静笃也，万物并作，吾以观其复也。夫物芸芸，各复归于其根。归根曰静，静，是谓复命。复命常也，知常明也；不知常，妄，妄作，凶。知常容，容乃公，公乃王，王乃天，天乃道，道乃久。没身不殆。

17 太上，下知有之。其次，亲誉之。其次，畏之。其下，侮之。信不足，安有不信。犹呵，其贵言也。成功遂事，而百姓谓我自然。

18 故大道废，安有仁义。智慧出，安有大伪。六亲不和，安有孝慈。国家昏乱，安有贞臣。

19 绝圣弃智，而民利百倍。绝仁弃义，而民复孝慈。绝巧弃利，盗贼无有。此三言也，以为文未足，故令之有所属。见素抱朴，少私而寡欲。绝学无忧。

20 唯与呵，其相去几何？美与恶，其相去何若？人之所畏，亦不可以不畏人。望呵，其未央哉！众人熙熙，若飨于大牢，而春登台。我泊焉未兆，若婴儿未咳。累呵，似无所归。众人皆有馀，我独匮。我愚人之心也，沌沌呵。俗人昭昭，我独若昏呵。俗人察察，我独闽闽呵。忽呵，其若海。恍呵，若无所止。众人皆有以，我独顽以鄙。吾欲独异于人，而贵食母。

21 孔德之容，唯道是从。道之物，唯恍唯忽。忽呵恍呵，中有象呵。恍呵忽呵，中有物呵。窈呵冥呵，其中有情呵。其情甚真，其中有信。自今及古，其名不去，以顺众父。吾何以知众父之然也，以此。

22 企者不立，自是者不彰，自见者不明，自伐者无功，自矜者不长。其在道也，曰馀食赘行，物或恶之，故有裕者弗居。

23 曲则全，枉则正，洼则盈，敝则新，少则得，多则惑。是以圣人执一，以为天下牧。不自是故彰，不自见故明，不自伐故有功，弗矜故能长。夫唯不争，故莫能与之争。古之所谓曲全者，岂语哉！诚全归之。

24 希言自然，飘风不终朝，暴雨不终日。孰为此，天地而弗能久，又况于人乎！故从事而道者同于道，德者同于德，失者同于失。同于德者，道亦德之。同于失者，道亦失之。

25 有物混成，先天地生。寂呵寥呵，独立而不改，可以为天地母。吾未知其名也，字之曰道。吾强为之名曰大，大曰逝，逝曰远，远曰返。道大，天大，地大，王亦大。国中有四大，而王居一焉。人法地，地法天，天法道，道法自然。

26 重为轻根，静为躁君，是以君子终日行，不远其辎重。虽有营观，燕处则超若。若何万乘之王，而以身轻于天下？轻则失本，躁则失君。

27 善行者无辙迹，善言者无瑕谪。善数者不用筹策。善闭者无关钥而不可启也。善结者无缳约而不可解也。是以圣人恒善救人，而无弃人，物无弃材，是谓袭明。故善人，善人之师；不善人，善人之资也。不贵其师，不爱其资，虽智乎大迷，是谓妙要。

28 知其雄，守其雌，为天下溪。为天下溪，恒德不离。恒德不离，复归于婴儿。知其荣，守其辱，为天下谷。为天下谷，恒德乃足。恒德乃足，复归于朴。知其白，守其黑，为天下式。为天下式，恒德不忒。恒德不忒，复归于无极。朴散则为器，圣人用则为官长，夫大制无割。

29 将欲取天下而为之，吾见其弗得已。夫天下神器也，非可为者

也。为之者败之，执之者失之。故物或行或随，或嘘或吹，或
强或羸，或培或堕。是以圣人去甚，去泰，去奢。

30 以道佐人主，不以兵强于天下，其事好还。师之所处，荆棘生
之。善者果而已矣，毋以取强焉。果而毋骄，果而勿矜，果而
勿伐，果而毋得已居，是谓果而不强。物壮而老，谓之不道，
不道早已。

31 夫兵者，不祥之器也。物或恶之，故有裕者弗居。君子居则贵
左，用兵则贵右。故兵者非君子之器，兵者不祥之器也，不得
已而用之，恬淡为上。勿美也，若美之，是乐杀人也。夫乐杀
人，不可以得志于天下矣。是以吉事上左，丧事上右。是以偏
将军居左，而上将军居右。言以丧礼居之也。杀人众，以悲哀
莅之。战胜，而以丧礼处之。

32 道恒无名，朴虽小，而天下弗敢臣。侯王若能守之，万物将自
宾。天地相合，以雨甘露，民莫之令而自均焉。始制有名，名
亦既有，夫亦将知止，知止所以不殆。譬道之在天下也，犹小
谷之与江海也。

33 知人者智也，自知者明也。胜人者有力也，自胜者强也。知足
者富也，强行者有志也。不失其所者久也，死而不亡者寿也。

34 道氾呵，其可左右也，成功遂事而弗名有也。万物归焉而弗为
主，则恒无欲也，可名于小。万物归焉而弗为主，可名于大。
是以圣人之能成大也，以其不为大也，故能成大。

35 执大象，天下往；往而不害，安平太。乐与饵，过客止。故道
之出言也，曰淡呵其无味也。视之不足见也，听之不足闻也，
用之不可既也。

36 将欲翕之，必固张之；将欲弱之，必固强之；将欲去之，必固举之；将欲夺之，必固予之：是谓微明。柔弱胜强。鱼不可脱于渊，国利器不可以示人。

37 道恒无名，侯王若能守之，万物将自化。化而欲作，吾将镇之以无名之朴。镇之以无名之朴，夫将不欲。不欲以静，天地将自正。